U0120946

王国维 著

大学者谈史系列

阅古漫录

中国文史出版社

图书在版编目（CIP）数据

阅古漫录 / 王国维著 . —— 北京 : 中国文史出版社 , 2023.7
（大学者谈史系列 / 史鸣主编）
ISBN 978-7-5205-4129-9

Ⅰ . ①阅… Ⅱ . ①王… Ⅲ . ①王国维（1877-1927）- 文集
Ⅳ . ① C53

中国国家版本馆 CIP 数据核字 (2023) 第 105617 号

责任编辑：方云虎

出版发行：中国文史出版社
社　　址：北京市海淀区西八里庄路 69 号院　　邮编：100142
电　　话：010-81136606　81136602　81136603（发行部）
传　　真：010-81136655
印　　装：廊坊市海涛印刷有限公司
经　　销：全国新华书店
开　　本：16 开
印　　张：30.25
字　　数：351 千字
版　　次：2024 年 1 月北京第 1 版
印　　次：2024 年 1 月第 1 次印刷
定　　价：88.00 元

编者说明

　　本书收入王国维著作《东山杂记》《二牖轩随录》《阅古漫录》，为民国初年王国维旅居日本期间所作的读书札记及掌故考实，连载于日人主办的《盛京时报》。《东山杂记》初题《风俗杂谈》，发表于 1913 年 7 月 12 日至 1914 年 5 月 5 日，署名"礼堂"。内容涉及民俗历史、诗词戏曲、典章制度、书画金石、敦煌文献等方面。《二牖轩随录》内容与《东山杂记》相仿，发布于 1914 年 9 月 9 日至 1915 年 7 月 16 日，署名"礼堂"，1915 年 2 月 2 日起改署"词山"。《阅古漫录》多是笔录古人书画题跋及评论，1915 年 9 月 18 日至 11 月 28 日连载，署名"词山"。其中部分内容后来收入《观堂集林》《观堂别集》和《庚辛之间读书记》等，其他则不见于王氏遗书或其他文集。依《王国维全集》编者的说法，这几种著作"大致反映了民国初年王氏学术研究重点由文学戏曲史转向古文字、金石考古和历史学的基本趋势"。作者自述此间"生活最为简单，而学问则变化滋甚。成书之多，为一生冠"。

　　本书"散论"部分收入王国维的代表性史学论文。王国维是新史学的开山鼻祖，他提出并付诸学术实践的二重证据法开拓了史学的新疆界。这些文章显示了他卓越的史学才能和智慧。

　　本书重点参考了《王国维全集》（谢维扬、房鑫亮主编，浙江教育出版社，2010）、《王国维学术随笔》（赵利栋辑校，社科文献出版社，2002）等著作，订正了个别错讹。

编　者

目　录

东山杂记

二牖轩随录

阅古漫录

散　论

东山杂记

乘　石

　　今北方人家，门前必有升车之石，或累砖为之，而覆之以石。此古天子之制，诸侯以下所不得僭也。其名则古谓之乘石，《周礼·夏官·隶仆》云："王行则洗乘石。"郑司农云："乘石，王所登上车之石也。《诗》云：'有扁斯石，履之卑兮。'"郑毛传云："扁扁，乘石貌。"郑笺云："王后出入之礼与王同，其行，登车以履石。申后始时亦然，今也黜而卑贱。"然则乘石唯王与后有之，故《尸子》云："周公旦践东宫，履乘石，假为天子。"任彦升《百辟劝进今上笺》云："履乘石而周公不以疑。"明三公以下不得有此物也。今则士庶人家亦多有之。又车上恒设小杌，以便升降时设之。或用短梯，此亦古妇人用之。《士昏礼》记云："妇乘以几，从者二人，坐持几相对。"贾疏云："此几谓将上车时乘之而登，若王后则履石，大夫诸侯亦应有物履之。今人犹用台，是石几之类也。然则周人用几，乃类今之小杌。唐人用台，殆如今之短梯也。

北庭设碑识景

　　古之宫室三分，庭一在北，设碑所以识日景，引阴阳，宗庙则丽牲焉。据《礼经》所记，则自天子以下至士，寝庙中皆有之，庠序亦然。今中外官署大堂亦间有此物，亦约三分，庭一在北，但无碑之称，又不居中而偏左，然用以识日景则一也。周碑制度未闻，今汉碑存者，其上大抵有穿，此亦周之遗制。《祭义》："君牵牲，丽于碑。"则其穿盖用以系牲。空时县棺之木，亦谓之丰碑。盖以木上有穿，以通绳索，其形似碑，故谓之碑。汉碑之用，虽与周异，然其制则犹周制也。今衙署所用识日景之物，则全失其制，殆如佛寺之七如来幢矣。

天子诸侯三朝三门

古者天子诸侯，皆三朝三门。先郑司农以为天子五门：皋、库、雉、应、路。汉唐诸儒皆从其说。其实天子仅有皋、应、路三门，而无雉门、库门，戴东原正之是也。今北京朝门，亦与古合。禁城以内，午门、太和门、乾清门为三门；并天安门、端门计之，亦可谓之五门。其朝，则遇献俘诸大典，天子御午门楼，殆当古之外朝，太和殿当古之治朝，乾清宫当古之内朝。又郑康成《周礼注》谓今司徒府有天子以下大会殿，亦古之外朝。《续汉书·百官志》注中详言其事。旧内阁大堂中设宝座，与汉之天子以下大会殿设于司徒府同。然但为天子与阁部大臣议政之所，与周、汉之外朝异矣。

四注屋

今之宫殿，正殿皆九间，盖自汉已然。周制堂上仅有室户一，房户二，共三户。汉时则有九户。张平子《西京赋》："正殿路寝，用朝群辟。大厦耽耽，九户开辟。"盖汉制已为九间之殿。其前通九间为一所，谓大厦是也。其后画为九室，每室一户；或虽通为一，而每间施一户，故有九户。《文选·景福殿赋》注引《洛阳宫殿簿》：魏许昌承光殿七间。魏时许昌离宫正殿犹用七间，则洛阳正殿自当用九间矣。

古宫室之有东西南北四霤者，谓之四注屋。其但有南北二霤者，谓之两下屋，见《考工记》郑注。又《乡饮酒》《乡射礼》皆云设洗当东荣，皆古士大夫礼。至《燕礼》云设洗当东荣，为人君礼。郑注："当东霤者，人君为殿屋也。"贾疏："汉时殿屋四向流水，故举汉以况周，言东霤明亦有西霤。士大夫言东荣，两下屋故也。"则周时诸侯以上为四注屋，大夫以下为两下屋。汉殿皆用四注屋制，故人臣所居亦有殿称，以其同为四注屋故也。今唯宫殿寺观廨宇或为四注屋，人家罕用之，盖自周时已然矣。

堂　帘

古者室有户牖，堂则无之，故或用帘以蔽风口。《说文》曰："帘，堂帘也。""帘"字从廉，以廉得名。《乡饮酒礼》所谓"堂廉"，谓堂与堂下间有廉稜也，帘垂于此，故有帘名。此以竹为之，其用布者谓之幕，当亦从堂廉得名。《说文》云："幕，帷也。"《士丧礼》所谓"帷堂"是也。汉时始于阶间施栏槛，《汉书·朱云传》："御史将云下，云攀殿槛，槛折。"师古曰："槛，轩前栏。"明非门户之槛。今之大殿，皆有长窗以当门户，盖自魏晋以后始矣。

阙

古者天子门侧，设两观而阙其中，故谓之"阙"。鲁亦有之，《礼器》所谓"天子诸侯台门"是也。今之门楼则设于门上，不在两侧，不知始于何时。余见汉画石像拓本画汉函谷关形，关有两观，其下皆有门，共两门。韩文公诗"日照潼关四扇开"，是唐时犹然。此实古之两观与今之门楼中间之制度也。

欂 栌

汉武梁祠画像所画柱，其上皆有圆木三层，相叠而上，愈上愈大，以承栋梁，此即所谓"欂栌"也。《说文》云："欂栌，柱上枅也。"《释名》云："卢在柱端，如都卢负屋之重也。"都卢，矮人之称，则卢之短可知。又王延寿《灵光殿赋》"层栌磥垝以岌峨"，画象柱上之物有三层，其为欂栌无疑。今时罕用之。

司 命

南方人家敬事灶神，谓之东厨司命，此实合古代五祀中之司命与灶为一也。古者司命之祀有二：《周礼·大宗伯》"以槱燎祀司中、司命"，盖即《史记·天官书》文昌六星，"四曰司命"，此乃天神，《楚辞》所谓"大司命"是也。《祭法》七祀、五祀，皆司命居首，郑注曰："此小神，居人间司察小过，作谴告者。"又云："司命主督察三命。"此与户、灶诸神俱为小神，《楚辞》所谓"少司命"是也。据《祭法》，"庶士庶人立一祀，或立户，或立灶"，无祀司命之法。唯《士丧礼》记之，疾病祷于五祀，则有事时一用事而已。至汉则不然，《说文》："祢，以豚祠司命也。"引《汉律》云："祠祢司命。"《风俗通》则云："今民间祀司命，刻木长尺二寸为人像，行者担箧中，居者别作小屋，齐地大尊重之，汝南余郡亦多有，皆祠以豚，率以春秋之月。"可见汉时司命之祀极盛，与今日祀灶无异也。不知何时始与灶合而为一神。（按俗传《太上感应篇》，此书之作当在唐宋间，而其中已云"司命，灶君之神"。）《东京梦华录》亦云："十二月二十四日，帖灶马于灶上，以酒糟涂抹灶门，谓之醉司命。"

则北宋时确已谓灶神为司命，然原其混合之始，当在汉晋之交。《抱朴子·内篇》：灶之神每月晦辄上天言人罪状，大者夺纪，纪，三百日也；小者夺算，算，三日也。此已与郑君《礼》注"督察三命"之说相似。郑注又言："今时祠司命、行神、山神，门、户、灶在旁。"则汉时已并五祀而一之，积久相忘，遂反配为主耳。

灶者老妇之祭

古之灶神，《淮南子》以为炎帝，戴圣及贾逵、许慎皆以为祝融，郑康成据《礼器》文，以为灶者，老妇之祭，其注《礼器》云："老妇，先炊者也。"以礼意求之，郑说为近。然臧文仲"燔柴于奥"，郑君云："时人以为祭火神乃燔柴。"则周时已有以祀神者，至后世祀司命，盖已三变。观李少君以祠灶、谷道，却老方见武帝，则汉初方士或已为此说矣。

盟誓之神

古者盟誓，虽遍告天地四方及人鬼，然有专主盟誓之神。《周礼·司盟职》所谓"北面诏明神"是也。《左传》襄十一年，亳之盟，载书曰："或间兹命，司慎司盟，群神群祀，先王先公。七姓十二国之祖，盟神殛之。""司慎司盟"，《说文·冋部》引作"司慎司命"，"盟""命"二字，古音同部，或通假用之。归安吴氏所藏齐侯壶铭文中有云"誓于大司命"，然则"司命"即《左传》之"司盟"，亦即《周礼》之"明神"也。其象则《觐礼》之"方明"。方明之象，虽兼天地四方，而实以司命为之主。以其用方木为之，故谓之方；以其主盟誓，故谓之明。

后世少司命之祀虽盛，而大司命则汉以后民间未闻有之。至于近世，遂合司中、司命、司录三者为文昌之神，而以张恶子其人当之矣。

中　霤

城隍之祀，以城隍为名，义主于土，即古之社神，《祭法》所谓"诸侯为百姓立社曰国社"也。又城乡土地祠亦然，所谓"大夫以下成群立社曰置社"也。今大江以南，人家宅神亦谓之家堂土地，其神盖当古之中霤，亦社神之类也。《礼·郊特牲》云："家主中霤，而国主社。"则一家之中霤，即与一国一邑之社相当，其神亦为一人。《左传》：晋蔡史墨言："五行之官，实为五官。实列受氏姓，封为上公，祀为贵神。社稷五祀，是尊是奉。木正曰句芒，火正曰祝融，金正曰蓐收，水正曰元冥，土正曰后土。"（又曰"后土为社"）则社与五祀之神即此五官，故贾逵注《左传》云："句芒祀于户，祝融祀于灶，蓐收祀于门，元冥祀于井，后土祀于中霤。"杜注于"后土"下亦云："土为万物主，故称后焉。其祀句龙焉，在家则祀中霤，在野则为社。"皆言社与中霤为一神。案：中霤谓雨水所滴之处，本以地言，则此说似属可信。今之社公、宅神与冢墓之神均谓之土地，其理一贯。可知今之宅神，实古之中霤，而其神则后土，其名则句龙也。

瓜皮小帽乃弁之遗制

今之瓜皮小帽，明时已有之。刘若愚《酌中志》："皇子未冠时，戴元青绉纱六瓣有顶圆帽，名曰瓜拉冠。"此与今之小帽无稍异处，然此亦不始于明，实古代弁之遗制也。《周礼·弁师》："王之皮弁，会五采玉璂，象邸玉笄。"郑君注："会读如大会之会，缝中也。皮弁之缝中，每贯结五采玉十二以为饰，谓之璂。"则皮弁当以各瓣缝合，如今之小帽矣。郑注又云："邸，下柢也，以象骨为之。"贾疏云："下柢也者，谓于弁内顶上以象骨为柢。"则邸即今之帽结矣，其制实与今之小帽无异，特所用材料不同耳。

刘　海

十余年来，南北少年，无论男女，盛行刘海，剪其前面之发，垂之于额，其长者往往被眉，盖市肆所画仙人刘海，其发类此，故谓之前刘海，实则古代子事父母之饰。《诗》"髧彼两髦"，《毛传》："髦者，发至眉，子事父母之饰。"幼时盖以真发为之，然长而有父母者，犹为此饰。《礼·玉藻》曰："亲没不髦"。《既夕礼》记云："既殡，主人脱髦。"《丧大记》云："小敛，主人脱髦。"盖以假发为之，故可脱。均以父母既死，无事此饰故也。

缠足之始

缠足始于何时，前人考者甚多，尚无定说。余见唐周昉所画《听琴图》，一听者，一弹者，皆贵人而缠足，唯宫女侍立者二人则蹑利履其纤削不缠足。知唐宫掖中已为之，但妃嫔等贱者尚不尔耳。

诗纪制度风俗

古人作诗，直纪当时制度风俗，无凌躐，无加减，非苟而已也。如《小雅·瓠叶》一篇咏燕饮食，首章云"酌言尝之"，此泛言也。次章则云"酌言献之"，三章云"酌言酢之"，四章云"酌言酬之"。古人饮酒之礼，主人献宾，宾酢主人，主人酬宾，献、酢、酬，卒爵而礼成。《礼经》所纪，无不如是，此诗次序亦同。又《行苇》及《宾之初筵》二篇序燕射事次序，与《燕礼》及《大射礼》合。《楚茨》序祭祀事，与《特牲馈食》《少牢馈食礼》略同，惟尊卑有殊，而节目不异。可知古人用语，无一字虚设也。

棺椁之制

古者殡用棺，葬用椁。椁之制度，经传不详。《檀弓》言"天子柏椁以端长六尺。"郑注："以端，题凑也，其方盖一尺。"案：《檀弓》有子言"夫子制于中都，四寸之棺，五寸之椁"，《孟子》言"古棺七寸，椁称之"。孔子所制，为庶人之礼，孟子所称，大夫之礼。以此差之，则庶人五寸，士六寸，大夫七寸，卿八寸，诸侯九寸，则天子盖一尺矣。故六尺者，以言乎其木之长也。五寸至一尺，以言乎木之方（即直径）也。至全椁之大小，则无文以言之。世以棺、椁并言，疑椁之于棺，大小不甚悬殊。或以为椁即大棺，其实不然。按《广雅》："椁，廓也。"且其字以郭为声，当取义于城郭，椁之于棺，犹郭之于城，其大小之差，率以恒倍计。《丧大记》曰："棺椁之间，君容柷，大夫容壶，士容瓹。"郑注《礼器》云："壶容一石，瓹容五斗。"盖用

9

叔孙通汉器制度之文，则大夫、士棺椁间之大小，略可识矣。枕之大小，郭注《尔雅》云"二尺四寸"，然《周礼·春官·司几筵》云"其柏席用萑黼纯，诸侯纷纯"，郑注谓"柏者，'椁'字磨灭之余。椁席，藏中神坐之席也"。按古席，率广三尺三寸三分有奇，故《文王世子》曰："凡侍坐于大司成者，远近间三席，可以问。"《曲礼》记讲问之席，则曰"席间函丈"矣。天子、诸侯椁中皆有神坐之席，则棺椁之间至少必得三尺有奇。以所藏明器推之，此亦为最小之度矣。

天子以下，明器不能知其详。唯据《士礼》言之，则有苞二（羊、豕肉）、筲三（黍、稷、麦）、甒三（醯、醢、屑）、瓵二（醴、酒），皆有木桁庋之。此外尚有用器（弓矢、耒耜、两敦、两杅、盘匜）、役器（甲、胄、干、笮）、燕器（杖、笠、翣）、乐器（未详），而涂车、刍灵之属尚不与焉。下棺后，藏器于旁，加见藏苞、筲于旁。此中各物，以甒为最大，自非容甒不可。大夫以上，明器愈多则棺椁间之差亦随之而大，至《檀弓》谓"宋襄公葬其夫人，醯醢百瓮"，他物亦当称是。《左传·成二年》："宋文公卒，始厚葬，用蜃炭，益车马，始用殉，重器备。"则末世侈奢之事，又非三尺余之地所能藏矣。如此，棺之两旁既得三尺余，而古之棺制亦不得过小。《檀弓》言天子之棺四重，大棺厚八寸，属六寸，椑四寸，水、兕革各三寸，计二尺四寸。两旁合计四尺八寸，中间容尸之处亦当得三四尺，则棺之径至少当得八尺，并两旁各三尺许计之，当得十四五尺。其纵处亦略如之。此椁之大小之度也。

椁之制，但有四旁而阙其上，以有抗木、抗席及折故也。且古唯天子用隧，棺自羡道入，诸侯以下，皆自上下棺，故唯四围之椁先树于圹中，而折及抗木必加于下棺之后。然四旁之椁，必得折与抗木而始成一物，故抗木等亦椁称，《左传·成公二年》所谓"椁有四阿"是也。诸侯以下，椁上皆平。士下棺后加折，方凿连木为之，缩者三，横者五。抗木则横三缩二，每五枚为一重。士一重，大夫再重，诸侯三，上公四，加其重数而已，其上皆平坦也。唯天子五重，则四注而下，以木之端凑于上而侈其下，如屋形，所谓四阿者也。杜注："四阿，四注椁也。"孔疏曰：《士丧礼》下篇：抗木缩二横三以负土。则士之椁上平也。今此椁上四注而下，则其上方而尖也。礼，天子椁题凑，诸侯不题凑。不题凑则无四阿。"其说是也。然则《檀弓》所谓"柏椁以端长六尺"者，当以六尺之木，纵系二层，为四注屋之形。六尺再椁，每旁得一丈二尺，而四隅之木，又当加长焉，然后可以周覆椁上。椁之四旁之大小既有一丈四五尺，以一丈二尺之物，交覆于一丈四五尺之上，此四注屋之斜杀之度也。然则椁之制，天子崇其上，诸侯以下平之，而其视棺之大小，则如郭视城之大小，则可决也。

古椁皆用木，《檀弓》云"天子柏椁"，《丧大记》云"君松椁，大夫柏椁，士杂木椁"是也。然天子则以石表之。《周礼·夏官·方相氏》："及墓，入圹，以戈击四隅，欧方良。"郑注："圹，穿地中也。方良，罔两也。天子之椁柏，黄肠为里，而表以石焉。《国语》曰：'木石之怪夔、罔两。'"郑氏此注，以汉制推之，周时果如此殆不可知。然《檀弓》称宋"桓司马自为石椁，三年而不成"，则周季已有为之者矣。

秦始皇之葬，石椁为游馆（《汉书·刘向传》）。汉文帝亦言"以北山石为椁，用苎絮斮陈漆其间。"（《张释之传》）则自秦已后，实用石椁，然其里或尚以木为之。刘向言始皇墓发掘后，"牧儿亡羊，羊入其凿，牧者持火照求羊，失火烧其臧椁。"则石椁之下，尚有木椁，《汉书》所谓"黄肠题凑"即是也。《续汉书·礼仪志》：皇帝登遐，"作油缇帐以覆坑，方石治黄肠题凑如礼"。《汉书·霍光传》："赐梓宫、便房、黄肠题凑各一具。"苏林曰："以柏木黄心致累棺外，故曰黄肠。木头皆内向，故曰题凑。"如淳曰：《汉仪注》：天子陵中明中高丈二尺四寸，周二丈，内梓宫，次楩椁，柏黄肠题凑。"则黄肠题凑次最居外，与康成所谓"以柏黄肠为里而表以石"者，语可互证。殆所用以支石者，观文帝谓石椁时"以苎絮斮陈漆其间"，则当时治石之工，殆不甚巧，或须以木支持。然《霍光传》云"黄肠题凑一具"，则又似与梓宫、便房等同置于圹中，非复支圹之物矣。

罗氏唐风楼藏汉墓石拓本五，其一铭曰："永建五年二月□日董□石，广三尺，厚尺五，长二尺。"其二曰："□伯石，广三尺，厚二尺，长三尺二寸，第（下阙）。阳嘉元年十一月省（下阙）。"其三曰："第九百二十五，广三尺，厚尺五寸，长三尺九寸二分，熹平元年十月二十九日更黄肠橼三条主。"其四曰："四百四十三，广四尺，厚尺五寸，长尺九寸五分，□平三年八省橼陈□主。"其五曰："□石，广三尺，厚尺二寸，长三尺□。"又《陶斋藏石记》所录尚有一石，曰："阳嘉元年三月日冷攸石，广三尺，厚尺五寸，长四尺五寸，第卅二。"而罗氏所藏熹平元年墓石拓本，其石亦在端氏。此石独云"更黄肠橼三条主"则为石椁之石，盖无可疑。其云"董□石""□伯石""冷攸石"者，盖系以死者姓名。其云"黄肠橼三条主"（"三条"疑"王条"之淏）、"橼陈□主"者，则主吏姓名。"第九百二十五""四百四十三""第卅二"等，则记石之次第。用石至九百余，其椁之大可以想见。按：此种墓石，古代已有出

东山杂记

土者。《水经注·济水》条云："汉灵帝建宁四年,于敖城西北垒石为门,以遏渠口(浚仪渠),谓之石门,世亦谓之石门水。门广十余丈,西去河三里,石铭曰'建宁四年十一月黄肠石'也,而主吏姓名磨灭不可复识。魏太和中,又更修之,撤故增新,石字沦落,无复在者"云云。此一节所记,未免小误。盖造水门时,实发汉建宁间旧墓石为之,郦善长直云水门为建宁四年所造,则误以治墓之年为作门之年,而不悟水门之铭不得称"黄肠石"也。又善长所云黄肠石,不知石文果如是否,抑铭本作"更黄肠椽某某主",而"椽"字以下断泐,遂谓为黄肠石欤?又熹平元年墓石所云"更黄肠"者,疑"更"者,代也,谓以石代黄肠也。然则郑君"柏黄肠为里而表以石"之说或不可尽信,抑至后世,去木用石,而石即蒙黄肠之名欤?非多见古冢墓之内形,盖不能臆断矣。

汉时天子之圹谓之"方中",《汉书·张汤传》所谓"治方中"是也。如淳曰:"《汉仪注》:陵方中用地一顷,深十二丈。"《皇览》曰:"汉家之葬,方中百步。"(《续汉志》注引)此谓所穿之全地也,其中置棺之地,则谓之"明中"。《汉书·霍光传》注如淳曰:"《汉仪注》:天子陵中明中高丈二尺四寸,周二丈。"《续汉书·礼仪志》注引《汉旧仪》云:"天子即位明年,将作大匠营陵地,用地七顷,方中用地一顷,深十三丈。""明中高一丈七尺,四周二丈。内梓宫、柏黄肠题凑,以次百官藏毕。共设四通羡门,容大车六马"云云。则明中在方中之中而小于方中,正藏棺之处也。然明中又有前后二所。《帝王世纪》载献帝禅陵"不起坟,深五丈,前堂方一丈八尺,后堂方一丈五尺"。《水经注·济水》条言:金乡山有冢,"谓之秦王陵,山上二百步,得冢口,堑深十丈,两壁峻峭,广二丈。入行七十步,得埏

13

门。门外左右皆有空，可容五六十人，谓之白马空。埏门内二丈得外堂，外堂之后又得内堂，观者皆执烛而行，虽无他雕镂，然治石甚精，或云是汉昌邑哀王冢，所未详也。"王隐《晋书地道记》亦记此事，则云"金山山北有凿石为冢，深十余丈，隧长三十丈，傍却入为堂三方，云得白兔不葬，更葬南山"云云。此云"为堂三方"，当以内外堂为一，并左右两室计之，此二室当用以葬后妃宫人者，特未就耳。此上二冢之制，皇甫谧所记则距献帝之葬不远，其言当可据。郦善长所记金乡山古冢，则当据目验记之，唯记言隧道之深，则与《晋书地道记》不合。又既云"堑深十丈"，复云"行七十步得埏门"，亦复自相抵牾，盖字有讹脱也。唯内外二堂之制，则二冢相同。去岁日本演田耕作君于旅顺所发汉冢，亦有内外二堂，则《汉旧仪》"明中四周二丈"之说，但指一堂言之也。《抱朴子》言，吴景帝时，戍将于广陵掘诸冢，取版以治城，所坏甚多。复发一大冢，内有重阁，户扇皆枢转可开闭，四周为徼道通里，其高可以乘马。所谓重阁，恐亦谓前、后二堂。其云四周为徼道，则又与《汉旧仪》所云"设四通羡门"相合。此徼道者，当与妃妾葬处相通。《汉旧仪》谓"营陵余地为西园后陵，余地为婕妤以下"。《霍光传》所谓"赐枞木外藏椁十五具"，则此徼道当为通外藏之所矣。地下之事，徵实不易，故备记之如右。

便房之语，苏林曰："便房，藏中便座也。"师古曰："小曲室也。"《汉书·陈汤传》云："昌陵因卑为高，积土为山，度便房犹在平地上。"则便房似于治陵之时即为之，苏、颜二说或是也。然如淳引《汉仪注》，以为梗椁，则"梗"乃"梗"字之假借。梗房之语，与梓相对，梓可云宫，则梗亦可云房。若以为"藏中便座"，则《霍光传》不得云"便房一具"矣。

《续汉书·礼仪志》所载帝后陵中明器，除挽车九乘外，其余皆用《士礼》，与《既夕》记吻合。其赠币且用杂记，较《既夕礼》尤俭。殆谢忱《书》所谓"太尉胡广等所定"耶？后世无讥其失礼者，殊不可解。

磬折古义

《考工记》"凫氏为钟"一职，郑注疏误殊甚，程易畴先生《考工创物小记》始正之。郑子尹乃作《凫氏为钟图说》，仍申郑说，真所谓不辨黑白者也。余尝取上虞罗氏所藏楚公孙班钟、避父钟、卿钟三钟，及各家著录有尺寸可据者共十三钟校之，皆不与《凫氏》合。又此十三钟者，亦不自相合。此由古代铸钟，不必尽遵《凫氏》制度，或《凫氏》职但举其大概，鼓铸之时，仍须以声律定之。然据《考工记》本文，必须如程解无疑也。犹程氏之《磬折古义》，以安阳所出之商磬校之亦不合，此亦商周磬制本自不同。至程氏"磬折"之解，不独优于康成，实千古不可破之说也。

追　蠡

罗氏所藏三周钟，其乳皆作旋螺形，他钟似此者亦多，此殆《孟子》所谓"追蠡"也。古书多假"蠡"为"螺"字，《汉书·东方朔传》"以蠡测海"是也。《风俗通》说"门户铺首"引《百家书》云："公输班之水，见蠡曰：'见汝形。'蠡适出头，般以足画图之，蠡引闭其户，终不可得开，般遂施之门户，云：'人闭藏如是，固周密矣'"云云。徐陵《玉台新咏序》所谓"铜蠹画静"，亦谓门户上物。案：门户上所施铜乳，其排列与钟乳相似，而皆作螺形，盖成列之物用螺，乃古代之通习，未必闭藏为义也。赵注《孟子》，以"追"为钟钮，"蠹"为蠹蠹，欲绝之貌。追为钟钮，古无明文，而蠹则古钟上实有是物。唯"追"作何解，不敢妄为说耳。

大房，半体之俎

传世古器，乐器如钟、磬，兵器如戈、矛、剑、戟，洗器如盘、匜，酒器如彝、壶、尊、罍、勺、爵、觚、觯、角、散，煮器如鼎、鬲，黍稷器如簋、簠，如敦，今皆有之。笾豆虽无存者，然尚有瓦豆在，可知其形制。唯俎作何状，则不可知。《诗·鲁颂》"笾豆大房"，毛传云："大房，半体之俎也。"郑笺则云："大房，玉饰俎也，其制足间有横，下有跗，似乎堂后有房。"然《少牢馈食礼》："肠三，胃三，长皆及俎拒。"郑注："拒，读为介距之距。俎距，腔中当横节也。"《明堂位》："俎，有虞氏以梡，夏后氏以嶡，殷以椇，周以房俎。"郑注："梡，断木为四足而已。嶡之言蹶也，谓中足为横距之象，《周礼》谓之距。椇之言枳椇也，谓曲桡之也。房，谓足下跗也，上下两间，有似于堂房。"据郑君《诗》《礼》三注，则俎之为物，下有四足，足间有木以相连相距，距或中足，或在足胫，其距下之跗谓之房。然有不可通者，案《周语》："禘郊之事则有全烝，王公立饫则有房烝，亲戚飨宴则有的肴烝。"韦注："全烝，全其牲体而升之。房，大俎也，谓半解其体，升之房也。肴烝，升体解节折之俎也。"则房烝实与全烝相对，盖升半体之俎，当有两房，以半体置一房，合两房而牲体全，故谓之房。毛公云："大房，半体之俎。"意正如是也。少牢馈食虽系肴烝，而亦用房烝之俎，故有俎拒。拒者，即两房之隔，故制肠、胃长短以俎拒为节，不容取俎足以为节也。由是推之，则有虞氏之梡，梡者，完也；殷以棜，棜者，具也，皆全烝之俎。周用半体之俎，以其似宫室之有左右房，故谓之房俎。若足跗则不具房形，郑君堂房之说殊为迂远矣。

斯 禁

涑阳端氏所藏斯禁，出于凤翔府宝鸡县，就其形制文字观之，其为商周间器自不待言。今年日本某杂志揭其照片，谓为近汉之器。主宰杂志之某君，固深于考古之学者，乃以此为汉器，殆误会《礼器》郑注耳。《礼器》"大夫士棜禁"注："棜，斯禁也。谓之棜者，无足有似于棜，或因名云耳。大夫用斯禁，士用禁。禁，如今方案，隋长局足，高三寸。"然则郑注"如今方案"，自谓士禁如之，非谓斯禁。且方案与禁，亦非一物，郑以汉方案似禁，故举以况之。某君殆因此误以此斯禁为汉物耳，不知汉时无此制也。

秦阳陵虎符跋

罗氏唐风楼藏铜虎符一，长汉尺四寸许，左右二符胶固为一，金错篆书，文各十二，曰："甲兵之符，右在皇帝，左在阳陵。"实秦虎符也。按：《汉书·景帝纪》"葬阳陵"，《地理志》左冯翊有阳陵县，班氏原注："故弋阳，景帝更名。"则阳陵至汉景帝时始有此名，此符疑为汉物。然与汉符不合者有五：一、

《史记》及《汉书·文帝纪》："二年九月，初与郡国守相为铜虎符、竹使符。"今传世汉符，其文皆云"与某某太守为虎符"，与此符文绝不同。又阳陵乃县名，非郡国名，无与为虎符之理。此与汉制不合者一也。汉符之数，则应劢云"铜虎符第一至第五"，今传世汉符，辄云"与厶厶厶厶为虎符第厶"，又其"左厶右厶"皆记数字，不记甲乙。此符云"甲兵之符"，与汉制不合者二也。汉符传世者，其文刻于脊上，合之而后可读，如《周官》"传别"之制。此符左右文同，皆在肋上，如周官"质剂"之制。此其不合者三也。《史记正义》引崔豹《古今注》云"铜虎符银错书之"（今《古今注》无此条）。崔豹魏人，所记者当为汉魏之制。又今传世汉符，皆系刻字。此符独用金错。则其不合四也。此符字画颇肥，而所错之金极簿，几与蘸金以书者相等。若汉世所错，如莽货一刀平五千之"一刀"二字，则字细而金厚。他汉亦然。此其不合者五也。

若云秦符，则有四证焉。阳陵虽云汉景帝所置，然秦之先君有葬于阳者。《史记·秦始皇本纪》：德公居雍关大郑宫，葬阳。宣公居阳宫，葬阳。而秦先王葬处往往称陵，如惠文王葬公陵，悼武王葬永陵，孝文王葬寿陵。则秦自称王以后，以阳为二先公所葬，谓之阳陵，其理或有之。又《史记》《汉书·侯表》，高帝时有"阳陵侯传宽，今出土封泥之中，有阳陵邑丞印。邑丞，侯国之丞，则高帝时已有阳陵，不自景帝始，其为秦邑，益无可疑。此一证也。此符字数，左右各十二字，共二十四字，皆为六之倍数。案：《秦始皇本纪》称"数以六为纪"，故用六倍数。若汉数以五为纪，故印皆用五字，符亦用五之倍数，如云："与某某太守为虎符第厶"是也。此二证也。文字谨严宽博，与李斯所书刻石者相似，非汉人所能仿佛。此三证也。若云秦符，则其左右二符合并之故，亦可得而言焉。案秦汉虎符，右常在内，左常在外。《秦始皇本纪》及《高祖本纪》皆云"秦王子婴奉天子玺符，降轵道旁"，盖于降汉之时，敛左符而合之。秦玺入汉，既为传国之器，此符虽不复用，亦必藏在内府，为国重宝，合置既久，中生锈涩，遂不可开。否则右符既不常在外，左符亦无入京师之理，二符无自胶固矣。此四证也。唯其长短，颇与《秦始皇本纪》所云"符、法冠长六寸"者不合。然六寸之符，当指竹使符，汉竹使符亦长六寸，同于秦制。若虎符则发兵之事，贵于慎密，短则易藏而难见，故仅长四寸许。此又求之事理而可通者也。

此符云"甲兵之符"，则此外尚有乙丙丁等。案：汉制铜虎符第一至第五，若秦制亦然，则虎符当有自甲至戊五枚，或以讫戊为疑。然秦汉间制度名物颇有讫于戊者。如卫宏《汉书仪》云："五夜：甲夜、乙夜、丙夜、丁夜、戊夜。"郑注《周礼·司寤氏》亦曰："夜时谓夜早晚，若今甲乙至戊。"则兵符五亦自甲至戊，固不足怪也。

李斯书存于今者，仅有《泰山》十字，《琅邪台刻石》则破碎不复能成字矣。即以拓本言之，《泰山刻石》亦仅存二十九字，琅邪虽有八十五字，而漫漶过半。此符乃秦重器，必为相斯所书，而二十四字，字字清楚，谨严浑厚，径不过数分，而有寻丈之势，当为秦书之冠。惜系金错为之，不能拓墨耳。

此符"在"字作"十"，犹用古文，不用小篆。若《峄山刻石》"维初在昔"之"在"，则作"在"字。其铸符时或犹在巡峄山之前也。

行文半阙之式，古金文中无有也。唯《琅邪台刻石》则遇"始皇帝成功盛德"及"制曰可"等字，皆顶格书，此为抬头之始。秦虎符左右十二字，分为二行，每行六字，"皇帝"二字适在第二行上，亦抬头之意也。可知此事自秦以来然矣。

古代文字颇难作伪，如《峄山刻石》文虽不见于《史记》，然一读其文，可决其为李斯所作也。秦符虽作十二字，然如"右在皇帝"此四字，岂汉以后人所能耶？

秦《泰山》《芝罘》《会稽》《峄山刻石》，皆三句一韵，一句四字，三句十二字，即六之一倍也。《琅邪台刻石》其颂二句一韵，共二百八十八字，六之四十八倍也。后序三句一韵，每句字数不等，共一百二十字，则六之二十倍也。可知秦时文字皆以六为纪。后世传秦玺文，所谓"受命于天，既寿永昌"者，独为八字，与秦文字之例不合，疑为后人假托矣。

隋铜虎符跋

兵符之制，古者皆右在内而左在外，又左右之数各同。三代不可考。《曲礼》云："献粟者执右契。"郑注："契，券要也，右为尊。"契以右为尊，符节可知。尊者在内，卑者在外，亦可知也。秦符右在皇帝，左在阳陵，盖亦用古尚右之制。汉则文帝二年，"初与郡国守相为铜虎符、竹使符"。师古曰："与郡守为符，右留京师，左以与之。"则右内左外，与秦制同。魏赐孙权九锡文云"金虎符第一至第五、左竹使符第一至第十"。齐、梁、陈九锡文同。唯宋武九锡文则云"金虎符第一至第十、左竹使符第一至第十"。虎符之数不同，而竹使符上皆冠以左字。疑金虎符左右赐之，盖虎符以发兵旅，时兵权皆在受九锡者手，故赐以左右，以示不敢有征发之事也；竹使符所以传命，事恒有之，故但赐以左，而其右则藏于天子之所。可知左外右内，自秦迄江左之末未尝变也。汉常山太守虎符肋文云"常山左三"。渔阳太守虎符（吴县吴氏藏）、长沙太守虎符（同上）、晋上党太守虎符，又汉魏郡太守虎符（嘉定瞿氏藏），东莱太守虎符（潍县陈氏藏）、广阳虎符（诸城刘氏藏）、玄菟太守虎符（游丰吴氏藏），肋上均有"左二"字样。汉制左符在外，今左皆有二，亦左右数同之一证也。惟潍县陈氏所藏汉上郡太守符则不可解，此符左右俱存，其脊文十字则云"与上郡太守为虎符第一"，右肋有"上郡右三"四字，左肋有"上郡左二"四字，如是则虎符自第一至第五，每符又各有左右若干，则一郡之符殆多至数十，恐无此理。

又案：翁氏《两汉金石记》所载一符，则脊文云"与五原太守为虎符第一"，肋文云"五原左一"。嘉善谢氏藏晋丞邑男虎符，脊文云"晋与丞邑男为铜虎符第一"，肋文云"丞邑男左一"。潍县陈氏藏晋驹男虎符，脊文云"□与驹男为虎符第五"，肋文则云"驹男右五"。此三符脊文所记数字，与肋文所记者无不相同，则上郡符脊文作"第一"，而肋文左作"左二"、右作"右三"者，恐不足信。汉阳叶氏藏晋始平虎符，脊文作"第二十"，而肋文作"左二"，亦为可疑。二符未见原器及拓本，无由断其真伪。如系真品，则仅一郡国之符多至数十，为可异耳。至于左右同数之说，不唯不相妨，转足相证也。隋符亦然。吴县蒋氏藏隋虎符八，此外传世者尚有三枚，共十一枚。其中右符六：曰"右御卫相原四"，曰"右御卫永昌二"，曰"右御卫美政五"，曰"右翊卫天井一"，曰"右翊卫石桥二"；左符五：曰"右屯卫温阳一"，曰"右御卫安昌四"，曰"司右武卫白松二"，曰"右屯卫清湖四"，曰"左屯卫赤城五"。左右之孰内孰外虽不可知，然左右二符各有第四、第五，则左右之数当亦相等，如秦汉以来制也。惟唐制则大异。《六典》载铜鱼符，"王畿之内，左三右一；王畿之外，左五右一。左者进内，右者在外"。不独左内右外，左右之数亦各不同。唯木契则左右同数，犹用古制耳。宋符则兼古制与唐制二者。《玉海》八十五载："康定元年八月二十四日端明殿学士李淑等言，参酌古制，定铜符形制，上刻篆字，曰某处发兵符；下铸虎豹饰，而中分之。右符五，左旁作虎豹头四，左符一，右旁为四窍，令可契合。又以篆文相向侧刻十千字为号。右五符留京师枢密院，左符降付诸处，庆历元年罢。"宋符右内左外，则法秦汉，以十千为号，亦与秦同。惟内五外一，则用唐制。然则宋以前兵符形制皆可知悉，独元时代最近，又贵人皆赐虎符，今实物未有存者，而史亦不载其形制，殊可异也。

吴清卿所藏龟符亦有伪者

吴清卿中丞十六金符斋中所藏各符，以新莽厥戎虎符为最，形制文字精美绝伦。然亦有伪者。如太和门外左龙武军第二及鹰扬卫左紫辉第四二龟符是也。案宋敏求《长安志》云：大明宫"东面一门曰大和门"。又云：太和门外"从西第一曰左羽林军，第二曰左龙武军，第三曰左神策军"。与此符合。然龟符乃武后时物，其时尚未有龙武军也。《旧唐书·职官志》云："初，太宗选飞骑之尤骁健者，别署百骑，以为翊卫之备。天后初，加置千骑，中宗加置万骑，分为左、右营，置使以领之。开元二十七年，改为左、右龙武军。"《新书兵志》则云："及元宗以万骑平韦氏，改为左、右龙武军。"《唐会要》卷七十二亦云："开元二十六年十一月，析左、右羽林军，置龙武军，以左、右万骑营隶焉。"注云："或出二十七年三月二十七日。"此符为天后时物，不应有左龙武军。又考《唐六典》成于开元二十四年，而北军只有左、右羽林二军，无龙武军。杜甫《曲江对雨》诗：龙武新军深驻辇，芙蓉别殿漫焚香"，诗作于天宝时，而军改于开元之末，故曰新军。若天后时已有此军，则不得云新矣。此符必因九仙门外右神策军龟符而伪作者。至鹰扬卫左紫辉第四龟符，鹰扬卫上无左右字样。又鹰扬近在皇城，此符系左符，据唐制不得有第四。（《六典》兵符："王畿之内左三右一。"）此亦伪作。吴氏精鉴为近世所仅见，而亦蓄此物，信乎鉴古之难也。

王复斋钟鼎款识中晋尺跋

古尺存于今者，以曲阜孔氏所藏汉建初尺为最著（此尺有仿制者，较原尺约长二分，世间拓本，以仿制之本为多）。然尚有元延铜尺，不知藏谁氏，余于唐风楼见其拓本，较建初尺原本又约短二分。据此，则前后汉尺度大略可知矣。蜀尺则上虞罗氏藏章武二年弩机，其望山上有金错小尺，与仿制之建初尺长短略同（此弩机后为端忠敏索去，载于《陶斋吉金录》，然图中失摹其尺，殊可惜也）。又藏魏正始弩机，亦有尺度，较建初尺度微长，殆即《隋书·律历志》所谓"杜夔尺"也。晋尺未有传者，世所传晋前尺者拓本，皆出于宋《王复斋钟鼎款识》，国朝诸大家如沈果堂、程易畴、阮伯元等，皆以为此为真晋尺也。然其铭词则曰"周尺，《汉志》镏歆铜尺、后汉建武铜尺、晋前尺并同"，共十九字，与《隋志》所载晋前尺铭词不合，且此尺苟为荀勖所制，必无自称"晋前尺"之理，故罗叔言参事疑为宋人仿造。余考之《宋史·律历志》，知即宋高若讷所造《隋志》十五种尺之一也。《宋志》谓"若讷用汉货泉度尺寸，依《隋书》定尺十五种上之，藏于太常寺：一周尺，与《汉志》镠斛铜斛尺、后汉建武中铜尺、晋前尺同"云云。与传世晋前尺铭文只差三字，则此尺为若讷所造甚明。程易畴乃谓以莽布校之，毫发不爽，遂定为晋前尺。不知若讷此尺正用莽布所造，则自无不合之理。以程氏之聪明而尚为所欺，殊不可解。然《王复斋款识》已收此拓本，则宋人已以此为真晋尺，此亦如政和礼器，南渡后即误以为刘宋器也。然则晋前尺世间久无此物，亦无拓本，虽可以元延、建初二尺及钱布、弩机尺等约略推之，亦仅能得其近似。高若讷所造，复斋所藏，亦所谓得其近似者，遽以是为真晋尺，则大误矣。《隋志》所载前尺以下十四种尺，今亦无一存，不能互相校定。又晋前尺与建武尺同，未必同于建初尺，故晋前尺之真遂不可见。使后世作史者皆效《隋志》之法，则最近之尺必有存者。一尺存则众尺皆存，何至无可考乎。

唐用开皇官尺

汉尺传世者虽有二种，有唐一代之尺则反无存，史亦不言唐尺与前代尺之比例，余其即用开皇官尺。何以徵之？《唐六典》金部郎中职言："凡度，以北方秬黍中者一黍之广为一分，十分为寸，十寸为尺，十二寸为大尺，十尺为丈。"又云："凡积秬黍为度量权衡者，调钟律，测晷景，合汤药，及冠冕之制则用之。内外官司，悉用大者。"而《隋志》谓开皇官尺即后周市尺，当后周铁尺一尺二寸。周隋时以铁尺调律，以市尺当官尺，供公私之用，唐制即出于此。此一证也。开皇以古斗三升为一升，古秤三斤为一斤。唐量未闻，权衡则亦以三两为一大两，分明出于隋制。权既如此，度亦宜然。此二证也。后周铁尺，据达奚震、牛弘校以上党羊头山大黍，累百满尺，谓为合古。则《六典》所云"累黍之尺"，虽语出《汉志》，而事本宇文。又开皇官尺当铁尺十二寸，唐大尺亦当黍尺十二寸。此三证也。《宋史·律历志》载翰林学士丁度等上议："今司天监影表尺，和岘所谓西京铜望臬者，盖以其洛都故物也（原注：晋荀勖所用西京铜望臬，盖西汉之物，和岘谓洛阳为西京，乃唐东都耳）。今以货泉、错刀、货布、大泉等校之，则景表尺长六分有奇，略合宋、周、隋之尺。由此论之，铜斛、货布等尺寸昭然可验。有唐享国三百年，其间制作法度，虽未逮周、汉，然亦可谓治安之世矣。今朝廷必欲尺之中，当依汉泉分寸。若以太祖膺图受禅，尝诏和岘等用影表尺与典修金石，七十年间，荐之郊庙，稽合唐制，以示诒谋，则可且用景表旧尺"云云。如是，则丁度等以宋司天监景表尺为唐尺，其尺当汉泉尺一尺六分有奇。后用铁尺，则当晋前尺一尺六分四厘，故丁度等谓唐尺略合于周隋之尺。此四证也（此宋司天监景表尺，丁度等以为唐尺，然《宋史·律历志》又谓"今司天监圭表乃石晋时天文参谋赵延义所造"，则实非唐物。然五季之世未遑制作，则亦当用唐尺也）。《唐书·食货志》载"开元通宝钱径八分"，罗叔言参事据之以作唐钱尺。案：开元通宝，有唐一代多铸此钱，其大小亦不等，今择其轮廓完好者量之，得建初尺一寸零六毫有奇，而果开元通宝钱十二则当汉建初尺一尺二寸八分一厘（假定建初尺与晋前尺同，则累钱十二正得开皇官尺一尺，当得唐尺之九寸六分），则唐尺与假定之开皇官尺仅差四分。而开通元宝钱铸于武德三年，必用隋尺无疑，故宜由之以校定隋尺，不宜由建初尺而疑唐尺与隋尺不合。此五证也。闻日本奈良正仓院有一尺，相传为唐尺，他日当摹之，以证成余说也。

25

宋三司布帛尺

宋三司布帛尺,世传有仿制之本,不知其所自出。明尺亦罕见,唯近年出土之大明宝钞,《明史·食货志》谓其"方高一尺,广六寸",与国朝量地藩尺正同,约当工部营造尺一尺一寸,实为古今最长之尺矣。

度量权衡变迁之定例

度量权衡,皆由短而长,由小而大,殆为定例。尺则建初尺比元延尺长二分,魏杜夔尺又长于汉尺五分。晋前尺虽同于汉尺,而晋后尺比晋前尺一尺六分二厘。宋氏尺比晋前尺一尺六分四厘。梁朝俗间尺比晋尺一尺七分一厘。后魏前尺比晋前尺一尺二寸七厘,中尺比晋前尺一尺二寸一分一厘,后尺比晋前尺一尺二寸八分一厘。后周市尺、开皇官尺与后魏后尺同,唐亦如之。而其增率之速,莫剧于两晋、后魏之间,三百年间几增十分之三。前此则周尺、汉尺、晋尺虽不必如《隋志》所言全相符合,要其增率不得过数分。求魏晋后所以骤增之故,则由魏时中原户调始课绢布,官吏惧其减耗,又欲多取于民,故其增加之率至大且速。考《魏书·高祖纪》太和十九年"诏政长尺大斗",而《杨津传》:"延昌末,津为华州刺史。先是,受调绢布,尺度特长,在事因缘,共相进退,百姓苦之。津乃令依公尺度。"则自太和末至延昌,不及二十年而其弊如此。又《张普惠传》:神龟中,"天下民调,幅度长广,尚书计奏,复征绵麻。普惠上疏曰:'绢布,匹有丈尺之盈,一犹不计其广;丝绵,斤兼百铢之剩,未闻依律罪州郡。若一匹之滥,一斤之恶,则鞭户主,连三长，此所谓教民以贪者也。今百官请俸，人乐长阔，并欲厚重，无复准极。得长阔厚重者，便云其州能调，绢布精阔且长，横发美誉。不闻嫌长恶广，求计还官者。此百官所以仰负圣明也。'"云云。观于此疏，则当时尺度之增，实由于此。且当时不独尺法增加，又增匹法。自周、汉以来，布帛皆以四丈为匹。《北史·卢同传》谓：后魏熙平间，"同累迁尚书左丞。时相州刺史奚康生征百姓岁调，皆长七八十尺，以邀奉公之誉，部内患之。同于岁禄，官给长绢。乃举案康生度外征调。书奏，诏抵康生罪。"又《北史·崔暹传》亦言："齐天保调绢以七丈为匹，暹言之，乃依旧焉。"由此诸条，则尺度之增，实由历代调绢之故。调法，于绢法之外兼调绵麻，皆以斤计。租则纳米则以石计。权量二者，自汉至隋增至三倍，亦由是故。以调绢之事推之，盖可知矣。

今世所传宋三司布帛尺，较隋唐官尺为短，似出前例之外。然自古讫唐，绢之定制皆以四丈为匹。宋以四丈二尺为匹，尺法所减，以匹法偿之而有余，宋尺稍短，职是故也。元明以后，无绢布之调，明代虽有布缕之征，然皆用米折，而明尺反绝大，又似与前例不合。然明尺之长，当自宋元之际已然。观宋初布帛，幅度二尺五分，元时则仅一尺四寸至一尺六寸（见《元典章》）。其尺度之长，可以想见。自元以后，不课绢布，故国朝工部营造尺反短于明尺，唯量地藩尺独与明尺同。盖因清丈之事，最易扰民，故特用长尺以优之。此与古代因调绢增尺之故大相异矣。

古者岁调绢布，皆纪年月日、郡县及输纳者姓名，观《魏书》张普惠之疏与《北史·卢同传》所纪论奚康生事可知。盖不记郡县、年月日，则无自知调绢长吏为何人。又苟不记输纳者姓名，则鞭户主、连三长之事亦不能有也。至汉之任城国亢父紬，则并记丈尺价值，而不记年月日。考《后汉书·光武十王传》，顺帝时，羌虏数反，任城王崇辄上钱帛佐边费。此紬出古长城下，殆即当时佐边费者，乃国王所献，非民间所纳（汉时除变夷课宾布外，尚无调绢布之制），故但著其地及丈尺价值欤。

考订古尺当以实物为本

孔东塘尚任《建初尺跋》所载建初尺与诸尺比例，多不足信。孔云"建初尺当汉末尺八寸"，已与隋志不合；又云"与开元尺同"，亦与余所考定之唐尺大异。且此二者无传世之物，不识东塘何以知之。余谓考订古尺，当以实物为本，如元延、建初二尺，王莽十布五泉与货布、货泉、契刀、错刀，及唐开元通宝钱、蜀魏弩机尺，实为根本材料，此外诸家之说，除《隋志》外，均当慎取。近唯吴清卿中丞《古玉图考》中之镇圭、揩二尺，虽未可遽视为周尺，要之较诸家架空之说为可据也。

累黍为尺乃无谓之说

累黍为尺之说始于《吕览》。刘歆、班固皆用其说，此最无谓也。历代之尺多以累黍名，而长短不同，后人求之不得，于是有纵黍、横黍，斜黍种种之说，实皆以尺求黍，不能以黍定尺，以为起度之准，殊为失之。此不独黍有大小之差，年有丰耗之异，如《隋志》所云而已，即令黍之大小终古不变，而铢铢而累之，至石必差；寸寸而量之，至大必失。累分为尺，理亦如之。此事理之最易明者，而人乃多为之说，是何异已！

存世秦权量

今世所存秦权，渼阳端氏一家所藏多至数十，合之宇内，数几及百。至于铜量，亦尚有之，大抵刻始皇一诏及二世一诏。始皇之诏乃制器时所刻，固宜每器皆有。至二世诏则因金石刻辞不称始皇帝，欲令明白，故下此诏，乃能使民间用器一一追刻之。亡国一二年间，而法令之行如此，亦历代所未有也。

《齐鲁封泥集存》序

癸丑季秋，罗叔言参事将印行其所藏封泥拓本，属余为之编次并序之曰：

自宋人始为金石之学，欧、赵、黄、洪各据古代遗文以证经考史，咸有创获。然涂术虽启而流派未宏。近二百年始益光大，于是三古遗物应世而出，金石之出于邱陇窟穴者既数十倍于昔。此外如洹水之甲骨，燕、齐之陶器，西域之简牍，巴蜀、齐鲁之封泥，皆出于近数十年中，而金石之名乃不足以该之矣。之数者，其数量之多与年代之古，与金石同；其足以证经考史，亦与金石同，皆古人所不及见也。癸丑之岁，罗叔言先生既印行敦煌古佚书及所藏洹水甲骨文字为《殷虚书契前编》，复以所藏古封泥拓本足补潍县陈氏、海丰吴氏《封泥考略》之阙者甚多，因属国维就《考略》所无者，据《汉书》表、志为之编次，得四百余种，付诸精印，以行于世。窃谓封泥之物，与古玺印相表里。而官印之种类，尤较古玺印为夥，其足以考正古代官制、地理者，为用至大。姑就此编所录，举其荦荦大者。

以官制言之，则汉诸侯王官属之与汉朝无异也。《汉书·诸侯王表》谓"藩国宫室百官同制京师"《百官公卿表》谓诸侯王"群卿大夫都官如汉朝"，贾谊《书》亦谓天子之与诸侯，臣同、御同、宫墙门卫同。初疑其为充类之说，非尽实录。乃此编所载齐国属官，除丞相、御史大夫外，则郎中当汉之郎中令，大匠当汉之将作大匠，长秋当汉之大长秋；下至九卿所属令丞，如太祝、祠祀、园寝诸官为奉常之属，中厩丞为大仆之属，内官丞为宗正之属，大仓、大官、乐府、居室、竭者、御府、永巷、宦者诸官为少府之属，武库丞为中尉之属，食官为詹事之属，钟官为水衡之属，始知贾生《等齐》之篇、孟坚"同制"之说信而有徵，此其关于官制者一也。若夫班氏之《表》、司马之《志》，成书较后，颇有阙遗。此编所录，则汉朝官如雒、阳宫丞、宫司空、私官丞、中私官丞，王侯属官如齐武士丞、齐昌守丞、齐中右马、齐中左马、齐司空长、齐司宫丞、齐左工丞、菑川郎丞、载国大行，郡属县官如水丞、平丞、陶丞，余官如司空、祠官、牧长、橘监、发弩、兵府、冶府，皆班《表》、马《志》所未载。余如挏马五丞中之有农丞，乐府之有钟官（此乐府铸钟镈之官，非水衡掌铸钱之钟官也），钟官之有火丞，技巧之有钱丞，班《表》亦仅列官府之目，未详分职之名，此关于官制者二也。

至于考证地理，所裨尤多。以建置言之，则此编中郡守封泥有临菑、济北二郡；大守封泥有河间、即墨二郡；都尉封泥，有城阳一郡，皆《汉志》所无。按《汉书·高帝本纪》："以胶东、胶西、临菑、济北、博阳、城阳郡七十三县立子肥为齐王。"《史记·齐悼惠王世家》："以齐之城阳郡立朱虚侯为城阳王，以齐济北郡立东牟侯为济北王。"则汉初及全齐之时，有临菑、城阳、济北三郡也。《楚元王世家》：取赵之河间郡，立赵王遂弟辟疆为河间王。是赵国有河间郡也。且济北建国，自兴居国除之后，安都侯未封之前，中为汉郡者十一年；城阳则共王徙淮南后，中为汉郡者四年，皆在孝景改郡守为大守、郡尉为都尉以前。则济北、城阳守、尉二印固所宜有也。唯临菑守一印，则齐国既建之后，当称内史；国除之后，又当称齐郡太守。此印云临菑守，必在高帝初叶，悼惠未封之时，且"临菑"二字，犹当秦郡之名也。夫始皇灭六国，所置诸郡无即以其国名之者。东郡不云卫郡，颖川不云韩郡，邯郸不云赵郡，何独临菑乃称齐郡？然则汉之初，郡必袭秦名，则班固以齐郡为秦置而不云"故秦临菑郡"者，非也。河间、即墨二大守封泥，皆孝景中二年以后物。即墨乃胶东国属县，而河间、胶东二国自孝景以至孝平，未有绝世。光武中兴，乃并河间于信都，以胶东封贾复。然则此二郡大守之印，当在新室之后，建武之初。与《封泥考略》之胶东大守、胶西大守二章，均足补《汉志》之阙者也。此外，县邑封泥，如卢丘丞、卢平丞、梧里丞、稷丞等，前、后二《志》均无此县。此关于地理之处置者一也。《汉表》称列侯所食县曰国，皇太后、皇后、公主所食曰邑。今此编中邑丞封泥二十有九，除琅邪、铚二邑未见封国外，其余二十七皆列侯所食，唯"载国大行"一印乃称国耳。此关于地理之称号者二也。又县邑之名往往歧误，如齐哀王舅驷钧所封国，《史记·孝文纪》作"清郭"，《汉书·文帝纪》作"靖郭"，《史表》作"清都"，《汉表》作"邬"，徐广注《史表》又云"一作枭"。今封泥有"请郭邑丞"，则知此五者皆"请郭"之讹也。华毋害所封国，《史表》作"绛阳"，《汉表》作"终陵"，今有"绛陵邑丞"封泥，则《史记》一误，《汉书》再误也。祕，彭祖之国，《史》《汉》二表并作"戴"，《索隐》"音再"，今有"载国大行""载丞"二封泥，则音不误而字误也。余如"临淄"之为"临菑"、"剧"之为"勮"、"莱芜"之为"来无"、"临辕"之为"临袁"，字有通假，形有增损，非有实物，孰能正之？此关于地理者三也。至于二书违异，无所适从，如《汉表》"浟夷侯周舍"，《史表》"浟"作"郊"；"郁根侯骄"，《史表》作"郁狼"。今封泥有"郊侯邑丞""郁狼乡印"，则《史》是而《汉》非也。济南著县，前、后二《志》均为"著"字，韦昭读为"蓍龟"之"蓍"，师古非之。然后魏济南尚有蓍县，今封泥又有"蓍丞之印"，则韦是而颜非也。东莱掖县，二《志》皆从手旁，唯《齐策》"封安平君以夜邑万户"及"东有夜邑之奉"，均作"夜"字。今封泥有"夜丞之印""夜印"，则《齐策》是也。前《志》平原郡之漯阴，后《志》作"湿阴"，今封泥有"湿阴丞印"，则后《志》是也。齐悼惠王子罢军所封侯国，《史》《汉侯表》均作"管"，独《水经注》以为济南菅县，今封泥有"菅侯丞印"，则《水经注》是也。琅邪不其县，《淮南子·地形训》作"弗其"，今封泥有"𢿛其丞印"，则《淮南》近是也。历数与地名之"歷"，自汉以后均作"歷"字。唯《周礼·遂师》之"抱磨"，《战国策·秦策》及《史记·春申君列传》之"濮磨"，《史记·侯表》之"磨侯"，《乐毅传》之"磨室"，《礼记正义》引《易通卦验》之"律磨"，义虽为歷，而字均作"磨"，转讹作"磨"。今封泥有"磨城丞印"，其字从麻从石，可知作"歷"固非，作"磨"亦误。《颜氏家训》谓《世本》"容城造歷，以'歷'为碓磨之'磨'"，则"歷"之正字自当从麻从石。六朝之际尚作如此，转讹作"磨"，事乃有因，然不有此印，奚以定之？此其关于地理者四也。

凡此数端，皆足以明一代之故，发千载之覆，决聚讼之疑，正沿袭之误。其于史学，裨补非鲜。若夫书迹之妙，冶铸之精，千里之润，施及艺苑，此又此书之余事，而无待赘言者也。至封泥之由来与其运用，详余《简牍检署考》。其出土源流，则叔言先生序中详之，并不赘云。

　　古之书简，以木为之，两牍相合而缠之以绳。牍上刻绳道以容绳，又刻方孔以容封泥，绳自绳道而交错于方孔中，然后置封泥而加玺印焉。《论衡》所谓"简绳检署"是也。故古玺字从土。《说文·土部》："玺，王者之印也，以主土，故从土，尔声。籀文从玉。"段氏注云："籀文从玉，则知从土者古文。"其说是也。唯许君谓"以主土，故从土"，则颇不然。古者上下所用印，通谓之玺，玺非守土者所专有，盖玺印之用，不能离封泥，故其字从玉。统而从玉之玺与从金之鉩，以其体言；从土之玺，则以其用言也。古书简用木，非有封泥，则玺印无所施。《吕氏春秋·离俗览》云："民之于上也，若玺之于涂也，抑之以方则方，抑之以圆则圆。"《淮南子·齐俗训》亦曰："若玺之抑埴，正与之正，倾与之倾。"古人玺印皆施于泥，未有施于缣帛者。考《续汉书·百官志》，少府属官有守宫令，主御纸笔墨，及尚书财用及封泥。故封禅玉检以水银和金为泥，石检则末石和方色土为泥，天子诏书封以武都山紫泥，平人或用青泥（《太平御览》引《东观汉纪》邓训事）。其实一切粘土皆可用之。自废简牍而用纸素，封泥亦与之俱废。讫于后世，视古代玺印若亦施于缣素者，盖不知有封泥之物矣。故道光间蜀中始掘得封泥数十枚，为刘燕庭方伯所得，吴荷屋中丞《筠清馆金文》与赵撝叔司马《续寰宇访碑录》均著录数枚，谓之印范。嗣是齐鲁之间出土愈多，大率归陈寿卿编修与吴子苾阁学，始知为古代封泥，于是有《封泥考略》之作。然世人犹或以为古人封苞苴之泥，即知为封书之物，亦不能详其用法。自余观匈牙利人斯坦因所得于阗古书牍，始悟汉时中原书牍制度略同，证以古籍，一一皆合，语详《简牍检署考》。可知古代遗物，须数十年及数十人之力而后明，若是乎考古之不易也。

书《齐鲁封泥集存》后

《齐鲁封泥集存》中，有清河大守、河间大守、即墨大守三印，文字精绝，自其形制观之，亦当为汉初之物。余前《序》中，以改郡守为大守在景帝中二年七月，《汉书·景帝纪》及《公卿百官表》具有明文。而河间国封于孝景前二年四月，胶东国治即墨封于孝景中二年三月，自是讫于王莽之篡，未尝为汉郡，是前汉不得有此二郡太守，故定为光武初年之物。然细观其形制文字，终不类东京。且考之后汉之初，亦无置即墨郡之理。即墨在前汉为胶东国都，然王莽废胶东国为郡，改为郁秩。郁秩，故胶东属县，则莽时之郁秩郡当治郁秩，而不治即墨。光武但复胶东之名，而郡治仍之，故建武十三年封贾复为胶东侯，食郁秩、壮武、下密、即墨、梃胡、观阳六县，以郁秩为首。至肃宗时，复孙敏有罪，国除，更封复小子邯为胶东侯，邯弟宗为即墨侯，各食一县，以胶东与即墨为二县，胶东前无此县，盖即郁秩。此又后汉初之胶东不治即墨而治郁秩之一证也。故光武初年决无置即墨郡之理，而景帝中二年后胶东国又未尝为汉郡，则此印非汉初之物而何？若云汉初之物，则即墨自战国时已为重地，与临淄并，故张仪说齐王曰"临淄、即墨、非王之有"，田肯说汉高帝亦曰"齐东有琅邪、即墨之饶"。故田市王胶东，实都即墨。汉高帝以胶东等郡封子肥为齐王，文帝分齐别郡，置胶东国，亦仍其故治。而中间胶东郡之称，或为即墨，犹菑川郡之或称剧郡，各以其所治之县名之也。故即墨之为汉初之郡,殆无可疑。

《汉书·高五王传》谓"齐悼惠王得自置二千石",此印犹当为悼惠王所铸也。河间大守、清河大守二印形制相同,亦可因此印而决其为汉初之物。谓汉初已有太守之称,似与《景帝纪》及《百官公卿表》不合,然战国时已有此称。《墨子·号令篇》云:"操大守之节而使者。"又云:"勇士父母亲戚妻子,舍之必近大守。"又云:"望气者舍必近大守。"凡言大守者三。《赵策》:"请以三万户之都封大守,千户封县令。"《史记·赵世家》亦引其文,则战国时已有大守矣。即云《墨子·号令》诸篇多秦汉间制度,或系汉时墨者所作,《战国策》之文亦系后人增损,然上文所陈地理沿革上之证据既如彼,则吾人转可由此封泥而证汉初郡守已名大守,至景帝二年之更为太守、都尉。不过以七国既平,大启郡县,其时守土之官或称郡守,或称大守,乃整齐画一之耳。呜呼!此封泥者,一丸之土耳,而于地理、官制上关系之大如此,信乎古物之可贵也。

封泥中又有齐昌守丞封泥,此亦齐悼惠王时物。案:《汉书·地理志》无昌郡,唯琅邪郡有昌县,又千乘郡博昌下有应劭注曰"昌水出东莱昌阳",皆在齐地,则昌郡非分琅邪郡置,必系东莱郡旧名也。此与即墨郡皆悼惠王所置。此昌守丞印上冠以齐字,尤为明示此事实矣。

俄人获西夏所刻书

十余年前,俄人某于甘肃某地古塔中得西夏人所刻书,有西夏字书,前列西夏文,而以汉文音注之。去秋圣彼得堡大学助教伊凤阁氏携其一叶至京都,余亲见之。全书都五十余叶,字画朴劲，大似北宋末刊本。又有戏曲一种，不知何名，时方观罗叔言参事所藏元刊杂剧，伊君即云板式与此略同。项日本狩野博士直喜至俄京亲见其书，疑为宋时杂剧。狩野君归时，当以照相本来，此事大值研究也。

内阁大库之书之发见

敦煌古写本书发见之后二年，内阁大库之书始问于世。后其书归京师图书馆，其宋元刊本及善本书已具载缪筱珊秘监《学部图书馆书目》矣（在《古学汇刊》中）。此外地志一类已整理讫，亦有目录。然内阁旧有书目档册，系光绪十年间所点存者，庚子之乱，为日本某君所得。余得见传写本，凡《图书馆书目》所载之书，杂见其中，尚有明末国初之重要公文、书籍等有关史事者，不胜枚举，其可贵比之所藏宋元本书或且过之。内阁既不重视此物，学部图书馆亦未注意及此，今不知何在，即未焚毁，亦恐在废纸堆中矣。

内阁大库书之发见也，在宣统元年。时方议摄政典礼，求国初故事不得，乃索诸库中，始知书架之后尚有藏书之处。然光绪十年间，此库曾清厘一次，后乃忘之，盖阁员之与其事者已死亡迁转尽矣。至是乃重整理，归之于图书馆，然流出外间者亦有之。又其时乾隆以前黄本、题本充塞库中，某相以日久无用，奏请焚毁，已得谕旨，乃露积庭中。时罗叔言参事至内阁，取一束观之，乃管松崖干贞督漕时奏牍。又阅一束，则阿文成桂西征奏牍也。皆顺年月排列，颇为整饬。乃言诸学部，以此种题本皆系史材，焚毁可惜，可置京师图书馆中。经学部尚、侍辗转商议，逾月而始往取。幸尚未焚毁，然已暴露月余，经雨数次矣。书至学部时，图书馆未成，乃置诸国子监南学。想今尚无恙，然罕有知其事矣。

内阁大库清厘之役，历科殿试卷亦与黄本、题本俱置庭中，其名人之试卷多为人取去，后亦归学部，置诸大堂后，今尚在云。

曹君直舍人言，内阁库中向有库神，作一龛，奉之甚谨，外垂黄幔，无人敢揭视者。及清厘之役，君直揭视之，则一物包裹甚严，开之则猴骨一具，谛视之则枯树根也。其物想尚在库中。

内阁大库所藏地图凡二大架，背记纸数，用阿剌伯数字，盖康熙中西洋人所测绘也。初内阁以旧图无用，欲焚之。罗叔言参事见之，乃言诸学部，置诸京师国书馆。

乾隆十三排地图铜板，铜质甚厚，而图作凹凸形，须以机器重压，乃能印刷。至咸同间，已无知其印法者。时铜价甚贵，或议毁以铸钱，有沮之者乃止，今当尚在内府。其印本传甚少，唯徐星伯先生松曾有之。

斯坦因所得长城故址汉简

斯坦因博士第二次游历中亚细亚时，于敦煌西北古长城故址得汉代木简数千枚，其文字可读者尚近千枚。携归英伦后，即寄法国沙畹教授处，属其考订，早有刊行之说，至今未果。盖简数太多，尽失编次，欲整齐次第，复还旧观，良非易事，其迟迟出板，非无故也。

长城古简中有字书，然非《急就篇》，意当为《仓颉》《凡将》《训纂》《滂喜》诸书也。考汉时版牍，但为奏事、移文、通问之用，其写书则皆用竹帛。此乃用木，盖西北少竹，故以木代之欤。

斯氏此行，又于长城遗址下掘得汉帛二条。一条广汉尺尺许，长寸许，其上有二十八字，云："任城国古父绸一匹，幅广二尺二寸，长四丈，重廿五两，直钱六百一十八。"其一条广汉尺二尺二寸，长寸许，绸有波纹。此三年前余友自巴黎贻书来言如此。然古"绸"字非帛名，疑本文当作"紬"。又汉任城国食任城、樊、亢父三县，"古父"本文当作"亢父"。至此紬所记之长短、广狭，价值均与古书所记者密合。余另有《古代布帛修广考》，文繁不录。

斯坦因三访古

斯坦因氏第一次访古，以于阗方面为主，所著《古代之和阗》一书，实公其访古之结果者也。第二次访古，则亘新疆全境及甘疆之西北境，而以自塔里木河横绝达马干大沙漠之役最为壮举。后于昆仑山麓之高地感受严寒，丧其一趾。然所得古物，则以在敦煌塞下及罗布淖尔北岸者为多，所著《沙漠中之契丹》（西人称中国之名），则公其第二次访古之结果者也。据最近消息，斯氏去岁又从事第三次之访古，现正在新疆。此次所得，尚未能知其详，然益于世界学术者，必非浅鲜。吾侪既略陈斯氏历次之功绩，又祝其此行之康宁，我国之学者亦可以兴起矣。

敦煌石室古写本书

敦煌千佛洞石室之古写本书，其中梵文、婆罗谜文、回鹘文、吐蕃文之书，大半为斯坦因氏携去。法人伯希和博士继至，乃悉取汉文书籍之佳者以归。所留者尚六七千卷，大抵释典也，亦时时流出，游宦西陲者，往往得之。时罗叔言参事在学部建议，以为此书宜归京师图书馆。甘督乃遣委员某赍送至京师。委员至京，寓甘藩某方伯家，共干没其一部，近年京师市上所流传之写本经卷皆是也。黠者又割裂以售，或添署年号、书人姓名。其流传在外者，不下数百卷。惟刘幼云祭酒得《盐铁论》残卷而珍秘不以示人，罗叔言参事得《春秋后语·秦语》残卷、《太公家教》一卷，与现在京师图书馆之杜正伦《百行章》一卷、唐人《姓氏书》残卷及《开元律疏》第二残卷，为四部之书，其余皆释典也。京师图书馆之敦煌佛经中，亦有他教经典。内有摩尼教经一卷，失去前后题文字，全仿佛经，颇为矩丽，亦当时文士所润色也。曩罗叔言参事百计求得副本，印于《国学丛刊》中。伯希和博士译为法文，并列原文，载于《通报》中。日本羽田亨学士亦有考订，与伯氏之书同时出版，均确证为摩尼教经典。摩尼教之汉文经典，此与前伯希和氏所携归之断片而已。

伯希和博士所得敦煌古写本书，当其留滞京师时，罗叔言参事等所景照印行者，有《古文尚书·顾命》残叶，《沙州志》一卷，《西州志》一卷，唐刊本《一切如来尊胜陀罗尼》、晋天福刊本《金刚经》各一卷，《老子西升化胡经》二卷，《景教三威蒙度赞》一卷，《摩尼教残经》一卷；石刻则有唐初拓本太宗御书《温泉铭》、唐拓欧阳询书《化度寺邕禅师塔铭》一纸、《柳公权金刚经》全卷，皆有印本行世。又慧超《往五天竺国传》有日本藤田学士丰八笺注本。此外小品汇为《敦煌石室遗书》，颇行于世。嗣是伯君又前后寄来影片几及千枚，其中佚书，如郑注《论语》四篇（自《述而》至《乡党》）、无名氏《穀梁经传解释》一卷、无名氏《晋纪》一卷、晋孔衍《春秋后语·魏语》一卷、又节本《赵语》《韩语》《魏语》《楚语》共一卷，唐无名氏《张延绥别传》一卷、唐《水部式》一卷、唐韦澳《诸道山河地名要略》一卷、《残地志》一卷、唐李筌《阃外春秋》二卷、《星经附玄像诗》一卷、北齐祖珽《修文殿御览》一卷、唐杜嗣先《兔园策府》残卷、唐李若立《籯金》一卷，又残类书二卷、无名氏《赞道德经义疏》一卷、《唐人选唐诗》一卷，皆千余年未见之秘册也。此外有《周易王弼注》一卷、《古文尚书孔氏传》（《夏》《商》二书）、《毛诗》四卷、杜预《春秋经传集解》三卷、范甯《穀梁传集解》一卷、陆德明《周易释文》一卷、《庄子》三卷、《文选李善注》二卷，又无注者一卷、徐陵《玉台新咏》一卷，虽大半残缺，与宋以后刊本大有异同，罗君拟尽用玻璃板精印，并加考订，已成其半。数百年来争重宋元刊本，今日得见六朝、唐人写本书，又得读种种佚书，不可谓非艺林一大快事也。

伯君寄来照片中尚有《二十五等人图》《新集文词教林》《文词九经钞》，均唐时浅人所为，芜陋殊甚。又白行简《天地阴阳交欢大乐赋》则房中家言，又有一卷乃唐初某僧行实，此二书罗君拟不印行，而益以所藏《春秋后语·秦语》残卷、《太公家教》一卷。并移书伯君属照《陈子昂集》、唐历日及唐刊《切韵》《唐韵》等，汇成全书，盖敦煌所出四部书之菁华略尽于是矣。

汲冢所出之书，计《纪年》十三篇、《易经》二篇、《易繇阴阳卦》二篇、《卦下易经》一篇、《公孙段》二篇、《国语》三篇、《名》三篇、《师春》一篇、《琐语》十一篇、《梁邱藏》一篇、《缴书》二篇、《生封》一篇、《大历》二篇、《穆天子传》五篇、《图诗》一篇、杂书十九篇，凡七十五篇。七篇简书折坏，不识名题。今其存者，不及十分之一。《师春》一篇，宋时尚存。《纪年》今尚有全帙，然皆后人假托，非汲冢原本。其真汲冢书之存者唯《穆天子传》耳。今敦煌所出之书，其时代虽近，然晋太康距周末仅五百年，今日距离唐末已千年。而分量之多，抑且过之。今得罗君一考订印行之，不至如汲冢之书藏之中秘，旋为灰烬，其有功于艺林大矣。

简牍出土之事

简牍出土之事，古代亦屡有之。其最古而又最富者，为晋太康中之汲冢书。然汲冢之书存今者仅有《竹书纪年》及《穆天子传》二种。而《纪年》一书已非原本，《穆天子传》虽未有窜乱之事，然其中古字不似周代古文，而反似魏三体石经中古文及伪《古文尚书》，则其书之果为汲冢原书否，与当时荀勖、束皙等果能真识古文及能正确写定否，尚一疑问也。与汲冢书同时出土者，当有汉明帝显节陵中册文，则不过一简。又南齐时襄阳人发楚王冢，得《考工记》十余简。唯宋政和中，关右人发地得竹木简一甓，往往散乱，唯《讨羌符》文字尚完。后其简入梁师成家。《三朝北盟会编》载靖康中金人所索宋内府重器，有木简一项，则当时所得者，后为金人辇之而北矣。以数次出土者较之斯坦因氏所得，除汲冢外，其余皆琐屑不足数。即以汲冢书论，则《穆天子传》《纪年》二书，皆周末人所书周初或古代事，自不能尽信。斯氏所得，则皆汉晋人之簿书公牍纪当时事者，较之史书之成于后人手者，尤为可贵。又古代未有摄影之术、印刷之法，流传之道，唯赖释文。而魏晋之交，古文学绝，以隶定古，盖难尽信，故原本既亡，其书即熄。今则简牍西去，印本东来，其可读可释，可久可传，殆无异于原物。此又今日艺术之进步而为古人所不可遇者也。

觚　簿

木简之长者，得汉建初尺一尺五寸许，其余大抵长一尺，即所谓尺牍是也。其形制之异者，有觚有簿。觚者作三棱形，以一面广者为底，而以二狭面向上，自其端望之，则成一钝角二等边三角形。罗叔言参事据古代盛酒之觚及宫室之觚棱，证觚之确为三面，以正颜师古觚为六面或八面之说，其论笃矣。簿则短而广，前绌后直，与笏形相似。余据《汉书·武五子传》《蜀志·秦宓传》及杜预《左传注》，证此种簿非徒用以记事，且以代手板之用，与周人用笏以书思对命同意，皆足以补正余前作《简牍检署考》之不足者也。

简中书体

简中书体，有小篆（仅二简），有隶书，有草隶，有章草。而天汉三年一简，隶书极草率，笔势方折，竟似正书。草隶向唯于汉陶器墓砖中略见一二，简中此体极多。章草则于王莽时简中已见之，而草隶与章草亦无甚界限，亦犹章草之于后世草书也。汉人墨迹，自六朝之末至于唐宋，久已无存，《淳化阁帖》所刻张芝等书，实为几经传摹之本。吾侪生千载后，反得见汉人手迹，不可谓非奇遇也。

传

余于日本大津三井寺圆满院中见唐时通关券二纸。一越州都督府给日本僧圆珍过潼关者，一尚书省司门所给过蒲关者。览时匆促，未及录其文。此即《唐六典》"司门郎中"条所谓"过所"也。"过所"二字，见郑康成《周礼注》，则汉时已有此语，然当时通谓之"传"。汉传或用木，或用帛。其用帛者则谓之"繻"，见《汉书·终军传》。其用木者则谓之"棨"，见《说文》。今英伦帝室博物馆中尚有木传，此十余年前印度政府所派遣之斯坦因博士得之于阗（今和阗）。古护国寺故址者也。斯氏《于阗游记》中所印一种木简，余以汉建初尺量之，长得六寸，广不及一寸，上有汉文，颇漫灭不可辨。然斯氏书中述他简之文，皆载许某人过某地之事，其地名乃龟兹、鄯善、疏勒之类，盖即魏晋间之木传也。其长得六寸，与汉竹使符同。符、传同类之物，则此为汉晋之传无疑。《说文》："专，六寸簿也。"意"专""传"二字，古或通用欤。圆满院中尚有唐人手书诗翰数十纸，皆五、七言近体，略谐平仄，然无一语通者，盖当时海舶贾人所为也。

罗布淖尔北所出前凉西域长史李柏书稿跋

斯坦因博士发掘罗布淖尔北废城后，日本西本愿寺法主大谷伯爵所派遣之橘瑞超氏继至其地，复行发掘，得前凉西域长史李柏书稿三通，表文一通，唯二书稿独完，中不可识者数字而已。其一云："五月七日，□□西域长史关内侯李柏顿首顿首，□□□□恒不去心，今奉台使来西，月二日到此（旁注"海头"二字），未知王消息，想国中平安。王使回复罗从北房中与严参事往，想是到也。今遣使符太往通消息。书不悉意。李柏顿首顿首。"其二云："五月七日，西域长史关内侯□柏顿首□□，阔久不相闻，□怀思想，不知亲相念□□见忘也。诏家见遣□来慰劳诸国，月二日来到海头，不知王问，邑邑。天热，想王国大小平安。王使口遂俱共发，从北房中与严参事往，未知到未？今口使符太往通消息。书不尽意。李柏顿首顿首。"其三曰"五月七日，西域长史关内侯李柏五"，共十四字，以下无字。此三书具书之人名月日，一一相同。又二书中所言之事与所遣之使者亦同，当为一书之草稿。又有表文三行，第一行存"尚书"二字，第二行存"臣柏言焉耆王龙"七字，第三行存"月十五日"共四字，则李柏上张骏之表也。日本羽田亨学士考此诸纸，皆以为李柏上焉耆王之书。然二书稿之致焉耆王，殆无可疑。表文则非是。又以二书为东晋咸和三、四年间所作，然实当在永和以后。盖今日考证前凉史事，则崔鸿《十六国春秋》原本已佚，所可据者，唯有《晋》《魏》二书，而《晋》《魏》二书《张骏传》非编年之书，其叙述不必以事之先后为次，唯司马温公撰《通鉴》时尚及见崔鸿原书，则事实虽当据《晋》《魏》二书，而年代自不能不依《通鉴》，若伪本《十六国春秋》，但可供参核而已。案《晋书》所纪张骏、李柏及西域事，则《骏传》云："西域长史李柏请击叛将赵贞，为贞所败。议者以柏造谋致败，请诛之。骏曰：'吾每以汉世宗之杀王恢，不如秦穆之赦孟明。'竟以减死论。"又云："初，戊己校尉赵贞不附于骏，至是，骏击擒之，以其地为高昌郡。"此二事《晋书》皆不纪其年月，伪本《十六国春秋》则以李柏击赵贞事击于咸和五年，张骏平赵贞事击于咸康元年。《通鉴》不纪此二事，唯于咸康元年（骏之建兴二十三年）纪骏遣杨宣伐龟兹、鄯善一事，永和元年（骏之建兴三十三年）纪杨宣伐焉耆事，及骏分凉、河、沙三州与自称凉王事。今细观橘氏所得李柏之一表二书，实皆张骏称王以后之事，则其时当在永和以后，而不在咸和以前，盖可决也。

何以证之？柏表中称"臣柏"，又称"尚书"，以汉表例之，其上当署"某年某月某日，西域长史关内侯臣柏顿首死罪上尚书"，而断纸失之，明为张骏称王后事。书稿之中，一云"台使"，一云"诏家见遣使来"，"台"与"诏家"皆晋时指斥天子之语。是时晋室僻居江左，信使不通，骏于石勒、石虎虽偶称臣，然未尝真以上国视之，则所谓"台"与"诏家"，实谓张骏，而骏未称凉王以前亦不能有此称也。是时骏虽称凉王，实僭天子制度，故李柏表文称"上尚书"，其对外国，则称之曰台、曰诏家，亦不足怪也。杨宣之伐焉耆，在永和元年，此二书稿必致于焉耆既服之后，事甚明白。其在永和元年以后而不在咸和以前，亦甚明白矣。以此数纸观之，李柏盖两为西域长史，其始击赵贞而败，虽以减死论，自当去官。后骏击擒赵贞，征服龟兹、鄯善、焉耆诸国，柏当有功，故复镇西域。关内侯之封，或亦由是得也。称天子所居为台，盖始于晋。《晋书·惠帝纪》：永兴元年，帝幸长安，"唯仆射荀藩、司隶刘暾、太常郑球、河南尹周馥与其遗官在洛阳为留台，承制行事，号为东西台"。《刘曜载记》云："置单于台于渭城。"《石勒载记》云："乃命洛阳为南都，置行台。"自是以后，相承用之。六朝人谓天子所居曰台城，天子之军曰台军。李柏书称"台使"，亦犹言台城、台军矣。

诏家亦晋时呼天子之语，《苻坚载记》云："初，坚强盛之时，国有童谣曰：'河水清复清，苻诏死新城。'"《桓玄传》云："左右称玄为'桓诏'，桓胤谏曰：'诏者，施于词命，不以为称谓也。汉、魏之主皆无此言，唯闻北虏以苻坚为'苻诏'耳。"今李柏书中称"诏家"，犹言"官家"，语尚可通，后略称"诏"，则信如桓胤所讥矣。《骏传》称"骏所置官僚府寺拟于王者，而微异其名"，其不称天子而称"诏家"，亦所谓"微异其名"者欤。然符坚、桓玄皆袭此名，亦恐不自骏始矣。

海头之地，诸史未见，余此次考释斯氏木简时已详论之，见《流沙坠简序》中，兹不复赘。李柏书中称"严参事"者，参事，参军事之略。参军事一官，始于后汉，孙坚参车骑将军温军事以后，遂为官名，或谓之参军，或谓之参事，皆略其一字。参军则六朝史书中多见之，参事则唯见于此而已。

邸阁为古代储蓄军粮之所

古代储蓄军粮之所，谓之邸阁，其名始见于汉魏之间。元李治《敬斋古今黈》曾于《三国志》及裴松之注中举十一事，予复从《晋书》中得五事，《魏书》中得八事，《水经注》中得十事，《唐书》中得一事，古印中得三事，兹并举之。《魏志·董卓传》注引《献帝纪》曰："帝出杂缯二万匹，与所卖厩马百余匹，宣赐公卿以下及贫民不能自存者。李傕曰：'吾邸阁储峙少。'乃悉载置其营。"此一事也。《张既传》："酒泉苏衡反，既击破之，遂上书请治左城，筑障塞，置烽燧、邸阁以备胡。"此二事也。又《王基传》："基别袭步协于夷陵，协闭门自守。基示以攻形，而实分兵取雄父邸阁，收米三十余万斛。"此三事也。又毋邱俭、文钦作乱，王基与司马景王会于许昌，请"速据南顿，南顿有大邸阁，计足军人四十日粮"。此四事也。《蜀志·后主纪》："诸葛亮使诸军运米，集于斜谷口，治斜谷邸阁。"此五事也。又《魏延传》注引《魏略》云："横门邸阁（在长安）与散民之谷足周食也。"此六事也。又《邓芝传》："先主定益州，芝为郫邸阁督。先主出至郫，与语，大奇之，擢为郫令。"此七事也。《吴志·孙策传》注引《江表传》："策渡江攻刘繇牛渚营，尽得邸阁粮谷、战具。"此八事也。又《孙权传》：赤乌四年，"遣卫将军全琮略淮南，决芍陂，烧安城邸阁"。此九事也。又赤乌八年，"遣校尉陈勋将屯田及作士三万人，凿句容中道，自小其至云阳西城，通会市，作邸阁"。此十事也。又《周鲂传》：鲂谲曹休笺曰："东主遣从弟孙奂治安陆城，修立邸阁，辇资运粮，以为军储。"此十一事也。

以上皆李氏所举。然"邸阁"二字，不独三国时用之，自晋以至后魏尚有此称。以余所知，则《晋书·文帝纪》："蜀将姜维寇陇右，扬声欲攻狄道。帝曰：'姜维攻羌，收其质任，聚谷作邸阁讫，而转行至此，正欲了塞外诸羌，为后年之资耳。'"此十二事。又《李含传》："光禄差含为寿城邸阁督。司徒王戎表含曾为大臣，难见割削，不应降为此职。"此为十三事。又《荀晞传》"晞单骑奔高平，收邸阁。"此为十四事。《周玘传》："钱璯至广陵，杀度支校尉，焚烧邸阁。"则为十五事。《刘渊载记》："离石大饥，迁于黎亭，以就邸阁谷。"则为十六事。此外见于《水经注》尚有十事，亦皆魏晋间之遗址。一、《河水》条：新台"东有小城，崎岖颓侧，台址枕河，俗谓之邸阁城，疑古关津都尉治也"。二、《济水》条："济水又经什城北。城际水湄，故邸阁也。祝阿人孙什将家居之，以避时难，因谓之什城焉。"三、《清水》条："清河又东北迳邸阁城东，城临侧清河，晋修县治，城内有县长鲁国孔明碑。"四、《衡漳水》条："衡漳又北迳巨桥邸阁西。今临侧水湄，左右方一二里中状若邱墟，盖遗囷故窖处也。"五、《洦水》条："洦水又东入汶仓城内。俗以此水为汶水，故有汶仓之名。非也，盖洦水之邸阁也。"六、《泗水》条："泗水又迳宿预城之西，又迳其城南，故下邳之宿留县也（赵一清曰："宿留，'仓犹'之误。"是也。），晋元皇之为安东也。督运军储而为邸阁也。七、《淯水》条："淯水又东南迳士林东。士林，戍名也，戍有邸阁。"八、《江水》条："公安县故侧江有大城，相承云仓储城，即邸阁也。"九、又巴邱山"有巴陵故城，本吴之巴邱邸阁城也。晋太康元年，立巴陵县于此"。十、《赣水》条："赣水又历钧圻邸阁下度支校尉治，太尉陶侃移置此也。"此上十事，半系魏晋间，不必为后魏所置邸阁。《魏书·食货志》云："有司请于水运之处，随便置仓，乃于小平、石门、白马津、漳崖、黑水、济州、陈郡、大梁凡八所，各立邸阁。"《唐书·地理志》：湖州安吉县"北三十里有邸阁池"。此必因古邸阁得名。传世古印又有渭城邸阁督、新平邸阁督、薛邸阁督二印。并敬斋所举，共得三十八事。然此三十八处非无复出，如后魏之小平邸阁，疑即古印之新平邸阁。《魏书·序纪》：穆皇帝"登平城西山，观望地势，乃更南百里，于灅水之阳黄瓜堆筑新平城，晋人谓之小平城"。则新平与小平疑即一邸阁。又后魏之漳崖邸阁，疑即《水经注》之巨桥，济州邸阁疑即《水经注》之什城，未必真有三十八。而其未见记载之邸阁，数或当倍乎此也。以上邸阁，其十分之八皆临水为之，此因便于运输之故。其邸阁大抵有城，其主邸阁事者，则三国时谓之督，晋时或以度支校尉主之。其藏粟多者至三十余万斛。古量甚小，每人日食五升，三十万斛之粟可供十万人六十日食，故王基言"南顿大邸阁，可足军人四十日粮"，非虚语也。此事自秦以来已然。楚、汉之战，食敖仓粟者数年，虽关中转饷数年不绝，然其初，仓粟自足支数十万人数月之食。至隋以后，邸阁之名虽废，然隋氏诸仓存谷至多，时卫州有黎阳仓，洛州有何阳仓，陕州有常平仓，华州有广通仓，通相灌注。又令诸州各立义仓，关中大旱，命农丞王亶发广通之粟三百余万石以拯之。则一仓之储，其富可知。故李密一据洛口仓，而旬日之间聚众数十万；李勣袭黎阳仓，开仓恣食，一旬之间得胜兵二十万余；唐高祖兵入长安，亦发永丰仓以赈饥民。承炀帝奢侈、生民流离之后，而储蓄之多尚如此，又在魏晋六朝邸阁之上矣。

姐即母

余见元刊本关汉卿《闺怨佳人拜月亭》杂剧，称父为阿马，母为阿者。阿马为女真语，今犹用之，殊不知其所出。若阿者，则恐金人所用古语也。《淮南子·说山训》："东家母死，其子哭之不哀。西家子见之，归谓其母曰：'社何爱速死，吾必悲哭社'"。高诱注："江淮谓母为社。"《说文》："姐，蜀人谓母曰姐，淮南谓之社，从女，且声。"读若左。《广雅·释亲》："姐，母也。""社""姐"音略近，"姐"即"社"也。故《北齐书》太原王绍德称其母李后为姊姊。至南宋时，高宗犹呼韦太后为大姐姐（见《四朝闻见录》）。则金人呼母为"啊者"，即"啊姐"之音转，未必为女真语也。

哥　子

洛阳新出五代韩通墓志称其子为三哥、七哥。宋元人小说载韦太后对徽宗言，呼高宗曰九哥（语出《南渡录》及《宣和遗事》，虽伪书，其称谓当所有本）。蔡绦《铁围山丛谈》亦记徽宗目其仲兄曰十哥。然则哥者，就其父而呼其子，犹今之呼哥子也。元世祖呼董文炳为董大哥，以其为董俊之长子也。成宗呼董士选为董二哥，以其为文炳之次子也。禁中呼皇子为阿哥，其意亦同。与兄称无涉也。

帝为始祖之父

今日仆婢对主人之称，皆子孙对祖、父之称也。曰大人、曰老爷、曰爷、曰太太、曰奶奶、曰娘娘皆是，曰少爷、曰小姐亦然。姐乃母之称，非姊妹之姊也。推而上之，则谓天为上帝，天子自称曰皇帝，亦祖先之称。古者谓始祖之父曰帝，帝者，蒂也。古文"帝"字，像蒂之形，人出于帝，犹花出于蒂。王者祭其祖之所自出，谓之禘。禘，谓祀帝也，故《诗》曰："皇皇后帝，皇祖后稷。"商鼎文曰"帝己、祖丁、父癸"，帝、祖、父并言，明乎帝为始祖之父也。始祖可知，始祖之父不可知，故帝之。帝之者，神之也。至《曲礼》谓"措之庙，立之主，曰帝"，则又推始祖之父之称，以称既死之祖父。至以称天神，当为后起之名，汉儒不知此义，乃有感生帝之说。秦始皇不知此义，乃自称皇帝，则又近于预凶事矣。

官　家

汉人谓天子曰"县官"，六朝及唐宋谓之"官家"，宋禁中云"官里"，金元人亦如之。宋人以"五帝观天下，三王家天下"释"官家"二字，非也。官家，犹古称王家、公家，唐人言州家、使家（见《昌黎集》）耳，其意与"官里"无异。

总　统

西洋共和国之执政者，我国昔译之曰总统。元时有"总统天下佛教道教""总统某地佛教道教"等名目，然人罕以是称之。其得此称而最著者，则杨琏真伽之称杨总统是也。

名有以卑为尊者

名有以卑为尊者，如周之执国政者谓之冢宰、太宰。案《说文》："宰，罪人在屋下执事者。"是"宰"本至贱之称。自春秋以后，则执国政者或谓之相，或谓之相国，或谓之丞相，或浑言之，谓之宰相。然"相"之本义，谓瞽者之相，亦贱者也。汉中叶后，政在尚书、中书，后代因之，至唐即以尚书令、仆射、侍中、中书令为宰相之官。然此数官，皆汉之卑官也。明以后，宰相称大学士，然其初亦只五品官。此皆先卑而后尊者也。有以尊为卑者，如称秀才为相公，医生为大夫、为郎中，掌礼为大夫，典夥为朝奉，薙发匠为待诏皆是。然比之五代、宋初呼小儿为太保，走卒为太尉者，则又不足怪矣。

古者称他人之妻为内子

古者大夫之妻称内子，犹天子之妻称后、诸侯称夫人，乃他人尊之之称，非大夫自称其妻也。盖子者，男子之美称；内子，则女子之美称。今则上下通有此称，并为夫对人称妻之辞，与古异大矣。

古者夫非美称

古者"夫"非美称，《诗》云"狂夫"，《春秋左氏传》云"役夫""畔夫"，《论语》云"鄙夫"，《孟子》云"顽夫""懦夫""薄夫"。其单称"夫"者，如《诗》之"夫也不良"，《左传》之"去之夫，其口众我寡"，《公羊传》"夫何敢？是将为乱乎？夫何敢"，《檀弓》之"夫夫也，为习于礼者"，皆轻蔑之辞。盖古者臣虏谓之夫，盂鼎云："锡女邦司三百人，鬲自驭至于庶人六百有五十有九夫。锡乃司王臣十有二百人，鬲千有五十夫。"吴清卿中丞释"鬲"为"献"。《大诰》"民献有十夫"，文例正同。吴说是也。然则邦司王臣称人，献及庶人称夫，显有区别。盖献者，战胜所俘之民，《曲礼》"献民虏者操右袂"是也。《酒诰》"汝劼毖殷献臣"，《洛诰》"殷献民，乱为四方新辟，作周孚先"，献臣、献民犹殷之遗臣、遗民。周之克殷，虽未必尽俘其众，然谓之为"献"，当为古代遗语。观周公迁殷顽民于雒，分鲁、卫以殷民七族、殷民六族，皆殷之献臣献民也。孔子所谓文献不足者，盖亦谓遗老既尽，无能谈夏殷故事者。郑康成训"献"为"贤"与伪孔传以"献"为"善"，均失其指矣。故盂鼎以"献"别于王臣，谓之曰若千夫。古金文中赐夫者尚多，皆战胜所俘者也。然则大夫、夫人与夫妇之"夫"，盖其后起矣。古文"臣"字像俯伏之形，其始与"献"字同意，故《书·微子》曰"殷其沦丧，我罔为臣仆"，《诗·小雅》亦云"民之无辜，并其臣仆"，《左传》"男为人臣，女为人妾，故名男曰圉，女曰妾"，康成注《孝经》亦曰"臣，男子贱称"，则臣亦谓臣虏。盂鼎所以分别臣与献者，盖臣为旧附之民，献为新俘之民，犹元时之分汉人与南人矣。

家 人

今谓仆隶高家人。案《汉书·儒林传》："窦太后好《老子》书，召问辕固。固曰：'此家人言耳。'"师古曰："家人言僮隶之属。"则汉时已有此称。《王无功集》陈叔达《答无功书》云："贤弟千牛及家人典琴至。"则唐人通称仆为家人，故师古注《汉书》云尔。孔子时弟子称师为子，孟子则称其弟子为子。周时诸侯之臣称诸侯为君，汉时则皇帝称臣下为君。汉文帝称冯唐为父尤奇，然《史记》作"父"，《汉书》已改为"父老"矣。韩退之《祭女挐文》自称曰"阿爹""阿八"，赵彦卫《云麓漫钞》疑唐人称母为"阿八"，今南方则称父为"阿八"，金人称父为"阿马"。然古今皆称母为"阿妈"。

令弟与家兄

今人称人之弟曰令弟，自称其兄曰家兄，由来已久。然谢灵运《酬惠连》诗云"末路值令弟"，李颀《放歌行答从弟墨卿》亦云"吾家令弟才不羁"，乃自称其弟也。余见唐人所书晋孔衍《春秋后语》背记，有沙州人咏张义潮之兄义泽入朝事，语极鄙俚，曰"家兄亲事入长安"，乃称他人之兄为"家兄"，可与谢康乐之"令弟"作一巧对。

《望江南》《菩萨蛮》唐人最多为之

上虞罗氏藏敦煌所出唐写本《春秋后语》纸背，有唐咸通间人所书《望江南》词二阕、《菩萨蛮》词一阕，别字甚多，盖僧雏戏笔。此二阕唐人最多为之，其风行实始于太和、太中间，不十年间已传至边陲，可见风行之速矣。

《木兰辞》为唐太宗时所作

乐府《木兰辞》，人人能诵之，然罕知其为何时之作。以余考之，则唐太宗时作也。其诗云："策勋十二转，赏赐百千强。"按隋以前，但有官品，未有勋级，唐始有之。《唐六典》："司勋郎中掌邦国官人之勋级，凡十有二等，十二转为上柱国，比正二品。"则此诗为唐时所作无疑。又诗中可汗与天子杂称，唐时唯太宗称天可汗，当是太宗时作。前人疑为六朝人诗，非是。

杜工部诗史

杜工部《忆昔》诗："忆昔开元全盛日，小邑犹藏万家室。稻米流脂粟米白，公私仓廪俱丰实。九州道路无豺虎，远行不劳吉日出。"此追怀开元末年事。《通典》载开元十三年封太山，米斗至十三文，青、齐谷斗至五文。自后天下无贵物，两京米斗不至二十文，面三十五文，绢一匹二百一十文，正此时也。仅十余年，至天宝十四载十一月，工部自京赴奉先县，作《咏怀》诗，时渔阳反状未闻也，乃云："朱门酒肉臭，路有冻死骨。"又云："入门闻号咷，幼子饥已卒。""所愧为人父，无食至夭折。""生常免租税，名不隶征伐。抚迹犹酸辛，平人固骚屑。"盖此十年间，吐番、云南相继构兵，女谒贵戚穷极奢侈，遂使禄山得因之而起。君子读此诗，不待渔阳鼙鼓而早知唐之必乱矣。

杜诗云："经须相就饮一斗，恰有三百青铜钱。"此至德初长安酒价也。"岂闻区绢直万钱"，此广德间蜀中绢价也。"云帆转辽海，粳稻来东吴。"此天宝间渔阳海运事也。三者史所不载，而于工部诗中见之，此其所以为诗史欤。

吴梅村《清凉山赞佛》诗与董小宛无涉

吴梅村《清凉山赞佛》诗四首咏孝献章皇后事，盖其时民间盛传世庙入五台山为僧之说。然梅村此诗第三首云："回首长安城，缁素惨不欢。房星竟未动，天降白玉棺。惜哉善财洞，未得夸迎銮。"是世祖虽有欲幸五台之说，未果而崩也。而《读史有感》八首之一则云："弹罢薰弦便薤歌，南巡翻似为湘娥。当时早命云中驾，谁哭苍梧泪点多？"其二曰："重璧台前八骏蹄，歌残黄竹日轮西。君王纵有长生术，忍向瑶池不并栖。"又似真有入道之事。盖梅村时已南归，据所传闻者书之，故二诗前后异辞。即《读史有感》之第三、第八两首，亦云"九原相见尚低头"（案：此系误记，当为《古意》之四中诗句。参见下文。），又云"扶下君王到便房"，与前二首不合矣。

《清凉山赞佛》诗云："王母携双成，绿盖云中来。汉主坐法宫，一见光徘徊。"又云："可怜千里草，萎落无颜色。"诗中明寓一"董"字。世祖御制《孝献皇后行状》亦称董皇后。近有妄人，谓后即冒辟疆姬人董小宛白，附会梅村《题董白小象》诗有"墓门深更阻侯门"之句，又以《梅村集》中此诗之次为《题董君画扇》诗二首，又其次为《古意》六首，其末章云"掌上珊瑚怜不得，却教移作上阳花"，横相牵涉，遂以御制《行状》与辟疆《影梅庵忆语》合刻一帙。近缪艺风秘监《云自在堪笔记》中亦载此《行状》，已微辨其误。案：董氏实董鄂氏，又作栋鄂氏，为八旗著姓。世祖妃嫔中，出于董鄂氏者共四人。一即孝献皇后，内大臣鄂硕之女，顺治十三年十二月己卯封皇贵妃，十七年八月壬寅薨，以皇太后旨追封为皇后。梅村《清凉山赞佛》诗实为后而作也。又世祖贞妃亦董鄂氏，轻车都尉巴度之女，即以世祖晏驾之日自杀。顺治十八年二月壬辰谕曰："皇考大行皇帝御宇时，妃董鄂氏赋性温良，恪其内职。当皇考上宾之日，感恩遇之素深，克尽哀痛，遂尔薨逝。芳烈难泯，典礼宜崇。特进名封，以昭淑德，应追封为贞妃。钦此。"梅村《读史有感》八首及《古意》六首亦间为妃作。此外妃嫔中尚有二董鄂氏，一后封皇考宁谧妃，一封皇考端懿妃，皆见于纪载者也。至世祖二后，则废后博尔济锦氏既降为静妃，后博尔济锦氏即孝惠皇后亦无宠，见于御制《孝献皇后行状》及屡次谕旨中。由此事实，知不独董小宛之说荒谬不足辨，即梅村《读史》《古意》诸诗，自可迎刃而解。其《读史》之三云："昭阳甲帐影婵娟，惭愧深恩未敢前。催道汉皇天上好，从容恐杀李延年。"《古意》之四云："玉颜憔悴几经秋，薄命无言只泪流。手把定情金合子，九原相见尚低头。"此二首为孝献作。至《读史》之八云："铜雀空施六尺床，玉鱼银海自茫茫。不如先拂西陵枕，扶下君王到便房。"《古意》之二云："豆蔻梢头二月红，十三身入万年宫。可怜同望西陵哭，不在分香卖履中。"此二首则为贞妃作。若《古意》之一云："争传嫠女嫁天孙，才过银河拭泪痕。但得大家千万岁，此生那得恨长门。"此首当指孝惠或静妃言之。又《读史》之七云："上林花落在芳尊，不死铅华只死恩。金屋有人空老大，任他无事拭啼痕。"则又兼写数人事。此外各首，当一一有所指，然与董小宛无涉则可断也。

吴梅村《仿唐人本事诗》为孔四贞作

梅村《仿唐人本事诗》四首，其后三首，靳氏《集览》谓为孔有德女四贞作是也。殊不知第一首亦然，其辞曰："聘就蛾眉未入宫，待年长罢主恩空。旌旗月落松楸冷，身在昭陵宿卫中。"案顺治十三年六月癸卯谕礼部曰："奉圣母皇太后谕：定南武壮王女孔氏，忠勋嫡裔，淑慎端庄，堪翊壶范，宜立为东宫皇妃。尔部即照例备办仪物，候旨行册封礼"云云。是四贞立为皇妃，已有谕旨，未及册封而世庙登遐，后遂适孙延龄，故有"待年长罢"之句。然则此四首实皆为四贞作也。

季沧苇辑《全唐诗》

《钦定全唐诗》以明海盐胡震亨之《唐音统签》为蓝本，此人人所知也。余在京师，见泰兴季沧苇侍御振宜所辑《全唐诗》清稿，计一百六十册，中缺二册，蓝格写本，卷首有"晚翠堂""嘉定钟岩张氏图书""听秋馆""扬州季南宫珍藏印""汪士钟读书""树园圆书"诸印，他卷又有"大江之北御史季振宜章""扬州季沧苇氏珍藏印"诸印。前有康熙十二年沧苇自序，称："集唐以来二百九十二年及五代五十余年之诗，得一千八百九十五人，得诗四万二千九百三十一首。经始于康熙三年，断手迄今十二年，正十年矣。"又云："常熟钱尚书曾以《唐诗纪事》为根据，欲集成唐人一代之诗，事未毕。予乞其稿于尚书族孙遵王，残断过半，踵事收拾而成七百余卷"云云。其标题初曰《唐诗》，后改《全唐诗》。其诗所出之书，皆以朱文印印之（如《文苑英华》之类）。卷二百九十一《张文昌集》后、卷三百四十后均有沧苇手题。此书索值甚昂，后未知归谁氏。案：康熙间《全唐诗》局开于扬州，曹楝亭通政方为两淮盐政，实主其事，沧苇之书近在咫尺，不容不入局中。且书成即用其名，则于胡书之外兼本季书可知。季序称其书原本出于钱东涧，东涧与胡孝辕非不相知者，或闻胡氏《统签》已成，因而中止，而沧苇未见胡书，遂因而成之欤？惜胡书仅存戊、癸二签，不能一一比校。又当时书肆索书甚亟，并不及与《钦定全唐诗》一比校为憾事也。

历代官书，例多剽窃。如北齐《修文殿御览》，陈振孙疑其用梁徐僧权《编略》；宋《太平御览》则又以《修文殿御览》《艺文类聚》《通典》《文思博要》诸书为之。敦煌新出之《修文殿御览》残卷出，而更得一确证。《钦定续通考》之稿本前年尚在厂肆，乃据明王圻《续通考》而增删之者。《全唐诗》亦然。邓元铨之《全金诗》幸当时自行奏进，故仍题其名，否则修书之臣又将攘为己作矣。

罗振玉藏元刊杂剧三十种

上虞罗氏所藏元刊杂剧，凡三十种，旧藏吴门顾□，去岁日本人某购之以东，为罗君所得，乃黄荛圃故物也。荛翁题跋屡夸其所藏词曲之富，以明李中麓所居有"词山曲海"之名，故自名其室曰学山海居。其所藏词之最著者，有元刊《东坡乐府》二卷、元刊《辛稼轩长短句》十二卷，后归汪氏艺芸精舍，今在杨氏海源阁，临桂王氏四印斋曾刊之。此外尚有汲古毛氏影宋本词若干种，亦见他题跋中。唯所藏元曲，世未有知其详者。其见于《士礼居题跋》者，仅《太平乐府》《南峰乐府》二种与钱唐丁氏所藏元刊《阳春白雪》为荛翁故物耳，不谓尚有此秘笈。此书书匣尚为黄氏旧物，上刊莪翁手书楷十二字，曰"元刻古今杂剧乙编士礼居藏"，隶书二字，曰"集部"。此编既为乙编，则尚有甲编，今不知何在矣。此三十种中，其为《元曲选》所有者十三种，其目为：

《大都新编楚昭王疏者下船》（郑廷玉撰）、《新刊的本泰华山陈搏高卧》（马致远撰）、《赵氏孤儿》（纪君祥撰）、《新刊的本薛仁贵衣锦还乡》（张国宾撰）、《新刊关目陈季卿悟道竹叶舟》（范康撰）、《大都新刊关目公孙汗衫记》（张国宾撰）、《新刊关目看钱奴买冤家债主》（郑廷玉撰）、《新刊关目马丹阳三度任风子》（马致远撰）、《新刊关目张鼎智勘魔合罗》（孟汉卿撰）、《新刊死生交范张鸡黍》（宫天挺撰）、《新编岳孔目借铁拐李还魂》（岳伯川撰）、《新刊的本散家财天赐老生儿》（武汉臣撰）。此十三种与《元（新）曲选》本大有异同。此外十七种则明以后未有刊本，其目为：

《古杭新刊关目李太白贬夜郎》（王伯成撰）、《新刊关目严子陵垂钓七里滩》（宫天挺撰。此本撰人本无可考，唯元钟嗣成《录鬼簿》载天挺有《严子陵钓台》杂剧，此剧意极似天挺所撰《范张鸡黍》，殆即宫所撰也）、《古杭新刊尉迟恭三夺槊》（尚仲贤撰）、《古杭新刊关目风月紫云庭》（据《录鬼簿》，石君宝、戴善甫均有诸宫调《风月紫云庭》杂剧，此不知谁作）、《大都新编关张双赴西蜀梦》（关汉卿撰）、《新刊关目诈妮子调风月》（关汉卿撰）、《古杭新刊关目辅成王周公摄政》（郑光祖撰）、《新刊关目诸葛亮博望烧屯》（撰人无考）、《新刊关目全萧何追韩信》（金仁杰撰）、《古杭新刊的本关大王单刀会》（关汉卿撰）、《新编关目晋文公火烧介子推》（狄君厚撰）、《新刊关目闺怨佳人拜月亭》（关汉卿撰）、《大都新刊关目的本东窗事犯》（孔文卿撰）、《古杭新刊霍光鬼谏》（据元姚桐寿《乐郊私语》，乃元杨梓撰）、《新编足本关目张千替杀妻》（撰人无考）、《古杭新刊小张屠焚儿救母》（撰人无考）。原书皆不著撰人姓名，余为考订之如右。唯《小张屠焚儿救母》一本前人从未著录，盖亦元末明初人所未见也。此书大抵有曲无白，讹别之字满纸皆是，板乐亦似今之七字唱本，然皆为元刊元印无疑。其中唯《范张鸡黍》《岳孔目》《替杀妻》《焚儿救母》四种为大字，余均小字。其题"大都"或"古杭新刊"云云，恐著其原本所出，未必后人汇集各处本而成此书也。

尧圃所藏者，尚有元刊《琵琶记》，见于《题跋》。今贵池刘氏所藏者，不知即其书否？

黄尧圃所藏元刊本《琵琶》《荆钗》二记，均归汪阆园，见《艺芸精舍宋元本书目》。后《琵琶记》为吴县潘文勤公所得，又入溳阳端忠敏家。中敏卒后，其书在贵池刘葱石处，内元刊《荆钗记》亦在刘氏。然据缪艺风秘监言，《荆钗记》中有制艺数篇，显系明刊。余向疑《荆钗》为明宁献王作，何以有元刊本，闻秘监言乃悟。

元刊《小张屠焚儿救母》杂剧

元刊无名氏《小张屠焚儿救母》杂剧，元钟嗣成《录鬼簿》、明宁献王《太和正音谱》均未著录。其剧演汴梁张某，业屠，事母孝，母病剧，向其邻王员外贷钱购药，不允。乃与其妻遥祷东岳神，愿以其子焚诸醮盆内，以乞母命，母病果愈。至三月二十八日东岳生辰，乃携其子往泰安还愿。适王员外亦挈其子万宝奴往，神乃令鬼卒以王子易张子，而送张子还汴。初疑世不容有此种残酷事,及读《元典章》五十七,乃知元时竟有是俗。《典章》载:"皇庆二年正月某日,福建廉访司承奉行台准御史台咨:承奉中书省劄付呈,据山东京西道廉访司申,本道封内有泰山东岳,已有皇朝颁降祀典,岁时致祭,殊非细民谄渎之事。今士农工商,至于走卒、相扑、俳优、倡伎之徒,不谙礼体,每至三月,多以祈福赛还口愿,废弃生理,敛聚钱物金银器皿鞍马衣服缎疋,不问远近,四方辐辏,百万余人连日纷闹。近为刘信酬愿,将伊三载痴儿抛投醮纸火池,以致伤残骨肉,灭绝天理,聚众别生余事。岳镇海渎,圣帝明王,已蒙官破钱物,命有司岁时致祭,民间一切赛祈并宜禁绝。得此,本台具呈照详,送刑部与礼部,一同议得(中略)。今承现奉刑部约,请到礼部郎中李朝列,一同议得:岳渎名山,国家致祭,况泰山乃五岳之尊。今此下民,不知典礼,每岁孟春,延及四月,或因父母,或为己身,或称祈福以烧香,或讬赛神而酬愿,拜集奔趋,道路旁午,工商技艺,远近咸集,投醮舍身,无所不至。愚惑之人既众,奸恶之徒岂无?不唯亵渎神灵,诚恐别生事端。以此参详,合准本道廉访司所言,行移合属,钦依禁治,相应具呈照详,得此,都省仰依上施行"云云。则往泰山焚儿还愿,元时乃真有此事,不过剧中易刘信为张屠,又谬悠其事实耳。元时火葬之风最盛,乃至焚及生人,迷惑之酷竟至于此!乃国家禁之,作剧者犹若奖励之,是亦不可以已乎?

元刊《张千替杀妻》杂剧,《太和正音谱》录作《张子替杀妻》,乃《谱》误。也其关目与《太平广记》中载唐人小说《冯燕传》略同。宋曾布曾以大曲《水调歌头》咏冯燕事,载于宋王明清《玉照新志》,后人或推为戏曲之祖,其实宋人此等大曲甚多,不自布始也。此剧岂翻曾布大曲为之而易其姓名,抑元人又有此种事耶？剧后不云遇赦事，与冯燕略异。然其正名云："贤明待制翻疑狱，鲠直张千替杀妻。"则其案亦遭平反，事殆在白中，而刊本删之欤。

元刊本《霍光鬼谏》杂剧

元刊《霍光鬼谏》杂剧，《太和正音谱》著录属之无名氏，然元姚桐寿《乐郊私语》谓海盐"少年多善歌，乐府皆出于澉川杨氏，当康惠公梓存时，节侠风流，善音律，与武林阿里海涯之子云石交善。云石翩翩公子，无论所制乐府、散套，骏逸为当行之冠，即歌声高引，可彻云汉。而康惠独得其传，今杂剧中有《豫让吞炭》《霍光鬼谏》《敬德不伏老》，皆康惠自制，以寓祖父之意，第去其著作姓名耳。其后长公国材、次公少中复与鲜于去矜交好。去矜亦乐府擅场，以故杨氏家僮千指，无不善南北歌调者。由是州人往往得其家法，以能歌名于浙右云"。则此剧实海盐杨梓所撰。梓，《元史》无传，唯一见于《爪哇传》中。当至元三十年征爪哇，梓以招谕爪哇等处宣慰司官随福建行省平章政事伊克穆苏，以五百人、船十艘先往招谕之，大军继进。爪哇降，梓引其宰相昔刺难答吒耶五十余人来迎。后官至嘉议大夫、杭州路总管，致仕。卒赠两浙都转运使，上轻车都尉，追封宏农郡侯，谥康惠。《乐郊私语》详载其历官爵谥如此。明董谷《续澉水志》载元徐思敬《宣慰杨公斋粮记》云："前浙西道宣慰少中杨公，居海盐之澉川镇，事其考安抚总使杨公以孝闻"云云。则梓又尝为安抚总使。考元代名公如刘太保、卢疏斋等，虽多为小令套数，未尝作杂剧。杂剧家之有事功历显要者，梓一人而已。又据《乐郊私语》所记，则后世之海盐腔，元时已有之，且自梓家出，然梓所撰杂剧，则固纯用北曲也。

元剧曲文之佳者

前所记佚剧十七种中，曲文之佳者，当以关汉卿之《闺怨佳人拜月亭》为最。向来只传南曲《拜月亭》记，明人如何元朗、臧晋叔等均盛称之，以为在《琵琶》之上。然细比较之，其佳处均自北剧出，想何、臧辈均未见此本也。他如王伯成之《李太白贬夜郎》，宫大用之《严子陵垂钓七里滩》，在元剧中亦当为上驷。大用尝为钓台书院山长，《七里滩》剧当作于为山长时也。

小说与说书

通俗小说称若干回者，实出于古之说书。所谓"回"者，盖说书时之一段落也。说书不知起于何时，其见于记载者，以北宋为始。高承《事物纪原》九云："仁宗时，市人有能谈三国事者，或采其说，加缘饰作影人。"《东坡志林》六云："王彭尝云：'涂巷中小儿薄劣，为其家所厌苦，辄与钱令聚坐听说古话。至说三国事，闻刘元德败，频眉蹙；闻曹操败，即喜唱快。'"孟元老《东京梦华录》所载，崇宁、大观以来，京瓦伎艺则讲史有"李慥、杨中立、张十一、徐明、赵世亨五人。小说有王颜喜、盖中宝、刘名广三人。又有"霍四究说三分，尹常卖五代史"。则北宋之末已有讲史、小说二种，说三分与卖五代史，亦讲史之类也。南渡后，总谓之"说话"。宋无名氏《都城纪胜》谓说话有四种：一小说，一说经，一说参请，一说史书。周密《武林旧事》、吴自牧《梦粱录》所纪略同。《纪胜》与《梦粱录》并谓，小说人能以一朝一代故事，顷刻间提破。则小说同说史书亦无大别，然大抵敷衍烟粉、灵怪，无关史事者。说经则演说佛经，说参请则说宾主参禅悟道等事，而以小说与说史为最著。此种小说，传于今日者有旧本《宣和遗事》二卷，钱曾《也是园书目》列之宋人词话中（钱《目》作四卷），误。复归黄荛圃，刻入《士礼居丛书》。荛圃以书中避宋光宗讳，定为宋本。然书中引宋末刘克庄诗，又纪二帝幽辱事往往过甚，疑非宋人所为。若避宋讳，则元明人刊书亦沿宋末旧习，不足以是定其为宋本也。又曹君直舍人藏元刊《五代平话》一书，中阙一、二卷，体例亦与《宣和遗事》相似，前岁董授经京卿刊之鄂中，尚未竣工。吾国古小说之存者，惟此二书而已。

宋椠《大唐三藏取经诗话》跋

顷于日本内藤博士处见巾箱本《大唐三藏取经诗话》照片，版心高三寸，宽二寸许，每半页十行，每行十五字，阙卷上第一页，卷中二、三两页，卷末书题后有"中瓦子张家印"一行。旧为高山寺藏书，今在东京三浦子爵所。内藤君言东京德富苏峰藏大字本题《大唐三藏取经记》云云，不知与小字本异同如何。案：中瓦子为南宋临安府街名。瓦子者，倡优剧场所萃之地也。《梦粱录》十九云："杭之瓦舍，内外合计有十七处，如清冷桥熙春楼下谓之南瓦子，市南坊北三元楼前谓之中瓦子"云云（此书题中瓦子张家印，似即倡优说唱的本）。又卷十三《铺席》门：保佑坊前张官人诸史子文籍铺，其次即为中瓦子前诸铺。则所云"张家"即"张官人诸史子文籍铺"。此书不避宋讳名。犹当为宋元间所刊行者也。此书体例亦与《五代平话》《宣和遗事》

略同，三卷之书共分十七节。亦后世小说分章回之祖。其称"诗话"，非宋士大夫间所谓"诗话"，以其中有诗有话，故得此名。其有词有话者，则谓之词话。《也是园书目》有宋人词话十六种，其目为《灯花婆婆》《种瓜张老》《紫罗盖头》《女报冤》《风吹轿儿》《错斩崔宁》《小亭儿》《西湖三塔》《冯玉梅团圆》《简帖和尚》《李焕生王陈雨》《小金钱》十二种，不著卷数。其它四种，则为《宣和遗事》四卷（实二卷），《烟粉小说》四卷，《奇闻类记》十卷，《湖海奇闻》二卷。"词话"二字，非遵王所能杜撰，意原本必题《灯花婆婆词话》《种瓜张老词话》等，故遵王仍用之。若《宣和遗事》四种，亦当因其体例相似，故附于后耳。《侯鲭录》所载商调《蝶恋花》，于叙事中间以《蝶恋花》词，乃宋人词话之尚存者。此本用诗不用词，故称诗话，皆《梦粱录》《都城纪胜》所谓"说话"之一种也。书中元奘取经，均出猴行者之力，实为《西游记》小说所本。又考陶南村《辍耕录》所载院本名目，实为金人之作，中有《唐三藏》一本。《录鬼簿》所载元吴昌龄杂剧亦有《唐三藏西天取经》，其书至国初尚存。钱曾《也是园书目》有吴昌龄《西游记》四卷，曹寅《楝亭书目》有《西游记》六卷，无名氏《传奇汇考》亦有《北西游记》，云"全用北曲，元人作"，盖即昌龄所撰杂剧也。

今金人院本、元人杂剧皆不传，而宋元间所刊话本尚存于日本，且有大字、小字二种，古书之出，洵有不可思议者乎！

通俗小说源出宋代

今之通俗小说，如《水浒传》《三国演义》《西游记》《封神榜》诸书，大抵明人所润色，然其源皆出宋代。《三国演义》

与《西游记》前条既言之矣,《水浒传》亦出《宣和遗事》。又《录鬼簿》所载元人杂剧,其咏《水浒》事者多至十三本,其事与今书多不同,盖其祖本亦非一本。又元杂剧中《摘星楼比干剖腹》,乃演《封神榜》之事。《谢金吾诈拆清风府》及《昊天塔孟良盗骨殖》乃演杨家将之事。他如《包待制三勘蝴蝶梦》《包待制智斩鲁斋郎》《包待制智勘后庭花》《包待制智赚灰阑记》《包待制智赚合同文字》《糊突包待制》《包待制判断烟花鬼》,则《龙图公案》之祖也。《秦太师东窗事犯》则《岳传》之祖也。《梦粱录》载南渡说史书者或敷衍《复华编》《中兴诸将传》,则《岳传》在宋时已有小说。至戏曲、小说之同演一事者孰后孰先,颇难臆断。至其文字结构,则以现存之《五代平话》《宣和遗事》《大唐三藏取经诗话》观之,尚不及戏曲远甚,更无论后代小说。然则今之《水浒》《西游》《三国演义》等,实皆明人之作,宋元间之祖本决不能如是进步也。

叶子本

唐人书籍,于卷子本外别有叶子本。欧阳文忠公《归田录》云:"唐人藏书,皆作卷轴,其后有叶子,其制似今册子。凡文字有备检用者,卷轴难数卷舒,故以叶子写之,如吴彩鸾《唐韵》、李郃《彩选》是也。"其装潢之法,已不可知,唯元王秋涧《玉堂嘉话》纪所观南宋内府书画,有吴彩鸾龙鳞楷韵,天宝八年制,其册共五十四叶,鳞次相积,皆留纸缝。王语固不可尽解,意当如今之弄纸牌者,以纸牌鳞次相叠而执之,以便检寻,故得叶子之名。《归田录》于叶子本条下间叙叶子戏,当亦以此。《郡斋读书志》云:"叶子,妇人也,撰此戏在晚唐时。"以叶子为人名，恐未必然。亡友蒋伯斧郎中所藏唐写本《唐韵》，虽已改装，然所存四十四叶，每叶皆二十三行，又无书口，意当时必叶子本也。至宋时装书，除释典用梵夹本（此实以卷子本叠之，以便阅览，通谓之梵夹本，非也）外，有粘叶与缝缋二法。张邦基《墨庄漫录》云："王洙内翰尝云，作书册粘叶为上，岁久脱烂，苟不佚去，寻其次第，足可抄录，屡得佚书，以此获全。若缝缋岁久断绝，即难次序。初得《春秋繁露》数册，错乱颠倒，伏读岁余，寻绎缀次，方稍完复，乃缝缋之弊也。尝与宋献言之，宋悉令家所录书作粘法。予尝见旧三馆黄本书及白本书，皆作粘叶，上下栏界出于纸叶。后在高邮借孙莘老家书，亦如此法。又见钱穆父所蓄亦如此，多只用白纸作标，硬黄纸作狭签子，盖前辈多用此法。予性喜传书，他日得奇书，不复作缝缋也"云云。张氏所云，亦不甚了了，以意度之，缝缋即今之线装，粘叶即蝴蝶装也。线装皆以书之中缝（今所谓"书口"）向外，故岁久脱烂，则中缝记卷数、叶数之字先受摩灭，故王洙以次序为难。若蝴蝶装则中缝在内，故无此弊。今传世宋本，亦缝缋居多。然迄于明初，尚有作蝴蝶装者，今唯京师及扬州修理古书者为之耳。

升官图始于唐

今博戏中有《升官图》者，其戏最古，实始于唐李郃《彩选》。宋人作者亦有数家，《直斋书录解题》有《进士彩选》一卷，赵明远景昭撰，此元丰未改官制时迁转格例也。《郡斋读书志》有《采选集》四卷，云"莫详谁作。初，《彩选格》起于唐李郃，本朝踵之者有赵明远、尹师鲁。元丰官制行，有宋保国，皆取一时官制为之。至刘贡父，独因其法，取西汉官秩升黜次第为之，又取本传所以升黜之语注其下，局终遂可类次其语为一传，博戏中最为雅驯。此集尤详且悉，曰阶官，曰职名，曰科目，曰赏格，曰服色，曰俸给，曰爵、邑、谥法之类，无一不备"云云。殆已与今之"升官图"相似。今诸书皆不传，传者独贡父之《汉官仪》耳。余见罗氏唐风楼所藏明宏光间《升官图》，大致与今无异。

玺 印

古之玺印，皆印于封泥。封泥之用，与简牍相将。魏晋以来，简牍既废，而纸素盛行，遂有以印印朱墨钤于其上者。然此事不知始于何时。案：唐窦臮《述书赋》论印验曰："古小雌文，东朝用颛。"唐代流传之古迹，仅有缣素，则晋周颛之印，当钤于其上矣。其见于正史者，则《魏书·萧宝夤传》云："居官者每岁终，本曹皆明辨在官日月，具覈才行能否，审其实用而注其上下。总而奏之。经奏之后，考功曹别书于黄纸、油帛。一通则本曹尚书与令、仆印署，留于门下；一通则以侍中、黄门印署，掌在尚书，严加缄密，不得开视，考绩之日，然后封共裁量。"又《卢同传》：肃宗时，同表言："窃见吏部勋簿，多皆改换。乃校中兵奏案，并复乖舛。臣聊尔简练，已得三百余人，明知隐而未露者，动有千数。愚谓罪虽恩免，犹须刊定。请遣一都令史与令仆省事各一人，总集吏部、中兵二局勋簿，对勾奏案。若名级相应，即于黄素楷书大字，具件阶级数，令本曹尚书以朱印印之。明造两通，一关吏部，一留兵局，与奏案对掌。进则防揩洗之为，退则无改易之理。从前以来，勋书上省，唯列姓名，不载本属，致令窃滥之徒轻为苟且。今请征职白民，具例本州、郡、县、三长之所；其实官正职者，亦列名贯，别录历阶，仰本军印记其上，然后印缝，各上所司，统将、都督并皆印记，然后列上行台。行台关太尉，太尉简练精实，乃始关刺省重究括，然后奏申。奏出日，黄素朱印，关付吏部。"诏从之。《隋书·礼仪志》亦云："后齐有督摄万机印一钮，以木为之。此印常在内，唯以印籍缝。"则北朝确已以印印纸素，且印籍缝矣。若南朝则尚不用印缝，而用押缝。窦臮《述书赋》："押署，则缝僧权如长松挂剑，尾满骞如磐石卧虎。"今传世《兰亭序》十四、十五行间有一"僧"字，即梁中书舍人徐僧权押缝也。则南朝似尚无印缝之事。然《北齐书·陆法和传》谓法和上梁元帝启文，朱印名下自称司徒。则以印印纸素，南北皆同。要之玺印之用，未尝一日废，则简牍既废，自必经印于纸素上矣。

市井记数

今市井记数，用 丨、刂、川、乄、ゟ、亠、亠、三、夂九字。司马温公《潜虚》则用 丨、刂、川、刂川、乄、丅、丅丅、冊、冊冊九字。案：丨、刂、川、刂川，即古文字之一、二、三、三而纵立之。乄即古文五字。至丅、丅丅、冊、冊冊，则汉已来已用为数字，王莽十布中之中布六百，壮布七百，弟布八百，次布九百，其六、七、八、九四字作丅、丅丅、冊、冊冊。然其初实非文字，乃布算之法也。《左传》"亥有二首六身"，杜注："亥字二画在上，并三六为身，如算之六。"盖古文"亥"字，其上为二，其身似三丅相并之形（今沇儿钟之"丁亥"，字犹稍似之），故士文伯曰"二万六千六百有六旬也"。杜注所云"如算之六"者

"算"乃"筹"字之误。盖自春秋迄魏晋，布筹时皆以二筹，一横在上，一纵在下，以表六之数，⊓、⊓、⊞亦然。至变而为今之六、七、八者，则由算位之故，亦自古已然。《孙子算经》云："凡算之法，先识其位。一纵十横，百立千僵。千十相望，百万相当。"古之运算者，虑数位不明，故以纵横相间，故丨、刂、川、Ⅲ，即一、二、三、三之纵，六、七、八即丁、⊓、⊞之横也。Ⅲ、⊞二字因用算较多，故后别以乂代Ⅲ，而别造δ字，δ字亦由篆书乂字出。若乂上加一，以代⊞字，当由后世所增，其变化之迹，今日犹可想象得之。

呼黑为青

今北方人呼黑为青。案《礼器》云："三代之礼一也，民共由之。或素或青，夏造殷因。"郑康成注："素尚白，青尚黑者也。变白黑言素青者，秦二世时赵高欲作乱，或以青为黑，黑为黄，民言从之，至今语犹存也。"则呼黑为青，已始于秦末矣。

共饭之俗

古者行礼时，俎豆之属皆各荐诸其位，无相共者，唯饭器或共之，《曲礼》云"共饭不泽手"是也。至魏晋间犹有此俗。《孙子算经》有一题云："今有妇人河上荡杯，津吏问曰：'杯何以多？'妇人曰：'家有客。'津吏曰：'客几何？'妇人曰：'二人共饭，三人共羹，四人共肉，凡用杯六十五，不知客几何。'"考此书又有一题云："今有佛书十九章，章六十三字。"则作者必在东汉之后。又《张邱建算经序》已称夏侯阳之"方仓"、孙子之"荡杯",则其人又在邱建之前,则孙子盖汉晋间人也,可知此时犹有共饭之俗。

茶汤遣客之俗

今世官场,客至设茶而不饮,至主人延客茶,则仆从大声呼"送客"矣。此风自宋时已然,但用汤而不用茶耳。朱彧《萍洲可谈》云:"今世俗客至则啜茶,去则啜汤。汤取药材甘香者屑之,或凉或温,未有不用甘草者,此俗遍天下。辽人相见,其俗先点汤,后点茶。"宋无名氏《南窗纪谈》亦云:"客至则设茶,欲去则设汤,不知始于何时。然上自官府,下至闾里,莫之或废"云。行之既久,遂以点汤为遣客之用。观宋人说部所记遣客事,如王铚《默记》纪石曼卿之于刘潜,魏泰《东轩笔录》记陈开之于胡枚,王巩《随手杂录》自记见文潞公事,无不然。元郑光祖《王粲登楼》杂剧载遣客事亦曰"点汤"。今日既不用汤,乃以茶遣客,则又与辽俗近矣。以茶汤款客,自唐已然,虽宫禁亦用之。王建《宫词》云:"延英引对碧衣郎,江砚宣毫各别床。天子下帘亲考试,宫人手里过茶汤。"唐制六品以下服绿,碧衣郎六品以下之官犹赐茶汤,则大臣可知矣。宋制亦然。叶梦得《石林燕语》:"讲读官初入,皆坐赐茶。唯当讲,官起就案立,讲毕复就座,赐汤而退。侍读亦如之。盖乾兴之制也。"蔡绦《铁围山丛谈》亦云:"国朝仪制,天子御前殿,则群臣皆立奏事,虽丞相亦然。后殿曰延和、曰迩英,二小殿乃有赐坐仪。既坐,则宣茶又赐汤,此客礼也。延和之赐坐而茶汤者,遇拜相,正衙宣制才罢,则其人抱白麻见天子于延和。告免礼毕,召丞相升殿是也。迩英之赐坐而茶汤者,讲筵官春秋入侍,见天子，坐而赐茶乃读，读而后讲，讲罢又赞赐汤是也。他皆不可得矣"云云。然宋时臣下赐茶汤者，亦不独宰执、讲官。龚鼎臣《东原录》云："天禧中，真宗已不豫。一日，召知制诰晏殊，坐赐茶，言曹利用与太子太师，丁谓与节度使，并令出。殊曰：'是欲令臣作诰词？'上颔之。殊曰：'臣是知制诰，除节度使等须学士操白麻，乞召学士。'真宗点汤，既起，即召翰林学士钱惟演。"则朝廷之于侍从，亦用是矣。又晁说之《客语》云："范纯夫每次日当进讲，是日先讲于家，群从子弟毕集，讲终，点汤而退。"则父兄之于子弟，亦用之矣。至南渡后，款客以汤之有无为尊卑。周必大《玉堂杂记》："淳熙三年十一月八日，必大被宣，草十二日冬祀赦书。黄昏方至院，御药持御封中书门下省熟状来，系鞋迎于中门，同监门内侍一员俱升厅。御药先以熟状授监门，共茶汤讫，先送御药出院，复与监门升厅，受熟状付吏，又点汤送监门下阶，馆之门塾。至六年九月十二日，复被宣，草明堂赦。御药张安中、内侍梁襄相见如仪，唯录事沈楑、主事李师文茶而不汤"云云。此录事、主事殆中书门下省吏，故学士款之如此，其它盖无不兼用茶汤者。今汤废已久，唯昏礼姻娅、翁婿相见，及新年偶一用之。其汤亦用龙眼、枣、栗等，与宋人之屑甘草者异矣。

周邦彦《诉衷情》一阕为李师师所作

曩撰《清真先生遗事》，颇辨《贵耳集》《浩然斋雅谈》所载周清真与李师师事之误。然清真《片玉词》中有《诉衷情》一阕曰："当时选舞万人长，玉带小排方。喧传京国声价，年少最无量。　　花阁迥，酒筵香，想难忘。而今何事，佯向人前，不认周郎！"案：玉带排方乃宋时乘舆之服，亲王大臣赐玉带者，以方团别之，复加佩玉鱼、金鱼。且有宋一代，大臣及外戚之赐玉带者不过数十人。其便服玉带，虽上下通用，然不知倡优何以得服此。且用排方，与天子无别，颇疑此词为师师作矣。案：师师曾赐金带，见于当时公牍。《三朝北盟汇编》：靖康元年正月十五日圣旨："应有官无官诸色人曾经赐金带，各据前项所赐条数自陈纳官。如敢隐蔽，许人告犯，重行遣断。"后有尚书省指挥云："赵元奴、李师师、王仲端曾经祗候倡优之家，曾经赐金带者，并行陈纳。"《老学庵笔记》亦言，朱勔家奴数十人皆服金带。宋制亦三品以上方许服金带，乃倡优、奴隶皆得此赐，则玉带排方或出内赐，亦未可知。僭滥至此，真《五行传》所谓服妖者矣。

书《宋旧宫人诗词》《湖山类稿》《水云集》后

周密《浩然斋雅谈》载王夫人所作《满江红》词及文文山、邓中甫和作，其词人人能道之，独不详夫人为何如人。案世传《宋旧宫人诗词》一卷云："昭仪王清惠，字冲华。"汪元量《水云集》《湖山类稿》亦屡有与昭仪赠答之作，其人《宋史·后妃传》失载，唯《江万里传》云："帝在讲筵，每问经史疑义及古人姓名，贾似道不能对，万里从旁代对。时王夫人颇知书，帝常语夫人以为笑。"则夫人乃度宗嫔御，陈世崇《随隐漫录》云："会宁郡夫人昭仪王秋儿、顺安俞修容、新兴胡美人、永阳朱梅儿、资阳朱春儿、高安朱夏儿、南平朱端儿、东阳周冬儿（中略），皆上所幸也。初，东宫以春、夏、秋、冬四夫人直书阁为最亲，王能属文为尤亲。虽鹤骨癯貌，但自上即位后，批答画闻，式克钦承，皆出其手。然则王非以色事主，度皇亦悦德者也。"则夫人在度宗朝已主批答，及少帝嗣位，谢后临朝，老病不能视事，夫人与闻国政，亦可想见。故入元之后，元人侍足有殊。汪水云诗："万里修途似梦中，天家赐予意无穷。昭仪别馆香云暖，手把诗书授国公。"其礼遇几亚于谢、全二后。厥后全太后为尼，夫人亦为女道士，亦以其与宋室至亲故也。

宋之盛时，政事悉由三省。熙宁以后，用人行政，间用内批。南渡稍戢，宁宗后复盛，且多假手于人。《宋史·韩侂胄传》："刘弼谓侂胄曰：'赵相欲专大功，君恐不免岭海之行矣。'侂胄愕然，因问计。弼曰：'唯有用台谏耳。'侂胄问：'若何而可？'弼曰：'御笔批出是也。'侂胄悟，即以内批除所知刘德秀为监察御史。"《四朝闻见录》言："陈岘召试学士院日，对策言帝王号令不可轻出，倘不经三省施行，径从中下，外示独断，内启倖门，祸患将伏于中而不自知。时侂胄已居中用事，假御笔以窃朝权，故岘及之。"侂胄既诛，则主之者为杨皇后。《闻见录》又云："开禧间，慈明赞宁皇诛韩侂胄，出御批三。"又云："初时御笔皆侂胄矫为，及是皆慈明所书。"后史弥远专政时，与杨后比周，其故可知。及理宗朝亦掌以嫔御。《浩然斋雅谈》载张枢穆陵时《宫词》，其一曰："紫阁深严邃殿西，书林飞白揭宸奎。黄封缴进升平奏，直笔夫人看内折。"则自宁、理以来相承如此，不自王夫人始矣。至咸淳以后，内批御笔几与内外则并行，如《咸淳遗事》所载，或用骈俪作制诰体，疑非宫人所能为。又是时如赐外臣批答、斋醮青词等，向宜学士院撰文者，宋人内制集中皆有此等文字，亦往往假手倖倖。如《随隐漫录》载其父陈藏一撰姑苏守臣进蟹批答，及太乙明烟祈晴设醮青词等。此事为理宗或度宗朝事虽不可知，然可知当时内批兼出倖倖，不但掌以嫔御。宋政不纲，至此极矣。

宋禁中以宫人直笔，自南渡已然。周必大《玉堂杂记》："禁中以锁院为重。淳熙三年九月三日，中书进熟状，魏王恺、恩平郡王璩、永阳郡王居广并加食邑，食实封，只乞降付院草制。内夫人失于详阅，宣锁程直院。明日，告庭如式。又明日，内批付密院，典字直笔吴庆庆降充紫霞帔，不令供职。主管大内公事庆国淑懿夫人刘从信降两字夫人，盖惩其误也。"如此，则直笔夫人所掌乃承宣之事，与批答画闻无与。此事固始于宁、理之后，宋之盛时断无此制。以事关宋故颇钜，故因王夫人事而及之。

世传《宋旧宫人诗词》乃王夫人以下十四人送汪水云南归，以"劝君更尽一杯酒，西出阳关无故人"分韵赋诗，其实乃伪书也。水云《湖山类稿》卷三有《女道士王昭仪仙游词》，南归之诗悉在其后，则昭仪之死，在水云未归之时，不得送水云之归也。谢皋羽《续琴操序》谓：水云之归，"旧宫人会者十八人，酾酒城隅与之别。"不云赋诗，人数亦不与《旧宫人诗词》合。且十四绝句若出一手，疑元明间人据谢皋羽《续琴操序》而伪撰者也。

南宋帝后北狩后事，《宋史》不详，唯汪水云《湖山类稿》颇可概见，足补史乘之阙。《元史·世祖纪》："至元十九年十二月乙未，中书省臣言：'平原郡公赵与芮、瀛国公赵显、翰林直学士赵与票，宜并居上都。'帝曰：'与芮老矣，当留大都，余如所言。'继有旨，给瀛国公衣粮发遣之，唯与票不行。"案：是时谢、全二太后尚存，且谢太后年正七十，若中书有北遣之议，世祖于福王与芮尚怜其老，不容于谢后无言，盖尚留大都也。全太后后为尼正智寺而终，亦当在大都。唯据《湖山类稿》，则水云与王昭仪实从少帝北行。《类稿》卷二有《出居庸关》一首、《长城外》一首、《寰州道中》一首、《李陵台》一首、《苏武州毡房夜坐》一首、《居延》一首、《昭君墓》一首、《开平雪霁》一首、《天山观雪王昭仪相邀割驼肉》一首、《草地》一首、《开平》一首、《草地寒甚毡帐中读杜诗》一首、《阴山观猎和赵待制回文》一首，共十三首，皆上都之作。中有《王昭仪相邀割驼肉》云云，则昭仪亦在遣中，盖是时少帝年才九岁，谢、全二后未行，昭仪自不能不往。观于香云别馆手授诗书，则少帝教养之职，昭仪实任之。则其从行自不待言。又此十三首中有《和赵待制回文》，此赵待制当即赵与票。《世祖纪》谓"唯与票不行"，"与票"当为"与芮"之误。世祖怜与芮年老，而于与票无言，不应卒遣与芮而留与票。此在上都之赵待制，其为与票明甚。其翰林直学士与待制皆入元后之官。《元史·百官志》翰林院官有承旨、侍读学士、侍讲学士、直学士、待制等，直学士与待制均翰宛之官，因此歧误，亦未可知。又《水云集》另有《酬方塘赵待制见赠》一首，末云"吾曹犹未化，烂醉且穹庐"，亦系塞外之作。合此数诗观之，则从上都者殆为与票，福王实未尝行也。此为至元十九年事，至廿二年而谢太后殂，廿五年而少帝学佛法于吐蕃。唯全太后为尼，王昭仪为女道士，与福王与芮及昭仪之死，其时皆无可考，要皆在水云南归之前，故均有诗在集中。至水云南归，则在至元廿八年，有《南归对客》一诗可证，所谓"北征十三载"是也。由是观之，不独《宋旧宫人诗词》为伪书，即瞿佑《归田诗话》所载少帝送水云南归诗，所谓"黄金台下客，底事不思家。归问林和靖，寒梅几度花"，一若少帝此时尚居大都者，可谓拙于作伪矣。

少帝入吐蕃后事，史无所言，唯元明间盛传元顺帝为宋少帝之子，至国朝全谢山诸人犹主此说。初疑此乃南宋遗民不忘故国者所为，后读释念常《佛祖通载》，乃知其不然。《通载》纪至治三年四月，赐瀛国公合尊死于河西。按：元之待南宋，较待金人为优。少帝入元，历世祖、成宗、武宗、仁宗、英宗五朝。其降元之岁，为至元十三年，年六岁。十九年徙上都，年十二岁。二十五年学佛法于吐蕃，年始十八。至治三年赐死于河西，年五十三。而顺帝之生，适当前此三年，元不杀之于在大都之时，而杀之于入吐蕃为僧之后；不杀之于少壮之时，而杀之于衰老之后，此事殆非人情。以事理推之，当由周王既取顺帝母子，藉他事杀之以灭口耳。又顺帝之母乃迈迪氏，生顺帝后，亦未几而殂，其中消息可推而知。时周王以武宗嫡长失职处边，以顺帝之生有天子瑞，因取为己子，正如魏豹取薄姬故事，亦不足怪。元念常之书，谢山未见，他人亦从未引此，然此事实为谢山诸人添一左证，不独为宋室三百二十年之结局也。

汪水云以宋室小臣相随北徙，侍三宫于燕邸，从幼主于龙荒。其时大臣如留梦炎辈当为愧死，后世多以完人目之。然中间亦为元官，且供奉翰林，其诗俱在，不可诬也。《水云集》中有《初庵傅学士归田里》一首云："燕台同看雪花天，别后音书雁不传。紫阁笑谈为职长，彤闱朝谒在班前。"云"为职长""在班前"，则汪似曾为学士属官。又南归后《答徐雪江》云："十载高居白玉堂，陈情一表乞还乡。孤云落日渡辽水，匹马西风上太行。行橐尚留官里俸，赐衣犹带御前香。只今对客难为答，千古中原话柄长。"云"十载高居白玉堂"，亦指翰宛也。又《湖山类稿·北岳降香呈严学士》以下二十五首，皆水云奉勅降香途中所作。案《元史·世祖纪》，每岁以正月遣使代祀岳渎后土，唯至元二十一年独详，云"遣蒙古官及翰林官各一人祠岳渎后土"，则代祀官例遣翰林，不知年年如此否。严学士即翰林官，水云殆以属官从行。然观其诗意，不似属官之词，或严为蒙古官而汪为翰林官欤？故其诗曰："同君远使山头去，如朕亲行岳顶来。"则水云在元颇为贵显，故得橐留官俸，衣带御香。即黄冠之请，亦非羁旅小臣所能，后世乃以宋遗民称之，与谢翱、方凤等同列，殊为失实。然水云本以琴师出入宫禁，乃倡优、卜祝之流，与委质为臣者有别。又其仕元，或别有所为。但即其诗与人论之，有宋近臣中一人而已。

赵子昂

文人事异姓者，易代之际往往而有，然后人责备最至者，莫如赵子昂。元僧某题子昂书《归去来辞》云："典午山河半已墟，挈裳宵逝望吾庐。翰林学士宋公子，好事多应醉里书。"虞堪胜伯题其《苕溪图》云："吴兴公子玉堂仙，写出苕溪似辋川。回首青山红树下，那无十亩种瓜田。"周良右题其画竹则云："中原日暮龙旗远，南国春深水殿寒。留得一枝烟雨里，又随人去报平安。"沈石田题其画马则云："隅目晶荧耳竹披，江南流落乘黄姿。千金千里无人识，笑看胡儿买去骑。"王渔洋题其画羊则云："南渡铜驼犹恋洛，西来玉马已朝周。牧羝落尽苏卿节，五字河梁万古愁。"诸家攻之不遗余力，而虞胜伯一绝，温厚深婉，尤为可诵。虽然，褚渊、王俭，彼何人哉！如赵王孙者，犹其次焉者矣。

诏书征聘处士

诏书征聘处士，后汉多有之，唐宋以后颇不多见。唯宋太祖征种放一诏见于《宋史》放本传，元太祖征邱处机一诏见《长春真人西游记》耳。顷翻阅明人文集，得二诏书。一杜敩《拙庵集》首有《初召敕符》云："谕山西潞州壶关县儒士杜敩：昔之驭宇内者，无倖位，无遗贤，致时和而世泰。盖由善备耳聪目明之道，所以士仁者乐从其游，辅之以德，间有非哲者处于民上，则倖位、遗贤亦备矣。今朕才疏，迷圣道之良宗，是致贤隐善匿，民未康，世未泰。今尔博学君子，齿有年矣，符到若精力有余，则策杖来朝，果可作为，加以显爵，与朕同游。故兹敕谕。"下二行中间用宝，一云"宙字六十四号"，一云"洪武十三年五月二十九日"。又附载《召宋讷敕符》曰：朕君天下十有三年矣，意野无遗贤，虽夙夜孜孜以求贤，贤何弗至？今四辅官杜敩抱忠为国，举所知宋讷才堪任用。符到之日，有司礼送赴京，以称朕意焉。"又史鉴《西村集》首有成化十六年八月征聘诏文曰："朕承丕绪，用人图治，亦有年矣。永唯劳于求贤，然后成无为之治；乐于忘势，乃能致难进之英。闻尔处士沈周、史鉴沈酣经史，博洽古今，蕴经纬之远猷，抱君民之宏略。顾乃遁迹邱园，不求闻达。朕眷怀高谊，思访嘉谟，兹遣使征尔赴用，隐期同德，出宜汇征，以副朕翘企之意"云。则明代征聘，尚下诏书。其后鲁王监国九年，征贡生朱之瑜亦尚用敕书，其书今载《舜水集》首。而《拙庵》《西村》二集世所罕见，故备录之。又案，石田翁与史明古同征，《明史》本传不纪其事，今乃得之明古集中。石翁卒于正德四年，年八十四，则是时年五十一矣。

毛西河命册

十余年前，扬州骨董铺有毛西河先生命册，乃康熙戊寅年推算者，推命人为京口印天吉。先生时年七十六，生于明天启三年癸亥十月初五日戌时，其八字为癸亥壬戌壬戌庚戌。后附其姬人命册，年三十三岁，为丙午正月十六日子时生，其八字为丙午庚寅丁酉庚子，其人殆即曼殊也。推命者谓先生于八十八岁当卒，过是则当至九十四。先生首书其上曰："时至即行，不须踌躇。但诸事未了，如何如何？"老年畏死，乃有甚于少壮者，殊可一哂。然先生竟以九十四岁卒，亦奇矣。

士人家蓄声伎

士人家蓄声伎，且应他人之招，其风盖始于杨铁崖。铁崖出避，以家乐自随，故时人作诗讥之曰："如何一代杨夫子，变作江南散乐家。"明中叶后，尚有此风，如何元朗、屠长卿辈皆有声伎皆是也。沿及国初，此风尤盛。尤西堂《钧天乐传奇·自序》："丁酉之秋，薄游太末，阻兵未得归，逆旅无聊，漫填词为传奇，率日一曲，阅月而竣，题曰《钧天乐》。家有梨圈，归则授使演焉。适山阴姜侍御还朝，过吴门，函索予剧"云云。则此种家乐，实应外人之招，盖当时所谓名士者，其资生之道如此。此外如查伊璜等亦然。至李笠翁辈，乃更不足道矣。

《日知录》中泛论多有为而发

顾亭林先生《日知录》中泛论亦多有为而发，如"自古以文辞欺人者莫如谢灵运"一节，为钱牧斋发也；"稽绍不当仕晋"一则，为潘稼堂发也。

钱牧斋

冯已苍《海虞妖乱志》写明季士大夫之诪张贪乱，几于"燃犀烛牛渚，铸鼎像魑魅"，实代之奇作也。书中于钱牧斋无一恕词，且亦不满于瞿忠宣。已苍虽牧翁门人，然直道所存，亦不能为之讳也。观此书，则牧斋乙未后之事乃其固然，毫不足异。其为众恶所归，又遭文字之禁，乃出于人心之公，非一朝之私见。尤可笑者，嘉道间陈云伯为常熟令，修柳夫人墓，牧斋冢在其侧不过数十步，无过问者。时钱梅溪在云伯幕中，为集苏文忠书五字，曰"东涧老人墓"，刻石立之，见者无不窃笑。又吴枚庵《国朝诗选》以明末诸人别为二卷附后，其第一人为彭扬字谦之，常山人。初疑无此姓名，及读其诗，皆牧斋作也。此虽缘当日有文字之禁，故出于此。然令牧斋身后与羽素兰同科，亦谑而虐矣。

柳如是

顾云美荩自书所撰《河东君传》，前有河东君初访半野堂小像，作男子装束，亦云美所摹。墨迹藏唐风楼罗氏，世罕知其文者，故备录之。传云："河东君者，柳氏也，名隐，更名是，字如是。为人短小，结束俏利，性机警，饶胆略，适云间孝廉为妾。孝廉能文章，工书法，教之作诗写字，婉媚绝伦。顾倜傥好奇，尤放诞，孝廉谢之去。游吴越间，格调高绝，词翰倾一时。嘉兴朱治憪为虞山钱宗伯称其才，宗伯心艳之，未见也。崇祯庚辰冬，扁舟访宗伯，幅巾弓鞋，着男子服，口便给，神情洒落，有林下风。宗伯大喜，谓天下风流佳丽，独王修微、杨宛叔与君鼎足而三，何可使许霞城、茅止生岿国士名姝之目。留连半野堂，文讌浃月，越舞吴歌，族举递奏，香奁玉台，更唱迭酬。既度岁，与为西湖之游，刻《东山酬唱集》，集中称河东君云。君至湖上，遂别去，过期不至。宗伯使客构之乃出。定情之夕在辛巳六月初七，君年二十有四矣。宗伯赋前七夕诗，要诸词人和之。为筑绛云楼于半野堂之后，房栊窈窕，绮疏青琐。旁庋古金石文字、宋刻书数万卷，列三代、秦汉尊彝环璧之属，晋、唐、宋、元以来法书名画，官、哥、定、汝、宣、成之甆，端溪、灵璧、大理之石，宣德之铜，果园厂之髹器，充牣其中。君于是乎俭梳靓妆，湘帘棐几，煮沈水，斗旗枪，写青山，临墨妙，考异订讹，间以调谑，略如李易安在赵德甫家故事。然颇能制御宗伯，宗伯甚宠惮之。乙酉五月之变，君劝宗伯死，宗伯谢不能。君奋身欲沈池水中，持之不得入。其奋身池上也，长洲明经沈明抡馆宗伯寓中见之。而劝宗伯死，则宗伯以语兵科给事中宝丰王之晋，之晋语余者也。是秋，宗伯北行，君留白下。宗伯寻谢病归。丁亥三月，捕宗伯亟，君挈一囊从，刀头剑铓中，牧圉饘橐惟谨。事解，宗伯和苏子瞻《御史台寄妻韵》，赋诗美之，至云'从行赴难有贤妻'，时封夫人陈氏尚无恙也。宗伯选列朝诗，君为勘定《闺秀》一集。庚寅冬，绛云楼不戒于火，延及半野堂，向之图书玩好略烬矣。宗伯失职，眷怀故旧，山川间阻，君则'知子之来之，杂佩以赠之；知子之顺之，杂佩以问之'。有《鸡鸣》之风焉。久之不自得，生一女。既昏，癸卯秋，下发入道。宗伯赋诗云：'一龛金刀绣佛前，裹将红泪洒诸天。三条裁制莲花服，数亩诛锄穲稑田。朝日瘦铅眉正妩，高楼点黛额犹鲜。横陈嚼蜡君能晓，已过三冬枯木禅。''鹦鹉疏窗青语长，又教双燕话雕梁。雨交澧浦何曾湿，风认巫山别有香。初着染衣身体涩，乍抛稠发顶门凉。紫烟飞絮三眠柳，飓尽春来未断肠。'明年五月二十四日，宗伯薨。族孙钱曾等为君求金，要挟蜂起，以六月二十八日自经死。宗伯子曰孙爱及婿赵管为君讼冤，邑士大夫谋为君治丧葬。宗伯门人顾苓曰：'呜呼！今而后宗伯语王黄门之言，为信而有徵也。'宗伯讳谦益，字受之，学者称牧斋先生，晚年自号东涧遗老。甲辰七月七日，书于真孃墓下。"后有"顾苓"及"顾八分"二印。

罗叔言参事跋其后曰："顾云美撰《柳蘼芜传》并画像真迹，乙巳冬得之吴中。传载蘼芜事实甚详，其劝虞山死国难，至奋身池水中以要之，凛凛有烈丈夫风。虞山竟不为感动，真所谓心死者也。吴人某所著《野语秘汇》述虞山被逮时，河东君先挈重赂入都略当道，乃得生还，其权略尤不可及，可谓奇女子矣。传中记蘼芜初归云间某孝廉为妾，殆先适陈卧子，为他纪载所未及。其归虞山在明亡前三年，时年二十四。至癸卯下发，年四十有六。逾年而值家难。云美此传作于致命后数日，婉丽悱恻，绝似易安居士《金石录后序》，于蘼芜表章甚力，而于虞山则多微词。可见公论所在，虽弟子不能讳其师，深为虞山悲矣。此册传世二百余年，楮墨完好，殆蘼芜之风流节概，彼苍亦不忍泯灭之耶？光绪丁未三月，上虞罗振玉刖存父。"又云："传载虞山言'天下风流佳丽，独王修微、杨宛叔与君鼎足而三，何可使许霞城、茅止生岿国士名姝之目'云云。考《列朝诗集》，王修微名微，广陵人，号草衣道人，归华亭颖川君。颖川君有声谏垣，抗节罢免，修微有助焉。有《樾馆诗》数卷，又撰《名山记》数百卷。是修微才行，亦蘼芜之匹也。颖川君即许霞城，名誉卿，东林党人，修微依之以老。杨宛叔名宛，归茅止生而阴背之，后为盗所杀。虞山挽茅止生诗：'白头寂寞文君在，泪湿芙蓉制诔

词。'自注云：'杨宛叔制石民诔词甚工。'又《文瑞楼书目》有
杨宛《钟山献》六卷，是宛叔优于文而劣于行，有愧蘼芜、草衣
多矣。茅止生名元仪，归安人，著书甚多，见《明史艺文志》。
负经世大略，参孙高阳军事，客死辽东。业附记于册尾，刖存又
记。"癸丑秋日，于唐风楼见此册并二跋，录之。

黄道周手书诗翰

上虞罗氏藏黄石斋先生手书诗翰六种，共近体诗二十首。
其一云：

> 熙朝真气古洪濛，十二圣人述作同。
> 开辟自当元始运，正删未藉圣人功。
> 知将弓马安天下，谬采诗书慰日中。
> 峄泗余风看不绝，明明浮磬与孤桐。

> 四百陈符陋太元，萝图准在圣人前。
> 斋心研几宁论月，曝背暄光不计年。
> 入纬文梭通歧女，破董逸响上朱弦。
> 清时顾盼成无据，裹革工夫事韦编。

> 平成何日得樵渔，塞道横流未廓如。
> 尧警到天真欲漏，禹功着手只荷锄。
> 稻粱尽处消凫雁，钟鼓频年送鹧鸪。
> 不信缺炘同沐浴，备然引涕自修书。

梦持丹漆屡南行，洴澼依然滞管城。

主圣岂资经史力，道荒聊倩古人耕。

好鎚玉矢为瘢药，不比钟声自瓦鸣。

莫诵《权舆》偷一叹，申辕个是鲁诸生。

　　偶对经书作，寄雪堂先生教。黄道周。

其二云：

精诚谁似尔？干竭一身存。

裹革虽吾志，还山却主恩。

半弦开石虎，千仞堕崖猿。

君处能无恙，谈经且在门。

合体难分痛，剖肝非旧时。

人当天不泰，家共友仳离。

栋压青松恨，崖倾朽石知。

请看匣底剑，快于担头丝。

悟道唯顽石，离群合采真。

不应惭不义，无患到无身。

风气疏龙血，灯华结鬼燐。

相将天等事，莫断藕丝春。

心许知无怨，穷途未倒行。

晴阴随小鸟，毒痛共苍生。

故事经开眼，后人别点睛。
江河日月计，岂有不澄清。

江上别杨玑部太史先生。七月朔日，弟道周顿首，
书于仪真舟中。

其三云：

敛著惭高手，移薪惜热肠。
冰蝇初割席，石燕乍摧床。
我得舍生法，人贻入定方。
弓刀动丝竹，合证古灵光。

忘鱼良足贵，丧狗欲依谁？
有道平簪带，无家诉廞廖。
天搜铛底饭，客寄剑头炊。
醴酒传经日，行藏共此时。

癃遁能清啸，荣途见雅舂。
旧冠谁得度，扁带若为容。
慼国尽元蒐，良师怂赤松。
惊心非一事，早晚又秋蛰。

柳下昔何愧，苏门今始悬。
微飔犹偃木，涓水动滔天。
鹿命推车后，蟾魂破镜前。
合推煨灶火，烧却祖生鞭。

江上八诗，怀玑翁道丈，时齿痛不可忍，又当换小舟入邗沟，草草见意而已。七月朔日，弟道周顿首。

其四云：

世道依稀在，名流风教齐。
岑牟天覆被，蒯屦鬼提携。
半世鱼虾市，微通桃李蹊。
明河数滴雨，尽洒大江西。

岂不乐兹土，已怀礼树忧。
凤衰无览下，麐怪得幽求。
药裹惭干禄，薪担惜反裘。
到头多罪过，不在此离愁。

清昼无逃雨，遁荒岂素心。
似逢开阔网，亦有失前禽。
惊鸟虚弦落，余鱼半壑寻。
悠悠看楚水，兰芷到于今。

江湖未逼促，愧仰独吾生。
主意宽青史，天心急太平。
避秦迷去路，报国惜孤行。
所愧莼鲈福，偏归老步兵。

江上急征，别玑部老先生，并谢初士、西珮、从之、达生诸兄正。凡并前作八首。七月朔日，弟道周顿首。

其五云：

> 浮云日出几时无，划却华峨天外图。
> 身自檀弓开物始，人从细节想侏儒。
> 屠龙已尽千金技，弹雀未轻明月珠。
> 垂老不资朋友力，山行聊得紫藤扶。

> 东南在处有柑鸥，莫信莲舟百丈齐。
> 半榻命圆供梦鹿，一经未火足醢鸡。
> 已翻秋水帘薜路，不借春风桃李蹊。
> 向道匡庐松子好，避人幕府又江西。

　　小作奉呈足庵老先生尊鉴。漳浦黄道周。

其六云：

> 似尔人宜邱壑间，何当缒绝又扶攀？
> 牛鞅已失东西路，鸟翮未翻大小山。
> 不信精诚轻水火，偏从楷锁觅安闲。
> 射声诸骑休摇手，七获丈夫旧闭关。

> 七尺难停箭上弦，马头安得稳周旋。
> 御芦队里甘臣仆，破冢帆中识长年。
> 闭户谁知龙正斗，幽人定与虎同眠。
> 悬崖在处堪垂手，不独荒台北斗边。

　　砀山道中遇诸悍子，身为探马，以先缇骑，偶作供士彦兄丈一粲。黄道周。

后有冯伯云《跋》曰:"余在闽中所见石斋先生真迹甚夥,未有如是卷之绝妙者,所题年月出处,按之《全集》并合,又何疑耶?嘉禾后学冯登府记。"

按:此二十首,唯"别杨玑部"诗前八首及"砀山道中遇诸悍子"二首见集中,余皆失载。以《明史》及先生《年谱》考之,当为崇祯十三年就逮时所作。玑部即杨职方廷麟,集本作"杨机部",吴梅村《诗话》亦云"杨廷麟字伯祥,别字机部",此手迹作"玑"当不误,或用字异也。案先生年谱,崇祯十三年江西巡抚解公学龙荐先生,而逮命遂下。先生闻报,即于五月二十三日辞墓就道。时缇骑尚在南昌,先生中夜出门,匍匐至水口,挥手以谢同人。及至南昌开逮,诸子依依不去,欲同北上,先生毅然挥之。至砀山道中遇警,身先缇骑得过,以七月末旬至京云云。此两册中"别杨玑部"十二诗,皆署七月朔日,其时正由江入邗沟,殆在就逮之时。自扬州至京二十余日,亦与旅程合也。集中"别杨玑部"诗十三首,五首与此异。"砀山道中遇警身先缇骑得过寿张"十首,此仅书其二,皆此年作。至"浮云日出"二律,当在贬江西按察使照磨之后。至"偶对经书"四律,则时代无可考矣。又据《年谱》,则先生虽贬江西,未尝之官,而巡抚解学龙乃以所部官荐之。及永戍广西,在途中半载,及江西境而即召还,而《明史》本传乃谓戍已经年。本传记召还奏对语,而《年谱》并不记其入京,颇多抵牾,疑本传误也。

内府所藏王右军《游目帖》

内府所藏王右军《游目帖》,曾刻于《三希堂法帖》卷一,后以赐恭忠亲王。庚子之乱,为日本人安达万藏所得,今岁始于京都兰亭会见之。其纸极薄，似六朝写经用纸，与唐人所用麻纸、楮纸不同。其中唐人印记，有太宗"贞观"小玺、钟绍京"书印"二字印。宋印则有太宗"淳化"小玺，高宗"寓意"小玺，"绍兴"半玺，"内府珍藏"半印，"御书"半印，"河东薛氏"印，"绍彭""道祖"二印，"唐氏妙迹"半印，"游远卿图书"印，"邕里"半印。然则此帖为右军真迹与否虽不敢知，然要为贞观内府之藏与《十七帖》中《游目帖》之祖本，则可信也。卷首有高宗纯皇帝手书"得之神功"四大字，后有魏泰、马玘二观款，及明郑柏录方正学《跋》，并徐朗白一《赞》一《跋》。《三希堂帖》仅刻方《跋》，而徐氏一《赞》一《跋》并未刻。然徐语较方《跋》尤能得此帖之要领，故亟录之。其《赞》曰："书法至晋，体备前规。专美大成，绝伦于羲。畴能方驾，过钟迈芝。焕若神明，誉重当时。墨为世宝，异代同师。梁唐争购，博访无遗。兵火屡变，造物转移。民间剩迹，尽入宋帷。阁帖胪列，真为纷披。元章刊误，始正临池。抚兹《游目》，别有神奇。非廓非填，枯毫脱皮。冷金古纸，松烟凤脂。行草兼挚，八法并施。龙跳虎卧，智果不欺。详考印识，薛氏长宜。绍彭、道祖，首尾参差。贞观、淳化，吉鉴在兹。一符半印，世远难窥。绍兴小玺，俨然四垂。宋末元初，流传阿谁？浦江郑氏，世守于斯。嗟余衰朽，何幸得窥。百计巧访，一朝得之。维彼定武，石上画锥。子固雪水，性命是期。况乎真迹，出以天倪。翩翩神彩，古香盈眉。精妙既合，心手俱夷。天下至宝，清閟首推。宝晋墨王，品定永持。神倾《裹鲊》，气压《送梨》。匣逗袭灵，光怪陆离。卿云景曜，到处相随。崇祯壬午重九前，小清閟主者朗白父徐守和识。"又《跋》曰："此《游目帖》初入笈时，霾斑糊驳，掩采埋光，虽印识累累，眯目难辨。及命工装潢，泲瀿浮垢，而贞观小玺俨然在第三行'都'字上间，砵晕沈著，深入纸肤，隐隐不没，直唐弘文馆褚、解二学士校定真迹也。张彦远《法书要录》所载唐文皇购求大王草书三千纸，取其笔迹言语相类，缀粘成卷，缘帖首有'十七'字，用为帖名，以'贞观'两字为两小印印之。今此帖具有此印，则其为《十七帖》中之散帙，复何疑哉？夫以岁历稽之，永和至唐贞观历三百有余岁，贞观至我明崇祯又历千一百有余岁。然而古墨未脱，古纸未磨，行间叠痕犹在，则古人珍藏衣带，死生患难与之俱，虽由人护，顾莫为莫致，岂非天哉！癸未秋分，雨窗萧瑟，闭户展观，取《笔陈图》中七条之形势，六种之体裁，合参分究，然后知'善鉴者不写'非虚语也。呜呼！鉴岂易言哉！抚兹妙迹，有不可以言语形容者焉。其体正而出之以圆机，其气雄而化之以澹韵。郁龙蛇于毫末，讬泉石于远游。接武钟、张，擅一时之绝调，睥睨郗、谢，开百代之师承。遂使咄咄唐摹，瞠乎其后；规规米仿，觑尔其前。则真机气焰，固足以摄伪魄哉！载观贞观小玺，重为题此。岁癸未中秋后四日录出。"朗翁字朗白，名守和，不知何许人，收藏甚富，《三希堂法帖》所刻书有朗翁题跋者不少。余见唐风楼罗氏所藏黄子久《江山清兴图》，浑成淡远，为元画之冠，亦系朗翁故物。然当时及后世，罕知其名者，殊可异也。

取《游目帖》墨本与唐拓《十七帖》刻本校，则刻本清劲有余，而中和之气觉墨本为胜。盖当时解元畏辈皆刻石巨手，兼通书法，不无以己意参入。沈子培方伯《题崔敬邕墓志》诗云"书人墨髓石人参"，不独北朝为然，即唐初亦犹是也。南唐《澄清堂帖》所刻，由重摹本上木，故稍失之瘦弱，而于笔意所得较多。若宋以后刻本，则去之远矣。

姜西溟所藏唐拓《十七帖》

姜西溟所藏唐拓《十七帖》，有吴莲洋先生题五绝句，雍容淹雅，为自来论书者所未有。诗云：“自信张芝雁阵齐，揭来野鹜与家鸡。续得过江书十纸，神明先伏庾征西。”“裴业贞观入贡初，烟霏露结状何如？外人千载犹珍重，不数严家饿隶书。”“日给樱桃子一囊，山川游目乐徜徉。尚平心事谁能识？折简还留种树方。”“角声洒扫已相猜，分郡行人又不材。自是将军多知足，金堂玉室待君开。”“恳灵山前采紫芝，乐遵沧海去无时。仙人游戏皆龙凤，多少儿孙饮墨池。”右军胸襟书法为千古第一，此五诗能状其为人，其书亦冲雅有法度。此帖题识共数十家，均不俗恶。二百年前士大夫文章翰墨，犹可想见。乾嘉以后，学术虽盛，而翰墨已不足观。况在今日，可以观世变矣。

智永书《真草千字文》墨迹

日本小川简斋藏智永书《真草千字文》墨迹，盖当时所书八百本之一，行款与关中石本相同。其行笔全用右军家法，而往往有北朝写经遗意。盖南朝楷书真迹今无一存，存者唯北朝写经耳。一时风气如此，不分南北，若以稍带北派疑之，犹皮相之论也。

叶石林《避暑录话》多精语

叶石林《避暑录话》中多精语。其论人才曰：“唐自懿、僖以后，人才日削，至于五代，谓之空国无人可也。然吾观浮屠中乃有云门、临济、德山、赵州数十辈人，卓然超世，是可与扶持天下，配古名臣。然后知其散而横溃者，又有在此者也"云云。此论天下人才有定量，不出于此则出于彼，学问亦然。元明二代，于学术盖无可言，至于诗文，亦不能出唐宋范围，然书画大家接武而起。国朝则学盛而艺衰。物莫能两大，亦自然之势也。古代事业，代各不同，而自后世观之，则其功力价值往往相等。质力常住，不独物理焉然，人心之用，盖亦有之。然能利用一世之心，使不耗于唐牝，则其成就必有愈于前世者矣。

国朝学术

国朝三百年学术启于黄、王、顾、江诸先生，而开乾嘉以后专门之风气者，则以东原戴氏为首。东原享年不永，著述亦多未就者。然其精深博大，除汉北海郑氏外，殆未有其比。一时交游门第亦能本其方法，光大其学，非如赵商、张逸辈但知墨守师说而已。戴氏《礼》学虽无成书，然曲阜孔氏、歙金氏、绩溪胡氏之学皆出戴氏。其于小学亦然，书虽未就，而其"转注假借"之说，段氏据之以注《说文》，王、郝二氏训诂音韵之学亦由此出也。戴君《考工记图》未为精核，歙县程氏以悬解之才，兼据实物以考古籍，其《磬折古义》《考工创物小记》等书，精密远出戴氏之上。而《释虫小记》《释草小记》《九谷考》等，又于戴氏之外，自辟蹊径。程氏于东原虽称老友，然亦同东原之风而起者也。大抵国初诸老根柢本深，规模亦大，而粗疏在所不免。乾嘉诸儒亦有根柢，有规模，而又加之以专，行之以密，故所得独多。嘉道以后，经则主今文，史则主辽金元，地理则攻西北，此数者亦学者所当有事。诸儒所攻，究亦不为无功，然于根柢规模，逊前人远矣。戴氏之学，其段、王、孔、金一派犹有继者，程氏一派则竟绝焉。近唯吴氏大澂之学近之，然亦为官所累，不能尽其才。唯其小学，所得则又出程氏之上，亦时为之也。

《海上流人录》征事一启

辛、壬以后，天津、上海、青岛各地为士大夫流寓渊薮，兴化李审言详拟《海上流人录》，比见其征事一启，文章尔雅，录之如左曰："自古易姓之际，汹汹时时，久而不定，人士转徙，逃死无所。从风之嬉，甘去邦族；秣焉之歌，且恋邱墟。各有寄焉，理致非一。至于交州奔进，犹为南土之宾；辽海栖迟，不坠西山之节，抑又尚矣。若夫变起仓卒，命在翻忽，指武陵为仙源，履仇池如福地。息肩救颈，姑缓须臾；对宇连墙，相从太息。今之上海，其避世之渊薮乎？鄙意所趋，约分数类：其有金闺旧彦，草泽名儒，不赴征车，久脱朝籍。丹铅点勘，藉竹素为萱苏；金石摩抄，齐若光于崦景。伯山漆简，系肘如新；子云《元经》，覆瓿不恤。此其一也。亦有赐休投劾，哀郢终芜；微服轻装，近关获济。迹阒熏穴之求，智免据图之请。露车父子，恻怆横流；灵台主人，周旋洛市。又或邱壑独存，觞咏不废。泰山故守，尚事编韦。母氏家钱，日营雕造。朝夕校录，同执苦之诸生；知旧谈谐，助语林之故实。又其一也。复有幼清廉洁，探道渊元，日承长老之言，侧睹君子之论。子真岩石，隐动京师；少游欷段，素高乡里。牛医马磨，自取给于佣书；禽息鸟视，迫偷生于晚岁。修龄名士之操，深拒胡奴；兴公白楼之前，能举先达。此又其一也。悬此三例，思成一书，迹彼诸贤，错如棋峙。或流冗吴会，但署侯光；或往来上党，竞传道士。东西之屋，须就访于司徒；南北之居，难遍寻于诸阮。悲夫！陈迹一移，空名遽尽。墨子不黔之突，难问比邻；宋罕譬对之墙，易迷骖卒。用是仿永嘉流人之名，录海上羁旅。略及辛、壬以还，不涉庚、己以上。谨施条目，准此缕书，异日流传，当厕乙部。不徒巷苞闼出，牵拂相招，越陌度阡，枉存至悉，取断目前，仅同耳学。其或良才不隐，改服匡时，引镜皆明，投袂而起，此自后来期会，未可预陈。须知此录，致四方廉聘之嗟，非九品论人之格也。"

罗振玉《流沙坠简》序

予与罗叔言参事考证《流沙坠简》，近始成书。罗君作序，其文乃类孔仲远《诸经正义序》及颜师古《汉书注序》，兹并录之。曰："光绪戊申，予闻斯坦因博士访古于我西陲。得汉人简册，载归英伦。神物去国，恻焉疚怀。越二年，乡人有自欧归者，为言往在法都，亲见沙畹博士方为考释，云且板行。则又为之色喜，企望成书，有如望岁。及神州乱作，避地东土，患难余生，著书遣日。既刊定《石室佚书》，而两京遗文顾未寓目。爰遗书沙君，求为写影。嗣得报书，谓已付手民，成有日矣。于是望之又逾年，沙君乃亟寄其手校之本以至。爰竟数夕之力，续之再周，作而叹曰：千余年来，古简策见于世，载于前籍者凡三事焉，一曰晋之汲郡，二曰齐之襄阳，三曰宋之陕右。顾厘冢遗编，亡于今文之写定；楚邱竹简，毁于当时之炬火。天水所得，沦于金源。讨羌遗檄，仅存片羽。异世间出，渐灭随之。今则斯氏发幽潜于先，沙氏阐绝业于后。千年遗迹，顿还旧观。艺苑争传，率土成诵。两君之功，或谓伟矣。顾以欧文撰述，东方人士不能尽窥，则犹有憾焉。因与同好王君静安分端考订，析为三类，写以邦文，校理之功，匝月而竟。乃知遗文所记，裨益至宏。如玉门之方位、烽燧之次第、西域二道之分歧、魏晋长史之治所，部尉曲侯，数有前后之殊；海头楼兰，地有东西之异。并可补职方之记载，订史氏之阙遗。若夫不觚证宣尼之叹，马夫订墨子之文。字体别构，拾洪丞相之遗；书迹代迁，证许祭酒之说。是亦名物艺事，考镜所资。如斯之类，偻指难罄。唯是此书之成，实赖诸贤之力。沙氏辟其蚕丛，王君通其衢街，僧虔达识，知《周官》之阙文，长睿精思，辨永初之年月。予以谫劣，滥与编摩，蠡测管窥，裨益盖鲜。尚冀博雅君子，为之绍述，补阙纠违，俾无遗憾。此固区区之望，亦两博士及王君先后述作之初心也。"

沈乙庵方伯秋怀诗

近时诗人如陈伯严辈，皆瓣香江西，然形貌虽具，而于诗人之旨殊无所得，令人读之索然兴尽。顷读沈乙庵方伯《秋怀》诗三首，意境深邃而寥廓，虽使山谷、后山为之，亦不足过也。

其一曰：

> 秋叶脱且摇，秋虫吟复喑。
> 秋宵无旦气，秋啸无还音。
> 寸寸死月魄，分分析星心。
> 天人目共明，海客珠方沈。
> 惇史执简稿，日车还汒深。
> 寄声寂寞滨，乞我膏肓针。

其二曰：

> 贵已不如贱，鬼应殊胜人。
> 搴蓬语庄叟，乘豹招灵均。
> 荡荡广莫风，悠悠野马尘。
> 独行靡挈曳，长往无缁璘。
> 鬼语诗必佳，鬼道符乃神。
> 道逢钟葵妹，窈窕千花春。
> 绝倒吴道元，貌彼抉目瞋。

其三曰：

> 君为四灵诗，坚齿漱寒石。
> 我转西江水，不能濡涸辙。
> 道穷诗亦尽，愿在世无绝。
> 湛湛长江水，照我十年客。
> 昔梦沧浪清，今情天水碧。
> 彻视入沈冥，忘怀阅朝夕。

于第一章见忧时之深。第二章虽作鬼语，乃类散仙。至第三章乃云"道穷诗亦尽，愿在世无绝"，又非孔、孟、释迦一辈人不能道，以山谷、后山目之，犹皮相也。

二牖轩随录

佛法入中国

佛法入中国，在汉明帝之前。明都穆《听雨纪谈》："秦时沙门室利房等至，始皇以为异，囚之。夜有金人，破户以出。"其言固不足信，然《汉书》霍去病获休屠王祭天金人；鱼豢《魏略·西域传》"哀帝元寿元年，博士弟子秦景卢受大月氏使伊存口传浮屠经"，《隋书经籍志》"张骞使西域，盖闻有浮屠之教"，皆其证也。又隋释法经《上文帝书》："昔方朔觌昆明下灰，令问西域取决；刘向校书天禄阁，已见佛经。方知前汉之世，圣法久至。"然方朔觌昆明灰事，六朝人始用之。又刘向《七略》亦无佛经，则此言亦未可信。至若许观《东斋记》引刘向《列仙传序》："得仙者百四十六人，其七十四人已见于佛经。"此非佛经取之《列仙传》，即佛家窜改《列仙传》耳。又《隋书经籍志》言佛书久已流布，遭秦湮没。其言不知何据。《论衡》记周昭王二十四年甲寅岁四月八日，井水溢，宫殿震，恒星不见，太史苏繇占西方圣人生。金仁山因之修入《通鉴前编》，其言颇怪诞。至《法苑珠林》载秦穆公时，扶风获一石佛，由余曰："臣闻周穆王时，有化人来此土，云是佛神。"《翻译名义集》："周穆王时，文殊目连来化，穆王从之。"盖皆本《列子》"化人"之说。宋邢凯《坦斋通编》云："《列子》述孔子曰'西方有圣人'，佞佛者以为指释氏而言，妄矣。《国语》姜氏曰'西方之书有之，曰怀与安，实疚大事'，注云'谁将西归，西方圣人'，皆谓周也。王通直指佛为西方圣人，其学可知矣。"案：此论最正。陈氏《毛诗稽古编》犹沿王通之说，非也。高氏《子略》曰："《列子》'西方之人，有圣者焉，不言而自信，不化而自行'。此及于佛，世尤疑之。夫天毒之国，纪于《山海》；竺乾之师，闻于柱史。此杨文公之文也。佛教已见于是，何待此时乎？"据高氏之说，亦以《列子》"西方之人"为指佛而言。辨之最明者，唯黄氏震曰：《列子》词旨，所疑及于佛氏者凡二章。一谓穆王时，西域有化人来，归于说梦，非指佛也；一谓商太宰问圣人于孔子，孔子历举三王五帝非圣，而以圣归之西方之人，不化自行，荡荡无能名。盖亦寓言，如姑射、华胥之类，亦非指佛。此论可破群言之疑。大概中国言佛，在汉明帝前事或有之。若泥列子以西方圣人释佛，则颠矣！

解鸟兽语

世传公冶长解鸟语，古旧有是说。皇侃《论语义疏》曰："省一书名《论释》，云：公冶长从卫还鲁，行至二堺上，闻鸟相呼往清溪食死人肉。须臾，见一老妪当道而哭，冶长问之，妪曰：'儿前日出行，于今未反，当是已死亡，不知何在。'冶长曰：'向闻鸟相呼往清溪食肉，恐是妪儿也。'妪往看，即得其儿也，已死。妪即告村司。村司问妪何从得知之，妪曰：'见冶长，道如此。'村官曰：'冶长不杀人，何缘知之？'因录冶长付狱。主问冶长何以杀人，冶长曰：'解鸟语，不杀人。'主曰：'当试之，若必解鸟语，便相放也。若不解，当令偿死。'驻冶长在狱六十日。卒日，有雀子缘狱栅上，相呼唶唶唯唯唯，冶长含笑。吏启主：'冶长笑雀语，是似解鸟语。'主教问冶长：'雀何所道而笑之？'冶长曰：'雀鸣唶唶唯唯唯，白莲水边，有车翻覆黍粟，牡牛折角，收敛不尽，相呼往啄。'狱主未信，遣人往看，果如其言。又解猪及燕语，屡验，于是得放。"唐沈佺期《燕》诗："不如黄雀语，能免冶长灾。"白乐天《乌鹊赠答诗序》云："余非冶长，不能通其意。"皆用此事（此处所引沈、白两诗题，与《全唐诗》有异，前者原题《同狱者叹狱中无燕》，后者为白氏《池鹤八绝句》〔为鸡、乌、鸢、鹅与鹤之赠答〕。然明杨慎《升庵诗话》"公冶长通鸟语"条提及两诗则云："世传公冶长能通鸟语，不见于书，惟沈佺期《燕》诗云：'不如黄雀语，能免冶长灾。'白乐天《乌雀赠答》诗云：'余非冶长，不能通其意。'似实有其事，或在亡逸书中。"王氏所述，盖本于此）。案，《周礼·秋官》"夷隶掌养牛马与鸟言""貉隶掌与兽言"，注引"介葛庐闻牛鸣"为说，是古代本有解鸟兽言者。然鸟兽无言，解之者不过能通其意，及知其嗜欲耳。

皇侃所引《论释》一书，乃晋以后小说家言，本不足据。至田艺蘅《留青日札》又谓："冶长知鸟语，鲁君不信，逮之狱。未几，雀复飞鸣曰：'齐人出师侵我疆。'如其言往迹之，果然。方释之，赐爵为大夫。"则更不知何据矣。

前记解鸟语事，复得数事，兹附记之。《魏志·管辂传》："辂至郭恩家，有飞鸠来在梁头，鸣甚悲。辂曰：'当有老公从东方来，携豚一头、酒一壶，主人虽喜，当有小故。'"此犹以占验知之。又言："辂至安德令刘长仁家，有鸣鹊来在阁屋上，其声甚急。辂曰：'鹊言东北有人昨杀夫，牵引西家人夫离娄，候不过日在虞渊之际，告者至矣。'到时，果有东北同伍民来告，邻妇手杀其夫，诈言西家人与夫有嫌，来杀我婿。"则辂亦解鸟语矣。又《纬略》引谢承《后汉书》云："魏尚字文仲，高皇帝时为太史，晓鸟语。"又引《益州耆旧传》："杨宣为河内太守，行县，有群鹊鸣桑树。宣谓吏曰：'前有覆车粟，此雀相随欲往食。'往数里，果有覆车粟。"此与皇侃所引公冶长事相类。然则知百鸟之音者，不独一秦仲矣。

至解六畜语者，古书亦间记之。《论衡》谓广汉阳翁仲能听鸟兽之音。尝乘塞马之野，而田间有放马者，相去数里，鸣声相闻。翁仲谓其御曰："彼放马目眇。"其御曰："何以知之？"曰："骂此辕中马曰蹇马，塞马亦骂之曰眇马。"御者不信，往视马目，竟眇。又《抱朴子》云：李南乘赤马行，道逢人白马先鸣，而赤马应之。南谓从者曰："此马言：汝今当见一黄马左目盲者，是我子也。可告之，快行相及。"从者不信。行二里，果逢黄马而左目盲，南之马先鸣，而盲者应之，其盲果白马子。此数事固荒诞不足究，均足资谈助也。

冠者五六人童子六七人

《论语》"冠者五六人，童子六七人"，以五六为三十人，六七为四十二人，合之得七十二人，此齐俳优石动䇠戏语，见《天平广记》所引隋侯白《启颜录》。然皇侃《义疏》所载一说，已作是解。其言曰："冠者五六，五六三十人也。童子六七，六七四十二人也。四十二人就三十，合为七十二人也。孔门升堂七十二人也。"乃知优人诙谐，亦有所本。又案《太平御览·礼仪部》引《汉旧仪》曰："祀后稷于东南，常以八月祭，舞者七十二人。冠者五六三十人，童子六七四十二人，为民祈农报功。"则汉人已为此解，当为皇侃所引或说所自出。

毛　食

《后汉书·冯衍传》："饥者毛食。"注："《衍集》'毛'字作'无'，今俗语犹然者，或古亦通乎？"案《水经注》，燕人谓"无"为"毛"。孙氏《示儿编》:"'耗矣哀哉',注以'耗'为'毛',毛,无也。唐黄幡绰《谐语》'以赐绯毛鱼袋',借'毛'为'无'。"又宋朱弁《曲洧旧闻》:刘贡父招东坡吃皛饭,坡云:"见过当具毳饭。"如期过食,饥不可忍,坡云:"盐也毛,萝卜也毛,饭也毛,非毳而何?"盖世俗呼"无"为"模",又讹"模"为"毛"。《廿二史考异》云:"古音'无'如'模'声,转为毛,今荆楚犹有是音。"江浙间则仍读如"模"矣。

古人酒令

酒令之来旧矣。《韩诗外传》:齐侯置酒令曰:"后者罚饮一经程。"《后汉书》称贾逵作酒令。《南史王规传》:湘东王绎与朝士宴集,属规为酒令。杜工部诗"百罚深杯亦不辞",殆亦谓酒令罚杯。《唐语林》"武宗诏扬州监军取解酒令妓女十人进入",盖以解此为能事者。张鷟《朝野佥载》:唐"龙朔年以来,百姓饮酒作令曰'子母相去离,连台拗倒'。子母者,盏与盘也;连台者,连盘拗盏倒"。《通鉴》注引曾慥《类说》云:"'亚其虎膺',谓手掌。'曲其松根',谓指节。'以蹲鸱间虎膺之下',蹲鸱,大指也。'以钩戟差玉柱之旁',钩戟,头指;玉柱,中指也。'潜虬阔玉柱三分',潜虬,无名指也。'奇兵阔潜虬一寸',奇兵,小指也。'死其三洛',谓弹其腕也。'生其五峰',通为五指也。谓之招手令。"白乐天诗:"鞍马呼教住,骰盘喝遣输。长驱波卷白,连掷采成卢。"注云:"卷白波、莫走鞍马,皆当时酒令。"皇甫松《醉乡日月》首载《骰子令》,次改《鞍马令》。又有《旗幡令》《闪擪令》《抛打令》,今人不复晓其法矣。手打令,谓之拇阵。李肇云:麟德中,"邓宏庆创

'平''索''看''精'四字令,至李稍云而大备"。李商隐《杂纂》唐人酒令,其"杀风景"一条有十三事。窦子野载《粘头续尾酒令》,即今之《绩麻令》也。赵与时《宾退录》载司举、隐君子之酒令,又云:近李宝之如圭作《汉法酒令》。庆历中,锦江赵景作《饮戏助欢》三卷。元丰中,窦讟撰酒令,知黔南县黄铸亦作《玉签诗》,李廷中作《捉卧甏人格》。又言有击鼓射字之技。盖唐以来,酒令多矣。

《五代史补》载田頵围钱唐,尝遣使候钱镠起居,镠与小饮。"时罗隐、皮日休在座,意以頵之使无能为也,且欲讥之。日休为令,取一字被围而不失其本音。因取'其'字,上加草为萁菜,下加石为碁子,左加玉为琪玉,右加月为期会。罗隐取'于'字,上加雨为雺,下加皿为盂盂,左加玉为玗玉,右加邑为邘地。使者取'亡'字,讥钱镠必亡。然上加草为芒,下加心为忘,右加邑为邙,左加心为忙,其令必不通。合坐皆嘻笑之,使者大惭而去。"此以酒令相讥刺,亦未足云折冲樽俎也。若《通鉴》载后汉隐帝乾祐三年,"王章置酒会诸朝贵,酒酣,为手势令,史宏肇不娴其事,客省使阎晋卿坐次宏肇,屡教之。苏逢吉戏之曰:'旁有姓阎人,何忧罚酒?'宏肇妻阎氏,本酒家倡也,意逢吉讥之,大怒。"事与《魏志》注所引吴质酒酣,因曹真性肥,使优说肥瘦,致其怒者略同。夫兕觥之罚,童羖之罚,皆以正威容,纠失言,流为酒令之罚,则转以助酣耳。若苏逢吉之几成酒祸,是所谓以饮食而繁狱讼者,不可戒欤!

前记古人酒令,顷阅宋赵与时《宾退录》尚有数则,择其可喜者录之云:"古灵陈述古亦尝作酒令,每用纸帖子,其一书司举,其二书秘阁,其三书隐君子,其余书士。令在座默探之,得司举，则司贡举；得秘阁，则助司举搜寻隐君子进于朝；搜不得，则司举并秘阁自受罚酒。后复增置新格，聘使、馆主各一员。若搜出隐君子，则此二人伴饮。二人直候隐君子出，即时自陈，不待寻问。隐君子未出之前，即不得先言。违此二条，各倍罚酒。又云秘阁虽同搜访隐君子，或司举不用其言，亦不得争权。或偶失之，即不得以司举不用己言而辞同罚也。司举、秘阁既搜得隐君子，即各明言之。如违，先罚一觥。司举、秘阁止得三搜。客满二十人则五搜。余人探得帖子各默然，若妄宣传，罚巨觞，别行令。《古灵集》载潘家山同章衡饮次行令，探得隐君子，为章衡搜出，赋诗云：'吾闻隐君子，大隐缠市间。道义充诸中，测度非在颜。尧舜仁且智，知人亦恐艰。勉哉二秘阁，贤行如高山。'近岁卢陵李宝之如圭作《汉法酒》云：'汉法酒，立官十。曰丞相，曰御史大夫，曰列卿，曰京兆尹，曰丞相司直，曰司隶校尉，曰侍中，曰中书令，曰酒泉太守，曰协律都尉。拜司隶校尉者持节，职主劾。劾及中书令、酒泉太守者，令、太守以佞倖、淫湎即得罪。劾及侍中，则司隶去节。劾及京兆尹，则上爱其才，事留中不下，皆别举劾。劾丞相司直，则司直亦劾之。劾列卿，则列卿自讼，廷辨之，罪其不直者。其劾丞相、御史大夫者，亦听，须先谒而后劾。丞相、御史亦得罪。丞相得罪，则中书令、酒泉太守皆望风自劾。御史得罪，则唯酒泉太守自劾。司隶以不畏疆御，后若有罪，以赎论。若泛劾而及丞相、御史者，罪司隶。劾及京兆尹者，事虽留中，酒泉太守亦自劾。劾及中书令者，侍中自劾。诸被劾、自劾得罪者，皆降平原督邮，协律都尉歌以饯之。劾及协律者，下之蚕室，弦歌诗为新声以求幸。'又书其后曰：'右酒令也，戏用汉制为之。集者止九人，则缺京兆尹；八人，则缺侍中；七人，则御史大夫行丞相事；六人，则缺司直。当饮者皆即饮之，或未举饮者，亦可计集者之数，以为除官之数。每当饮者予一算，除官既周，视其算以为饮，齐三算者即饮之，二算者为与其算等者决之，一算则留以须后律。令所不及载者，比附从事云。'又有李廷中撰《捉卧瓮人格》，以毕卓、嵇康、刘伶、阮孚、山简、阮籍、仪狄、颜回、屈原、陶潜、孔融、陶侃、张翰、李白、白居易为目，盖与陈、李之格大同小异，特各更其名耳。"此种酒令，宋人盛行，然后世无仿为之者。

咒　禁

《唐六典》：太医署为"咒禁博士一人，从九品下"。注云："隋太医有咒禁博士二人，皇朝因之，又置咒禁师、咒禁工以佐之，教咒禁生也。"其职则"掌教咒禁生，以咒禁祓除邪魅之为厉者。"注云："有道禁，出于山居方术之士；有咒禁，出于释氏。以五法神之：一曰存思，二曰禹步，三曰营目，四曰掌决，五曰手印。皆先禁食荤血，斋戒于坛场以受焉。"案咒禁，即《周礼》郑注所云"祝由科"类也，古所本有，后则用方士及释家之法。近世以其同于师巫邪术，遂为厉禁。《北史·隐·张文诩传》："尝有腰疾，会医者自言善禁，文诩令禁之，遂为刀所伤，至于顿伏床枕。医者叩头请罪。文诩遽遣之。"是当时亦不必效尤。元世祖至元二十八年，建白塔以居咒师。仁宗延祐元年罢咒师。元之咒师乃西番僧，亦即唐释氏之咒禁矣。

梅 录

国语有"梅录章京",此语甚古。《新唐书·柳公绰传》:"北虏遣梅录将军李畅以马万匹来市。"又《李景略传》:丰州当回纥通道,梅录将军入朝,以父行呼景略。《旧唐书·德宗本纪》:贞元六年,回纥遣达八勒梅录将军来告丧。是蕃官之有梅录将军久矣,不知何时传入满洲耳。

拔都鲁

"巴图鲁"之称,则出于蒙古。元太祖赐薛阇名拔都鲁,薛阇弟善哥,太宗时亦以功袭名拔都鲁。定宗西征,诏蒙古户每百以一名充拔都鲁。世祖时,管如德称为拔都鲁。世祖平江南,见完者都曰:"真壮士。"赐名拔都鲁。刘世杰从伯颜南征,世祖壮之,号刘二拔都鲁。伯颜从武宗于藩邸,从征海都,赐号拔都鲁。至宋王拔都与顺帝时之答失拔都鲁等,则以拔都鲁为名,非赐号也。

咒 术

梁显祖《大呼集》引应劭曰:"武帝时迷于鬼神,尤信越巫,董仲舒数以为言。武帝令巫咒仲舒,仲舒朝服南面诵咏经论,不能伤害,而巫者忽死。"刘餗《隋唐嘉话》:"贞观初,西域献胡僧,咒术能先死人。帝召僧咒傅奕,奕初无觉,胡僧忽自倒,不复苏。"此二事正同。

抽刀断丝

《太平御览》引谢承《后汉书》:"方储为郎中,上嘉其才,以乱丝付储使理。储拔佩刀而断之,曰:'反经任势,临事宜然。'"案《北齐书·文宣纪》:"高祖尝试观诸子意识,各使治乱丝,帝独抽刀斩之,曰:'乱者须斩。'高祖是之。"二事正同。

射覆之术

古射覆之术,恒以占筮知之。《汉书·东方朔传》:"上尝使数家射覆,置守宫盂下,射之,皆不能中。朔自赞曰:'臣尝受《易》,请射之。'迺别蓍布卦而对曰:'臣以为龙又无角,谓之为蛇又有足,跂跂脉脉善缘壁,是非守宫即蜥蜴。'上曰:'善。'赐帛十匹。复使射他物,连中,辄赐帛。时有幸倡郭舍人,滑稽不穷,尝侍左右,曰:'朔狂,幸中耳,非至数也。臣愿令朔复射,朔中之,臣榜百;朔不能中,臣赐帛。'迺覆树上寄生,令朔射之。朔曰:'此窭数也。'舍人曰:'果知朔不能中也。'朔曰:'生肉为脍,干肉为脯;著树为寄生,盆下为窭数。'上令倡监榜舍人。"《魏志·管辂传》:"馆陶令诸葛原迁新兴太守,辂往祖饯之,宾客并会。原自起取燕卵、蜂窠、蜘蛛著器中,使射覆。卦成,辂曰:'第一物,含气须变,依乎宇堂,雄雌以形,翅翼舒张,此燕卵也。第二物,家室倒悬,门户众多,藏精育毒,得秋乃化,此蜂窠也。第三物,觳觫长足,吐丝成罗,寻网求食,利在昏夜,此蜘蛛也。'举座惊喜。""平原太守刘邠取印囊及山鸡毛著器中,使筮。辂曰:'内方外圆,五色成文,含宝守信,出则有章,此印囊也。高岳岩岩,有鸟朱身，羽翼玄黄，鸣不失晨，此山鸡毛也。'"又："清河令徐季龙取十三种物著大箧中，使辂射。云：'器中藉藉有十三种物。'先说鸡子，后道蚕蛹，遂一一名之，惟以梳为枇耳。"则辂之用术，较方朔尤精，且其辞均用韵语，仿古卜筮繇辞，尤可诵也。

圆光之术

圆光之术，本干例禁，民间犹有传习之者。案《晋书·佛图澄传》："澄令一童子洁斋七日，取麻油合胭脂，躬自研于掌中，举手示童子，粲然有辉。童子惊曰：'有军马甚众，见一人长大白皙，以朱丝缚其肘。'澄曰：'此刘曜也。'"时曜自攻洛阳，石勒距曜，遂生擒之。又："澄尝遣弟子向西域市香，既行，澄告弟子曰：'掌中见买香弟子在某处被劫垂死。'因烧香祝愿救护之。弟子后还，云某月某日某处为贼所劫，垂当见杀，忽闻香气，贼无故自惊曰：'救兵已至。'弃之而走。"此与圆光事相似，但圆光见过去事，此见他处现在事及未来事耳。又《太平御览·释部》引《高僧传》："沙门宝意，时人号为三藏，以香涂掌，见人往事。"则亦兼知过去事矣。

揣骨听声之术

今有摸骨相法，亦自古有之。《北史·艺术传》：皇甫玉善相人，文宣即位，试玉相术，故以帛巾袜其眼，使历摸诸人。至文宣曰："此最大达官。"于任城王曰："当至丞相。"于常山、长广二王，并曰："亦贵。"至石动桶曰："此弄痴人。"至二供膳曰："正得好饮食而已。"又齐文襄时，有吴士双盲，妙于声。

文襄历试之。闻刘桃枝声，曰："有所系属，然当大富贵。王侯将相，多死其手。譬如鹰犬，为人所使。"闻赵道德声，曰：'亦系属人，富贵翕赫，不及前人。"闻侯吕芬声，与道德相似。闻太原公声，曰："当为人主。"闻文襄声，不动。崔暹私揣之，乃谬言："亦国主也。"知近来揣骨听声之术，由来久矣。

炼钢之始

《北史·艺术传》载"綦母怀文造宿铁刀，其法，烧生铁精以重柔铤，数宿则成刚（即今之钢）。以柔铁为刀脊，浴以五牲之溺，淬以五牲之脂，斩甲过三十札"云云。此为吾国炼钢之始见载籍者，然史不详记其法。《梦溪笔谈》所载磁州锻坊炼铁法最详，与怀文之法不同。怀文所制，殆即《梦溪》所谓团钢欤。

痴　人

《宾退录》又有数事，剧可解颐。云：俗说愚人以八百钱买匹绢，持以染绯，工费凡千二百，而仅有钱四百，于是并举此绢，足其数以偿染工。《艾子》云："人有徒行，将自吕梁托舟趋彭门者，持五十钱造舟师。师曰：'凡无赍而独载者，人百钱，汝尚少半，吾不汝载。'人曰：'姑收其半，当为挽牵至彭门以折其半。'"又《夷坚志·戊志》载："汪仲嘉大猷自言，其族人之仆出干，抵暮，趑趄呻吟而来。问何为？曰：'恰在市桥上，有保正引绳缚二十人过，亦执我入其中。我号呼不伏，则以钱五千置我肩上，曰以是倩汝替我吃县棒。我度不可免，又念经年庸直，不曾顿得五千钱，不可失此，遂勉从之。到鄞县，与同缚者皆决杖，乃得脱。'汪曰：'所得钱何在？'曰：'以谢公吏及杖直之属，仅能给用。向使无此，将更受楚毒，岂能便出哉？'汪笑曰：'憨畜产，可谓痴人。'仆犹愠曰：'官人是何言！同行二十人岂皆痴耶？'竟不悟。"前二事，盖寓言以资笑谑，而后一事乃真有之。

又载萧东夫德藻《吴五百传》曰："吴名甏，南兰陵为寓言靳之曰：淮右浮屠客吴，日饮于市，醉而狂，攘臂突市人，行者皆避。市卒以闻吴牧，牧录而械之，为符移授五百，使护而返之淮右。五百诟浮屠曰：'狂髠！坐尔乃有千里役，吾且尔苦也。'每未晨，蹴之即道，执扑殴其后，不得休。夜则系其足。至奔牛埭，浮屠出腰间金市斗酒，夜醉五百而髠其首，解墨衣衣之，且加之械而系焉。颓壁而逃。明日，日既昳，五百乃醒，寂不见浮屠。顾壁已颓，曰：'嘻！其遁矣。'既视其身之衣则墨，循其首则不发，又械且缚，不能出户，大呼逆旅中曰：'狂髠故在此，独失我耳！'客每见吴人辄道此，吴人亦自笑也。千岩老人曰：'是殆非寓言也。世之失我者，岂独吴五百哉！生而有此我也，均也，是不为荣悴有加损焉者也。所寄以见荣悴，乃皆外物，非所谓傥来者耶！曩悴今荣，傥来集其身者日以盛，而顾揖让步趋，亦日随所寄而改。曩之与处者，今视之良非昔人，而其自视亦殆非复故我也。是其与吴五百果有间否哉？吾故人或骎骎华要，当书此以遗之。'"萧别号千岩，所称尤、萧、范、陆四诗翁者，其集不传，斯文赖赵《录》载之。

印子金

沈存中《梦溪笔谈》云："寿州八公山侧土中及溪涧之间往往得小金饼,上有篆文'刘主'字,世传淮南王药金也。得之者甚多,天下谓之印子金是也。然止于一印,重者不过半两而已,鲜有大者。予尝于寿春渔人处得一饼,言得于淮水中,凡重七两余,面有二十余印,背有五指及掌痕,纹理分明,传者以为泥之所化,手痕正好握泥之迹。"案:古人作器,必著为谁作,以资检覈。其大者则刻勒工名,否则识以手掌痕。金之用手掌痕,所以防工人之侵盗也。今世所传汉砖、汉墼,亦有手掌痕,所以稽工人之程课也。沈氏以为握泥之迹,殊属不然。今寿州尚出此金,予所见金上印文,有"郢爰""??爰"二种,无"刘主"字,此殆楚徙都寿春后所铸之金。郢者楚旧都之名。爰则古缓字,亦非淮南王药金也。今世所出,亦止有一印,如存中所得二十余印者,盖绝无仅有矣。

化　石

今石中有动植物形者,地质学家所谓化石,乃太古动植物之变质也。古书所记,亦多有之,《水经注·资水》条云:湘乡县石鱼山下多元石,山高八十余丈,广十里,石色黑而理若云母,开发一重,辄有鱼形,鳞鬐首尾,宛若刻画,长数寸,鱼形备足。烧之作鱼膏腥,因以名之。《梦溪笔谈》云:"近岁延州永宁关大河岸崩,入地数十尺,土下得竹笋一林,凡数百茎,根干相连,悉化为石。适有中人过,亦取数茎去,云欲进呈。延郡素无竹,此乃在数十尺土下,不知其何代物。无乃旷古以前,地卑气湿而宜竹耶？婺州金华山有松石，又如桃核、芦根、鱼蟹之类皆有成石，然皆其地本有之物，不足深怪。此为深地中所无，又非本土所有之物，特可异耳。"又云："治平中，泽州人家穿井，土中见一物，蜿蜒如龙蛇状，畏之不敢触。久之，见其不动，试扑之，乃石也。村民无知，遂碎之。时程伯纯为晋城令，求得一段，鳞甲皆如生物，盖蛇蜃之化，如石蟹之类"云云。存中谓延州之竹，或"旷古以前地卑气湿而宜竹使然"，其言尤与地质学家合也。

地质学家谓太古以前，地轴位置与今不同。今之寒带，于太古为热带，西比利亚等处曾掘出太古巨象及热带动物，足为一证，然犹以为数千万或数百万年前事也。然三千年前，我国河南等处亦尚有象。今彰德府外之小屯，即古之殷墟，曾出象骨，与有文字之龟甲牛骨同在一处，此实商末之物也，然犹可云其象本自南方来而埋于此，未足为此地产象之证。然殷商卜文中卜田猎事，或云获鹿，或云获豕，或云获象，此商代河南北有象之明证也。孟子谓"周公相武王诛纣，驱虎豹犀象而远之"，当为实事。《楚语》谓"巴浦之犀牦兕象，其可尽乎？"，是春秋之季，今湖南、四川境内犹有象也。更从文字上证之，则古文"为"字，从爪从象，故古人亦用象以作事，如今之安南、印度。舜之象耕鸟耘，亦略示此事实。此仅仅数千年间，而气候物产之变化已如此，地质学家必不信是说，然史书及古器之证据既已如此凿凿，此实地质学上不可不研究之一大问题也。

陕西石油

陕西石油之富冠于中国，近议开采。此事宋人已知之。《梦溪笔谈》云："鄜、延境内有石油，旧说高奴县出脂水，即此也。生于水际，沙石与泉水相杂，惘惘而出，土人以雉尾裹之，乃采入缶中，颇似淳漆，然之如麻，但烟甚浓，所沾幄幕皆黑。予疑其烟可用，试扫其煤以为墨，黑光如漆，松墨不及也，遂大为之。其识文为'延州石液'者是也。此物后必大行于世，自予始为之。盖石油至多，生于地中无穷，不若松木有时而竭。今齐鲁间松林尽矣，渐至太行、京西、江南，松山大半皆童矣。造煤人盖未知石烟之利也。石炭烟亦大，墨人衣。予戏为《延州诗》曰：'二郎山下雪纷纷，旋卓穹庐学塞人。化尽素衣冬未老，石烟多似洛阳尘。'"呜呼！存中岂知千载之后，乃有用石油以代薪火运机械者耶？其墨卒未行于世，而油则大行。然用此油者，实自存中始。

沈括论地理变化

沈存中格物之学，不独冠绝宋代，求之古今中外，发明之多，盖未有能比之者。其论地理变化曰："予奉使河北，遵太行而北，山崖之间，往往衔螺蚌壳及石子如鸟卵者，横亘石壁如带，此乃昔之海滨，今东距海已近千里，所谓大陆者，皆浊泥流所湮耳。尧殛鲧于羽山，旧说在东海中，今乃在平陆。凡大河、漳水、滹沱、涿水、桑干之类，悉是浊流。今关、陕以西，水行地中，不减百余尺，其泥岁东流，皆为大陆之土，此理必然。"此即今地质家所谓冲积层者，其冲积之理，存中固已尽之。

古今最大著述

余尝数古今最大著述，不过五六种。汉则司马迁之《史记》，许慎之《说文解字》，六朝则郦道元之《水经注》，唐则杜佑之《通典》，宋则沈括之《梦溪笔谈》，皆一空倚傍，自创新体。后人著书，不过赓续之、摹拟之、注释之、改正之而已。然《史记》诸书，皆蒐辑旧闻为之，犹不过组织考覈之功。唯《笔谈》皆自道其所得，其中虽杂以琐闻谐谑，与寻常杂家相等，然其精到之处，乃万劫不可磨灭，后人每无能继之者，可谓豪杰之士矣。

墨子说鬼

古书之说鬼者，莫详于《墨子》。《明鬼篇》曰："今执无鬼者言曰：'夫天下之为闻见鬼神之物者，不可胜计也。亦孰为闻见鬼神有无之物哉？'子墨子言曰：'若以众之所同见与众之所同闻，则若昔者杜伯是也。'周宣王杀其臣杜伯而不辜，杜伯曰：'吾君杀我而不辜，若以死者为无知，则止矣；若死而有知，不出三年，必使吾君知之。'其三年，周宣王合诸侯而田于圃，田车数百乘，从数千，人满野。日中，杜伯白马素车，朱衣冠，执朱弓，挟朱矢，追周宣王，射之车上，中心折脊，殪车中，伏弢而死。当是之时，周人从者莫不见，远者莫不闻，著在周之《春秋》。为君者以教其臣，为父者以警其子，曰：戒之！慎之！凡杀不辜者，其得不祥，鬼神之诛，若此之憯遬也。'以若书之说观之，则鬼神之有，岂可疑哉？非唯若书之说为然也，昔者郑穆公当昼日中处乎庙，有神入门而左，鸟身，素服三绝，面状正方。郑穆公见之，乃恐惧奔。神曰：'无惧。帝享女明德，使余锡汝寿十年有九，使若国家蕃昌，子孙茂，毋失郑。'穆公再拜稽首曰：'敢问神名？'曰：'予为句芒。'若以郑穆公之所见为仪，则鬼神之有，岂可疑哉。

"昔者燕简公杀其臣庄子仪而不辜，庄子仪曰：'吾君王杀我而不辜，死人无知亦已，死人有知，不出三年，必使吾君知之。'期年，燕将驰祖。燕之有祖，当齐之社稷，宋之有桑林，楚之有云梦也，此男女之所属而观也。日中，燕简公方将驰于祖涂，庄子仪荷朱杖而击之，殪之车上。当是时，燕人从者莫不见，远者莫不闻，著在燕之《春秋》。以若书之说观之，则鬼神之有，岂可疑哉。非唯若书之说为然也，昔者宋文公鲍之时，有臣曰祏观辜，固从事于厉。祩子杖揖出与言曰：'观辜，是何珪璧之不满度量，酒醴粢盛之不洁净也？牺牲之不全肥，春秋冬夏选失时，岂汝为之欤，抑鲍为之欤？'观辜曰：'鲍幼弱，在荷襁之中，鲍何与识焉？官臣观辜特为之。'祩子举揖而槁之，殪之坛上。当是时，宋人从者莫不见，远者莫不闻，著在宋之《春秋》。诸侯传而语之曰：'诸不敬慎祭祀者，鬼神之诛至，若此其憯遬也。'以若书之说观之，鬼神之有，岂可疑哉？非唯若书之说为然也，昔者齐庄君之臣，有所谓王里国、中里徼者。此二子讼三年而狱不断。齐君由谦杀之，恐不辜，犹谦释之，恐失有罪。乃使二人共一羊，盟齐之神社。于是泏洫，刲羊而漉其血。读王里国之辞则已终矣，读中里徼之辞未半也，羊起而触之，折其脚，祧神之而槁之，殪之盟所。当是时，齐人从者莫不见，远者莫不闻，著在齐之《春秋》。诸侯传而语之曰：'诸盟先不以其请者，鬼神之诛至，若此其憯遬。'以若书之说观之，则鬼神之有，岂可疑哉？"

以上凡五引古书，文辞古茂，能尽其状，后世《搜神记》等仿之，蔑矣。

《史记》记六国事多取诸国国史

《史记》一书，虽以《左传》《国策》诸书为本，然其记六国事，亦多取于诸国国史。所谓金匮石室之书，自刘向校书，盖已不及见矣。《赵世家》一篇，多记神怪梦幻事，行文奇纵，当本于赵之国史，非后世小说所能仿佛也。兹列举之：（一）赵夙为将伐霍，霍公奔齐。晋大旱，卜之，曰"霍太山为祟"。使赵夙召霍君于齐，复之，以奉霍太山之祀。（二）赵盾在时，梦见叔带持要而哭，甚悲，已而笑，拊手且歌。盾卜之，兆绝而后好。史援占之，曰："此梦甚恶，非君之身，乃君之子，然亦君之咎。"（三）赵简子疾，五日不知人，大夫皆惧。居二日半，简子寤，语大夫曰："我之帝所甚乐，与百神游于钧天，广乐九奏万舞，不类三代之乐，其声动人心。有一熊，欲来援我，帝命我射之，中熊，熊死。又有一罴来，我又射中罴，罴死。帝甚喜，赐我二笥，皆有副。吾见儿在帝侧，帝属我一翟犬，曰：'及而子之壮也，以赐之。'帝告我：'晋国且世衰，七世而亡，嬴姓将大败周人于范魁之西，而亦不能有也。今余思虞舜之勋，适余将以其胄女孟姚配而七世之孙。'"董安于受言而书藏之。（四）知伯攻赵，赵襄子惧，奔保晋阳。原过从，后，至于王泽，见三人，自带以上可见，自带以下不可见。与原过竹二节，莫通。曰："为我以是遗赵毋卹。"原过既至，以告襄子。襄子斋三日，亲自剖竹，有朱书曰：'赵毋卹，余霍泰山山阳侯天使也。三月丙戌，余将使汝反灭知氏。女亦立我百邑，余将赐汝林胡之地。至于后世，且有优王，赤黑，龙面而鸟喙，鬓麋髭䐙，大膺大胸，修下而冯，左衽界乘，奄有河宗，至于休溷诸貉，南伐晋别，北灭黑姑。"襄子再拜，受三神之令。（五）武灵王十六年，王游大陵。他日，王梦见处女鼓琴而歌诗曰："美人荧荧兮，颜若苕之荣。命乎命乎，曾无我嬴！"异日，王饮酒乐，数言所梦，想见其状。吴广闻之，因夫人而内其女娃嬴，孟姚也。孟姚甚有宠于王，是为惠后。（六）孝成王四年，王梦衣偏裻之衣，乘飞龙上天，不至而坠，见金玉之积如山。明日，王召筮史敢占之，曰："梦衣偏裻之衣者，残也。乘飞龙上天不至而坠者，有气而无实也。见金玉之积如山者，忧也。"后三日而上党守冯亭使至，遂肇长平之祸。此六事，迷离惝恍，史公记他国事，皆不及此等事，疑皆仍列国旧史也。

诸史五行志所载童谣

诸史《五行志》所载童谣，有极可诵者。兹具录之：

汉成帝时童谣曰："燕燕尾涎涎，张公子，时相见。木门仓琅根，燕飞来，啄皇孙，皇孙死，燕啄矢。"其后帝为微行出游，常与富平侯张放俱称富平侯家人，过河阳主作乐，见舞者赵飞燕而幸之，故曰"燕燕尾涎涎"，美好貌也。张公子，谓富平侯也。"木门仓琅根"，谓宫门铜锾，言将尊贵也。后遂立为皇后。弟昭仪贼害后宫皇子，卒皆伏辜，所谓"燕飞来，啄皇孙，皇孙死，燕啄矢"者也。成帝时歌谣又曰："邪径败良田，谗口乱善人。桂树华不实，黄爵巢其颠。故为人所羡，今为人所怜。"桂，赤色，汉家象。华不实，无继嗣也。王莽自谓黄象，黄爵巢其颠也。

以上《汉书·五行志》。

更始时，南阳有童谣曰："谐不谐，在赤眉。得不得，在河北。"后更始遂为赤眉所杀，世祖自河北兴。

世祖建武六年，蜀童谣曰："黄牛白腹，五铢当复。"是时公孙述僭号于蜀，称白帝，时人窃言王莽称黄，述欲继之，故称白。五铢，汉家货，明当复也。述遂诛灭。

王莽末，天水童谣曰："出吴门，望缇群。见一蹇人，言欲上天；令天可上，地上安得民！"时隗嚣初起兵于天水，后意稍广，欲为天子，遂破灭。嚣少病蹇。吴门，冀郭门名也。缇群，山名也。

顺帝之末，京都童谣曰："直如弦，死道边。曲如钩，反封侯。"后大将军梁冀杀太尉李固而封胡广、赵戒、袁汤三人为乡亭侯。

桓帝之初，天下童谣曰："小麦青青大麦枯，谁当获者妇与姑。丈夫何在西击胡。吏买马，君具车，请为诸君鼓咙胡。"

桓帝之初，京都童谣曰："城上乌，尾毕逋。公为吏，子为徒。一徒死，百乘车。车班班，入河间。河间姹女工数钱，以钱为室金为堂。石上慊慊舂黄粱。梁下有悬鼓，我欲击之丞卿怒。""车班班，入河间"者，言上将崩，乘舆班班入河间迎灵帝也。"河间姹女工数钱"者，灵帝既立，其母永乐太后好聚金也。

桓帝之初，京都童谣曰："游平卖印自有平，不辟豪贤及大姓。"案：延熹末，窦皇后父武字游平，拜城门校尉。及后摄政，为大将军，与太傅陈蕃合心戮力，惟德是建，豪贤大姓皆绝望矣。

桓帝末，京都童谣曰："茅田一顷中有井，四方纤纤不可整，嚼复嚼，今年尚可后年铙。"

桓帝末，京都童谣曰："白盖小车何延延？河间来合谐，河间来合谐！"后帝崩，灵帝以河间之曾孙嗣位。

灵帝末，京都童谣曰："侯非侯，王非王，千乘万骑上北芒。"案：到中平六年，史侯初登至尊，献帝未有爵号，为中常侍段珪等数十人所执，到河上，乃得还。此为"非侯非王上北芒"者也。

灵帝中平中，京都歌曰："承乐世董逃，游四郭董逃，蒙天恩董逃，带金紫董逃，行谢恩董逃，整车骑董逃，乘欲发董逃，与中辞董逃，出西门董逃，瞻宫殿董逃，望京城董逃，日夜绝董逃，心摧伤董逃。"按：董，谓董卓也。

献帝践祚之初，京师童谣曰："千里草，何青青。十日卜，不得生。"案："千里草"为董，"十日卜"为卓。

以上《续汉书·五行志》。

献帝初，童谣曰："燕南垂，赵北际，中央不合大如砺，唯有此中可避世。"公孙瓒以为易地当之，遂徙都焉。

《后汉书·公孙瓒传》。

魏明帝太和中，京师歌《兜铃曹子》，其唱曰："其奈汝曹何？"此诗妖也。其后曹爽见诛，曹氏遂废。

景帝初，童谣曰："阿公阿公驾马车，不意阿公东渡河。阿公还来当奈何！"及司马懿自辽东归，至白屋，当还镇长安。会帝疾笃，急召之。乃乘追锋车东渡河，终如童谣之言。

齐王嘉平中，有谣曰："白马素羁西南驰，其谁乘者朱虎骑。"朱虎者，楚王彪小字也。王凌、令狐愚闻此谣，谋立彪。事发，凌等伏诛，彪赐死。

吴孙亮初，童谣曰："吁汝恪，何若若，芦苇单衣蔗钩络，于何相求成子阁。"成子阁者，反语石子冈也。钩络，钩带也。

及诸葛恪死，果以苇席裹身，蔑束其腰。投之石子冈。后听恪故吏收敛，求之此冈云。

孙亮初，公安有白鼍鸣。童谣曰："白鼍鸣，龟背平，南郡城中可长生，守死不去义无成。"明年诸葛恪败，弟融镇公安，亦见袭。融刮印龟，服之而死。

周世彝器韵文

周世韵文，萃于《诗》中，他经亦屡见之，其见于彝器中者亦颇不乏。其箭大者，谓为《诗》之逸篇可也。如历鼎云："历肇对元德，孝友惟刑，作宝尊彝，其用夙夕将享。""刑"与"享"为韵也。叔夜鼎云："叔夜铸其馈鼎，以征以行，用侃用享，用蕲眉寿无疆。"用三韵也。

史冗簠云："史冗作旅匜，从王征行，用盛稻粱，其子子孙孙永宝用享。"用四韵也。叔家父簠云："叔家父作仲姬匜，用盛稻粱，用速先嗣诸兄，用蕲眉寿无疆，哲德不忘，子孙之光。"用六韵也。毛公小鼎云："毛公旅鼎亦唯敦，我用歔厚逮我友（韵），既其用友（韵），亦弘唯孝（韵），肆毋有不懿（韵），是以寿考（韵）。"叕季良父壶云：叕季良父作敬姒尊壶，用盛旨酒，用享孝于兄弟婚媾诸老，用祈匄眉寿，其万年灵终难老，子子孙孙是永宝。"皆用五韵。

曾伯藜簠云：唯王九月初吉庚午，曾伯藜哲圣元武，元武孔□。克狄淮夷，印燮繁汤。金道锡行，具既卑方。今择其吉金黄炉，余用自作旅簠。以征行，用盛稻粱，用孝用享，于我皇祖文考，天赐之福。曾伯藜遐不黄耇万年，眉寿无疆，子子孙孙永保用之，享。"则用八韵。虢季子盘云："唯十有二年，虢季子白作宝盘。丕显子白，庸武于戎工，经维四方。博伐猃狁，于洛之阳。折首五百，执讯五十，是以先行。桓桓子白，献俘于王。王孔嘉子白义，王格周庙宣榭，爰乡。王曰：伯父孔显有光。王锡乘马，是用佐王；锡用弓，彤矢其央；锡用钺，用征蛮方。子子孙孙，万年无疆。"篇中共用十一韵，古诗所未有也。此外文中杂韵语者尚不胜举，兹取其最典雅者著之。

三代册命之文多陈陈相因

山左陈氏所藏毛公鼎，字多至四百九十有七，为近世吉金之冠。此器于宣统庚戌归浭阳端忠敏，时《陶斋吉金录》已成，未及补入也。此器自潘文勤、吴清卿中丞等均以为足补《尚书》之阙，然其中文句，多与薛尚功《钟鼎彝器款识》中之师㝨相复出。如毛公鼎云"肆皇天亡斁，临保我有周"，师㝨敦则云"肆皇帝亡斁，临保我有周"；毛公鼎云"乃以族，干敔王身"，师㝨敦则云"以乃友，干敔王身"；毛公鼎云："愍天疾畏。"师㝨敦则云"旻天疾畏"。余如"雝我邦大小猷"及"勿以乃辟陷于艰"二语，二器中皆有之。方知三代册命之文，亦多陈陈相因，不独后世制诰然也。

铸器之日

周世铸钟，皆用正月丁亥日。汉世铸带钩，皆用丙午日。唐时铸镜，用五月五日。

古器七厄

隋牛宏上文帝疏，请开献书之路，论书之五厄。近吴县潘文勤公祖荫作《攀古楼彝器款识序》，亦论古器有七厄。曰："古器自秦至今，凡有七厄。章怀《后汉书》注引《史记》曰：'始皇铸天下兵器，为十二金人。'此文较今本《史记》多一'器'字，于义为长。兵者戈戟之属，器者鼎彝之属，秦政意在尽天下之铜，必尽括诸器可知。此一厄也。《后汉书》：'董卓更铸小钱，悉取洛阳及长安钟虡、飞廉、铜马之属，以充铸焉。'此二厄也。《隋书》：开皇九年四月，毁平陈所得秦汉三大钟、越二鼓。十一年正月，以平陈所得古器多为祸变，悉命毁之。此三厄也。《五代会要》：'周显德二年九月一日勑：除朝廷法物、军器、官物及镜，并寺观内钟、磬、钹、相轮、火珠、铃铎外，应两京、诸道州府铜象器物诸色，限五十日内并须毁废送官。'此四厄也。《大金国志》：海陵正隆三年，'诏毁平辽、宋所得古器'。此五厄也。《宋史》：绍兴六年，敛民间铜器。二十八年，出御府铜器千五百付泉司，大索民间铜器，得铜二百万余斤。此六厄也。冯子振序杨钧《增广钟鼎篆韵》曰：'靖康北徙，器亦并迁。金汴季年，钟鼎为祟，宫殿之玩，毁弃无余。'此七厄也。"然牛宏言书云五厄，皆系实事。而此言古器七厄，则颇多穿凿附会。其中第五厄与第七厄，当系一事。惟《大金国志》附之海陵，冯子振附之金汴季年，此为异耳。又第一、第四、第五条所云销毁者，当系民间用器，与古器无涉。董卓及隋文所毁虽系古器，亦非三代鼎彝之属。唯金世所毁，中有《宣和博古图》中物。然则所云七厄之中，可信者唯一厄而已。

书宣和博古图后

宋宣和殿器，皆为金人徙之而北，然亦有流入南方者。《博古图》中物，见于张抡《绍兴内府古器评》者尚得十之一二，盖金人不重视此种物，而宋之君臣方以重值悬购古器，故三代遗器往往萃于榷场。如刘原父旧藏张仲簠，则刘炎于榷场得之。毕良史少董亦得古器于盱眙榷场，摹十五种，以纳诸秦伯阳，其中八种皆宣和殿旧物也。案《三朝北盟会编》云："毕良史字少董，以买卖书画古器得悦于思陵，食客满堂，号贫孟尝。"《建炎以来系年要录》云："绍兴十五年七月，右宣义郎、干办行在粮料院毕良史知盱眙军。良史入辞，加直秘阁。"则良史之知盱眙，当由高宗使之访求榷场古器耳。然则宣和殿器，其一部仍入于宋，亦非全为金人所销毁也。

古器入土，经时既久，铜质往往变易，以之改铸他器，殆所不能，其亡失破坏，往往在无形之中，不必有所谓大厄也。故宋时所有三代器，今日存者盖罕。今日古器，大抵二三百年中新出土者也。唯陈寿卿编修所藏之兮甲盘，则确系绍兴内府之物。此外与宋器同文者，非伪器，则仿宋耳。《绍兴内府古器评》有周《伯吉父匜盘铭》一百三十三字，其文曰："维五年三月既死霸庚寅"，又曰"从王折首"，又"锡马驹车"，又曰"敢不用命，则即刑"。与陈氏兮甲盘文正同。又元陆友仁《研北杂志》云："李顺父有周伯吉父盘，铭一百三十字，家人折其足，用为饼槃。鲜于伯机验为古物，乃以归之。"今陈氏之器亦三足俱缺，与陆氏说合。真三代器之自宋传至今者，唯此器耳。

蔡绦《铁围山丛谈》载其所作《古器说》云："太上皇帝即位，宪章古始，邈然有追唐虞之思。大观初，乃效李公麟之《考古图》，作《宣和博古图》。凡所藏者，为大小礼器，则已五百有几。世既知其所以贵爱，故有得一器，其值为钱数十万，后动至百万不翅者。于是天下塚墓破伐殆尽矣。独政和间为最盛，尚方所贮至六千余数百器，遂尽见三代典礼文教，而读先儒所讲说，殆有可哂者。始端州上宋成公之钟，而后得以作《大晟》。及是又获被诸制作，于是圣朝郊庙礼乐一日遂复古，跨越先代。尝有旨以所藏列崇政殿暨两廊，召百官而宣示焉。当是时，天子尚留心政治，储神穆清，因从琐闼密窥，听臣僚访诸左右，知其为谁，乐其博识，味其议论，喜于人物，而百官弗觉也。时所重者，三代之器而已。若秦汉间，非殊特盖亦不收。及宣和后，则咸蒙贮录，且累数至万余。若岐阳宣王之石鼓，西蜀文翁礼殿之绘象，凡所知名，闾间巨细远近，悉索入九禁。而宣和殿后，又创立保和殿者，左右有稽古、博古、尚古等诸阁，咸以贮古玉印玺，诸鼎彝、礼器、法书、图画尽在。然世事则益烂漫，上志衰矣，非复前日之敦尚考验者。俄遇僭乱，侧闻都邑方倾覆时，所谓先王之制作，古人之风烈，悉入金营。夫以孔父、子产之景行，召公、散季之文辞，牛鼎、象尊之规模，龙瓶、雁灯之典雅，皆以食戎马，供炽烹腥鳞，湮灭散落，不存文武之道。中国之耻，莫甚乎此！言之可为于邑。至于图录规模，则班班尚在，期流传以不朽云尔。"此说载徽宗一朝蒐集古器事，然亦有夸诞失实处。如以《宣和博古图》之名取诸宣和殿，其书成于大观之初而不在宣和之末，此说大不足信。考赵明诚《金石录·齐钟铭跋》云"宣和五年，青州临淄县民于齐故城耕地，得古器物数十种，其间钟十枚，有款识，尤奇"云云。而《博古图》中已载其五，则此书之成，当在宣和五年之后。而其中所载古器仅五百余，则六千余、万余之数疑皆夸大之辞。《四库提要》反据蔡说，以定宣和之为殿名而非年号，殆失之矣。

近时出土之大器

近时所出古器，文字最多者，以毛公鼎为最；至器之最大者，则首数吴县潘氏之盂鼎与合肥刘氏之虢季子白盘。盂鼎直径得三尺许，气象雄伟，一望而可见为三代盛时之器。其鼎初出岐山，后置之西安府学，左文襄督陕甘时，乃遣兵数百人为潘文勤致之于京师。虢季子盘亦出宝鸡县虢川，司容一石余，重四百八十斤，阳湖徐燮钧知郿县时得之，载归江南。粤匪之乱，匪用为马槽。刘壮肃公铭传克常州，乃携以归皖，今藏其家。又盂鼎同时出土者二器，其一文字更多，闻已充铸钱之用。此器唯海丰吴子苾阁学家有一拓本，已刻入《攈古录金文》中，其文乃载用周初伐鬼方事，惜已剥蚀，不能通读其全文，其可惜也。其余大器，唯吴县潘氏之克鼎与武进费氏之颂鼎亦略近之，皆古之所谓牛鼎也。毛公鼎文字虽多，然直径不过尺有半，殆即所谓羊鼎豕鼎者欤！此外唯毕秋帆制军所藏匈鼎亦系牛鼎，自藉没入内府后，已不知其存亡矣。古器流传于今者，鼎最多，敦次之，爵又次之。爵之数不下二百，然皆商器，其为周器者不及十分之一。至簠、簋则仅有周器，无商器也。敦亦如之，其为商器者，亦不过十之一二而已。

关东出钟，关西出鼎

近世大器，皆出关中，如毛公鼎、匈鼎、克鼎、二盂鼎、虢季子盘之类是也。至河南、山东所出者，无甚钜丽之物，唯吴县潘氏所藏之齐镈，乃齐故物，当出青州。又沇儿、王孙遣诸二钟乃徐故物，当出山东、江南间。此三器文字极多，乃不下于关中所出之器。古人云："关东出相，关西出将。"今可云"关东出钟，关西出鼎"矣。

内府所藏古器

内府所藏古器，自嘉道以后，盖已流出。近世吴县潘氏，黄县、日照二丁氏所藏器中，著录于《西清古鉴》中者不少，而潘文勤等不之知也。盖内监盗出，托为新出土之器以逛诸公，诸公鞅掌政务，未及检察耳。

古器文字所在有一定之制

古器文字所在，有一定之处。如钟铭皆在钲间及左右两鼓，或有延及两栾上者。鼎铭皆在器内，自口而下。尊、壶、罍亦如之。敦与簠、簋铭皆在器之中间。爵铭则在鋬内及柱上，其文之稍多者，亦或铸于口内。觚在外底，觯在内底，斝在口上，盉或同之。皆有一定之制，无有稍出入者。

古器文字，大抵阴文，其花纹则凸起为阳文。其冶铸时，文字必先刻阴文范，乃制阳文范；花纹必先刻阳文范，乃袭阴文范，然后可以熔金于其中。是古代冶铸之工，实本于雕刻之工，观其冶铸之精良，则其雕刻之精良从可知矣。上虞罗氏藏商时雕刻牛骨断片，其精雅与鼎彝花纹无异，此物出彰德府城外，与龟版牛骨文字同时出土，为殷时遗物无疑也。

近世金文之书最著者

近世金文之书，最著者为阮文达之《积古斋钟鼎彝器款识》、吴荷屋中丞荣光之《筠清馆金文》、吴子苾阁学式芬之《攈古录金文》三书。阮书出朱荟堂河帅为弼之手，《筠清》则出于龚定庵自珍，《攈古》则出于许印林瀚中，唯《筠清》释文最为诞妄，龚纂此书，出于晋江陈颂南庆镛之荐，当时吴荷屋意殊不满，然卒自署其行，亦可异也。

古器真赝

古器之学，嘉道之间虽已进步，然于真赝之别，颇觉茫然。如《积古》《筠清》二书所录伪器，不一而足，而张叔未、叶东卿诸家所收藏，亦皆真伪杂糅。至咸同间，陈寿卿编修出而鉴别始精，二十钟斋藏器数百品，伪者不过一二（如汉龙节之类）。潘文勤攀古楼所藏三代器至三百余器，亦未见有伪者。吴清卿中丞所藏百余品中，伪者亦不过三四而已。

唯端忠敏收藏虽富，而伪器较多。然陈氏、潘氏、吴氏有名之器，多萃于其家，不可谓非近时一大观也。

吴清卿藏符最富

吴清卿中丞藏符最富，号所居为十六金符斋，至其殁时，数及二十。然其中赝品二，则太和门外左龙武军第二龟符及鹰扬卫左紫辉第四龟符是也。盖龟符为武周之物，而龙武军则置于开元二十七年，其误显然。盖仿九仙门外右神策军龟符而造者，不悟武后时尚无龙武军也。又鹰扬卫左紫辉符，亦与唐制不合，文字均劣，为赝作无疑。以中丞之精鉴，尚为黠贾所欺，亦过于贪多之故也。

端忠敏

端忠敏藏器分置京师、河南二处，其在行箧者亦当不少，死事之后，不知流落何所矣。海宁王静安《壬癸集》中有《蜀道难》一篇，为忠敏作也。

其词曰：

> 对案辍食惨不欢，请为君歌《蜀道难》。
> 蜀江委蛇几千折，峰峦十二烟云间。
> 中有千愁与万冤，南山北山啼杜鹃。
> 借问谁化此？幽愤古莫比。
> 云是江南开府魂，非复当年蜀天子。
> 开府河朔生名门，文章政事颇绝伦。
> 早岁才名揭曼硕，中年书札赵王孙。
> 簪笔翩翩趋郎署，绣衣一着飞腾去。
> 十年持节遍西南，万里皇华光道路。
> 幕府山头幕府开，黄金台畔起金台。
> 主人朱毕多时誉，宾客孙洪尽上才。
> 奉使山陵绝驰道，幸缘薄谴归田早。
> 宝华庵中足百城，更将何地堪娱老。
> 呜呼！
> 乾嘉以还盛文物，器车争为明时出。
> 士夫好事过欧赵，学子考文陋王薛。

近来山左数吴陈，江左潘吴复绝伦。
开府好古生最后，蒐罗颇出诸家右。
匋斋著录苦未尽，请述一二遗八九。
玉刀三尺光芒静，宝鸡铜禁尤完整。
孤本精严华岳碑，千言谟训毛公鼎。
河朔穹碑都辇致，中余六代朱文字。
丹青一卷顾长康，唐宋纷纷等自郐。
开府此外无他娱，到处琳琅载后车。
颇怪陶公储木屑，不愁马援谤明珠。
比来辇毂多闲暇，倦眼摩挲穷日夜。
自谓青山老向禽，那知白首随王贾。
铁官将作议纷纶，诏付经营起重臣。
又报烽烟昏玉垒，便移旌节上荆门。
玉垒荆门路几许？可怜遍地生榛莽。
木落秋经滟滪堆，风高暮宿彭亡聚。
提兵苦少贼苦多，纵使兵多且奈何！
麾下自翻汉家帜，帐中骤听楚人歌。
楚人三千公旧部，数月巴渝共辛苦。
平时武帐呼元戎，此日辕门诟索虏。
彻侯万户金千斤，首级还须赠故人。
此意公私君莫问，此时恩怨两难论。
爱弟相随同玉碎，赠官赐谥终何济。
铜鼓聊当蒿里歌，铁笼便是东园器。
杀胡林中作帝羓，蜀盐几斛相交加。
留取使君生面在，顺流直下长风沙。
南楼到日人人识，犹忆使君曾驻节。
将军置卫为周防，父老遥看暗呜咽。

> 昔闻暴抗汉与明，规摹还使后人惊。
> 和州有庙祠余阙，西楚何亲葬谷城。
> 即今蛮邸悬头久，枯骨犹闻老兵守。
> 白狄谁归先轸元，朱瑒空请王琳首。
> 玉轴牙签尽作尘，兰亭殉葬更无因。
> 颇闻纪甗归齐国，复道龙文委水滨。
> 首在荆南身在蜀，归魂日夜西山麓。
> 千里空驰江上心，一时已抉城门目。
> 可怜萧瑟满江潭，无限江南与汉南。
> 莫问翠微旧山色，西风落木归来庵。

云云。按宝华庵、归来庵，皆忠敏斋名。宝华庵以所藏三宋拓本《西岳华山碑》名。归来庵，则罢官后所筑西山别业也。

武进费屺怀编修念慈，以光绪辛卯典试浙江，颇通关节，相传以"百二十国之宝书"七字为暗语，文中用此七字者皆获捷。此事藉藉传于中外。端忠敏性滑稽，为编修题其太夫人《籝灯课读图》，末句云"请君更读百二十国之宝书"，可谓谑而虐矣。

吴清卿

吴清卿中丞罢官居吴门，清贫殊甚。甲午以后，思售所藏古器，得数十万金以充偿日本军费之一部，然无过问者。其古玉一部，载于其所著《古玉图考》者，德国享利亲王往观之，问以价值，中丞不言，遂偿数千金，而取其玉以去藉给朝夕而已。中丞无子，身后铜器为三婿所分。其一部归端忠敏，如微子鼎等是也。中丞著书不多，然其《字说》《古玉图考》《历代度量权衡实验考》等，皆于学术上自开蹊径，特用兵非所长，此又不必为之讳也。

叵叵目短视而善用枪，其发枪也，在数百步内无不破的者，盖纯以手行也，其所部兵发枪亦最准。由是喜言治兵，卒以是败。又善绘事，《恒轩所见所藏吉金录》中彝器图皆其所自绘也。亦间写山水，世罕见之。

知　券

《流沙坠简》卷二，有汉人卖布袍券一简。其文曰："神爵二年十月二十六日，广汉县□□里男子□宽意卖布袍一，陵胡隧长张仲□用贾钱千三百。（其下漫灭）时在旁。候史张子卿、戎卒杜忠知券，约□沽酒二斗"云云。案《汉书·游侠传》："宣帝赐陈遂玺书曰："制诏太原太守：官尊禄厚，足以偿博进矣。妻君宁时在旁，知状。"此券云"时在旁某某知券"，语正相同。知宣帝诏书，实戏用当时契券中语也。知券，即今卖券中之中人。沽酒二斗，所以饮知券者，如今之中费矣。

浭阳端忠敏公藏汉建初玉买地券，其文曰："建初六年十一月十六日乙酉，武孟子男靡婴买马口宜朱大弟少卿冢田，南广九十四步，西长六十八步，北广六十五，东长七十九步，为田二十三亩奇，百六十四步，直钱十万二千。东陈田比界，北、西、南朱少比界。时知券约赵满、何非，沽酒各二斗。"

又黄县丁氏藏汉建宁铅买地券，其文曰："建宁四年九月戊午朔廿八日乙酉，左骏厩官大奴孙成从雒阳男子张伯始买所名有广德亭部罗伯田一町，贾钱万五千钱，即日交毕。田东比张长卿，南比许仲异，西尽大道，北比张伯始。根生土著毛物皆属孙成，田中若有尸死，男即当为奴，女即当为婢，皆当为孙成趋走给使。田东西南北，以大石为界。时旁人樊永、张义、孙龙，异姓樊元祖皆知张约，沽酒各半。"

又望江倪氏藏吴浩宋砖买地券云："黄武四年十一月癸卯朔廿八日庚午，九江男子浩宋以□月客死豫章，从东王公、西王母买南昌东郭一邱，□□□□五千，东邸甲乙，西邸庚辛，南邸丙丁，北邸壬癸。以日月副。时任知券者，洛阳金□子、鹤与鱼。画□□□入渊郭师吴（下缺五六字）为明，如律令。"

又山阴童氏藏晋太康买地瓦莂曰："大男杨绍从土公买冢地一丘，东极阗泽，西极黄滕，南极山背，北极于湖，直钱四百万，即日交毕。日月为证，四时为任，太康五年九月二十九日对共破莂，民有私约如律令。"

此上四券，皆买冢地之券。前二券买之于人，故知券约者亦皆实有其人，又有沽酒之费。后二券买之于鬼神，则术家假托之词，故知券约者为神仙鱼鸟之类。其券皆埋于墓中，盖欲使死者有此地也。

端氏所藏玉买地券，长汉尺三寸许，广一寸八分，两面刻字各五行，隶书，字大不逾四分，而宽博纵恣，有寻丈之势。亡友蒋伯斧郎中曾填《蝶恋花》一阕咏之云："玉匣飘残金椀碎，一寸寒琼，犹辨东都字。粟米居然寻丈势，秦权汉卯差相类。　　因忆同时兄与弟，三万金钱，同买稽山地。镌凿巉岩刊冢记，千秋翠墨争雄肆。"丁氏铅券则长汉尺一尺七寸余，广约寸半，一面刻字三行，隶书，皆人间瑰宝也。黄武、太康二券，则原砖已佚，榻本亦绝无仅有。罗叔言藏历代冢墓之文多至千数百通，今选此四种，以玻璃板精印，题曰《蒿里遗珍》，诚冢墓中文字之冠冕也。

唐时契券

斯坦因博士前游历新疆南路时，于和阗州得唐时契券若干纸，兹择其最完整之二纸录之。其一为借粮券，文曰：

大历十七年□，（下阙。）要粮用，交无□□，□于护国寺僧虔英边使粟壹拾柒□，其粟霍昕悦自立限九月内还。如违限□，□由僧虔英牵掣霍昕悦家资牛畜，将充粟直，有剩不追。恐人无信，故立私契，两共对面平章画指为记。

> 粟　　主
> 使粟人行官　　霍昕悦，年卅七
> 同使人妻　　　马三娘，年卅五
> 同使人女　　　霍大娘，年十五

一为举钱券。文曰：

建中三年七月十二日，健儿马令痣为急要钱用，无得处，遂于护国寺僧虔英边举钱壹阡文，其钱每月头□□□□陌文。如虔英自要钱用，即仰马令痣家本利并还，如不得，一任虔英牵掣令痣家资牛畜充钱直，有剩不追。恐人无信，故立私契，两共平章画指为记。

> 钱　　主
> 举钱人　　　马令痣，年二十
> 同取人母　　党二娘，年五十
> 同取人妹　　马二娘，年十二

此上二券，皆边地之式，想当时内地所用之式亦略同，惜未有传于世者。

宋时图记

今邮政局所用图记，其年月日时之字皆随时改换，此西洋式也。然此种图记宋时已用之，但不如今之密耳。《宋史·舆服志》："仁宗景祐三年，少府监言：'得篆文官王文盛状，在京三司粮料院，频有人伪造印记，印成旁历，盗请官物。欲乞铸造圆印三面，每面阔二寸五分，于外一匝先篆年号及粮料院名，计十二字；次一匝篆寅印十二辰，亦十二字；中心篆正字，上连印钮，铸成转关，以机穴定之。用时逐月分对，年终转逮十二月，自寅至丑，终始使用。所有转关正字次月转定之时，令本院官封押，选差人行使其印。遇改年号，即令别铸。'诏三司定夺以闻，三司请如文盛奏"云云。其印但纪年月而无日，盖较今制为疏。

钞币之制

钞币之制，始于唐之飞钱、宋之交子，其制创于民间，以通远方兑汇而已。后商人资衰，力不能偿，于是官设交子务，禁民私造，遂为宋、金、元、明四代币制之一种。近上虞罗氏印行《四朝钞币图录》一书，中有金钞五种，元钞三种，明钞一种，咸丰宝钞四种，咸丰户部官票四种。古钞板钞币之存于今者，殆网罗略尽矣。其图式并于书，罗君并作《考释》一卷，附于其后。其中金时钞版五，出土稍久，已有亡佚。元至元二贯钞铜板为新出土之物。又至元一百文楮钞及三十文楮钞，则藏俄都亚细亚博物馆，据写真片入录，皆人间未见之物也。顾宋时交子、会子从未有传世者，惟《宋史·舆服志》记其所用之印曰："行在都茶场会子库，每界给印二十五：国用印三钮，各以'三省户房国用司会子印'为文；检察印五钮，各以'提领会子库检察印'为文；库印五钮，各以'会子库印造会子印'为文；合同印十二钮，内一贯文二钮，各以'会子库一贯文合同印'为文，五百文、二百文准此"云云。此绍兴十四年事。《食货志》又载："孝宗隆兴元年，诏会子以'隆兴尚书户部官印会子之印'为文。"则宋时会子上所用之印，亦时改易。且孝宗以后，印上又著年号，则改元一次，当换印一次矣。金元钞币仅存钞版，当时用印若干已不可知，至元楮钞上印亦不可辨。唯宋之会子，其式虽亡，而用印事尚见于《宋志》，故亟录之。

元中统钞

汪水云《湖山类稿》有《醉歌》一首云："衣冠不改只如先，关会通行满市廛。北客南人成买卖，京师依旧使铜钱。"此记元师初破临安时事，可知宋亡之后，一时尚用会子。又《元史·世祖纪》：至元十三年正月，云南行省赛典赤言："云南贸易与中州不同，钞法实所未谙，莫若以交会、贝子公私通行，庶为民便。从之。"是元于敦定之地，于币制皆仍其故也。又《水云集》中《湖州歌》之一云："晓望燕云正雪天，闭门毡帐恣高眠。内家遗钞三千锭，添赐三宫日用钱。"关会与钞字入诗自此始。又元时银五十两为一锭，三千锭为五十万两。案《元史·食货志》，至元二十四年改造至元钞，每一贯当中统钞五贯；又银一两，当至元钞二贯。则元时大抵以新钞二贯当银壹两，十五万两当得二贯钞十五万纸。宋幼主至燕在至元十三年，是时所行仅有中统钞一种，则此十五万纸者，当为中统钞也。

胡服考

世人皆知赵武灵王始服胡服，不审胡服形制如何，不知果行于后世否。余曩释《流沙坠简》时，曾一考之，始知赵武灵王之胡服即汉以后之袴褶服。此服大行于六朝、隋唐间，即唐以后之常服，亦参用其制者也。案袴褶者，《释名》云："褶，袭也，覆上之言也。"又云"留幕，冀州人所名大褶，下至膝者也。"颜师古《急就篇注》："褶，重衣之最在上者，其形若袍，短身而广袖，一曰左衽之袍也。"案《士丧礼》"襚者以褶，则必有裳"，以"褶"与"裳"对言，则褶者上衣，裳者下衣。易裳以袴，则褶上袴下，谓之袴褶。三代以上，盖无此服。三代之服，唯有二种：一为端衣，上衣下裳；一为深衣，则连衣裳为之，虽有襦袴，不见于外也。自赵武灵王始为胡服，胡服之制，史虽不言，其时亦无袴褶之名，然武灵王之改服，本为习骑射计，骑则裳不便而袴便矣。

且古之服袴褶者，必冠惠文冠，服络带，著靴，此三者皆始于赵武灵王。隋唐时，袴褶之服，谓之"平巾帻之服"，而平巾帻之制本因惠文冠而起。《宋书·礼志》引《汉注》云：帻"冠进贤者宜长耳，今介帻也；冠惠文者宜短耳，今平上帻也"。《汉书·武五子传》亦云：昌邑王"衣短衣大袴，冠惠文冠"。盖古之服袴褶者，必冠惠文，后乃去冠而存其帻，遂谓平巾帻之服矣。而惠文冠之制实始于赵武灵王。《续汉书·舆服志》："武冠，一名武弁大冠，诸武官服之。侍中、中常侍加黄金珰，附蝉为文，貂尾为饰，谓之'赵惠文冠'。胡广说曰：'赵武灵王效胡服，以金珰饰首，前饰貂尾为贵职。'"蔡邕《独断》说略同。则袴褶之冠始于赵武灵王也。《宋书·礼志》："袴褶腰有络带，以代鞶带。"案络带之制，亦起于赵武灵王。《赵策》："武灵王赐周绍胡服，衣冠具带，黄金师比，以传王子。"师比者，带钩也。《史记·匈奴传》："黄金胥毗一。"《索隐》云："《汉书》见作'犀毗'。此作'胥'者，胥、犀音相近。张晏曰：'鲜卑郭落带，瑞兽名也，东胡好服之。'"颜师古《汉书注》曰："犀毗，胡带之钩也。亦曰鲜卑，亦谓师比，总一物也。"

《北堂书钞》引《东观记》云："金刚鲜卑绲带一具。"又引荀勖《答王琛书》云："鲜卑金头宝带十二枚。"则师比、胥纰、犀毗，皆"鲜卑"之异译也。《书钞》又引《吴录》有"钩落带"，即张晏所云"鲜卑郭落带"。《宋志》之"络带"，又钩落带、郭落带之省，与《赵策》"师比"一语同出东胡。则袴褶服之带，亦始于赵武灵王也。《隋书·礼志》："履则诸服皆用，唯褶服以靴。靴，胡履也。取便于事，施于戎服。"《广韵》云："靴，赵武灵王所服也。"则袴褶服之履，亦始于赵武灵王。然《广韵》之说，苦无他证。《说文·革部》云："胡人履连胫，谓之络鞮。"以此服属之胡人，似汉时尚无着靴之事。斯坦因博士于和阗尼雅城北所得晋初木简，有云"著布袴褶、纑履"，则晋初服袴褶者，尚不著靴。褶服用靴，或始于六代以后。然袴褶之冠带既始于赵武灵王，则武灵王所服胡服，其为袴褶无疑也。秦汉以后，遂行于世。《汉书·景十三王传》：广川王"殿门有成庆画，短衣大绔长剑"。《武五子传》：故昌邑王"衣短衣大绔，冠惠文冠"。虽不著袴褶之名，然短衣有袴无裳，古无此服，其为袴褶无疑。汉魏之间始见袴褶之名。《吴志·吕范传》注引《江表传》：范自请领孙策都督，出便释韝，"著袴褶，执鞭，诣阁下启事，自称领都督"。则汉末军旅之间，将领之卑者率服绔褶也。魏晋以后，三公亦服之，《御览》引《魏百官名》"三公朝赐青林文绮长袖袴褶各一"是也。乘舆亦服之。《晋书·舆服志》"袴褶之制，未详所起。近世凡车驾亲戎、中外戒严服之"（语本《宋书》）是也。自晋以后，武官陪仗、文官骑马之服，以及常人出行时，多服袴褶，乃至妇女亦服之。其见于志传者，不可胜举。北朝起自戎夷，此服尤盛。隋时除祭服、朝服外，公服以朱衣素裳与袴褶通著，常服亦以黄袍白裙襦与袴褶通著。大抵居则衣裙，行则袴褶，此其别也。

而黄袍之制，亦折衷古衣冠与袴褶二者为之。其用裙襦，则取诸古服；其用九环带（天子则十三环）、乌皮六合靴，则取诸袴褶服者也。唐制，天子以柘黄袍为常服，诸臣禁用赤黄，于是常服有紫、绯、青、绿之差。然皆用起梁带及靴，犹隋之常服也。其服袴褶者，自天子以降，均谓之平巾帻之服，武官以此为常服，文官则朔望朝会及骑马时服之。文武袴褶，用各不同，故《六典》：礼部郎中、员外郎职名武官所服者，曰平巾帻之服，名文官所服者曰袴褶之服，其实一也。五代、宋服与唐略同。由是观之，则袴褶之服萌芽于战国，浸淫于两汉，而大行于魏晋以后。至于隋唐，而举世所服者，唯袴褶服及古服与袴褶服折衷之常服耳。此袴褶服入中国后之大略也。

袴褶之服，盖出东胡。战国时中山诸国亦服此服，故赵武灵王效之。汉魏以后，诸外国之服亦有似之者。《魏志》：夫余国人，在国衣白布大袂、袍、袴，履革鞜。《隋书·东夷传》："高丽人皆皮冠，使者加插鸟羽，（此即古之鹖冠，《续汉志》：

'武冠，俗谓之大冠。加双鹖尾，竖左右，为鹖冠。赵武灵王以表武士'云云。案：惠文冠亦用武冠，盖加貂蝉谓之惠文冠，加鹖尾谓之鹖冠，皆出胡服。高丽服亦然。）贵者冠用紫罗，饰以金银，服大袖衫、大口袴、素皮带，黄革履。"（近见日本关野博士所发见高句丽时代壁画，画中服饰正与之同）又《北堂书钞》及《太平御览》引吴时《外国传》云："大秦国人皆著袴褶、络带。"此服自东西行，抑自西东来，虽不可知，然魏晋六朝以来，诸外国之服盖可识矣。西晋以后，外族入主中国，又在戎马倥偬之际，故袴褶之服大行。故古人罕知袴褶之所出，沈约《宋书》已谓袴褶之服不知所由出。后世虽知唐宋常服起于隋文，而不悟其参用袴褶之制。

善乎沈存中《笔谈》之言曰："中国衣冠，自北齐以来乃全用胡服，窄袖绯绿短衣，长靿靴，有鞢韄带，皆胡服也。"其云始于北齐，虽考之未详，然可谓特识矣。至袴褶制度，则褶之为制，短身而广袖，袴皆大口，行时或缚之（见《宋书·袁淑传》及《隋书·礼仪志》）。隋唐之际，乃有窄袖褶，小口袴。《隋志》云：炀帝时"车驾多行幸，百官行从，唯服袴褶，而军旅间不便。至大业六年，诏从驾涉远者，文武官等皆戎衣"。按：古之戎衣，即是袴褶。此云易袴褶以戎衣，盖魏周之间，又以袴褶之大口广袖者为不便，而复狭小之，以为戎衣。此亦由外国出，《梁书·诸夷传》"芮芮人辫发，衣锦，小袖袍，小口袴"是也。唐时袴褶亦不甚褒博，刘子元《乘马著古衣冠议》曰：褒衣博带，革履高冠，本非马上所施，自是车中之服。且长裙广袖，襜如翼如，倘马有警逸，人从颠坠，固已受嗤行路，有损威仪"云云。此以古衣冠之长裙广袖为不便于乘马，则唐人乘马所服之袴褶，其非广袖可知。

自唐以后，相承为窄袖，故沈存中所纪曰"窄袖短衣"也。其材，古代或则用皮韦，或用毾，或用布，或用绮罗缣锦织成。唐则五品以上通用紬绫及罗，六品以下用小绫。其色则古无定色，晋以后则中官紫褶，外官绛褶（《晋》《宋》二志作紫褾、绛褾，今从《隋志》）。隋则五品以上用紫，六品以下用绛。唐则褶用本品色，与常服同（三品以上服紫，五品以上服绯，六品、七品服绿，八品、九品服青）。袴则白色，各品皆同。其冠则古用惠文冠，后用平巾帻。唐则天子以翼善冠与平巾帻通著，太子以进德冠与平巾帻通著，百官则但服平巾帻而已。带则黄金具带，加以带钩，穿带本为孔，而折其余于前。周隋以后，乃有环镑之名，唐宋定其等威，以为服章。履则用靴，盖自六朝以后为然，此袴褶服制度之大略也。古人不知赵武灵王所改之胡服即汉晋以后之袴褶服，遂不知胡服之制，因详著之如此。

蹀躞之制

《大唐六典》及《新》《旧》二书《舆服志》纪诸服制度，皆以革带、钩镍并举，亦谓之蹀躞带。初不知钩镍为何物，及观沈存中《笔谈》，则云"带衣所垂蹀躞，盖欲佩带弓、剑、帉帨、算囊、刀、砺之类，自后虽去蹀躞，而犹存其环。环所以蹀躞，如马之鞦根，即今之带镑也"云云。是钩镍者，即环镑，以其钩蹀躞，故谓之钩镍也。然周隋以前已有环镑，未闻有蹀躞。《周书·李贤传》："高祖赐贤以御所服十三环金带一要。"《旧唐书·舆服志》："隋代帝王贵臣，多服黄文绫袍、乌纱帽、九环带、乌皮六合靴，天子朝服亦如之，唯带加十三环以为差异。"是带之环镑，自古有之，而蹀躞之制，唯见于唐。《旧唐书·舆服志》："上元元年制，一品以下带手巾、算袋，仍佩刀子、砺石。武官欲带者听之。"又："景云中又制，令依上元故事，一品以下带手巾、算袋，其刀子、砺石等许不佩。武官五品以上佩鞢韡七事。七谓佩刀、刃、砺石、契苾真、噦厥、针筒、火石袋等也。"然韡与蹀躞，当即鞢韡。其七事谓有契苾真、哕厥，虽不知为何物，疑出突厥语，或非周隋所已有。其果因鞢韡而制环錺，或因有环錺而佩鞢韡，盖未易定也。今之马褂，盖古褶之遗制，所佩荷包等亦唐人鞢韡之遗矣。

大　带

古之大带，其绅下垂，即唐常服之带，其两端亦垂于下。《唐书·舆服志》："腰带者，摺垂头于下，名曰铊尾，取顺下之义。"又谓之挞尾，《中华古今注》"文武官阶腰带"：盖古革带，六品以上用银为錺，向下插垂头，今谓之打尾。王建《宫词》云"银带排方挞尾长"，亦谓是也。又谓之獭尾，宋陈昉《颖川语小》引一小说云："黄幡绰以伶官无鱼袋，插獭尾于腰，谓明皇曰：'赐绯毛鱼袋。'"则唐之鱼袋，或即悬于铊尾之间。韩退之诗"玉带垂金鱼"，或指此也。余所见高句骊时代壁画，其带之两端乃折而分向下两旁，即唐时之铊尾也。古之带，皆于带上略穿数孔，以容带钩，量身之肥瘠以为伸缩。《古诗十九首》云"相去日已远，衣带日以缓"，宋周邦彦词"叹带眼都移旧处"，由此二语，可知自汉及宋束带之法。

补 服

今之补服，定于明太祖二十四年，然其制则昉于武后。《旧唐书·舆服志》："则天天授二年二月，朝集使刺史，赐绣袍，各于背上绣成八字铭。长寿三年四月，敕赐岳牧金字银字铭袍。延载元年五月，则天内出绯紫单罗铭襟背衫，赐文武三品以上。左右监门卫将军等饰以对狮子，左右卫饰以麒麟，左右武威卫饰以对虎，左右豹韬卫饰以豹，左右鹰扬卫饰以鹰，左右玉钤卫饰以对鹘，左右金吾卫饰以对豸，诸王饰以盘龙及鹿，宰相饰以凤池，尚书饰以对雁。"《新书·舆服志》亦言："诸卫大将军、中郎将以下给袍者，皆易其绣文：千牛卫以瑞牛，左右卫以瑞马，骁卫以虎，武卫以鹰，威卫以豹，领军卫以白泽，金吾卫以辟邪。"此开元中事，则唐代此制，仍而不废，其源实出武后。武后天授之制，但绣于背。延载所赐，则云铭襟背衫，则面背皆有之，与后世补服正同。

帷帽盖头

古者妇人之车皆有容盖，以为屏蔽。后世妇女出门有羃䍠、帷帽之制。《旧书·舆服志》："武德、贞观之时，宫人乘马者，依齐、隋旧制，多著羃䍠，虽发自戎夷，而全身障蔽，不欲途路窥之。王公之家亦同此制。永徽以后，皆用帷帽，拖裙到颈，渐为浅露。寻下敕禁断，初虽暂息，旋用仍旧。则天以后，帷帽大行，羃䍠渐息。中宗即位，宫禁宽弛，公私妇人，无复羃䍠之制。开元初，从驾宫人骑马者，皆著胡帽，靓妆露面，无复障蔽。士庶之家，又相仿效，帷帽之制，绝不行用。俄又露髻

驰骋，或有著大夫衣服鞲衫，而尊卑内外，斯一贯矣。"宋周煇
《清波杂志》云："妇女步通衢，以方幅紫罗障蔽半身，俗谓之
盖头，盖唐帷帽之制也。"钱遵王《也是园书目》所载宋人词话
（即弹词之类）有《紫罗盖头》一种，盖宋时亦颇盛行。予幼时
见妇人出门，时有冠纱罩者，丝网四垂，仅及于额，不能蔽面，
然犹帷帽、盖头之遗制也。

幞 头

隋唐以后，贵贱通服折上巾，亦谓之幞头，即俗谓纱帽也。
《隋书·礼仪志》谓："巾用全幅，皁而向后襆发，俗人谓之襆
头。自周武帝裁为四脚，今通于贵贱矣。"《梦溪笔谈》云："幞
头，一谓之四脚，乃四带也。二带系脑后垂之，折带（'折'字
系'二'字之误）反系头上，今曲折附顶，故亦谓之折上巾。唐
制，唯人主得用硬脚。晚唐方镇擅命，始僭用硬脚。本朝幞头有
直脚、局脚、交脚、朝天、顺风凡五等，唯直脚贵贱通服之。又
庶人所戴头巾，唐人亦谓之四脚，盖两脚系脑后，两脚系额下，
取其服劳不脱，无事则反于顶上。今人不复系额下，两带遂
为虚设。"《宋史·舆服志》亦云："幞头，一名折上巾，起自后
周，然止以软帛垂脚，隋始以桐木为之，唐始以罗代缯。惟帝服
则脚上曲，人臣下垂。五代渐变平直。国朝之制，君臣通服平
脚，乘舆或服上曲焉。初以藤织草巾子为里，纱为表，而涂以
漆。后惟以漆为坚，去其藤里，前为一折，平施两脚。"

《笔谈》所纪五等，其所谓"直脚"者，即《宋志》所谓
"平脚"，"局脚"则谓脚之上曲者，"交脚"交后，"朝天"向
上，"顺风"向下，今之神像所冠及演剧所用，亦间有之。其制

虽起于周武，然周武唯制四脚，巾则古已有之。《方言》云："巾，赵、魏间通谓之承露。"《后汉·冯衍传》："永、衍审知更始已殁，乃共罢兵，幅巾降于河内。"章怀太子注云："不加冠帻，但以一幅巾饰首而已。"《笔谈》云："济州金乡县发一古冢，乃汉大司徒朱鲔墓，石壁皆刻人物、祭器、乐架之类，人之衣冠多品，有如今之幞头者，但无脚耳。"然则幞头之脚，确为周武帝所制矣。

前记幞头事，兹阅宋赵彦卫《云麓漫钞》所记幞头制度尤详，亟录之。曰："幞头之制，本曰巾，古亦曰折以三尺皂绢，向后裹发。晋宋曰幕，后周武帝遂裁出四脚，名曰幞头，逐日就头裹之，又名折上巾。唐马周请以罗代绢，二脚系于上前，法武也；二脚垂于后，法文也；两边各为三折，法三才。自唐中叶以后，诸帝改制，其垂二脚，或圆或阔，用丝弦为骨，稍翘翘矣。臣庶多效之，然亦不妨就枕。陈宏画明皇裹头坦腹仰卧吹玉笛图，又郑谷诗云'玉阶春冷未催班，暂拂尘衣就笏眠'，其便如此。唐末丧乱，自乾符后，宫、娥宦者皆用木围头，以纸、绢为衬，用铜、铁为骨，就其上制成而戴之，取其缓急之便，不暇如平时对镜系裹也。僖宗爱之，遂制成而进御。五代帝王多裹朝天幞头，二脚上翘。四方僭伪之主各创新样，或翘上而反折于下，或如团扇蕉叶之状合抱于前。伪孟蜀始以漆纱为之。湖南马希范二角，左右长尺余，谓之龙角，人或误触之，则终日头痛。至刘汉祖始仕晋为并州衙校，裹幞头，左右长尺余，横直之，不复上翘，迄今不改。国初时，脚不甚长，巾子势颇向前。今两脚加长，巾势反仰向后矣。"

幞头之始，本为便服，后易绢以木，易软脚以硬脚，滋为不便，故宋人燕居，又易服巾，此巾非幞头之巾也。《漫钞》谓

"宣、政之间，人君始巾。在元祐间，独司马温公、伊川先生以孱弱恶风，始裁皂绅包首，当时只谓之'温公帽''伊川帽'，亦未有巾之名。至渡江，方著紫衫，号为窄衫尽巾，公卿皂隶，下至闾阎贱夫，皆一律矣。巾之制，有圆顶、方顶、塼顶、琴顶，秦伯阳又以塼顶服去顶内之重纱，谓之四边净。又有面袋等，则近于怪矣。"由是观之，则宋人所谓巾，视幞头为简易，殆如古之幅巾矣。

鱼 袋

唐人所佩鱼袋，昔人谓出于鱼符，后合符之制废，而所佩者如故，遂以为饰观之具。《观新》《旧唐书》两志及《唐会要》，纪鱼符、鱼袋，不甚分别。宋马永卿《嬾真子》亦曰："唐人用袋盛鱼，今人乃以鱼为袋之饰。"则其说似是也。《朝野金载》（《愧郯录》及《玉海》引）谓："唐上元中，令九品以上佩刀、砺、算袋、纷帨，为鱼形，结帛作之。"是鱼袋又系一物，非自鱼符出者。然《唐六典》明云"随身鱼符皆盛以鱼袋"，则唐初已以鱼袋盛鱼符，后世废符而存其袋耳。宋人以黑韦为之，中实以木楦。见程大昌《演繁露》。

《嬾真子》曰："今鱼袋乃古鱼符。必以鱼者，盖分左右，可以合符。"然《朝野金载》以用鱼为鲤强之兆，唐姓李，鲤与李音同也。《演繁露》亦云："武后以元武为龟，故改龟佩。"中宗复位，仍改佩鱼。岳珂《愧郯录》因谓唐用鱼袋，自有它说，非宋所当因。其说殆是也。

《宋史·舆服志》："皇祐元年，诏妇人冠高毋得逾四寸，广毋得逾尺，梳长毋得逾四寸，仍禁以角为之。先是，宫中尚白角冠梳，人争仿之，至谓之内样。冠名曰垂肩等，至有长三尺者；梳长亦逾尺。议者以为服妖，遂禁之。"然《梦溪笔谈》纪金乡县所发汉冢壁画："妇人亦有如今之垂肩冠者，如近年所服角冠，两翼抱面，下垂及肩，略无小异。"则汉时亦有此种冠服，而《笔谈》作于元祐初年，知皇祐禁令，亦具文而已。

毡笠乃契丹之服

《宋志》又载，政和七年，"诏敢为契丹服若毡笠、钩墩之类者，以违御笔论。"知今之毡笠，乃契丹之服也。

钱竹汀论诗句中有韵

钱竹汀先生《养新录》云："《诗》三百篇，往往句中有韵，韵不必在句尾也。《周南》'于嗟麟兮'，句似无韵，实与章首'麟之趾'相应，以两'麟'字为韵也。《召南》'于嗟乎驺虞'，'乎'与'虞'韵。《秦风》'吁嗟乎，不承权与'，'乎'与'与'韵。《鄘风》'期我乎桑中，要我乎上宫'，'中'与'宫'韵，'桑'与'上'亦韵也。《邶风》'有瀰济盈，有鷕雉鸣'，'盈'与'鸣'韵，'瀰'与'鷕'亦韵也。《唐风》'角枕粲兮，锦衾烂兮，'粲'与'烂'韵，'枕'与'衾'亦韵也。（余按："角""锦"又双声字）《大雅》'文王曰咨，咨女殷商'，二句似无韵，而'文'与'殷'，'王'与'商'皆韵，'咨''咨'亦韵，韵不必在句尾也。《魏风》'父曰嗟，予子行役。母曰嗟，予季行役。兄曰嗟，予弟行役'，'子'与'已'正韵，'季'与'寐'弃韵，'弟'与'偕'死韵，此韵不在句尾之证也。"王文简《经义述闻》中复推广其说，引《诗》及诸经共百余条以证之，而谓"古人属辞之工比音之密如此，譬之风行水上，自然成文，而非可以人力与焉者也"。愚谓古诗皆被之咏歌，凡用一声，后必使此声数起，然后谐于耳而顺于心，所谓声成文谓之音也。《诗》之用韵，及古诗之每章同一句，法皆出于此。

双声叠韵

钱氏又谓："双声亦可为韵，《小雅》'决拾既佽，弓矢既调。射夫既同，助我举柴'，'佽''柴'固韵，'调''同'双声亦韵。"予谓《鄘风·君子偕老》第二章全用双声为韵，翟、髢、瑱、揥、天、帝六字，皆舌音端、透、定三母中字，所谓旁双声是也。唯"晳"字稍异，疑当读为"好人提提"之"提"，《礼·檀弓》"吉事欲其折折尔"，"折"亦读若"提"也，以双声为韵，无如此诗之著者。钱氏又论古人声韵之密，引《史记·滑稽传》云：'瓯窭满沟，污邪满车，五谷蕃熟，穰穰满家'四句，不独'车'与'家'韵也，'瓯窭'与'沟'韵，'污邪'与'车'韵，'谷'与'熟'韵，'蕃'与'满'韵，'穰穰'重文亦韵，'五'与'车''家'亦韵，盖无一字虚设矣。《左传》："谗鼎之铭曰'昧旦丕显，后世犹怠。''昧'与'丕'，'旦'与'显'，'后'与'犹'，'世'与'怠'皆韵也。"

《南史·羊元保传》："羊戎好为双声。江夏王义恭尝设斋，使戎布床，须臾王出，以床狭，乃自开床。戎曰：'官家恨狭，更广八分。'"（古读分如奔）文帝好与元保（戎之父）奕，"尝中使至。元保曰：'今日上何召我耶？'戎曰：'金沟清泚，铜池（古读池如佗）摇飏，既佳光景，当得剧棋。'"《北史·魏收传》："博陵崔岩以双声嘲收曰：'愚魏衰收。'魏答曰：'颜严腥瘦，是谁所生。羊颐狗颊，头团鼻平。饭房笭笼，著孔嘲玎。'"（按：此四字当作"著札遭钉"，于音义乃合。）《洛阳伽蓝记》：陇西李元谦能双声语，尝经郭文远宅，问曰："是谁宅第?"（古读'宅'如度，故与'第'为双声）婢春风曰："郭冠军家。"元谦曰："此婢双声。"春风曰："儜奴慢骂。"然则六朝人多知双声，虽妇女亦解之。唐人作诗，犹多以双声相尚。宋元以后，用此者寡矣。

双声诗

古人有双声诗，始于齐王融，使口吃者读之，可发一笑也。有通首用一声者，如融诗："园蘅眩红蘤，湖荇烨黄华。回鹤横淮翰，远越合云霞。"东坡《戏和正甫一字韵》诗云："故居剑阁隔锦官，柑果姜蕨交荆菅。奇孤甘挂汲古绠，侥觊敢揭钩金竿。已归耕稼供藁秸，公贵干蛊高巾冠。改更句格各蹇吃，姑固狡狯加闲关。"又《西山戏题武昌王处士》诗云："江干高居坚关扃，犍耕躬稼角挂经。藁竿系舸菰菱隔，笛鼓过军鸡狗惊。解襟顾景如箕踞，击剑赓歌几举觥。荆笋供脍愧搅聒，干锅更煮甘瓜羹。"又《江行见月》四言诗云："吟哦傲岸，仰晤岩月。遇巘迎崖，银刃玉齾。鼋鱼唵喁，雁鹅嵲屼。卧玩我语，聱牙岌嶪。"是也。

有五律中四句、二句一声起结，每句一声者，如温飞卿《李先生别墅望僧舍宝刹作双声诗》云：

> 栖息消心相，檐楹溢艳阳。
> 帘栊兰露落，邻里柳林凉。

高阁过空谷，孤竿隔古冈。
潭庭同淡荡，仿佛复芬芳。

有一句一声者，如姚武功《洞庭葡萄架诗》：

萄藤洞庭头，引叶漾盈摇。
皎洁钩高挂，玲珑影落寮。
阴烟压幽屋，濛密梦冥苗。
清秋青且翠，冬到冻都涸。

东坡《戏作切语竹诗》云：

隐约安幽奥，萧稍雪薂西。
交加工结构，茂密渺冥迷。
引叶油云远，攒丛聚族齐。
奔鞭迸壁背，脱箨吐天梯。
烟篠散孙息，高竿拱桷枅。
漏兰零露落，庭度独蜩啼。
扫洗修纤笋，窥看诘曲溪。
玲珑绿醽醴，邂逅盍闲携。

是也。有一句用二声者，如皮日休《双声溪上思》云："疏衫低通滩，冷鹭立乱浪。（此句用一声）草彩欲夷犹，云容空澹荡"是也。此体皆古人戏作，读之棘口，语亦不能工，此正沈约"八忌"之一也。

《人间词话》选

余于七八年前，偶书词话数十则，今检旧稿，颇有可采者，摘录如下：

词以境界为上。有境界则自成高格，自有名句。五代、北宋之词所以独绝者在此。

言气格，言神韵，不如言境界。境界，本也；气格、神韵，末也。境界具，而二者随之矣。

有造境，有写境，此理想与写实二派之所由分。然二者颇难区别，因大诗人所造之境必合乎自然，所写之境必邻乎理想故也。

境非独谓景物也，情感亦人心中之一境界。故能写真景物、真感情者，谓之有境界，否则谓之无境界。

"红杏枝头春意闹'著一"闹"字而境界全出。"云破月来花弄影"，著一"弄"字而境界全出矣。

境界有大小，然不以是而分优劣。"细雨鱼儿出，微风燕子斜"，何遽不若"落日照大旗，马鸣风萧萧"？"宝帘闲挂小银钩"，何遽不若"雾失楼台，月迷津渡"也？

《诗·蒹葭》一篇，最得风人深致。晏同叔之"昨夜西风凋碧树。独上高楼，望尽天涯路"，意颇近之。但一洒落，一悲壮耳。

"我瞻四方，蹙蹙靡所骋"，诗人之忧生也；"昨夜西风凋碧树。独上高楼，望尽天涯路"似之。"终日驰车走，不见所问津"，诗人之忧世也；"百草千花寒食路，香车系在谁家树"似之。

成就一切事，罔不历三种境界："昨夜西风凋碧树。独上高楼，望尽天涯路。"此第一境也。"衣带渐宽终不悔，为伊销得人憔悴。"此第二境也。"众里寻他千百度,蓦然回首,那人却在灯火阑珊处。"此第三境也。此等语均非大词人不能道。然遽以此意解诸词,恐为晏、欧诸公所不许也。

太白词纯以气象胜。"西风残照,汉家陵阙",寥寥八字,遂关千古登临之口。后世唯范文正之《渔家傲》、夏英公之《喜迁莺》差堪继武,然气象已不逮矣。

温飞卿之词,句秀也。韦端己之词,骨秀也。李后主之词,神秀也。词至李后主而境界始大,感慨遂深,遂变伶工之词而为士大夫之词。宋初晏、欧诸公皆自此出,而花间一派微矣。

冯正中词除《鹊踏枝》《菩萨蛮》数十阕最煊赫外,如《醉花间》之"高树鹊衔巢,斜月明寒草",虽韦苏州之"流萤渡高阁"、孟襄阳之"疏雨滴梧桐"不能过也。

"画屏金鹧鸪",飞卿语也,其词品似之。"弦上黄莺语",端己语也,其词品亦似之。若正中词品,欲于其词求之,则"和泪试严妆"殆近之欤?

欧阳公《浣溪沙》词"绿杨楼外出秋千"。晁补之谓"只一'出'字,便后人所不能道"。余谓此本于正中《上行杯》词"柳外秋千出画墙",但欧语尤工耳。

少游词境最为凄婉,至"可堪孤馆闭春寒,杜鹃声里斜阳暮",则变而凄厉矣。东坡赏其后二语,尤为皮相。

"风雨如晦,鸡鸣不已。""山峻高以蔽日兮,下幽晦以多雨。霰雪纷其无垠兮,云霏霏而承宇。""树树皆秋色,山山尽落晖。""可堪孤馆闭春寒,杜鹃声里斜阳暮。"气象皆相似。

美成词深远之致不及欧、秦,唯言情体物,穷极工巧,故不失为第一流之作者。但恨创调之才多,创意之才少耳。

词最忌用替代字。美成《解语花》之"桂华流瓦",境界极妙，惜以"桂华"二字代"月"耳。梦窗以下则用代字更多。其所以然者，非意不足，则语不妙也。盖语妙则不必代，意足则不暇代。此少游之《水龙吟》首二语所以为东坡所讥也。

美成《苏幕遮》词"叶上初阳干宿雨，水面清圆，一一风荷举"，此真能得荷之神理者。觉白石《念奴娇》《惜红衣》二词犹有隔雾看花之恨。

南宋词人，白石有格而无情，剑南有气而乏韵。其堪与北宋人颉颃者，唯一幼安耳。近人祖南宋而祧北宋，以南宋之词可学，北宋不可学也。学南宋者，不祖白石，则祖梦窗，以白石、梦窗可学，幼安不可学也。学幼安者，率祖其粗犷滑稽，以其粗犷滑稽处可学，佳处不可学也。同时白石、龙洲学幼安之作且如此，况其他乎？其实幼安词之佳者，俊伟幽咽，独有千古，其他豪放之处亦有"横素波、干青云"之概，岂梦窗辈龌龊小生所可语耶？

东坡之词旷，稼轩之词豪，无二人之胸襟而学其词，犹东施之效捧心也。

读东坡、稼轩词，须观其雅量高致，有伯夷、柳下惠之风。白石虽似蝉蜕尘埃，终不免局促辕下。

昭明太子称陶渊明诗"跌宕昭彰，独超众类；抑扬爽朗，莫之与京"。王无功称薛赋"韵趣高奇，词义晦远；嵯峨萧瑟，真不可言"。词中惜少此二种气象，前者坡词近之，后者唯白石略得一二耳。

白石写景之作，如"二十四桥仍在，波心荡、冷月无声""数峰清苦，商略黄昏雨""高树晚蝉，说西风消息"，虽格韵高绝，然如雾里看花，终隔一层。梅溪、梦窗诸家写景之作，其病皆在一"隔"字。北宋风流，过江遂绝，抑真有风会存乎其间耶？

东坡、稼轩，词中之狂。白石，词中之狷。若梅溪、梦窗、草窗、玉田、西麓、竹山之词，则乡愿而已。

问"隔"与"不隔"之别，曰："生年不满百，常怀千岁忧。昼短苦夜长，何不秉烛游？""服食求神仙，多为药所误。不如饮美酒，被服纨与素。"写情如此，方为不隔。"采菊东篱下，悠然见南山。山气日夕佳，飞鸟相与还。""天似穹庐，笼盖四野。天苍苍，野茫茫，风吹草低见牛羊。"写景如此，方为不隔。词亦如之，如欧阳公《少年游·咏春草》云："阑干十二独凭春，晴碧远连云。三月二月，千里万里，行色苦愁人"，语语皆在目前，便是不隔。至换头云："谢家池上，江淹浦畔，吟魄与离魂。"使用故事，便不如前半精彩。然欧词前既实写，故至此不能不拓开。若通体如此，则成笑柄。南宋人词则不免通体皆是"谢家池上"矣。

国朝人词，余最爱宋直方《蝶恋花》"新样罗衣浑弃却，独寻旧日春衫著"，及谭复堂之"连理枝头侬与汝，千花百草从渠许"，以为最得风人之旨。

近人词如复堂之深婉，彊邨之隐秀，当在吾家半塘翁之上。彊邨学梦窗，而情味较梦窗反胜，盖有临川、庐陵之高华，而济以白石之疏越者。学人之词，斯为极则。然于古人自然神妙处，尚未梦见。

《半唐丁稿》"和冯正中《鹊踏枝》"十阕，乃《鹜翁词》之最精者。"望远愁多休纵目"等阕，郁伊惝恍，令人不能为怀。《定稿》只存六阕，殊为未允。

词总集

词总集，如《花间》《尊前》，行于宋世。南宋迄明，盛行《草堂诗余》。自朱竹垞力诋《草堂》，而推重周草窗之《绝妙好词》。其实《草堂》瑕瑜互见，宋人名作大抵在焉。《绝妙好词》则如碔砆，无瑕可指，而可观之词甚少。竹垞《词综》，自南宋以后，其病略同。皋文《词选》，又扬其波，固陋弥甚矣。

小令之绝妙者

词至元人，皆承南宋绪余，殆无足观。然曲中小令，却有绝妙者，如无名氏《天净沙》云："枯藤老树昏鸦。小桥流水人家。古道西风瘦马。夕阳西下，断肠人在天涯。"此等语，非当时词家所能道也。

元人曲中小令，以无名氏《天净沙》为第一，套数则以马东篱之双调《夜行船》为第一。兹录其词如左（下）：

［夜行船］百岁光阴如梦蝶，重回首，往事堪嗟！昨日春来，今朝花谢，争罚盏，夜阑灯灭。

［乔木查］秦宫汉阙，都做了衰草牛羊野，不恁渔樵无话说。纵荒坟横断碑，不辨龙蛇。

［庆宣和］投至狐踪至兔窟，多少豪杰。鼎足三分半腰折，魏耶？晋耶？

［落梅花］天教富，不待奢，无多时、好天良夜。看钱奴、硬将心似铁，空辜负锦堂风月。

［风入松］眼前红日又西斜，疾似下坡车。晓来青镜添白发，上床和鞋履相别。莫笑鸠巢计拙，葫芦提一就装呆。

〔拨不断〕利名竭，是非绝，红尘不向门前惹。绿树偏宜屋角遮，青山正补墙东缺。竹篱茅舍。

〔离亭宴煞〕蛩吟一枕才宁贴，鸡鸣万事无休歇。争名利，何年是彻！密匝匝蚁排兵，乱纷纷蜂酿蜜，急穰穰蝇争血。裴公绿野堂，陶令白莲社，爱秋来那些？和露摘黄花，带霜烹紫蟹，煮酒烧红叶。人生有限杯，几个登高节？嘱付与顽童记者，便北海探吾来，道东篱醉了也。

周德清《中原音韵》中载此阕，以为万中无一。不虚也。！

李后主词因书以传

《南唐二主词》，南宋长沙书肆有刊本，以后五百年未见再刻，国初无锡侯文灿始重刻于《名家词》中。余曾将《南词》本校勘一过，并从总集中蒐补十二阕，则近岁番禺沈氏刊于《晨风阁丛书》中者是也。余跋其后云：右《南词》本《南唐二主词》，与常熟毛氏所钞、无锡侯氏所刻同出一源，犹是南宋初辑本，殆即《直斋书录解题》所著录、长沙书肆所刊行"者也。直斋云："卷首四阕，《应天长》《望远行》各一，《浣溪沙》二，中主所作，重光尝书之。墨迹在盱江晁氏。"此本正同。其余诸词，半从真迹入录，且著其所藏之家。如《浪淘沙》下云："传自池州夏氏。"《采桑子》下云："二词墨迹在王季宫判院家。"《玉楼春》下云："以后两词，传自曹功显节度家，云'墨迹旧在京师梁门外李王寺一老尼处，故敝难读'。"《谢新恩》下云："以下六首，真迹在孟郡王家。"是全书卅七首中，其十五首出自真迹。又其所举王季宫判院、曹显功节度、孟郡王，皆南宋初叶间人。王季宫疑王季海之讹。季海，王淮字也。《宋史·宰辅表》：王淮以淳熙三年七月同知枢密院事，次年五月除参知政事。此云王季海判院，则编录此书时，季海正知枢密院事也。又曹功显，曹勋字。《宋史》勋本传：勋以绍兴廿九年拜昭信军节度使。又《外戚传》：孟忠厚以绍兴七年封信安郡王。是三人皆高、孝间人，此书为孝宗淳熙中所编辑矣。后主工书，其墨迹流传者，宋人甚珍之，故殁后百年，后人犹得辑其词为一集，则词反因书以传矣。

王铚《默记》载李后主之死，祸由徐铉，然铉作后主挽词二篇，乃至哀痛。其一云："倏忽千龄尽，冥茫万事空。青松洛阳陌，荒草建康宫。道德遗文在，兴衰自古同。受恩无补报，反袂泣途穷。"其二曰："士德承余烈，江南广旧恩。一朝人事变，千古信书存。哀挽周原道，铭旌郑国门。此身虽未死，寂寞已销魂。"字字血泪，与夫反颜若不相识者异矣。

汪水云《忆王孙》词

汪水云《湖山类稿》中，有集句《忆王孙》词九阕，语甚凄惋，为瀛德祐事作也。

其一曰：

汉家宫阙动高秋，人自伤心水自流。今日晴明独上楼。恨悠悠，白尽梨园子弟头。

其二曰：

吴王此地有楼台，风雨谁知长绿苔。半醉闲吟独自来。小徘徊，惟见江流去不回。

其三曰：

长安不见使人愁，物换星移几度秋。一自佳人坠玉楼。莫淹留，远别秦城万里游。

其四曰：

阵前金甲受降时，园客争偷御果枝。白发宫娃不解悲。理征衣，一片春帆带雨飞。

其五曰：

鹧鸪飞上越王台，烧接黄云惨不开。有客新从赵地回。转堪哀，岩畔古碑空绿苔。

其六曰：

离宫别苑草萋萋，对此如何不泪垂。满槛山川漾落晖。昔人非，唯有年年秋雁飞。

其七曰：

上阳宫里断肠时，春半如秋意转迷。独坐纱窗刺绣迟。泪沾衣，不见人归见雁归。

其八云：

华清宫树不胜秋，云物凄凉拂曙流。七夕何人望斗牛？一登楼，水远山长步步愁。

其九云：

五陵无树起秋风，千里黄云与断蓬。人物萧条市井空。思无穷，唯有青山似洛中。

九词均天然凑合，无集句之迹，殆可与谢任伯克家原词相颉颃。谢词云：

萋萋芳草忆王孙，柳外楼高空断魂。杜宇声声不忍闻。欲黄昏，雨打梨花深闭门。

实为徽、钦北狩而作，真千古绝调也。

汪水云《重过金陵》

词调中最长者为《莺啼序》，词人为之者甚少，亦不能工。汪水云《重过金陵》一阕，悲凉委婉，远在吴梦窗之上。因梦窗但知堆垛，羌无意致故也。汪词曰："金陵故都最好，有朱楼迢递。嗟倦客、又此凭高，槛外已少佳致。更落尽梨花，飞尽杨花，春也成憔悴。问青山，三国英雄，六朝奇伟。　麦甸葵邱，荒台败垒，鹿豕衔枯荠。正潮打孤城，寂寞斜阳影里。听楼头、哀笛怨角，未把酒、愁心先醉。渐夜深，月满秦淮，烟笼寒水。　凄凄惨惨，冷冷清清，灯火渡头市。慨商女、不知兴废，隔江犹唱《庭花》，余音娓娓。伤心千古，泪痕如洗，乌衣巷口青芜路，认依稀、王谢旧邻里。临春结绮，可怜红粉成灰，萧索白杨风起。　因思畴昔，铁锁千寻，漫沈江底。挥羽扇，障西尘，便好角巾私第。清淡到底成何事？回首新亭，风景今如此。楚囚对泣何时已？叹人间今古真儿戏！东风岁岁还来，吹入钟山，几重苍翠。"元王学文作《摸鱼儿》一阕《送汪水云入湘》，其词曰："记当年、舞衫零乱，《淋铃》忍按新阕。杜鹃枝上东风急，点点泪痕凝血。芳信歇。念初试、琵琶曾识《关山月》。怨弦易绝。奈笑罢鼙生，曲终愁在，谁解寸肠结？ 浮云事，又作南柯梦彻。一簪聊寄华发。乾坤桑海无穷事，不历昆明初劫。谁共说？都付与、焦桐写入《梅花叠》。黄花送客。休更问湘魂，独醒何在，沈醉浩歌发。"

吴梅村《清凉山赞佛》诗

陈其年《读史杂感》云："董承娇女拜充华，别殿沈沈门钿车。一自恩波专戚里，遂令颜色擅官家。骊山戏马人如玉，虎圈当熊脸似霞。玉柙珠襦连岁事，茂陵应长并头花。"《雪桥诗话》谓此诗当与梅村《清凉山赞佛》诗同时作，并引梅村《读史有感》"君王纵有长生术，忍向瑶池不并栖"二句相况，皆咏世祖及孝献皇后。其说是也。

梅村《清凉山赞佛》诗第四首，曲终奏雅，归之讽谏，如云："乘时方救物，生民难其已。澹泊心无为，怡神在玉几。长以兢业心，了彼清净理。"可谓深知佛理者。文人慧业，衲子千百辈，不能道此语也。

梅村又有《七夕感事》一首云："天上人间总玉京，今年牛女倍分明。画图红粉深宫恨，砧杵金闺瘴海情。南国绿珠辞故主，北邙黄鸟送倾城。凭君试问雕陵鹊，一种银河风浪生。"近妄人有附会孝献皇后即董小宛者，盖因此诗。其实梅村此诗作于京师，在孝献皇后崩御之前，不得有"黄鸟送倾城"一语。"南国"一联，自各咏一事，后人合而训之，非也。

鲁通甫之长庆体

宋元以来诗人，为初唐长庆体者甚少，为之亦辄不工。至国初，始得吴娄东。乾嘉以后，效吴体者渐多，大抵有肉无骨，如陈云伯辈耳。独山阳鲁通甫先生根柢深厚，气骨高骞，乃能与娄东抗手。兹录其《汉宫词》三篇，可以见其一斑。

其《悲桐柏》云：

悲桐柏，桐柏亭边风萧瑟。

小棺三尺无人收，万姓凄凉泪沾臆。

当时金屋娇于花，主讴本出平阳家。

三月三日霸桥水，千乘万骑连云起。

众中一顾已承恩，翠辇迢迢入宫里。

正值阿娇娇妒时，芳心那得龙颜知。

已分编名归代籍，还从洒涕识皇慈。

云窗夜感蛟龙梦，祝媒艳说君恩重。

眼看青宫长养成，常思贵主殷勤送。

可怜光彩生门户，可怜姊弟皆茅土。

外家气焰足薰天，绝城经营二十年。

欻忽英声飞瀚海，蹉跎高冢出祁连。

秋花春雪难长保，绿衣更比黄裳好。

北方佳人舞袖工，河间姹女藏钩巧。

尚赖前星傍紫宸，鸡鸣铜辇梦中声。

纵爱定陶能击鼓，还怜子晋善吹笙。

无端赵虏工狐媚，犬台一见君臣契。

无忌谗言伊戾心，望见宫中巫蛊气。

建章杀气连西阙，万户千门夜流血。

投兔谁开覆盎门，枭鸩一恸天恩绝。

不闻坟地雪申生，仍将废锢同长门。

伤心空舍横陈日，便是轩中得幸人。

牛车一乘城南路，冷风残月埋香处。

朝朝野燕下衔泥，夜夜霜乌啼绕树。

天旋地转难具陈，中兴景运属曾孙。

为怜遗体动深唶，冢地重开礼数异。

玉柙黄肠腐化多，千人聚上看流涕。

可怜尧母亦酸辛，云阳秋草迷孤坟。

闻道倾城仍配食，至今人恨霍将军。

其二《掖门怨》云：

呜呼！

辞辇贤妃不可得，玉阶华殿无行迹。

三千粉黛色如灰，一双娇燕冲风入。

天生尤物那能死，陛下收归司徒子。

龙漦兆祸已千年，又见人间歌啄矢。

歌啄矢，悲皇孙，如花从此稀承恩。

夕看穷袴重重襀，朝验丹砂的的痕。

牛官有女曾当夕，明珠坠地桃花色。

未闻红锦绣绷成，已见绿绨方底出。

东交掖门呀然开，黄门夜半诏书来。

可怜一寸中丞印，断送君恩去不还。

迥身掩泪看流涕，我儿正类元皇帝。

兽钚鱼钥闭复闭，多少龙种此中弃。

今年曹伟能，去年许美人。

汝曹死耳休吞声，大家尚畏昭仪嗔。

忽惊画漏停宫箭，桥山一去无人见。

只有班姬黯自伤，曾将德象奉君王。

繐帷歌吹延陵路，哭送宫车泪数行。

其三《长寿宫》云：

君不见，长寿宫，崩垣颓瓦来悲风。

当时玉殿赫宏敞，只今馈食虚堂空。

空堂馈食为谁有？长信宫中泣父母。

忆从丙殿初承恩，玉雪佳儿字太孙。

龙颜在抱骓先帝，象服宜家配至尊。

沙麓门风奇女气，九侯五将轩天地。

曲旃广厦武安家，洞房阿閦樊重弟。

安阳谨慎曲阳奢，元卿弱息尤加意。

正值炎精颓百六，仲壬外丙天年促。

四海讴歌陈氏钟，满朝指使秦庭鹿。

虎唇鸱目久睢盱，犹道忠勤盖代无。

桑落逢人夸阿婿，梁王曲意媚诸姑。

脂田粉碓酬君孺，白璧黄金送吕须。

太阿倒授他人手，抱器犹同挈瓶守。

大骂豺声呼役夫，汝曹行谊同猪狗！

符命纷纷铜璧文，寿宫松柏又更新。

移来甲帐无人问，拆到金人有泪痕。

铁凤铜乌飘又飘，金床玉槛草萧萧。

便殿凄凉雕几卧，宝衣狼籍奄人逃。

眼看千官趋执豆，旋惊玉座觑龃斗。

一筐麦饭奠何人？宫树苍黄斜日瘦。

烹麟炮凤那能尝，六宫呜咽天颜伤。

上兰秋冷龙媒老，茧馆春深豹尾凉。

长御相看头总白，沧桑坐话银灯夕。

何处昭台锁寂寥，几家团扇辞恩泽。

社饭年年剩老身，黄羊腊酒伴凄清。

重来甲馆悲同辇，怕向西风望渭陵。

建章柳绿前朝色，长乐钟沈异代声。

小年安定尤嗟怨，两朝姑妇时相见。

阿翁甘听凤求凰，妾身忍作离弦箭。

净土一抔何处寻？斜阳暮景同悲恋。

地下相逢吕娥姁，等作司晨何其愚！

只余诔笔光泉壤，一代雄文莽大夫。

通甫滑稽之语可诵

通甫《题顾横波小像》诗云："彦回须髯如有神，眉娘风貌真天人。遭时变化生风云，鱼轩彩翟江南春。江南朱楼绿水滨，清歌一曲花氤氲。云窗雾阁天黄昏，红灯促骑来逡巡。归报相公公勿嗔，丈夫能死死甲申，夫人乐矣不忧君。"滑稽之语，可诵也。

通甫《落叶》一首，极体物之工。云："银屏秋冷虫声歇，空阶夜静闻落叶。骚骚屑屑三两声，帘栊不卷灯微明。初疑细雨洒秋箔，一声半声犹落索。春蚕夜食蟹爬沙，枯荷万柄风吹斜。回廊曲涧飞更起，宿鸟投林船过苇。转空堕地轻更轻，软沙细草行人行。陇头孤客听不得，淮南思妇难为情。枯枝一夕飒萧爽，瞳瞳晓日当窗上。"又其《宋书小乐府》之一曰："江左风流相，翩翩帽帻斜。天生王仲宝，卖却妇翁家。"比古人所拟《褚渊王俭传赞》云："渊既世胄，俭亦国华，不思舅氏，遑邺妇家。"尤可笑也。

杨和甫集二李书尔雅不群

贵筑杨和甫先生调元，宣统中知陕西渭南县，殉辛亥之难。先生工小篆，专学李少温，冲和娴雅，比钱献之、孙渊如殆过之。其所集二李书六百言，文亦尔雅不群，兹具录之，曰：

> 惟帝生人，为之立君。
>
> 中天建极，无地不臣。
>
> 改元袭号，登进群英。
>
> 仁至义尽，乐阳礼阴。
>
> 风云遇合，日月开明。
>
> 既寿永昌，含章可贞。
>
> 博以今古，除拜公卿。
>
> 左右陪从，光我上京。
>
> 相平邦国，将领戎兵。
>
> 戡暴止乱，王御时辅。
>
> 郡邑长史，守宰尉丞。
>
> 分土而理，威惠盛行。

比户可封，黔首无争。

侧闻上世，制定功成。

福赐穹昊，信极幽冥。

龟龙在野，凤凰栖林。

游河五老，受职百灵。

降及霸业，专尚阴谋。

本无令德，合从讨伐。

争战流血，讯鼎请随。

王朝之贼，直书示禁。

盍绎史策，维初大始。

道立于一，□□□□。

造作文字，厥书惟添。

篇翰引申，著述盈溢。

帝制为诏，专家成集。

六艺皇皇，如天无极。

《易》主筮占，《书》称惠吉。

损孚解缓，宽栗柔立。

乐府所述，志以意逆。

礼经三百，世不相袭。

左氏叙述，远迈今昔。

迁固宗之，后莫能及。

大矣坤维，登高乃见。

嵩华干云，溟海无岸。

原陀冈陵，漆沮沔湑。

凿石洒渠，股引脉散。

水利到今，乡里咸徧。

食赖土胍，害除昏垫。

高城大郭，壍断坟连。

平陆重林，杞梓是产。

科稍蔚然，枚植椽楗。

继长兹荣，异材尽献。

游骑连标，群鹿食荐。

神時藏乌，平沙集雁。

词客赋焉，清机盈卷。

种年志学，从师讲艺。

数与方名，授受等弟。

自壹万至，哀小得巨。

起东转南，地阺势异。

甲己未申，岁时之纪。

单阏摄提，历家所具。

少长咸集，伯仲叔季。

光曜五章，苍黄白碧。

鼎钟琴管，璿琅金玉。

门第清华，瑶藏珍秘。

王谢名宗，瞿韦显仕。

曾闵孝友，贾卫经义。

樊彭李郭，武略佐世。

则古称先，无阜游戏。

弱冠仕朝，莅人正己。

机符朗彻，识度远举。

冯翊浩穰，粃阳繁剧。

刊去家猾，澌其浮癕。

莫夜所为，俦人可示。

顺若流泉，动无逾纪。

建康清纯，泽及后嗣。

于穆不瑕，假乐君子。

时有遭遇，在乎后先。

说举版间，冯老郎署。

弘谢畜人，攸识魏王。

朔廿万言，普才半部。

暴起非宜，徐行得所。

追念有虞，典崇学府。

不其讲堂，泰元经簿。

下士昧昏，仅能温故。

尝师叔重，诵其遗著。

孰解水骨，厥咎灭古。

因恐野言，违道争衬。

敢合冰斯，泐此篆谱。

右大小书，"黔南后学杨调元集字"。

右（以上）共六百三十六字。昔周兴嗣集王右军书为《千字文》时，梁内府右军书迹至多，然集之亦仅得千字。若二李书，今日石刻存者亦不及千，故此六百余字中，亦往往有复字，势使然也。

先生又集石鼓文为联，录之盈卷，兹致佳者，五言如：

好花微雨湿，古寺夕阳多。

七言如：

> 萋萋树湿天微雨，处处禽鸣日载阳。
>
> 维舟树树可人柳，出水田田君子华。
>
> 水天昊昊目无极，杨柳萋萋黄河怜。
>
> 方舟乐作大鱼出，射猎人来朝雉飞。
>
> 夕阳古道无多柳，游女飞花共一舟。
>
> 朝来微雨花旛湿，水底有天渔舫归。
>
> 吴宫花底存麋鹿，蜀道雨中鸣子规。
>
> 游人自乐花之寺，渔户由来水作田。

八言如：

> 戎人朝王献其白雉，天子简帅乐以彤弓。
>
> 一代辞华柳氏有子，多识朝事王公之孖。

清词丽句，读此可见一斑。

义宁陈伯严吏部三立题杨君遗墨后五古一章云：

> 崩坼始一呼，《黍离》事如昨。
>
> 衣冠从而靡，纲人付扫箨。
>
> 杨侯独懔懔，守土埋铁脚。
>
> 微命争几希，雄风在寥廓。
>
> 遗墨重戟彝，劲正验所学。
>
> 劫灰拾公子，沥血镌碧落。
>
> 愿从拓万本，心死为发药。

伯严弟子卢江陈崔柴，亦系以诗云："渭南令，殉于秦。葬者谁？渭南民，朱邑桐乡古有此。杨侯挥日日不起，臣心湛湛盟止水。（注：宣统辛亥九月十一日，秦军徇渭南，先生殉节于县廨井）鸿文缪篆民宝持，中有千哀谁复知！渭河宛演吾过之，伤今慨往声以诗。令子摹榻珍鼎彝。乾州有羁扶纲维（注：谓张仁甫使君毅），王室板荡同所归。呜呼！世间乔木孟□言，何时镌此二象华山颠。"又题一绝云："秦兵夜一呼，忠魄委榛芜。酒水矜游侠，吾歌韩有书。"韩有书者，渭南武进士。秦乱起，先生檄之率乡兵。逮先生殉节，韩乃率兵杀革党张士原，葬先生于渭南东门外毕家原。后秦军大至，捕韩杀之，故崔柴诗云尔。侯官郑太夷亦题五古一章云："斯冰去人远，遗迹搜麟凤。炎炎六百言，尔雅辞可诵。《千文》集逸少，传习世已众。孰与持此编，考古极有用。岂徒窥篆法，小学系尤重。先生历名节，死义事绝痛。何时手自书，整暇兼飞动。避俗意殊奇，合汗宁足讽。"

曲录序

予曩为《曲录序》云："戏曲之兴，由来远矣。宣和之末，已见萌芽。乾淳以还，渐多纂述。泗水潜夫，纪武林之杂剧；南村野叟，录金人之院本。丑斋《点鬼》，丹邱《正音》，著录斯开，蒐罗尤盛。上自洪武诸王就国之装，下讫天崇私家插架之轴，则有若章邱之李、临川之汤、黄州之刘、山阴之淡生、海虞之述古，富者千余，次亦百数。然中麓诸家，未传自录；《也是》一编，仅领崖略。存什一于千百，或有录而无书。暨乎国朝，亦有撰者。然《传奇汇考》之作，仅见残钞；广陵进御之书，惟存《总目》。放失之阸，斯为甚矣；鄙薄之原，抑有由焉。粤自贸丝抱布，开叙事之端；纤素裁衣，肇代言之体。追原戏曲之作，实亦古诗之流。所以穷品性之纤微，极遭遇之变化。激荡物态，抉发人心。舒轸哀乐之余，摹写声容之末。婉转附物，怊怅切情。虽《雅》《颂》之博徒，亦滑稽之魁桀。惟语取易解，不以鄙俗为嫌；事贵翻空，不以谬悠为讳。庸人乐于染指，壮夫薄而不为。遂使陋室咏怀，人人青紫；香闺寄怨，字字桑间。抗志极于利禄，美谈止于兰苕。意匠同于千手，性格歧于一人。岂托体之不尊，抑作者之自弃也。然而明昌一编，尽金源之文献；吴兴《百种》，抗皇元之风雅。百年之风会成焉，三朝之人文系焉。况乎第其卷帙，轶两宋之诗余，论其体裁，开有明之制义。考古者徵其事，论世者观其心，游艺者玩其辞，知音者辨其律。此则石渠《存目》，尚录《雍熙》；洙泗言《诗》，不删郑卫者矣。某雅好声诗，粗谙流别，痛往籍之日丧，惧来者之无徵。是用博稽故简，撰为总目。存佚未见，未敢颂言。时代姓名，粗具条理。为书六卷，为目三千有奇。非徒为考镜之资，亦欲作蒐讨之助。补三朝之志，所不敢言；成一家之言，请俟异日。"

关汉卿之时代

元人杂剧创自何人，不见纪载。元钟嗣成《录鬼簿》著录以关汉卿为首，明宁献王《太和正音谱》以马致远为首。然《正音谱》之评曲也，于关汉卿则云："观其词语，乃可上可下之才。盖所以取者，初为杂剧之始，故卓以前列。"盖《正音谱》诸家次第，以词之甲乙，不以时代之先后。而于初创杂剧者为关汉卿，固无异词也。汉卿时代，世无定说。杨铁崖《元宫词》云："开国遗音乐府传，白翎飞上十三弦。大金优谏关卿在，《伊尹扶汤》进剧编。"此关卿当指汉卿。按《录鬼簿》所录汉卿杂剧六十本，无《伊尹扶汤》，而郑德辉所作杂剧中有之。然马致远《汉宫秋》杂剧中，有云"不说他《伊尹扶汤》，则说那《武王伐纣》"。《武王伐纣》乃赵文殷所作杂剧，则《伊尹扶汤》亦必为杂剧之名。马氏生年在汉卿之后、郑德辉之前，则所云《伊尹扶汤》，自必为汉卿之作，而《录鬼簿》遗之，犹其所作《蝴蝶梦》《窦娥冤》《鲁斋郎》等剧，钟氏亦未著录也。由是观之，则铁崖诗所谓"大金优谏"，确指汉卿，其人固逮事金源矣。

《录鬼簿》云："汉卿，大都人，大医院尹。"明蒋仲舒《尧山堂外纪》则云："金末为大医院尹，金亡不仕。"则未知所据。据陶九成《辍耕录》，则汉卿入元，中统初尚存。案自金亡至元中统元年，凡二十六年。若使金亡不仕，则似无元代进杂剧之理。而《金》《元》二史《百官志》中，太医院中均无院尹一官，今亦不足定其仕元与否也。又《鬼董》一书，末有元泰定丙寅临安钱孚《跋》云："关解元之所传。"后人皆以关解元为即汉卿，《尧堂山外纪》遂以此书为汉卿之作。案《解元》之称，金人多用之，如董解元是也。《金史，选举志》："明昌元年，定制，省元直就御试，不中者许缀榜末。解元但免府试"云云。则解元固金时之通称，汉卿得解，自在金世。若元则唯太宗九年，即金亡后三年一行科举，后废而不举者七十有八年，至仁宗延祐元年，乃复行之，遂为常制。则汉卿得解，必在金世或蒙古太宗之九年，至中统之初，固已垂老矣。杂剧托为汉卿所创，则创作时必在金天兴与元中统二三十间之间，不难推测也。

元剧之三期

予尝分元剧为三期：（一）蒙古时代。此自太宗取中原之后，至至元一统之初。《录鬼簿》上所著之五十七人，大都在此期中，其人皆北方产也。（二）一统时代。则自至元一统后，至至顺、后至元时。《录鬼簿》下所谓"已亡名公才人，与余相知或不相知者"，皆在此期中，其中以南人为多，否则北人而旅居南方者也。（三）叔季时代。则顺帝至正间人，《录鬼簿》所谓"方今才人"是也。此三期中，以第一期为最盛，元剧之杰作皆出于此期中，其剧存者亦多。至第二期，除郑光祖、乔吉二家外，殆无足观，其曲存者亦罕。至第三期，则存者更罕，仅有秦简夫、萧德祥、朱士凯、王晔五剧，其视蒙古时代之剧，衰微甚矣。就元剧家之里居考之，则作杂剧者六十三人中，北人得五十，南人得十三人。又北人之中，则中书省所辖之地，即今直隶、山东西产者，又得四十五人，而其中大都二十人，平阳当大都之半。按《元史·太宗纪》："八年，耶律楚材请立编修所于燕京，以经籍所于平阳，编集经史。"至世祖至元三年，始徙平阳经籍所于京师。则北方除大都外，以平阳为文物最盛之地，宜杂剧家之多出也。

杂剧之作者

蒙古人中，有作小令、套数者；然作杂剧者，则唯汉人（中李直夫为女直人）。大臣之中，有作小令、套数者；然作杂剧者，大抵布衣，否则为省掾、令史之属。盖自金人重吏，自掾史出身者，其任用或反优于科目。至蒙古灭金，而科目之废垂八十年，为唐宋以来未有之事。故文章之士，非刀笔吏无以进身。则杂剧家之多出于掾史中，不足怪也。

杂剧发达之因

明沈德符《野获编》、臧懋循《元曲选序》谓元初灭金时，曾以词曲取士，其说固妄诞不足道。余则谓元之废科目，却为杂剧发达之原因。盖唐宋以来，士人竞于科目，已非一朝一夕之事。一旦废斥，彼其才力无所用，而一于杂剧发之。且金时就科目者，其业至为浅陋，观《归潜志》所载科目事可知。此种人士，一旦失其所业，固不能为学术上之事，而高文典册，又非其所素习也。适有杂剧新体出，遂多从事于此。而又有一二天才出于其间，充其才力，而元之杂剧，遂为千古独绝之文字。然则由杂剧家之时代爵里以推元剧创造之时代，及其发达之原因，如上所陈者，固非想象之说也。

关马白郑

元代曲家，昔称关、马、郑、白。然以时代与其所诣考之，不如称关、马、白、郑为妥也。关汉卿一空傍倚，自铸伟词，而其词曲尽人情，字字本色，故当为元人第一。白仁甫、马致远之词，高华雄浑，情深文明。郑德辉清丽芊绵，自成馨逸，均不失为第一流。其余曲家，均不出前四家范围内。唯宫大用瘦硬通神，独树一帜，其品当在关、马之间。明人《曲品》跻马致远于第一，而抑汉卿于后，盖元中叶以后，学马、郑者多，而学汉卿者少故也。

写定元杂剧

写定元本元杂剧序

上虞罗氏所藏《元刊杂剧三十种》，前年由日本京都大学影刊行世，余为董校刊之役，凡元板中别字、讹字，皆仍其旧，不改一字，所以存元本之真面目也。然世人恒苦其难读，盖元时别字俗体与今不同，又其讹字，非熟于宋元词曲者亦无自知之。今取其最佳者，重为写定，庶足为读曲之一助欤。甲寅十二月词山识。

新刊关目严子陵垂钓七里滩（写定元本元杂剧第一）

某姓严，名光，字子陵，本贯会稽严州人也。自幼年好游玩江湖，即今在富阳富春山畔七里滩，钓鱼为生。方今王新室在位为君一十七年，灭汉宗一万五千七百余口，绝刘后患，天下把这姓刘的搜拿。有一人春陵乡白水村姓刘，名秀，字文叔，不敢呼为刘文叔，改名为金和秀才。他常从我为兄相待，近日在下村李二公庄上，闲攀话饮酒。想汉朝以来，

［点降唇］开创高皇，上天谪降，萧丞相，韩信，张良。自平帝生王莽。

［混江龙］自从夏桀将禹丧，独夫殷纣灭成汤。丕显哉吊民伐罪，丕承立守绪成康。刚四十垂拱岩廊朝彩凤，第五辈巡守湘流中淹杀昭王。自开基启运，立国安邦，坐筹帷幄，竭力疆场，百十万阵，三五千场，满身矢镞，遍体金疮，尸横草野，鸦啄人肠，未曾列两行墨迹在史书中，却早卧一丘新土在芒山上。咱人

这富贵似蜗牛角半痕涎沫，功名似飞萤尾一点光芒。

［油葫芦］刘文叔相期何故爽？一会家自暗想，怎生来今日晚了时光？他只在渔舟揽住收罾网，酒旗摇处沽村酿。畅情时酌一壶，开怀处饮几觞。知他是暮年间身死中年丧，醉不到三万六千场。

［天下乐］则愿的王新室官命长。我这里斟量，有个意况。这乾坤姓王的由他姓王，他夺了呵夺了汉朝，篡了呵篡了汉邦，倒与俺闲人们留下醉乡。

［那吒令］则咱这醉眼觑世界，不悠悠荡荡；则咱这醉眼觑日月，不来来往往；则咱这醉眼觑富贵，不劳劳攘攘。咱醉眼宽似沧海中，咱醉眼竟高似青霄上，咱醉眼不识个宇宙洪荒。

［鹊踏枝］他笑咱唱的来不依腔，舞的来煞颠狂。俺不比你们皱定眉儿，则是天堂。富汉们喝菜汤，穿粗衣泼裳，有一日泼家私，似狗倖羊肠。

［寄生草］我比他吃茶饭知个饥饱，我比他穿衣服知个暖凉。酒添的神气能荣旺，饭装的皮袋偏肥胖，衣穿的寒暑难侵傍。看谁人省悟是谁痴？怕不凤凰飞在梧桐上。

［六幺序］你将他称赏，把他赞扬，那厮则是火避□虎、当道豺狼。咱人但晓三章，但识斟量，忠孝贤良。□□敬光，怎肯受王新室紫绶金章。□□□鬼眼通身相，有多少马壮人强。改年建号时间旺，篡了刘家朝典，夺了汉世封疆。

［幺］遍端详，那厮模样，休紧休忙，等那穹苍，到那时光，汉室忠良，议论商量。引领刀枪，撞入门墙，拖下龙床，脱了衣裳，木驴牵将，闹市云阳。手脚舒长，六道长钉钉上，咱大家看一场。不争你动起刀枪，天下荒荒，正应道龙斗鱼伤。尽乾坤一片青罗网，咱人逃出、大等高张。您汉家枝叶合兴旺。见放

著不天摧地塌，国破家亡。

［后庭花］你道我瓦盆儿丑看相，磁瓯儿少意况，强如这惹祸患黄金盏，招灾殃碧玉觞。玉觞内、饮琼浆，耳边际、声嘹亮。绛纱笼银烛光，列金钗十二行，裙摇的环珮响，步金莲罗袜香，娇滴滴宫样妆，玉纤纤手内将，黄金盏面上，巧埋伏，暗隐藏。

［青哥儿］那里面暗隐着风波、风波千丈。你说波、使磁瓯的有甚悲伤？我醉了呵东倒西歪尽不妨。我若烂醉在村乡，著李二公扶将，到草舍茅堂，靠甕牖蓬窗，新苇席清凉，旧木枕边相，摆脱下衣裳，放散但心肠，任百事无妨。倒大来免虑忘忧，纳被蒙头，恁□翻身，强如你宰相侯王，遭断没属官象牙床，泥金坑。

［赚煞尾］平地上窝弓，水面上张罗网，□谁相寻相访。鸿鹄志飞腾天一方，拣深山旷野潜藏。□行唐，蓦岭登冈，拽著个钝木斧，系着条粗麻绳，担着条旧担仗。我则待驾孤舟荡漾，趁五湖烟浪，望七里滩头，轻舟短棹，蓑笠纶竿，一钩香饵钓斜阳。

右（以上）第一折。

［斗鹌鹑］我把这缦笠做交游，蓑衣为伴侣。这缦笠游了些冷雾寒烟，蓑衣遮了些斜风细雨。看红鸳戏波面千层，喜白鹭顶风丝一缕。白日坐一襟芳草茵，晚来宿半间茅苫屋。想从前错怨天公，也甚有安排我处。

［紫花儿］你道我不达时务，我是个避世严陵，钓几尾漏网的游鱼。怎禁四蹄玉兔，三足金乌。仔细踌躇，观了些成败兴亡，阅了些今古，浪淘尽千古风流人物：昨日个虎踞在咸阳，今日早鹿走姑苏。

［金蕉叶］七里滩从来是祖居，十辈儿不知祸福，常绕定滩头景物。我若是不做官，一世儿平生愿足。

［调笑令］巴到日暮，看天隅，见隐隐残霞三四缕。钓的这锦鳞来满向篮中贮，正是收纶罢钓渔父。那的是江上晚来堪画处，抖搜著绿蓑归去。

［鬼三台］休停住，疾回去，不去呵枉惹的我讹言□语。回奏与你汉銮舆，休著俺闲人受苦。皂朝靴紧行拘我二足，纱幞头带着揩我头颅。我手执的是斑竹纶竿，怎秉得你花纹象笏。

［秃厮儿］你那有荣辱襕袍靴笏，不如俺无拘束新酒活鱼，青山绿水开图画。玉带上，挂金鱼，都是嚣虚。

［圣药王］我则这水国居，乐有余。你问我弃高官不做待闲居？重阿，止不过请些俸禄；轻阿，但抹著灭了九族。不用一封天子诏贤书，回去也不是护身符。

［麻郎］我尽说与你肺腑，我共你銮舆，两个常绕着南阳酒庐，醉酩酊不能家去。

［幺］俺是酒徒，醉余，睡处，又无甚花毡绣褥。我布袍袖将他盖伏，常与我席头儿夺树。

［络丝娘］倒两个醉□□同眠抵足，我怎去他手里三叩头扬尘拜舞？我说来的言词你寄将去，休忘了一句。

［尾］说与你刘文叔有分付处别处分付，我不做官阿，有甚没发付你那襕袍靴笏？我则知十年前共饮的旧知交，谁认的甚么中兴汉光武！

右（以上）第二折。

自从与刘文叔酌别之后，今经十年光景，他如今做了中兴皇帝，宣命我两三次，我不肯做官。您不知国家兴废，"汉家公卿笑子陵，子陵还笑汉公卿。一竿七里滩头竹，钓出千秋万古名"。云山苍苍，江水泱泱。贫道之风，山高水长。主人宣命我两次三番，我不肯去，则做那布衣之交。时特作一书来请，休说君臣相待，则做个朋友相看，也索礼当一贺。

［端正好］高祖般性宽洪，文帝般心明圣，可知道汉业中兴。为我不从丹诏修书请，更道违宣命。

［滚绣球］严子陵，莫不忒杀逞。我是个道人家动不如静。休！休！我今番索通个人情，便索登，远路程。怎禁他礼节相敬，岂辞劳鞍马前行。不免的手攀明月来天阙，我只索袖挽清风入帝京，怎得消停。

［倘秀才］来了我呵，鸥鹭在滩头失惊，不见我呵，渔父在矶台漫等；来了我呵，钓台上青苔即渐生。这其间柴门静悄悄，茅舍冷清清，料应。

［滚绣球］柴门知他扃也不扃？人笑呵，却是应也那不应？荒疏了柳荫花径，有宾朋来呵，谁人出户相迎？到初更，酒半醒，猛想起故园景，忽然感怀□兴，对蓬窗斜月似挑灯。香馥馥暗香浮动梅摇影，疏剌剌翠色相交竹弄声。感旧伤情。

［倘秀才］见旗帜上日华月精，唬的些居民早随风进星，百般的下路潜藏无掩映。不与您帝王情是怎生？

［滚绣球］这銮驾却是应也不应？那民人却是惊也不惊？更做道一人有庆，汉君王真怎将銮驾别无处施呈。他出郭迎，俺旧伴等，待向我跟前显耀他帝王的权柄，和俺钓鱼人莫不两国相争。齐臻臻戈矛镫棒当头摆，明晃晃武士金瓜夹路行。我怎敢冲撞朝廷？

［倘秀才］他往常穿一领粗布袍，被我常扯的扁襟旦领，他如今穿着领柘黄袍，我若是轻抹着，该多大来罪名。我则似那草

店上相逢时那个身命，便和您，叙交情，做咱那伴等。

［滚绣球］接得至帝业兴，家业成，四边安静，经了几千场虎斗龙争。则为你交契情，我口打听，到处里问遍庶民百姓。最显的是暮秋黄□严凝，都说你"须知后汉功臣力，不及滹沱一片冰"。端的是鬼怕神惊。

［脱布衫］则为你搬调人两字功名，躯荣人半世浮生。一个楚霸王拔山举鼎，乌江岸剑抹了咽颈。

［小梁州］都则为耻向东吴再起兵，那其间算高祖功成。道贼王莽篡了龙廷，有真命，文叔再中兴。

［幺］贫道暗暗心内自思省，建武十三年八月期程。王新室有百万兵，困你在昆阳阵。那其间醉魂亡半轮明月，觉来时依旧照茅亭。

［耍孩儿］自古兴亡成败皆前定，若是你不患难如何得太平？自从你祖公公昔日陷彭城，真乃是死里逃生。不浓云怎得真龙显？不发黑如何晓日明？虽然你心明圣，若不是云台上英雄并力，你独自个孤掌难鸣。

［二煞］为民的乐业在家内居，为农的欣然在垄上耕。从你为君社稷安，盗贼息，狼烟静。九重春露都□到，两鬓秋霜何足星。百姓们家家庆，庆道是民安国泰，法正官清。

［三煞］休将闲事争提，莫将席面冷，磁瓯瓦钵似南阳兴。若相逢不饮空归去，我怕听阳关第四声。你把这瓯内酒休教剩，我若不十分酩酊，怎解咱数载离情。

［四煞］你也不是我的君，我也不是你的卿，咱两个一樽酒罢先言定。若你圣主今夜还朝去，我则七里滩程途明日登。又不曾更了名姓，你则是十年前沽酒刘秀，我则是七里滩垂钓严陵。

［尾］你每朝聚九卿，你须当起五更，去得迟呵著这两班文

武在丹墀上等。俺在家布衲被蒙头，黑甜一枕，直睡到红日三竿犹兀自唤不的我醒。

右（以上）第三折。

［新水令］屈□著野人心，直宣的我入宫来。笑刘文叔向我跟前是何相待，待刚来矜夸些金殿宇，显耀些玉楼台。莫道是玉殿金阶，我住的草舍茅斋，比你不曾差夫役著万民盖。

［乔牌儿］辇路傍啄绿苔，猛然间那惊怪。元来是七里滩朱顶仙鹤，在碧云间将雪翅开，它直飞到皇宫探我来。为甚□闷在阑干外？是不是我的仙鹤？若是我的呵则不和它那献果的猿猱也到来。我山野的心常在，俺那里水似蓝，山如黛。不由我见景生情，睹物伤怀。

［滴滴金］俺那里猿猱会插手，仙鹤展翅，把人情都解，非浊骨与凡胎。我在绿柳堤边，红蓼滩头，白蘋洲外，这其间鸥鹭疑猜。

［折桂令］疑猜，我在钓鱼滩醉倒了回来。我在家儿散但心肠，放浪形骸。我把你君臣上下排，为君的紧打并吞伏四海，为臣的紧铺荣日转于阶。我说与你听，我不人才；有那的不染尘埃，不识兴衰，靠岭偎崖，撒网担柴，寻觅将来，则那的便是人才。

［乔牌儿］脚紧抬，脚慢抬，一层陌，两层陌。上金阶宫女将我忙扶策。把严陵来休怪责。

［殿前欢］扶策的步瑶阶，心□七里滩钓鱼台。醉醺醺摆出龙门外，似草店上般东倒西歪，把我脑撺的抢将下来。这殿阁初兴盖，你君臣休要夸高大。大古里是茅茨不剪，三尺冥阶。

［水仙子］我这里稳持玉盏手舒开，满饮琼浆落玉台，饮绝

时放的稳忙加额。比俺那使磁瓯的好不自在，怎如咱草店倒开杯。不省的是祸患，不知的是利害，畅好拘束人也，玎珰筵开。

［落梅风］我在江村里住，肚皮里饥来，俺则有油盐半盏野菜，食鱼羹稻饭。几曾把桌器摆？几曾这般区区将大惊小怪？我则待七里滩去。

［离亭宴煞］九经三史文书册，压着壹千场国破山河改。富贵荣华，草芥尘埃。唱道禄重高官，阗些祸害；凤阁龙楼，包着成败。那里是舜殿尧阶，严光呵，则是跳出了十万丈风波是非海！（下）

右（以上）第四折。

正名　　刘文叔醉隐三家店
　　　　严子陵垂钓七里滩

《新刊关目严子陵垂钓七里滩》全。

右元刊本《严子陵垂钓七里滩》杂剧，不著撰人名氏。按：元钟嗣成《录鬼簿》载宫大用所撰杂剧，有《严子陵钓鱼台》一本。大用名天挺，大名开州人，历学官，除钓台书院山长，卒于常州。此剧当即《严子陵钓鱼台》，当为大用为山长时作也。明宁献王评大用之词，谓为"西风雕鹗"，传于世者，唯《元曲选》中《生死交范张鸡黍》一本。此剧笔意全与相似，在元剧中实不可多得者也。

新刊关目闺怨佳人拜月亭（写定元本元杂剧第二）

孤、夫人上，云了。打唤了。旦扮引梅香上了，见孤科。孤云了。情理打别科。把盏科。旦云："父亲年纪高大，鞍马上小心咱！"

孤云了。做掩泪科。

［赏花时］卷地狂风吹塞沙，映日疏林啼暮鸦。满满的捧流霞，相留得半霎，咫尺隔天涯。

［幺］行色一鞭催瘦马。孤云了。你直待暴骨中原如乱麻。虽是这战伐，负著天崩地塌，是必想著俺子母每早来家。下。

右（以上）楔子。

孤、夫人云了。末、小口云了。旦共夫人相逐荒走上了。夫人云了。旦云："怎想有这场祸事！"做住了。

［点绛唇］锦绣华夷，忽从西北，天兵起。觑那关口城池，马到处成平地。

［混江龙］许来大中都城内，各家烦恼各家知。且莫说君臣奔迸，更休提父子别离。遥想著尊父东行何日还？又随著车驾南迁甚的回？夫人云了。做嗟叹科。这青湛湛碧悠悠天也知人意，早是秋风飒飒，可更暮雨凄凄。

［油葫芦］分明是风雨催人辞故国，行一步一叹息，两行愁泪脸边垂。一点雨间一行悽惶泪。一阵风对一声长吁气。做滑脚科。应！百忙里一步一撒！嗨！索与他一步一提！这一对绣鞋儿分不得帮和底，稠紧紧粘糁糁带著淤泥。

［天下乐］阿者！你这般没乱荒张到得那里？夫人云了。做意了。兀的般云低天欲黑，至轻的道店十数里。上面风雨下面泥水。阿者！慢慢的枉步显的你没气力。夫人云了。对夫人云了。

［醉扶归］阿者！我都拆毁尽些新镶镳，关扭碎些旧钗篦，两付藤缠儿按的扁秕，和我那压钏通三对，都绷在我睡里肚薄绵套里，我紧紧的著身系。

夫人云了。哨马上，叫住了。夫人云了。做惨科。夫人云："闪下。"小旦上了。旦上了，做寻夫人科。

阿者！阿者！做叫两三科。没乱科。末云了。猛见末，打惨害羞科。末云了。做住了。"不见俺母亲，我这里寻哩！"末云了。做意。末云："呵！我每常几曾和个男儿一处说话来！今日到这里无奈处也，怎生呵是那？"

〔后庭花〕每常我听得绰的说个女婿，我早豁离了坐位，悄地低了脖颈，缅地红了面皮。如今索强支持，如何回避，藉不的那羞共耻。末云了。做陪笑科。

〔金盏儿〕你昆仲各东西，俺母子两分离，怕哥哥不嫌相辱呵权为个妹妹。末云了。寻思了。哥哥道做：军中男女若相随，有儿夫的不掳掠，无家长的落便宜。做意了。这般者波！怕不问时权做弟兄，问著后道做夫妻。

末云了。随着末行科。外末云了。打惨科。随末见外科。外末共正末厮认住科。做住了。云："怎生这秀才却共这汉是弟兄来？"做住了。

〔醉扶归〕你道你祖上亲文墨，昆弟晓书集，从上流传直到你，辈辈儿都及第。怎端的是姑舅也那叔伯也那两姨？偏怎生养下这贼兄弟！外末云了。末云了。

"哥哥，你有此心，莫不错寻思了么？"

〔金盏儿〕你心里把褐衲袄脊梁上披，强似著紫朝衣，论盆家饮酒压著诗词会，嫌这攀蟾折桂的做官迟。为那笔尖上发禄晚，见这刀刃上变钱疾，你也待风高学放火，月黑做强贼。

正末云了。外末做住了。末不甚吃酒了。正末云了。旦云："你休吃酒也，恐酒后疏狂。"末心了。

〔赚尾〕虽然是弟兄心，殷勤意，本酒量窄推辞少吃。乐意开怀虽怎地，也省可哩不记东西。做扶著末科。做寻思科。

阿！我自思忆，想我那从你的行为，被这地乱天翻交我做不的伶俐。假妆些厮收拾，佯做个一家一计，且着个脱身术谩过这打家贼！下。

右（以上）第一折。

夫人、小旦云了。孤云了。店家云了。旦扶末上了。末卧地做住了。旦云："阿！从生来谁曾受这般烦恼！"做叹科。

[一枝花]干戈动地来，横祸事从天降。爷娘三不归，家国一时亡。龙斗来鱼伤，情愿受萧疏况。怎生般不应当，脱著衣裳，感得些天行好缠仗。

[梁州]恰似邑邑的锥挑太阳，忽忽的火燎胃腔，身沉体重难回项。口干舌涩，声重言狂。可又别无使数，难倩街坊，则我独自一个婆娘，与他无明夜过药煎汤。阿！早是俺两口儿背井离乡，应！则央他一路上汤风打浪，嗨！谁想他百忙里卧枕著床。内伤？外伤？怕不大倾心吐胆，尽筋截力把个牙推请，则怕小处尽是打当。只愿的依本分伤家没变症，慢慢的传授阴阳。

末云了。店家云了。旦做寻思科。云："试请那大夫来，交觑咱。"大夫上，云了。做意了。旦云："郎中，仔细的评这脉咱！"末共大夫云了。旦做称许科。

[牧羊关]这大夫好调理，的是诊候的强，这的十中九敢药病相当。阿的是五夜其高，六日向上，解利呵过了时晌，下过呵正是时光。不用那百解通神散，教吃这三一承气汤。

大夫裹药了。旦做送出来了。云："但较些呵，郎中行别有酬劳。"孤上，云了。旦云："是不吵？"做叫老孤的科。云："阿马！认得瑞兰来？"孤云了。

[贺新郎]自从都下对尊堂，走马离朝，阿马间别无恙？

孤认了。则恁的由自常思想，可更随车驾南迁汴梁，教俺去住无门，徊徨。家缘都撇漾，人口尽逃亡，闪的俺一双子母无归向！自从身体上一朝出帝辇，俺则梦魂无夜不辽阳！

孤云了。旦做打悲科。云："车驾起行了，倾城的百姓都走。俺随那众老少每出的中都城子来，当日天气又昏暗，刮着大风，下著大雨，早是赶不上大队，又被哨马赶上，轰散俺子母两人，不知阿者那里去了！"末云了。旦做着忙的科。孤云了。旦做害羞科。云："是您女婿，不快哩。"孤云了。旦做说关子了。孤云了。旦做羞科。

[牧羊关] 您孩儿无挨靠，没依仗，深得他本人将傍。（孤云了。）（旦做意了。）当日目下有身亡，眼前是杀场，刀剑明晃晃，士马闹荒荒。那其间这锦绣红妆女，那里不见个银鞍白面郎？

孤云了。旦云："是个秀才。"孤交外扯住了。旦做荒打惨打悲的科。云："阿马！你可怎生便与这般狠心！"做没乱意了。

[斗虾蟆] 爹爹！俺便似遭严腊，久盼望，久盼望你个东皇，望得些春光艳阳，东风和畅。好也啰！划地冻剥剥的雪上加霜！

末云了。旦没乱科。无些情肠！紧揪住不把我衣裳放。见个人残生丧，一命亡，世人也惭惶。你不肯哀怜悯恤，我怎不感叹悲伤！

孤云了。旦云："父亲息怒，宽容瑞兰一步，分付他本人两句言语呵，咱便行波！"孤云了。旦云："父亲不知，本人于您孩儿有恩处。"孤云了。

[哭皇天] 较了数个贼汉把我相侵傍，阿马想波，这恩临怎地忘？闪的他活支沙三不归，强交俺生吃扎两分张。觑着兀的般著床卧枕，叫唤声疼，撇他在个没人的店房！常言道：相逐百步，尚有徘徊。你怎生便教我眼睁睁不问当？

做分付末了。云："男儿呵！如今俺父亲将我去也，你好生觑当你身体！"末云了。旦做艰难科。

男儿！兀的是俺亲爷的恶怆，休把您这妻儿怨畅。

［乌夜啼］天那！一霎儿把这世间愁都撮在我眉尖上，这场愁不许隄防。末云了。既相别此语伊休忘：怕你那、那换脉交阳，是必省可里掀扬。俺这风雹乱下的紫袍爷，不识你个云雷未至的白衣相！咱这片霎中、、如天样，一时哽咽，两处凄凉。末云了。孤打催科。旦做住了。

［三煞］男儿！怕你大赎药时准备春衫当，贪食后隄防百物伤。末云了。旦做艰难科。这侧近的佳期休承望！直等你身体安康，来寻觅夷门街巷。恁时节再相访。你这旅店消疏病客况，我那驿路上悽惶！

［二煞］则明朝你索绮窗晓日闻鸡唱，我索立马西风数雁行。末云了。旦云："男儿，我交你放心末波！"只愿南京有俺亲娘，我宁可独自孤孀，怕他大抑勒我别寻个家长，那话儿便休想！末云了。旦云："你见的差了也！"那玉砌珠帘与画堂，我可也觑得寻常。

［收尾］你想我为翠屏红烛流苏帐，换了你这黄卷青灯映雪窗。孤云了。末云了。打别科。嘱咐末科。你心间莫□忘，你心间索记当。我言词更无妄，不须伊再审详。喳兀的做夫妻三个月时光，你末，不曾见恁这歹浑家说个谎！下。

右（以上）第二折。

夫人一折了。末一折了。小旦云了。旦便扮上了。云："自从俺父亲就那客店上生扭散俺夫妻两个，我不曾有片时忘的下俺那染病的男儿，知他如今是死那活那，不知俺爷心是怎生主意，提著个秀才便不喜，说穷秀才几时有发迹？要知自古及今，那个人生下来便做大官享富贵那！”做叹息科。

[端正好]我想著那受官厅，读书舍，谁不曾虎困龙蛰？信着我父亲呵！世间人把丹桂都休折，留著手把雕弓拽。

[滚绣球]俺这个背会爷，听的把古书说，他便恶纷纷的脑裂，粗豪的今古皆绝！您这些，富产业，更怕我顾恋情惹，俺自向笔尖上自挣揣得些豪奢。搠起柄夫荣妇贵三檐伞，抵多少爷饭娘羹驷马车？两件儿浑别。

小旦云了。旦：“阿也！是敢大较些去也。”小旦云了。

[倘秀才]阿！我甫能将残春捱彻。嗨！划地是俺愁瘦色。小旦云了。旦云：“依着妹子只波。”小旦云了。做意了。恰随妹妹闲行散闷些。到池沼，□观绝，越交人叹嗟。

[呆古朵]不似这朝昏昼夜，春夏秋冬！这供愁的景物好依时节，浮著个钱来大绿嵬嵬荷叶。荷叶似花子般团栾，陂塘似镜面般莹洁。阿！几时交我腹内无烦恼，心上无萦惹？似这般青铜对面妆，翠钿侵鬓贴！

做害羞科。云：“早是没外人，阿的是甚末言语那！这个妹子咱。”小旦云了。旦云：“你说的这话，我猜著也啰。”

[倘秀才]休著个滥名儿将咱来引惹。咽！待不你个小鬼头春心动也？小旦云了。旦云：“放心，放心。”我与你宽打周遭向父亲行说。小旦云了。旦云：“你不要呵，我要则末那？”小旦云了。旦唱：“我又不风欠，不痴呆，要这甚迭？”

小旦云了。旦云：“咱无那女婿呵快活，有女婿呵受苦。”小旦云了。旦云：“你听我说波。”

[滚绣球]女婿行但沾惹，六亲们早是说：又道是丈夫行亲热，爷娘行特地心别。而今要衣呵满箱箧，要食呵尽哺啜，到晚来更绣衾铺设，我这心儿里牵挂处无些些。直睡到冷清清

宝鼎沉烟灭，明皎皎纱窗月影斜，有甚唇舌。做人房你科。小旦云了。旦云："夜深也，妹子你歇息去波，我也待睡也。"小旦云了。旦云："梅香，安排奇桌儿去。我待烧炷夜香咱。"梅香云了。

［伴读书］你靠栏槛，临台榭，我准备名香爇。心事悠悠凭谁说？只除向金鼎焚龙麝，与你殷勤参拜遥天月，此意也无别。

［笑和尚］韵悠悠比及把角品绝，碧荧荧投至那灯儿灭，薄设设衾共枕空虚设，冷清清不慸迭，闲遥遥生枝节，闷恹恹怎捱他如年夜！

梅香云了。旦做烧香科。

［倘秀才］天那！这一炷香，则愿削减了俺尊君狠切！这一炷香，则愿俺那抛闪下的男儿较些！那一个爷娘不间叠，不似俺，忒碜嗻，劣缺！

做拜月科。云："愿天下心厮爱的夫妇永无分离！教俺两口儿早得团圆！"小旦云了。旦做羞科。

［叨叨令］元来你深深的花底将身儿遮，搭搭的背后把鞋儿捻，涩涩的轻把我裙儿拽，煴煴的羞得我腮儿热。小鬼头直到撞破我也末哥，直到撞破我也末哥，我一星星的都索从头说。

小旦云了。旦云："妹子，你不知我兵火中多得他本人气力来，我因此上忘不下他！"小旦云了。旦打悲了。云："您姐夫姓蒋，名世隆，字彦通，如今二十三岁也。"小旦打悲了。旦做猛问科。

［倘秀才］来波！我怨感，我合哽咽！不刺！你啼哭，你为甚迭？小旦云了。您莫不元是俺男儿的旧妻妾？阿是，阿是？当时只争个字儿别，我错呵了应者！

小旦云了。旦云："原来你两个是亲弟兄？"小旦云了。旦做欢喜科。

［呆古朵］似恁的呵，咱从今后越索著疼热，休像似在先时

节。你又是我妹妹、姑姑，我又是你嫂嫂、姐姐。小旦云了。这般者波。俺父母多宗派，您昆仲无枝叶，从今后休从俺爷娘家根脚排，只做俺儿夫家亲眷者。

小旦云了。旦云："若说俺那相别呵话长。"

［三煞］他正犬行汗病，换脉交阳。那其间被俺爷把我横拖倒拽出招商舍，硬厮强扶上走马车。谁想俺舞燕啼莺，翠鸾娇凤，撞着那猛虎狞狼，毒蝎顽蛇。又不敢号咷悲哭，又不敢嘱咐丁宁，空则索感叹咨嗟！据着他凄凉惨切，则那里一霎儿似痴呆！

［二煞］则就那里先肝肠眉黛千千结，烟水云山万万叠。他便似烈焰飘风，劣心猝性，怎禁那后拥前推，乱棒胡枷！阿！谁无个老父？谁无个尊君？谁无个亲爷？从头儿看来，都不似俺那狠爹爹！

［尾］他把世间毒害收拾彻，我将天下忧愁结揽绝！小旦云了。那其间，他没盘缠，在店舍，有谁人，厮抬贴？那消疏，那凄切，生分离，厮抛撇！从相别，恁时节，音书无，信息绝！我这些时眼跳腮红耳轮热，眠梦交杂不宁贴。您哥哥暑湿风寒纵较些，多被那烦恼忧愁上送了也！下。

右（以上）第三折。

老孤、夫人、正末、外末上了。媒人云了。旦扮上了。小旦云了。旦云："可是由我那不那！"

［新水令］我眼悬悬整盼了一周年，你也枉把你这不自由的姐姐来埋怨。恰才投至我贴上这缕金钿，一霎儿向镜台旁边，媒人们催逼了我两三遍。

小旦云了。旦云："妹子呵，你好不知福，犹古自不满意哕。我

191

可怎生过呵是也！"小旦云了。旦云："那的是你有福如我处那！我说与你波。"

[驻马听]你贪著断简残编，恭俭温良好缱绻；我贪著个轻弓短箭，粗豪勇猛恶因缘。小旦云了。旦云："可知㷀是也。"您的管梦回酒醒诵诗篇，俺的敢灯昏人静夸征战。少不的向我绣帏边，说的些磣可可落得的冤魂现。

小旦云了。旦云："这意有甚难见处那？"

[庆东原]他则图今生贵，岂问咱凤世缘。违着孩儿心，只要遂他家愿。则怕他夫妻百年，招了这文武两员，他家里要将相双权。不顾自家嫌，则要旁人羡。

外云了。旦做住了。正、外二末做住了。

[镇江回]俺兀那姊妹儿的新郎又忒觑觌，俺这新女婿那嘲掀，瞅的我两三番斜撇了新妆面，查查胡胡的向玳筵前。知他俺那主婚人是见也那不见？

孤云了。外末把盏科。

[步步娇]见他那鸭子绿衣服上圈金线，这打扮早难坐琼林宴。俺这个新状元，早难道花压得乌纱帽檐偏。把这盏许亲酒又不敢慢俄延，则索扭回头半口儿家刚刚的咽。

孤云了。正末把盏科。旦打认末科。

[雁儿落]你而今病疾儿都较痊？你而今身体全康健？当初咱那坬儿各间别，怎承望这答里重相见！

[水仙子]今日这半边鸾镜得团圆，早则一纸鱼书不更传。末云了。旦云："你说这话！"做意了。唱：须是俺狠毒爷强匹配我成姻眷；不剌，可是谁央及你蒋状元，一投得官也接了丝鞭。我常把伊思念，你不将人挂恋，负心的上有青天！

末云了。旦做分辩科。

〔胡十八〕我便浑身上是口，待交我怎分辩？枉了我情脉脉，恨绵绵，我昼忘饮馔夜无眠。则兀那瑞莲，便是证见，怕你不信后没人处问他一遍。

末云了。旦云："兀的不是您妹子瑞莲那！"末共小旦打认了。告孤科。末云了。老夫人云了。老孤云了。旦云："你试问您那兄弟去，我劝和您姊妹去。"正末云了。小旦云了。旦云："妹子，我和你哥哥厮认得了也！你却招取兀那武举状元呵，如何？"小旦云了。旦云："你便深信子末那！"小旦云了。

〔挂玉钩〕二百口家属笑语喧，如此般深宅院，休信我一时间在口言，便那里有冤魂现。小旦云了。我特故里说的别，包弹遍，不嫌些蹬弩开弓，怎说他袒臂挥拳。

〔乔牌儿〕兀的须显出我那不乐愿，量这的有甚难见？每日我绿窗前不整闲针线，不曾将眉黛展。

〔夜行船〕须是我心上斜横著这美少年。你可别无甚闷缕愁牵。便坐驷马高车，管著满门良贱，但出入唾壶掌扇。

〔幺〕但行处两行朱衣列马前。算了个文章士发禄是何年？你想那陋巷颜渊，箪瓢原宪，你又不是不曾受秀才的贫贱！外云了。旦云："休，休，教他不要！咱没是只管殃及他则末？"

〔殿前欢〕忒心偏，觑重裀列鼎不值钱，把黄齑淡饭相留恋，要彻老终年。招新郎更拣选，忒姻眷，不得可将人怨。可须因缘数定，则这人命关天。

小旦云了。使命上，封外末了。

〔沽美酒〕骤将他职位迁，中京内做行院，把虎头金牌腰内悬，见那金花诰皇帝宣，没因由得要团圆。

〔阿忽令〕咱却且尽教伴呆著休劝，请夫人更等三年。你既爱青灯黄卷，却不要随机而变。把你这眼前厌倦物件，分付与他别人请佃。

　　孤云了。散场

　　《新编关目闺怨佳人拜月亭》终。

　　右（以上）《闺怨佳人拜月亭》杂剧，据钟嗣成《录鬼簿》，乃元初关汉卿撰，数百年来久无传本。明人如何元朗、王元美、臧糕叔辈均盛称南曲《拜月亭记》，以为在《琵琶记》之上。其实南曲佳处全袭汉卿北剧，盖明人均未见此本也。此剧演金国南迁时事，犹为汉卿耳目所及见，宜其酣畅淋漓、曲尽情事如此。同时王实甫亦有《才子佳人拜月亭》杂剧同纪此事，今不可得见矣。

古杭新刊的本尉迟恭三夺槊（写定元本元杂剧第三）

　　疋先扮建成、元吉上，开："咱两个欲待篡位，争待秦王根底有尉迟无人可敌。"元吉道："我有一计，将美良川图献与官里，道的尉迟不是反臣那甚么？交坏了尉迟，哥哥便能官里做也。"驾云了。呈图科。高祖云了，大怒："将尉迟拿下！"末扮刘文靖将榆科园图子上了。

　　[点绛唇]想当日霸业图王，岂知李氏把江山掌。虽不是外国它邦，今日做僚宰为卿相。

　　[混江龙]不著些宽洪海量，划地信谗言佞语损忠良。谁不曾忘生舍死？谁不曾展土开疆？不枉了截发搓绳穿断甲，征旗作带勒金疮。我与你不避金瓜下丧，直言在宝殿，苦谏在昭阳。

　　[油葫芦]陛下！想当日背暗投明归大唐，却须是真栋梁，划地里厮低防。比及武官砌坌个元戎将，文官挣揣个头厅相，知

他是几个死？知他是几处伤？今日太平也都指望请官赏？划地胡庐惹斩在云阳。

〔天下乐〕谁似俺出气力的功臣不气长！想当时反在晋阳，若不是唐元帅少年有纪纲，义伏了徐茂公，礼设了褚遂良，智降了苏定方。

〔醉扶归〕当日都是那不主事萧丞相，更合著那没政事汉高皇，把韩元帅葫芦蹄斩在未央。今日介人都讲，若有举鼎拔山的霸王，哎，汉高呵你怎能敢正眼儿把韩侯望。

〔后庭花〕陛下，则将这美良川里冤恨想，却把那榆窠园里英雄忘。更做道世云千变，敬德呵，则消得功名纸半张。陛下试参详，更做道贵人多忘，咱数年间有倚仗。

〔金盏儿〕那敬德自归了唐，到咱行，把六十四处烟尘荡。杀得敌军胆丧，马到处不能当，苦相持一万阵，恶战九千场。全凭著竹节鞭，生并了些草头王。

〔赏花时〕元帅不合短箭轻弓觑它洛阳，怎想阔剑长枪埋在浅冈，映着秋草半苍黄。初间那唐元帅怎想，脑背后不低防。

〔幺〕呀！则见那骨剌剌征旗遮了太阳，赤力力征鼙震动上苍，那单雄信恁高强。它猛观了敌军势况，忙拨转紫丝缰。

〔胜葫芦〕打得匹不剌剌征骓走电光，藉不得众儿郎，过涧沿坡寻路慌。过了些乱烘烘的荆棘，密稠稠的榆柳，齐臻臻长成行。

〔幺〕是他气扑扑荒攒入里面藏，眼见的一身亡，将弓箭忙拈胡抵当。呀呀宝雕弓拽满，嘛嘛紫金鈚连发，火火都闪在两边厢。

〔金盏儿〕元帅却是那些儿慌，那些忙。带云：忙不忙，元帅也记得。唱：把一领锦征袍扯裸得没头当。单雄信先地赶上，手捻著绿沉枪，枪尖儿看看地著脊背，又透过胸堂。那时若不是胡敬德，陛下圣鉴：谁搭救小秦王？

［醉扶归］索甚把自己千般奖，齐王呵！不如交别人道一声强。若共胡敬德草草的鞭斗枪，分明立了执结并文状，则他家自卖弄伶俐半晌，把一条虎眼鞭直揽头直上。

［尾］这厮则除了铁天灵，铜脖项，铜脑袋、石镌就的脊梁。那鞭上常有半带血糊涂的人脑浆，则那鞭是铁头中取命的阎王。若论高强，鞭著处便不死十分地也带重伤。也是青天会对当，故交这尉迟恭磨障，磨障这弑君杀父的劣心肠！下。

右（以上）第一折。

末扮秦叔宝上了。

［一枝花］箭空攒白凤翎，弓闲挂乌龙角。土培损金锁甲，尘昧了锦征袍。空喂得那匹战马咆哮，皮楞铜生疏却，那些儿我心越焦。我往常雄纠纠阵面上相持，恶暗暗沙场上战讨。

［梁州］这些时但做梦早和敌军对垒，才合眼早不刺刺地战马相交。则听的韵悠悠的耳畔吹寒角，一回价不謇謇的催军鼓擂，响当当的助战锣敲。稀撒撒地画帘筛日，滴溜溜的绣幕翻风，只疑是古刺刺的杂彩旗摇，那的是急煎煎心痒难揉。往常则许咱遇水叠桥，除了咱逢山开道，如今央别人跨海征辽，壮怀怎消？近新来病体儿直然觉。我自暗约，也枉了医疗。被这秋气重金疮越发作，好教我痛苦难消！

［贺新郎］我欠起这病身躯出户急相邀，你知我迭不的相迎，不吵，贼丑生！你也合早些儿通报。见齐王元吉都来到，半晌不迭手脚，我强强地曲脊低腰。怪日来喜蛛儿的溜溜在檐外垂，灵鹊儿咋咋地头直上噪，昨夜个银台上剥地灯花爆。它两个是九重天上皇太子，来探俺这半残不病旧臣僚。

［牧羊关］这些腌臜病，都是俺业上遭，也是俺杀人多一还

报。折倒的黄甘甘的容颜，白丝丝地鬓脚，展不开猿猱臂，撑不起虎狼腰。好羞见程咬金知心友，尉迟恭老故交。

〔隔尾〕我从二十三上早驱军校，经到四五千场恶讨战，怎想头直上轮回老来到。我暗约，慢慢的想度，嗨！刮马似三十年过去了。

〔牧羊关〕当日我和胡敬德两个初相见，正在美良川厮撞著，咱两个比并一个好弱低高。它滴溜著虎眼鞭飚，我吉丁地皮楞铜架却，我得空便也难相舍，他见破绽也怎肯担饶。我不甫能卒卒地两简才飚著，他搜搜地三鞭却还报了。

〔隔尾〕那鞭却似一条玉蟒生鳞角，便是半截乌龙去了牙爪。那鞭但远望了吸吸地脑门上跳。那鞭休道十分的正著，则若轻轻地抹著，敢交你睡梦里惊急列地怕到晓。

〔斗鹌鹑〕那将军划马骑、单鞭搭，论英雄，半踊跃，它立下功劳，怎肯伏低做小，倚强压弱。不用吕望《六韬》，黄公《三略》。但征敌处躁咆，相持处憋懆。那鞭若脊梁上抹着，忽地咽喉中吐血。我道来道来，它烦烦恼恼，焦焦躁躁。滴溜□那鞭着，交你悠悠地魄散魂消。你心自量度！辟头上把他标写在凌烟阁。论著雄心力，劣牙爪，今日也合消、合消封妻荫子，禄重官高。

〔哭皇天〕交我忍不住微微地笑，我迭不得把你慢慢地教。来日你若那铁幞头，红抹额，乌油甲，皂罗袍，敢交你就鞍心里惊倒。若是来日到御园中，忽地门旗开处，脱地战马相交。哎，齐王呵！这一番要把交，那鞭不比道钢枪槊，双眸剑凿。

〔乌夜啼〕虽是没伤损，难贴金疮药，敢二十年青肿难消。若不去脊梁上，敢向鼻凹里落。唬得怯怯乔乔，难画难描。我则见的溜的立不住腿脡摇，忔扑扑地把不住心头跳。不如告休和，伏低弱，留得性命，落得躯壳。

［尾］可知道金风未动蝉先觉，那宝剑得来你怎消。不出君王行厮搬调，侵著眉棱，际著眼角。则若是轻轻的虎眼鞭抹着，稳情取你那天灵盖半截不见了。下。

右（以上）第二折。

第三、四折曲文不佳，不录。

古杭新刊关目的本李太白贬夜郎（写定元本元杂剧第四）

驾上云了。高力士云了。太真云了。安禄山上了。外末宣住了。正末扮上。开云："小生姓李名白，字太白。曾跨白鹤上升，吾非个中人也。"

［点绛唇］鹤背翱翔，坦然独向蓬山上。引九曲沧浪，助我杯中况。

［混江龙］忽地眼皮开放，一竿风外酒旗忙。不向竹溪翠影，决恋著花市清香。我舞袖拂开三岛路，醉魂飞上五云乡。甘心致仕，自愿归休。飞扬浩气，浇灌吟怀。不求名，不求利，虽不一箪食一瓢饮，我比颜回隐迹只争个无深巷。叹人生碌碌，尘世忙忙。

见驾了。云了。小生却则酒肆之中饮了几杯。

［油葫芦］当初不记蒙恩出建章，身跟跄，把一领锦宫袍常惹御炉香。臣觑得绿樽一点蒲萄酿，似禹门三月桃花浪。记当日设早朝，没揣的见帝王。觉来时都汗尽江湖量，急卒著甚的润枯肠。

［天下乐］官里御手亲调醒酒汤，闻香，不待尝，量这箸头酸怎揉我心上痒？不能勾甏里篘，斗内量，那一回浮生空自忙。

驾云了。末云："陛下休小觑这酒，有几般好处。"

［那吒令］这酒曾散漫却云烟浩荡，这酒曾眇小了风雷势况，这酒曾混沌了乾坤气象。想为人百岁中，得运只有十年旺，待有多少时光。

驾云了。

［鹊踏枝］欲要臣不颠狂，不荒唐，咫尺舞破中原，祸起萧墙。再整理乾坤纪纲，恁时节有个商量。

驾云了。末云："陛下道微臣在长安市上酒肆人家土坑上便睡。吵！那的是学士们好处。"做住了。

［寄生草］休笑那连厅坑，阔矮床，臣便似玉仙高卧仙人掌，锦橙嫩擘销金帐，便似垂鞭误入平康巷。只这新丰美酒十千钱，抵多少五陵豪气三千丈。

驾云了。

（幺）舒开笺无皱，磨得墨有光。就霜毫写出凌烟像，向文场立定中军帐，就诗坛拜起元戎将。那里是樽前误草吓蛮书，便是我醉中纳了风魔状。

驾云了。末云："陛下问微臣，直道几时不吃酒？"

［六幺序］何时静，尽日狂，但行处酒债寻常。粜尽黄粱，典尽衣裳，知他在谁家里也，琴剑书箱！这酒似长江后浪，酒歌楼醉墨琳琅。笔尖儿鼓角声悲壮，驱雷霆号令，焕星斗文章。

驾云了。

［幺］直等蛮王，见了吾皇，恁时节酒态轩昂，诗兴飞扬。割舍了金銮殿上，微臣待醉一场。紫绶金章，法酒肥羊，几时填还彻这臭肉皮囊？圣朝帝王合兴旺，交这厮横枝儿燮理阴阳！肚岚耽吃得咱来胖，没些君臣义分，只有子母情肠！

［金盏儿］绕一百二十行，三万六千场。这酒似及时雨露从

天降，宽洪海量胜汪洋。臣那里燕莺花月影，鸥鹭水云乡。这里凤凰歌舞地，龙虎战争场。

驾央末写词了。

〔醉扶归〕见娘娘捧砚将人央，不如我看剑引杯长。生把个菱花镜里妆，做了个水墨观音样。这孩儿从怀抱里看生见长，只一句道得他小鹿儿心头撞。

〔金盏儿〕只管里开宴出红妆，咫尺想像赋《高唐》。瑞云重绕金鸡帐，麝烟浓喷洗儿汤。不争玉楼巢翡翠，便是锦屋闭鸾凰。如今宫墙围野鹿，却是金殿锁鸳鸯。

正末做脱靴科。云："力士，你休小觑此物！"

〔后庭花〕这靴曾朝踏辇路霜，暮登天子堂，软趁残红片，轻沾落絮香。我若沾危邦，这的是脱身小样，不合将足下央。

末出朝科。

〔尾〕那厮主置定乱宫心，酝酿著漫天谎。倚仗著强爷壮娘，全不顾白玉阶头纳表章，只信著被窝儿里顿首诚惶。我绕著利名场，佯做个风狂，指点银瓶索酒尝。尽教谗臣们数量，至尊把我屈央，休想楚三闾肯跳汨罗江。下。

右（以上）第一折。

驾云了。外末进宝了。驾、旦、外一行了。外做宣末科。正末扮上了，引仆童上了。云："嗨！对着此景，却不快活！"做交小童斟酒了。云："小童，此处无事，你自回去。如见朝野里官人们，你道我在这里。"仆童下。末做住。

〔端正好〕满长安，花无数，霎时间暮景桑榆。偏得你□□中闭塞定贤门路，偏俺不合瀋杯中物。

〔滚绣球〕这酒寻芳踏雪沽，弃琴留剑与。便大交我眼睁睁死生无路，末不仕途中买我胡突。对着山河壮帝居，乾坤一草庐，便是我画堂深处，那吓蛮船似酒面上浮蛆。不恋着九间天子常朝殿，曾如三尺黄公旧酒垆。但行处挈榼提壶。

力士云了。笼马上了。做寻末科。见住了。力士云了。末云："你道是我在此处无好处？"

[倘秀才] 我直吃的芳草展花茵绣褥，直吃的明月上银台画烛。自有春风醉后扶，怎和那儿女辈，泼无徒，做伴侣？

力士云了。末云："你朝野里不如我这里。"

[滚绣球] 禁庭中受用处，止不过皓齿歌，细腰舞，闹吵吵不知其数，这其间众公卿似有如无。奏梨园乐章曲，按广寒羽衣谱，一声声不叶音律，倒不如小槽边酒滴真珠。你那里四时开宴充肥鹿，我这里万里摇船捉醉鱼，胸卷江湖。

力士交末上马了。末云："我醉也，恐怕去不的！"上马了。

[脱布衫] 花梢惊燕子莺雏，锦鞴荡蝶翅蜂须，玉□迎桃蹊杏坞，金镫挑落花飞絮。

[醉太平] 不比趁雕轮绣毂，游月巷云衢；又不比荔枝千里赴皇都，止不过上天街御路。全不似数声啼鸟留人住，他只待一鞭行色催人去，怎肯满身花影倩人扶。一言既出。

正末、外末。驾、旦上了。末骑马上了。

[倘秀才] 恰离了光灿灿花丛锦簇，又来到闹吵吵车尘马足，抵多少白日明窗过隙驹。胜急价，更疾如，狂风骤雨。

末蹿马了。旦惊了。驾怒了。末见驾了。云："陛下，不干臣事，是臣马的不是。"

[叨叨令] 凤城有似溪桥路，落红乱点莎茵绿，淡烟深锁垂杨树。因此上玉聪错认西湖路。委实勒不住也末哥，委实勒不住也末哥，便似跳龙门及第思乡去。

等驾云了。末饮酒科。驾赐衣服了。

〔喜春来〕又不是风流天宝新人物，只是个落托长安旧酒徒。怎消得明圣主，赐一领溅酒护身符。

〔尧民歌〕也不宜幞头象笏，玉带金鱼，金貂绣袄，真紫朝服。臣再洪饮天之美禄，倘或间少下青凫。也强如凤城春色典琴沽，白马红缨富之余。披一襟瑞霭出天衢，携面袖天香下蓬壶。须臾，须臾，行过长安市上去，便是臣衣锦还乡处。

末带醉出朝科。云："古人尚然如此！"

〔四煞〕想着刘伶数尺坟头土，谁恋架上三封天子书？那酒更压著救旱恩泽，洗心甘露，止渴青梅，灌顶醍醐。怕我先尝后买，散打零兜，高价宽沽。月明南浦，春醉酒□□。

太真、禄山送末了。出朝科。末云了。

〔三煞〕娘娘甚酒中贞洁真贤妇？禄山甚财上分明大丈夫？止不过盏号温凉，布名火浣，瓶置玻璃，树长珊瑚，犀澄分水，裙织绫绢，帘卷虾须，真珠琥珀，红玛瑙，紫砗磲。

〔二煞〕这个曾手扶万丈擎天柱，这个曾口吐千年照殿珠。只消的一管霜毫，数张白纸，写万古清风，不勾一醉工夫。怕我连真带草，一划数黑论黄，写紫描朱。从头至尾，依本画葫芦。

〔尾〕那是禄山义子心头怒，这是杨贵妃贼儿胆底虚。似这般忒自由，没拘束，猛轩腾，但发落，交近南蛮，至北隅，接西边，去东鲁，一年多，半载余，那里景凄凉，地凄楚。蟬袖垂肩仕女图，似秋草人情日日疏。待寄萧娘一纸书，天北天南一雁无。忽地兴兵起士卒，大势长驱入帝都，一战功成四海枯，传手如还入宫宇，一就无毒不丈夫，玉殿珠楼尽交付，抵多少竹帛烟消帝业虚。十万里江山共宝物，和那花朵儿浑家做不得主！下。

右（以上）第二折。

一行下。禄山、旦云了。外宣末了。正末扮带酒上了。

[粉蝶儿]只被宿酒禁持，轰腾杀浩然之气。几曾明白见一个乌兔西飞？今日醉乡中，如混沌，初分天地。恰辨得南北东西，被子规声唤回春睡。

[醉春风]一壁恰烘得锦袍干，又酒淹得衫袖湿。半醒时犹透顶门香，不吃时怎由得你！你！耽搁得半世无成，非是我一心偏好，只为你满朝皆醉。

[迎仙客]比及沾雨露，恨不得吐虹霓，沧海倒倾和月吸。向翠红乡，图画里，不设著歌舞筵席，辜负了迟日江山丽。

[醉高歌]脚趔趄登辇路花基，神恍惚步瑶阶玉砌。吐了口中涎，按捺定心头气，勉强山呼万岁。

正末失惊了。

[石榴花]疑怪翠盘人用锦重围，不听得月殿乐声齐。往常恐东风吹与外人知，怎想这里泄漏天机？知他那窝儿醉倒唐皇帝？空有聚温泉一派香池，又无落花轻泛波纹细，怎生误走到武陵溪。

外末、旦做住了。外末同旦与正末礼了。末云："不想如此！"

[斗鹌鹑]恰才个倚翠偎红，揣与论黄数黑。只他行怕行羞，和我也面红面赤。谁待两白日细看春风玉一围？却是甚所为？更做个抱子携男，末不忒回干就湿！

力士云了。一同与正末把酒了。末笑科。

[普天乐]不须你沈郎忧，萧郎难易，就未央宫摆布尊罍，直吃的尽醉方归。折末藏著剑锋，承著机密，汉国公卿臻臻地，来来吃回吕太后筵席。稳便呵鸾交凤友！休忧波莺花燕子！休忙波蝶使蜂媒！

正末云了。外把盏科。末云了。

［干荷叶］来的盏不曾推，有的话且休提。准备明日向君王行主意的紧支持，刁蹬的厮央及。被我连珠儿饮了两三杯，只理会酒肉坛场吃。

［上小楼］这孩儿何曾夜啼，无些惊气。娇的不肯离怀，懒惝挪步，怕风独立。三衙家绕定亲娘扒背。兀的后宫中养军千日！

［幺］穿了好的，吃了好的。盛比别人，非理分外，费衣搭食。甚时曾向人前分明喘气，他一身儿孝当竭力。

云："力士，我只道宫里宣唤，谁想如此！"旦云了。

［满庭芳］你心知腹知，宫中子母，村里夫妻。觑得俺唐明皇颠倒如儿戏，我不来这其间敢锦被堆。得了买不语一官半职，做了个六证三媒。枉了闲淘气，又道我唬吓你酒食，误了你爱月夜眠迟。

正末做出殿科。外扯住了。外将荔枝上了。外央正末吃科。末取物芊科。云："我待芊一个来，却芊著你两个。"

［快活三］沾粘著不摘离，厮胡突不伶俐。尽压著玉枝浆，白莲酿，锦橙醅。官里更加上些忍辱波罗蜜。

［鲍老儿］若是忔撅定舌尖上度与吃，更压著王母蟠桃宴会。更做果木丛中占了第一，量这厮有多少甜滋味。压著商川甘蔗，鄱阳龙眼，杭地杨梅，吴江乳橘，福州橄榄，不如魏府鹅梨。

觑旦科。

［哨遍］两叶眉儿频系矮，锁青岚一带骊山翠。香霭暗宫闱，只是子孙司里酒病花医。只为个肥肌体，把锦帏绣幄，翠幕珠帘，做了个张盖世界的鸳鸯被。这张纸于官不利，乍云屏斜掩，雾帐低垂。那里是遮藏丑事护身符，只是张发露私情乐章集。看你执盏殷勤，奉砚驱驰，脱靴面皮。

宾：“你问我哪里去？”

［耍孩儿］一头离了莺花地，直赴俺蓬莱宴会。碧桃间拂面风吹，浩歌声聒耳如雷。平驱风月妆诗兴，倒卷江湖此酒杯。偃仰在银河内，折末冠簪颠倒，衫袖淋漓。

云：“我知道！我知道！”

［五煞］见没处发付咱，便飔一声宣唤你。这场误赚神仙罪。我闲来亲去朝金阙，不记谁扶下玉梯。□□这腌臜辈，闹中取静，醉后□□。

［四煞］你亲上亲，我鬼中鬼，无用如碧澄澄绿湛湛清冷水。于民只解涤尘垢，润国何曾洗是非。水共禄山浑相类，见了些浮花浪蕊，玉骨冰肌。

［三煞］太古里家不和邻里欺，人贫贱也亲子离，不求金玉重重贵。你惟情之别外无想，除睡人间总不知。谎得来无巴臂！不曾三年乳哺，一划合肥。

外末共旦云了。末做指禄山云了。

［二煞］拈起纸笔，标是实，交千年万古传于世。看了书中有女颜如玉，路上行人口胜碑。儿曹悔之晚矣！归去来兮！

［尾］没遭罹李翰林，忒昏沉杨贵妃。见如今凤帏中搂抱定肥儿睡，更那里别寻个杜子美！下。

右（以上）第三折。

末上。

［新水令］谢你个月中人不弃我酒中仙，向浪花中死而无怨。是清风连夜饮，几曾渔火对愁眠。满眼的湖水湖烟，豁达似翰林院。

［驻马听］想著天子三宣，翠袖双扶不上船。不如素娥奉

劝，巨瓯一饮倒垂莲。为杨妃昧龙庭夫乃妇之天，钓风波口似钩和线。虽然在海角边，举头日近长安远。

云："我想此处，却不强如与他们闹闹吵吵地。"

［沉醉东风］恰离了天子金銮殿前，又来到农家鹦鹉洲边。自休官，从遭贬，早递流水路三千。待交我蓑笠纶竿守自然，我比姜太公多来近远？

［沽美酒］他被窝儿里献利便，枕头上纳谏言，义子贼臣掌重权。那里肯举善荐贤，他当家自迁转。

［太平令］大唐家朝野里龙蛇不辨，禁闱中猪狗同眠。河洛间途俗皆现，日月下清浑不变。把谪仙，盛贬，一年半年，浪淘尽尘埃满面。

云："小生终日与酒为念。"

［殿前欢］酒如川，鹭鸥长聚武陵原。鸳鸯不锁黄金殿，绿蓑衣带雨和烟。酒里坐，酒里眠，红蓼岸，黄芦堰，更压著金马门，琼林宴。岸边学渊明种柳，水面学太乙浮莲。

［甜水令］闹闹吵吵，欢欢喜喜，张筵开宴，送到杨柳岸古堤边。正稚子妻儿，痛哭号啕，牵衣留恋，早解缆如烟。

［折桂令］一时间趁篷箔顺水推船，不比西出阳关，北使居延。几时得为爱青山，住东风懒著吟鞭。流落似守汨罗独醒屈原，飘零似泛浮槎没兴张骞。纳了一纸皇宣，撇下满门良贱，对十五婵娟，怎不凄然。他们向水底天心，两下里团圆。

末虚下。水府龙王一齐上，坐定了。末上。

［夜行船］画戟门开见队仙，听龙神细说根元。向人鬼中间，轮回里面，又转生一遍。

［川拨棹］赴科选，跳龙门夺状元。早命掩黄泉，鱼跳深渊。不见九五数飞龙在天，海门潮信远。

［七弟兄］偶然，见面，恕生年，那里取禹门浪急桃花片，玉溪月满木兰船，锦溪露湿芙蓉面。

［梅花酒］他虽无帝主宣，文武双全，将相双权，銮驾齐肩。比侯门深似海，我怎敢酒量大如川。忆上元，芍药边，牡丹园，梧桐院，海棠轩，歌舞地，绮罗筵，衫袖湿，帽檐偏，相隔著，水中原，无旅店，少人烟。龟大夫，在旁边，鳖相公，守跟前，鼋先锋，可怜见，众水族，尽皆全，摆列着，一圆圈。

［收江南］可甚玉簪珠履客三千，比长安市上酒家眠，兀的不气喘，月明孤枕梦难全。

［后庭花］翰林才显耀彻，酒家钱还报彻。酬了莺花志，补完了天地缺。寻常病无些些，玉山低趄。不合将他短处劫，便将俺冤恨雪。君王行斯间迭，听谗臣耳畔说，贬离了丹凤阙。下江船不暂歇，采石渡逢令节，友人将筵会设，酒杯来一饮竭。正更阑人静也，波心中猛觑绝，见冰轮皎洁。手张狂，脚趔趄，探身躯将丹桂折。

［柳叶儿］因此上醉魂如灯灭，中秋夜禄尽衣绝，再相逢水底捞明月。生冤业，死离别，今番去了，那里来也。下。

右（以上）第四折。

《古杭新刊的本李太白贬夜郎》。

右（以上）《李太白贬夜郎》杂剧，据钟嗣成《录鬼簿》云"王伯成撰"。案：伯成，涿州人。涵虚子《音谱》称其"词如江鸳戏波"，然所撰杂剧，自明以来久不传，唯有《天宝遗事诸宫调》（弹词之类）时见于《雍熙乐府》及《曲谱》中，然不过数套而已。今此剧晚出，乃完全无损。曲文亦遒劲明丽，在马东篱、郑德辉之间，亦元曲中上乘也。

罗振玉《国学丛刊》序

罗叔言参事于宣统辛亥春夏间，刊行《国学丛刊》杂志，其秋因国变停刊，今夏始复庚续。其前后二《序》叙述学术变迁及兴废之事，语至深切，后志《序》尤有风雨如晦、鸡鸣不已之意，非近世文人所能道。学者读之，可以观世变矣。前《序》略云："尝闻今之论学者谓稽古之事今难于昔，又谓古昔学术将归淘汰。愚窃以为不然。夫自三古以还，人文大启；东迁以后，百氏踵兴。至秦定挟书之律，汉严中秘之藏。两京师承，率资口授；四部群籍，咸出手写。成学匪易，往哲所嗟。今则刊本流传，得书至便。加以地不爱宝，山川效灵。雍岐获鼎，补伏孔之逸篇；洹阳出龟，窥仓沮之遗迹。于阗古简，鸣沙秘藏，继鲁壁而重开，嗣厘家而再出。古所未有，悉见于今。此今易于古者一也。古者风化阻于山川，学子劳于负笈。文翁莅蜀，西州方起诵声；道真还乡，南域乃兴文教。然而交游终限于九州，驰观不及于域外。今则声气相应，梯航大通。《长庆》乐府，传入鸡林；《尚书》百篇，携来蓬岛。化瀛海为环流，合区宇为艺府。此今易于古者二也。继事者易为，后来者居上。是以汉末经师，兼综六艺；唐初《正义》，并采南北。我朝二百余年，儒风益振。王、郝诂训，上扶五雅之衰；段、桂《说文》，遥夺二徐之席。焦、张之图礼制，陋李、聂之前闻；阮、吴之释鼎彝，厌宣和之御制。謦欬非遥，流风未沫。此今易于古者三也。"以上皆释第一难之语。至其释第二难，则云"在昔六籍灰尘，东鲁之弦歌自若；五季俶扰，群经之雕椠方新。今且旁行斜上，尽译遗经；海峤天涯，争开文馆。矧兹宗国，尚有典刑。老成未谢，睹白首之伏生；来者方多，识青晴之徐监。方将广鲁于天下，增路于椎轮。张皇未发之幽潜，开辟无前之途术。信斯文之未坠，仁古学之复兴。杞人之忧，斯亦惑矣"云云。此三年前事也。今夏重续前举，复于《序》中论古来学术兴废，以讫于今。语尤深挚，调亦激越。曰：

"宣统辛亥，振玉始创《国学丛刊》于京师，遭遇国变，中道而辍。今春海上友人有以赓续请者，亟允其请。编纂既竟，乃书其端曰：秦汉以还，讫于近世，学术兴替，可得而言。自九流之学并起衰周，六艺之传独出孔氏，战国以为迂阔，强秦燔其诗书，而诸儒偃蹇戎马之间，崛起刀锯之下。鮒、襄父子，藏其家书；高、赤师弟，嬗其口说。犹闻制氏之乐，不废徐生之容。偶语之诛不能加，挟书之律无所用。洎乎中阳受命，王路小亨，柱下御史，独明律历；咸阳博士，还定朝仪。及孝武之表章，兼河间之好古，古文间出，绝学方兴。山岩甫出之书，遽登秘府；太常未立之学，或在民间。旋校中秘之文，并增博士之数。此一盛也。建武以还，群籍颇具，子春笃老，始通《周官》之读；康成晚出，爰综六艺之文。赵商问难于生前，孙王辩论于生后。此又一盛也。黄初群臣，雅擅词翰；正始贵胄，颇尚清谈。至于六朝，此风未变，竭神思于五言，穷辩论于二氏。然而崔、皇特起于江南，徐、熊并驰于河北，焯、炫金声于隋代，孔、贾玉振于唐初。综七经而定《正义》，历两朝而著功令。此又一盛也。先秦学术，萃于六经。炎汉以还，爰始分道。则有若子长述史，成一家之言；叔重考文，发六书之旨。善长山川之说，君卿制度之书，并自附庸蔚为大国，义兼于述作，体绝于古今。此又旷世之鸿裁，难语一时之风会矣。

"爰逮晚唐，兹音不嗣。天水肇建，文物鼎兴。原父《小传》，别开说经之途；次道二书，聿新方志之体。长睿《余论》，存中《笔谈》，并示考古之准绳，穷格物之能事。至于欧赵之集金石，宣和之图彝器，南仲释吉金之文，鄱阳录汉碑之字，旨趣既博，局途大开。洎乎元明，流风稍替。天道剥复，钟美本朝。顾、阎濬其源，江、戴拓其宇。小学之奥，启于金坛；名物之颐，理于通艺。根柢既固，枝叶遂繁。爰自乾嘉以还，讫于同光之际，大师间出，流派方滋。专门似西京之师，博综继东都之业；规摹跨唐代之大，派别衍宋人之多。伊古以来，称为极盛矣。昀昀先畴，巍巍遗构，高曾之所耕获，祖父之所经营，绵延不替，施于今日，保世滋大，责在后人。顷自孟陬失纪，海水横流，大道多歧，《小雅》尽废。番番良士，劣免儒硎；莘莘胄子，翻从城阙。或乃舍我熊掌，食彼马肝，土苴百王，粃糠三古。闵父知其将落，宣圣谓之不祥。非无道尽之悲，弥切天崩之惧。然而问诸故府，方册如新；瞻彼前修，典刑未沫。重以地不爱宝，天启之心，殷官太卜之所藏，周礼盟府之所载，两汉塞上之牍，有唐壁中之书，并出埃尘，丽诸日月。芒洛古冢，齐秦故墟，丝竹如闻，器车踵出。上世礼器之制，殊异乎叔孙；中古衣冠之奇，具存于土偶。咸昔儒所未见，幸后死之与闻。非徒兴起之资，弥见钻求之亟。至于先人底法，仅就椎轮；历代开疆，尚多瓯脱。作室俟堂构之饰，析薪资负荷之劳。功有相因，道无中废。譬如注坡之马，造父不能制其势；建瓴之水，神禹不能回其流。观往昔之隆污，抚当今之际会，盛衰之数，盖可知矣。振玉爰始志学，颇识前闻。暨乎遁荒，益多暇日。思欲标邓林以寸草，益学海以涓流。爰因同气之求，重续春明之梦。尽发敝箧，聿求友声，聊贡研晚之新知，并刊散亡之故籍。先民有作，同惊风雨之晨；来者方多，终冀昌明之日。"

罗振玉《殷墟书契》序

罗叔言参事东渡后，刊行秘籍极多，而以《殷墟书契》与《鸣沙石室佚书》二书为最，《流沙坠简》次之。《坠简序》前已录入《东山杂记》，今复录其《殷墟书契》及《石室佚书》二《序》。

《殷序》曰："光绪二十有五年，岁在己亥，实为洹阳出龟之年，时予春秋三十有四。越岁辛丑，始于丹徒刘君许见墨本，作而叹曰：此刻辞中文字与古文或异，固汉以来小学家若张、杨、杜、许诸儒所不得见者也。今幸三千年而出，且适当我之生，则所以谋流传而悠远之者，其我之责也夫。于是尽墨刘氏所藏千余，为编印之，而未遑考索其文字。盖彼时年幼壮盛，谓岁月方长久，又所学未邃，且三千年奇迹，当与海内方闻硕学之士共论定之。意斯书既出，必有博识如束广微者为之考释阐明之，固非曾曾小子所敢任也。顾先后数年间，仅瑞安孙仲容徵君诒让作札记，此外无闻焉。仲容固深于《仓》《雅》《周官》之学者，然其札记，则未能阐发宏指，予至是始有自任意。岁丁未，备官中朝，曹务清简，退食之暇，辄披览墨本及予所藏龟，于向之蓄疑不能遽通者，谛审既久，渐能寻绎其义。顾性复懒散，未及笺记。宣统改元之二年，东友林君泰辅寄其所为考至，则视孙徵君札记，秩然有条理，并投书质疑。爰就予所已知者，为《贞卜文字》以答之。已而渐觉其一二违失，于旧所知外，亦别有启发，则以所见较博于畴昔故。于是恍然于宝物之幸存者有尽，又甲骨古脆，文字易灭，今出世逾十年，世人尚未知其贵重，不汲汲于蒐求，则出土之日，即澌灭之期。因遣山左及厂肆估人至中州，瘁吾力以购之，一岁所获殆逾万。意不自歉，复命舍弟子敬振常、妇弟范恒斋兆昌至洹阳采掘之，所得则又再倍焉。寒夜拥炉，手加毡墨，拟先编墨本为《殷墟书契前编》，考证为《后编》。并谋投劾去官，买地洹阳，终我天年，以竟此志。乃逾年冬而国难作，避地浮海，将辛苦累蓄之三千年骨与甲者，郑重载入行笈，而展转运输及税吏检索损坏者，十已五六。幸其尤殊者，墨本尚存。乃以一岁之力，编为《前编》八卷，付工精印。其未及施墨者，异日当辑为《续编》，而《后编》亦将次写定。

"呜呼！丧乱以来，忽已匝岁。神州荒翳，文献荡然。天既出神物于斯文垂丧之时，而予又以偷生视息之身仓皇编辑。须鬓日改，犬马之齿，亦既四十有七，上距己亥，已阅十有四年，买地洹阳之愿既虚，茫茫斯世，知谁复有读吾书者？亦且抱此遗文以自慰藉而已。穷冬濡毫，万感交集。岁在壬子十二月廿六日，上虞罗振玉序于日本寓居之永慕园。"

罗振玉《鸣沙石室佚书》序

其《石室佚书序》云："距晋太康初纪汲郡出竹书之年又千七百余载，为我先皇帝光绪之季岁，海内再见古遗宝焉。一曰殷墟之文字，二曰西陲之卷轴。洹阳所出，我得其十八九，既已氊拓之，编类之，考证之，虽举世尚未知重，而我则快然自足，一若天特为我出之者。鸣沙之藏，则石室甫开，缥缃已散，我国人士，初且未知。宣统改元，伯希和君始为予具言之，既就观目录，复示以行笈所携，一时惊喜，如在梦寐。亟求写影，遽承许诺，后先三载，次第邮致，则斯编所载者是也。自夏徂秋，校理斯毕，爰书其端：予于斯编之成，欣戚交并，有不能已于言者七事焉。

"古人有言，名世之生，期以五百，神物出世，且数倍之。

即时会幸至，而我生不辰。今则太卜所掌，若诏予以典守；荒裔宝藏，亦并世而重开。此可欣者一也。厘柴竹简，载以数车，而诸家写定，仅得七十五篇。今则简册盈千，卷轴逾万，此编所刊，千不逮一，数已相埒。此可欣者二也。秘藏既启，遗书西迈，东土人士，末由沾溉。伯君念我所自出，亟许以传写，一言之诺，三岁不渝，邮使屡通，异书荟至。此可欣者三也。

"敦煌之游，斯丹前驱，伯氏继武。故英伦所藏，殆逾万轴，法京所弆，数亦略等。吾友狩野君山近自欧归，为言诸国典守森严，不殊秘阁，苟非其人，不得纵览。英伦古简，法儒沙畹考释已竟，行将刊布。其余卷轴，检理未完，刊行无日。此可戚者一也。往者伯君告予，石室卷轴，取携之余，尚有存者。予亟言之学部，移牒甘陇求之。乃当道惜金，濡滞未决。予时备官大学，护陕甘总督者适为毛实君方伯庆藩，与予姻好，总监督刘幼云京卿廷琛实同乡里，与议购存大学。既有成说，学部争之，比既运京，复经盗窃。然其所存尚六七千卷，归诸京师图书馆。及整比既终，而滔天告警，此六七千卷者，等于沦胥。回忆当时，自悔多事。此可戚者二也。遗书窃取，颇流都市。然或行斸字析，以易升斗。其佳者或挟持以要高价，或藏匿不以示人。遇此伦荒，何殊覆瓿！此可戚者三也。往与伯君订约写影，初企合力，已乃无助。予为浭阳端忠敏公言之，忠敏亦谓前约已定，义不可爽，因慨任所费。然公时已罢官，力实未逮。沪上书估某适游京师，予为构合，偿忠敏金，约以估任剞劂，予任考订。顾时逾数年，未出一纸，乃复由予赎回，自任刊布。而既竭吾力，成未及半。此可戚者四也。呜呼！天不出神物于乾嘉隆盛之时，而出于国势陵迟之日，今且赤县崩沦，礼亡乐斁，澄清之事，期以百年，而予顾汲汲为此，急若捕亡，揆以时势，无乃至愚，而冥行孤往，志不可夺。此编既成，将如孔鲋所云'藏之以待其求，无宁守之以慰幽独'。苟天不使我馁死海外，尚当遗书伯君，更求写影，节啬衣食之资，赓续印行，以偿夙愿。知我笑我，非所计也。岁在癸丑九月二十三日，上虞罗振玉书于日本寓居之大云书库。"

罗振玉《殷墟书契考释》序

安阳所出龟甲兽骨，皆刻商代卜辞，文字奇古，比彝器古文尤为难读。光绪季年，丹徒刘氏拓印所藏甲骨为《铁云藏龟》，于是世始知有此物。瑞安孙仲容徵君诒让为之札记。宣统元年，上虞罗叔言参事作《殷商贞卜文字考》，卜辞文字始有条理可寻。参事东渡后，复拓印所藏甲骨为《殷墟书契前编》八卷、《殷墟书契菁华》一卷。去年岁杪，其《殷墟书契考释》始成，于是卜辞文字可读者十得五六，盖近世之言古文者，以此书为最善矣。

参事《自序》曰："宣统壬子冬，余既编印《殷墟书契》，欲继是而为考释。人事乖午，因循不克就者，岁将再周，感庄生'吾生有涯'之言，乃发愤键户者四十余日，遂成《考释》六万余言。既竟，爰书其端曰：予读《诗》《书》及周秦之间诸子、《太史公书》，其记述殷事者，盖寥寥焉。孔子学二代之礼，而曰'杞、宋不足徵'，殷商文献之无徵，二千余年前则已然矣。吾侪生三千年后，乃欲根据遗文补苴往籍，譬若观海，茫无津涯。从事稍久，乃知此事实有三难：史公最录商事，本诸《诗》《书》，旁揽《系本》。顾考父所校，仅存五篇，《书序》所录，亡者逾半。《系本》一书，今又久佚。欲稽前古，津逮莫由。其难一也。卜辞文至简质，篇恒十余言，短者半之。又字多假借，谊益难知。其难二也。古文因物赋形，繁简任意，一字异文，每至数十，书写之法，时有凌猎。或数语之中，倒写者一二；两字之名，合书者七八。体例未明，易生炫惑。其难三也。

"今欲祛此三难，勉希一得，乃先考索文字以为之阶，由小篆以溯金文，由金文以窥书契，穷其蕃变，渐得指归，可识之文，遂几五百。循是考求典制，稽证旧闻，途径渐启，扃鐍为开。稽其所得，则有六端：一曰帝系。商自武汤，逮于受辛，史公所录，为世三十，见于卜辞者，二十有三。史称'大丁未立'，而卜辞所载祀礼，俨同于帝王。又大乙、羊甲、卜丙、卜壬，较以前史，并与此异。而庚丁之作康祖丁，武乙之称武祖乙，文丁之称文武丁，则言商系者所未知，此足资考订者一也。二曰京邑。商之迁都，前八后五。盘庚以前，具见《书序》，而小辛以降，众说多违。洹水故墟，旧称亶甲，今证之卜辞，则是徙于武乙，去于帝乙。又史称盘庚以后，商改称殷，而遍搜卜辞，既不见'殷'字，又屡言'入商'，田游所至曰往曰出，商独言入。可知文丁、帝乙之世，国尚号商，《书》曰'戎殷'，乃称邑而非称国。此可资考订者二也。三曰祀典。商之祀礼，复异周京，名称实繁，义多难晓。人鬼之祭，亦用柴寮；牢圂之数，亦依卜定。王宾之语，为《洛诰》所基；驿刚之荐，非镐京所创。此可资考订者三也。四曰卜法。商人卜祀，十干之日，各依祖名。其有祫者，则依祫名。又大事贞龟，小事骨卜。凡斯异例，先儒未闻，此可资考订者四也。五曰官制。卿事之名，同于《雅》《颂》。大史之职，亦具《春官》。爰及近臣，并符周制。乃知姬旦六典，多本殷商。此可资考订者五也。六曰文字。召公之名，是'奭'非'奭'。鸟鸣之字，从鸡非鸟。隹、鸟不分，子孼殊用。'牝''牡'等字，牛羊任安；'牢''牧'诸文，亦同斯例。又藉知大、小二篆，多同古文，古文之真，间存今隶。此可资考证者六也。

"予爰始操翰，讫于观成，或一日而辨数文，或数夕而通半义。譬如冥行长夜，乍睹晨曦，既得微行，又蹈荆棘。积思若痗，雷霆不闻，操觚在手，寝馈或废。以兹下学之资，勉几上达之业。而既竭吾才，时亦弋获，意或天启其衷，初非吾力能至。但探赜索隐，疑蕴尚多。覆篑为山，前修莫竟。继是有作，不敢告劳，有生之年，期毕此志。订讹补阙，俟诸后贤。他山攻错，跂予望之。"

《殷墟书契考释》后序

海宁王静安国维跋其后曰："余为商遗先生书《殷墟书契考释》竟，作而叹曰：三代以后言古文者，未尝有是书也。夫先生之于书契文字，其蒐集流通之功，盖不在考释下。即以考释言，其有功于经史诸学者，颇不让于小学。以小学言，其有功于篆文者，亦不让于古文。然考释之根柢在文字，书契之文字为古文，故姑就古文言之。我朝学术所超绝前代者，小学而已。顺康之间，昆山顾先生实始为《说文》、音韵之学。《说文》之学，至金坛段氏而洞其奥；古韵之学，经江、戴诸氏，至高邮王氏、栖霞郝氏而穷其用。使世无所谓古文者，谓小学至此观止焉可矣。古文之学，萌芽于乾嘉之际，其时大师宿儒或俎谢，或笃老，未遑从事斯业。仪徵之书，亦第祖述宋人，略加铨次而已。而俗儒鄙夫，不通字例，未习旧蓺，辄以古文所托者高，知之者寡，利荆棘之未开，谓鬼魅之易画。遂乃肆其私臆，无所忌惮。至庄述祖、龚自珍、陈庆镛之徒，而古文之厄极矣。

近惟瑞安孙氏颇守矩矱，吴县吴氏，独具悬解，顾未有创通条例，开拓阃奥，如段君之于《说文》，戴、段、王、郝诸君之于声音训诂者。余尝以段君之邃于文字而不及多见古文，以吴君之才识不后于段君而累于一官，不获如段君之优游寿考，以竟其学，遂使我朝古文之学，不能与《说文》、古韵方驾，岂不惜哉！先生早岁即专治文字故训，继乃博综群籍，多识古器，其才与识，固段、吴二君之俦。至于从容问学，厌饫《坟》《典》，则吴君之所有志而未逮者也。而此书契文字，又段、吴二君之所不及见也。物既需人，人亦需物，书契之出，适当先生之世，天其欲昌我朝古文之学，使与《说文》、古韵匹，抑又可知也。余从先生游久，时时得闻绪论。比草此书，又承写官之乏，颇得窥知大体，扬榷细目。窃叹先生此书，铨释文字，恒得之于天人之表，而根源脉络一一可寻。其择思也至审，而收效也至宏，盖于此事自有神诣。至于分别部目，创主义例，使后之治古文者于此得其指归，而治《说文》之学者，亦不能不探源于此。窃谓我朝三百年之小学，开之者顾先生，而成之者先生也。昔顾先生《音学》书成，山阳张力臣为之校写。余今者亦得写先生之书，作字拙劣，何足方力臣。而先生之书，足以弥缝旧阙，津逮来学者，固不在顾书下也"云云。

当书未成，嘉兴沈子培方伯曾植寄以诗云："二酉山深是首阳，千秋孤索炯心光。十毓郑说文能补，六太殷官府有藏。梦里傥逢师挚告，书成不借广微商。残年识字心犹在，海水天风跂一望。"胶州柯凤荪京卿亦寄一诗云："老作东瀛客，无人记姓名。衣冠非夙昔，风义自平生。学已攀三古，书还拥百城。名山留钝业，未觉此身轻。"二首皆书于卷首。

《雪桥诗话》二序

辽东杨子勤太守钟义国变后寓居沪渎，近编《雪桥诗话》十二卷，嘉兴沈乙庵方伯为之序。其辞云："圣遗居士避世于北江之尾，陋巷湫尘，蓬藋拄径，十笏之室，圭窦彻明。时在严冬，冰雪在地，北风振叶，踵其户者，若窥袁夏甫之室，御王孝尼之车，陟匡君之庐而见灵均之泽也。居士有书数万卷，台城之警，十存三四，然皆金匮石室之藏，功宗笃弼、魁儒硕师之述，作累朝文献之寄。昔在承明，所哀鸠以成《文经》者，环堵五版，积轴若山。居士槃薄其间，以永曙昼。偶乘鹿车，出过知好，静对移暑，容寂而思深，咨无不塞。归即披卷冥搜，钩章索句，掌录逐写，细书精敏，日可万字。曾不逾岁，积册十二，署之曰《雪桥诗话》。匪独言诗而已，其于圣贤群辅，谆海师儒，裂带都人，英贤姓氏，奠系本牒，徵事解题，昭然若亲见之，若并游盛世而闻其謦欬。昔我有先正，其言明且清，《小雅》之材七十二，《大雅》之才三十六，具于是矣。《春秋说题辞》曰：'诗之为言志也，天文之精，星辰之度，人心之操也。在事为诗，未发为谋。恬憺为心，思虑为志。'称其诗以论其事，稽其谋，度其心，虑人伦之纪，《春秋》之事，不在兹乎？余尝语圣遗，韩太傅以儒行说《诗》义，盖比于公、穀之说经；刘子政以故实说诗，事盖比于左氏之作传。昔孔子称商、赐可与言《诗》，古'语'通用'言'，今'语'通用'话'。《书》曰：'自一话一言，我则末惟成德之彦'，以启我后人。诗曰：'其维哲人，告之话言，顺德之行。'于籀文，'话'字作'譮'，其解曰：'会合善言也。'知'话'之为会合善言，则知七十子之所传，六艺《诗》家所之所录，曰故者为乐先，曰传者为示后，曰训者为顺考，曰说者为述教，曰记者为疏识，凡皆所以永我先王、先民之言，达于事变而怀其旧俗。竹帛之称，古今则殊，神明之感，古今一也。居士蹙然有间，蘥然而应曰：'其然。'他日索序，即书以遗之。太岁在昭阳赤奋若孟冬之月，李乡寐叟沈曾植。"

又有吴兴刘翰怡承干一《序》云："留坨先生避地之二年，成《雪桥诗话》十有二卷，承干为之校刊。甲寅九月，工既竣，为之序曰：此书之作，盖卜子夏所谓'达于事变，而怀其旧俗'者也。先生旧家辽河以东，自天聪二年隶籍尼堪，居京师者九叶，食德服畴，几三百载。家世之所传闻，师友之所讲论，自古在昔，先民有作。居史职十年，素性狷介，当官应事之外，不利走趋，日惟故书雅记之是好。輶轩之使不一预，阳城马周之科不记名，故端居之日独多，宜其网罗放失，著作斐然。顾服膺大兴朱学士'翰林以读书为职业'之言，委怀研览，自谓学问浅薄，不敢夭阙缃素。已亥乞外，转徙江湖间。于时世变益亟，所见所闻益日异，浮沈周星，非为军府典章奏，即领一郡，斤斤以簿书期会自效，复不暇有所述造，徘徊审慎，迄于今兹，而先生亦垂垂老矣。政教既失，不纠言妖，记事之书，如谈异域。昔者西河序《诗》，谓《四始》为王道兴丧之所由。生乎今日，由变《风》变《雅》、国异政、家殊俗之后，而上溯夫列祖列宗厚人伦，美教化，以其成功告于神明之盛轨，固有芒乎其不及知，知矣而不能言，言而不能信者，岂不痛哉！先生此书记旧闻，发潜德，具文见意。其说诗以质厚为宗，其述事以有依据为断，自以多识前言往行，于怀旧之蓄念为加详焉。后之览者，其亦有遇尘雾而振冰雪之思乎！吴兴刘承干序于歇浦之嘉业堂。"

阅古漫录

《朱竹垞先生烟雨归耕图》自赞及诸题咏

《朱竹垞先生烟雨归耕图》，康熙壬子西泠戴苍写，有竹垞自书赞及《百字令》一阕，并同时诸名士诗词。余见竹垞弟子顾中邨仲清重摹本，今备录之。《自赞》云：

.

稆有妇子，居有环堵。舍而征衣，襄笠是荷。为力虽微，其志则坚。粒食既足，不求逢年。吪者斯人，谁为徒者。人或尔知，百世之下。竹垞自题。

又《百字令》云：

菰芦深处，叹斯人枯稿，岂非穷士。剩有虚名身后策，小技文章而已。四十无闻，一邱欲卧，漂泊今如此。田园何在？白头乱发垂耳。　空自南走羊城，西穷雁塞，更东浮淄水。一刺怀中磨灭尽，回首风尘燕市。草屦捞虾，短衣射虎，足了平生事。滔滔天下，不知知己谁是？

旧题小像，作岁在癸丑。又书后有李秋锦良年和作云：

彼何为者，数过江门第，恨人奇士。朔雪南枝来往惯，筋力也应倦矣。弱不胜衣，狂思摇笔，垅上从无此。展图一笑，十郎聊写愁耳。　曾记细雨青芜，双桨小艇，问桃花流水。本欲逃名名不去，行遍山林城市。子定归与，吾将作伴，摒挡西畴事。算来长策，为农今日良是。

又云间彭师度和作云：

生涯潇洒，笑披蓑荷立，可农可士。越绝文章谁尔雅，唯有朱生而已。把盏刘伶，吟诗李白，偃蹇谁堪此？农家足慕，田园此际难耳。　漫说诸葛南阳，子真谷口，有名畲烟水。但识篝车非可视，乐道何须避市。岩壑琴樽，江关词赋，岂了丰年事。长沮桀溺，料应与子同是。

复有严荪友绳孙题五古一首云：

吾友有朱生，由来相门子。与尔复何为？相逢帝城里。风尘随短褐，踯躅荆轲市。不见古时人，清泪如铅水。或时并马还，日落月复起。荡荡十二门，谁羁我与尔。画作竹垞图，菀荛稳称体。岂伊诗书恋，徒抱风尘耻。所愿营草堂，宛在藕花沚。甚哉勿重陈，吾亦从逝矣。

又钱田间澄七律一首云：

见说栖山未有山，一生心事此图间。
每因雨后催耕起，应向溪边放水还。
自去自来谁与偶，为农为士总成闲。
时人欲问柴桑路，只在南湖角里湾。

纪伯紫映钟题七绝四首云：

十亩之间力所营，抛书长日事躬耕。
一蓑风雨归来晚，烟火茅檐稚子迎。

陶家乐事在东畴，郑子还从谷口求。
拚得朱颜任胼胝，斯人高躅已千秋。

自把犁锄弃砚田，春风辛苦陇头眠。
平生不作籥车祝，岁岁人歌大有年。

我有荒庐白下村，百年修竹老霜根。
朱张纪渚同心者，归去来兮紧闭门。

潘稼堂耒题七律一首云：

竹坨旧隐吾频到，君去罗浮复雁门。
馌妇每储春酒待，渔童还数钓竿存。
京华物态从飘瓦，江海心期问大樽。
便好耦耕呼伴去，蓑衣深挂绿杨村。

魏叔子禧题古诗一首云：

汝笔耕而舌耘，石以为田。
胡为跣足，衣蓑戴笠，其志则然。
莘野已荒，南阳就芜。
芜秽谁与治，非种谁与鉏。
我七日不食，谁与糜餔？
春烟霏霏，春雨冥冥。
衣蓑带笠，独行无人。
我欲持三足耜，与汝耦耕。

两手无力，足不得行。

年年来书游江上，坐见膏田春草长。

程穆倩邃赞云：

> 器不得其用则藏，才不逢乎时则晦。
>
> 腹笥笙簧手耰锄，道风廖廓兮言滂沛。
>
> 是曰寄迹田间，而标声人外者乎。

周青士箕云：

> 笔耕砚税，时既获之。
>
> 披蓑负耒，抑又何为？
>
> 古人食力，载耘载籽。
>
> 子真谷口，庶其企而。

僧悬崖题偈云：

> 读尽万卷诗书，好是一字不识。
>
> 披蓑戴笠烟村，蹑屩荷锄永息。
>
> 方入有莘之野，便向南阳之宅。
>
> 借问此是阿谁？携李城南朱十。

又有西泠陈晋明康侯题《眼儿媚》词一阕云：

归去耕田白板扉，青笠绿蓑衣。尽焚笔砚，不招书史，只把鉏犁。　　几回相见相怜惜，心事两依依。图中纸上，添侣相伴，与子同归。

又孙豹人枝蔚题《满江红》二阕。

其一云：

管乐肩头，长卸却、乾坤担子。怪造物、从来颠倒，英雄如此。始觉敬通书可玩，只看蓑笠身难比。每遭逢烟雨偶然间，功成矣。　　羞载贽，宁操耒。羞从猎，宁干耜。问先生门第，云同栗里。晋室勋臣司马后，祖孙出处名齐美。想同行此路岂无人，桃源里。

其二云：

万里曾游，尘扑满、东西南北。却走向、三家村里，披蓑戴笠。携手同行人最少，北风雨雪催蹄急。访椎牛屠狗昨贤豪，无消息。　　这边路，黄狐立。那边树，玄猿泣。愁独行踽踽，如何去得！馈肉汝能麾道济，买山吾岂须千顷。莫便言沮溺耦而耕，今难及。

此外尚有陈祚明胤倩、秦亭张纲孙、盱江余西子山、吴嘿陆元辅翼王、杜濬于皇、山阴赵甸壁云诸题摹本未录。

嘉庆中，此图归嘉兴李金澜明经，张叔末解元为题三绝句纪其事云："先生心思汉阴机，妙画通灵竟已飞。（原注：戴葭湄画本已为宦游者购去）犹有虎头老弟子，鞭黄摹出旧蓑衣。"（原注：顾仲清，字咸三，号中村，为竹垞太史入室弟子，少颖悟，工诗，书画篆刻靡不精究。著有《读左》《读庄》等书。晚年养疴山中，仿谢无逸作蝴蝶五百余首，人呼为"顾蝴蝶"云）"亭子南垞重建时，短桡秋水此题诗。廿年师友今云散，惆怅潘郎鬓已丝。""画手前丁近擅场，大徐字法亦精良。（原注：梅里丁梦松为余重摹此图，徐寿臧为余摹各种题记）耕鱼我欲摹双璧，合向珠溪问葛彊。"（原注：竹垞先生《小长芦钓鱼师图》藏珠葛春屿上舍处）

此图归李金澜后，同时名人题诗词者亦多。吴子律衡照题《百字令》，用竹垞原韵云：

> 曝书亭古，到于古津逮，尽成名士。梅会风流浑似昔，一老瓣香靡已。貌得平生，传来阿堵，蓑笠重逢此。归耕太早，行年四十三耳。　犹忆硖石东西，横山远近，傍鸳鸯湖水。烟雨空濛留不住，索米长安旧市。鸿馆翘才，鹤书应选，莫问田居事。李侯同调，灌圆图更奚是。（李侯谓李锦秋良年，金澜之祖也）

王椒畦学浩题一绝句云：

> 一犁烟雨学耕夫，抵得烟波号钓徒。自是盛朝天子圣，不妨征士羡江湖。

又吴县张吉安题二绝句云：

> 刘井柯亭梦易阑，天教朱十老吟坛。吾乡雅有韩宗伯，羡杀归田七品官。（原注：长洲韩慕卢先生尝云："我不如

秀水朱十，以七品官归田，犹得读数十年书。"）"宜雨宜烟占一湖，荷锄人住小长芦。多情最是通家子，前辈风流认画图。"

张云巢青选题五律一首云：

> 应诏多征士，归耕有逸民。如何簪笔者，亦作荷锄人。
> 蓑笠平生梦，江湖自在身。闲情聊寄托，白发独伤春。

朱少仙文治亦题一律云：

> 夜撤金莲烛，归田得几人？烟蓑图画旧，文苑姓名新。
> 耕破一方砚，洒除千斛尘。十年羁海国，我亦梦秋莼。

马笙谷锦亦题《百字令》一阕，用原韵云：

> 翩翩博雅，共李公秋锦，一双征士。老辈同年今后辈，但抚遗编而已。次岳丹青，鸿胪笔墨，零落犹存此。谁钦好古，葫芦依样描耳。　曾记载酒江湖，无拘无束，任怡情山水。一笑风尘空踯躅，旧梦依稀燕市。蓑笠随身，犁鉏入手，商略农家事。披图宛在，高风当日如是。

案：竹垞此图作于康熙壬子，即康熙十一年。时旅食京师，后七年，乃应鸿博，入词林。后来张云巢、朱少仙诸诗，若此图作于馆选后者，盖误矣。

《朱竹垞烟雨归耕小影》又有罗两峰摹本，黢黢有须，作倚锄伫立之状，与前顾摹本不同，盖竹垞平生不止画一图也。上有汀州伊墨卿秉绶题七古一章云："云中古戍南海水，宰相世系落泥滓。馆人未识马周才，缘督为经良有以。春深夜雨田园芜，荷锄归梦鸳鸯湖。湖边潇潇万竿竹，却乏百亩驱黄犊。有田获稻一家足，无田著书千载读。儿掌谷，孙稻孙，明年携尔趋金门。金门又有江湖思，一钓长芦烟水昏。"

禹之鼎吴梅村小像题诗

禹慎斋之鼎为吴梅村祭酒画小像，坐蒲团上，作老僧状。吴门顾元昭昶补画兰石。无锡秦澹如湘业得之，征人题咏。澹如自题四绝句云：

《哀江南赋》通天表，愁杀前朝侍从臣。
苦被人呼吴祭酒，自题圆石作诗人。

湘江渺渺恨无穷，回首苍梧夕照中。
生恐移根难得地，国香零落付秋风。

老去偏工幼妇词，请看独坐撚吟髭。
鸿胪初唱面如玉，恨未貌君年少时。

国初诸老尽传神（原注：余家旧藏《遂园禊饮图》及新得之王麓台、汪陛父小照皆禹鸿胪笔），也为先生写此真。

休笑一钱都不值，残缣足抵夜光珍。

宗子湘源瀚、薛慰农时雨各题二绝句。宗云：

乐府歌行气最奇，贲园秋色上吟髭。
眉间无限兴亡恨，只有蒲团忍草知。

尝向东风问画兰（梅村句），琴边清泪墨花寒。
斜窥浅立姗姗意，多恐飘零不忍看。

薛云：

祭酒风流俨若存，一丛香草伴吟魂。
熙朝雨露无私泽，空谷当年已受恩。

冷坐蒲团意可知，乞归诗在就征时。
铁崖异代容私淑，合把朝衫换白衣。

施太守补华题七律一首云：

潇洒真怜庾子山，空余词赋动江关。
白衣难结渔樵侣，青琐重登侍从班。
吴地亲朋趋日下，淮土鸡犬望云间。
滋兰树蕙无穷意，憔悴聊看画里颜。

袁太守昶题七古一首云：

人言尧幽囚，或云舜野死，目断苍梧泪不止。先生头白
发垂耳，遗骨千年蜕于此。妙画尚通灵，生绡尺幅横。依然

沈家令，愁绝庾兰成。鸿胪写真笔，淡沱若为情。熏香供作
黄金佛，添取弹琴卞玉京。

又有王麟书题一律云：

生平爱诵《梅村集》，烟墨纵横老泪弹。
自有文章追庾信，翻怜鸡犬别刘安。
厂盆寥落空余恨，宫扇凄凉只独看。
艾炙眉头瓜喷鼻，龚钱应识此心难。

清诸帝相貌

奉天崇谟阁中藏《太祖高皇帝实录》，以满、汉、蒙古三种
文作三层书之。每王皆有图，其中太祖大王（即礼亲王代善）、
四王（即太宗文皇帝）诸像皆极魁伟丰腴。而敬典阁所藏高宗、
仁宗、宣宗诸像，则皆清癯如老诸生。世传高宗为海宁陈氏子，
世宗生女，适以易之，语虽不经，然此说遍天下，盖因高宗骨相
与列祖微异故也。元末盛传顺帝为宋瀛国公之子，案：顺帝相
貌，亦与元诸帝不类。明袁忠彻《符台外集》纪瀛国公事实云：
"永乐十年五月十八日，我太宗文皇帝御武英门，命内宫李谦、
王吉于古今通集库取宋列帝遗像，命臣忠彻及画士百户徐英画
之。上笑谓忠彻曰：'宋太祖以下，虽是胡羊鼻，其气清癯，若
太医然。'十九日上复御武英门，命臣忠彻同内宫王吉看元列帝
像，俱魁伟雄迈，上曰：'都吃绵羊肉者。'及观顺帝像，顾谓
臣忠彻曰：'唯此何为类太医也。'忠彻斯时承命未实，俯首莫
对。今蒙赐归田里，得以历考宋元史传暨元学士虞集所作第十六

飞龙之诗，果符太宗文皇帝之言，感念圣鉴之明，愧当时不能对此为恨"云云。是元代亦有此种传说。然古今父子兄弟长短肥瘦不同者甚多，况在数世以后乎。

《渔洋山人坐禅小像》题诗

《渔洋山人坐禅小像》，禹鸿胪之鼎画，老松藤萝，孤鹤自舞，渔洋趺坐其间，旁置经卷、麈尾，有出尘之思。题诗者若干人，皆先生门下士也。海宁查声山升云："已为霖雨到人间，身世何因落叶干。不向灵山解了义，繁华肯作寂寥看。""天上神仙苏玉局，佛家弟子白尚书。文人慧业生来分，三果□杨总不如。""疏钟秀塔梦生涯，稳坐蒲团即是家。直为苍生亲说法，朝衣才脱换袈裟。"查嗣庭云："先生于济世，日用得五谷。出山五十载，不恋桑下宿。入火且不燃，入世何由渎？心离十八界，手妙三千牍。初从无中有，渐看生处熟。观化悟自然，迷途谢羁束。功成忽无著，印心忽已足。自了小乘终，照海一寸烛。两端随所叩，妙语□兰菊。肯似入定禅，忘形但拘束。"林吉人佶题五言、六言、七言各一绝云："名高如绝斗，心清可印潭。偶然思世出，聊复学禅参。空山流水响激，孤云野鹤翩跹。试拟此间坐者，果然为佛为仙。""诗卷右丞千载后，风流玉局一人还。瓣香自供无嗟晚，只是衣传愧后山。"尚有梅庚、蒋仁锡、朱载震各题七言绝句，不录。

吴太君小像题跋

潘次耕耒母吴太君小像，服长黑衣，去地不过数寸，盖国初装束也。画者不识何人，后有徐高士枋《题吴太君画像》一文曰：

"天之厚庸人也，尝富贵福泽、安恬逸乐以豢之；而天之厚伟人也，必穷悴困厄、艰难险阻以成之。天之成奇人也，尝厄一遇、穷一事以彰之；而天之成完人也，必萃诸艰、历万难以固之。虽然，人生百年，俯仰奄忽，而独得以完人称者，固其遭遇之奇，为有天意。然苟非严气正性、奇节至行，独能承造物之裁成，则无以臻此也。犹霜雪然，秋华艳蕊，望而萎落，而受之弥坚、经之而弥茂者，独松柏耳。苟穷悴困厄，艰难险阻，而处非其人，不变为虫沙，则腐同草木矣，安在其能卓然成立于是耶！余门人琦（此次耕初名）尝述其母吴太君之遭遇之行状，而余慨然叹其为不可及也。太君幼有异秉，读书知大义，事父母至孝，身授其稚弟书，以处姊而肩父师之任，其不凡如是。及媲于夫子为配，而前子妇年几与母姑埒，闺庭之内调剂为难，太君一以恩礼处之，久之而慈孝交称，中外相庆。而旋赋《柏舟》矣，时太君盛年，而琦生五六岁。家日益落，孤茕荼苦，而太君教琦以读书厉行，十余年如一日。琦方向成立，而又遭长子某之祸，太君以一釐妇，流离颠沛，以幸全于万死，而一息暂宁，则仍课其子读书。虽极惨悴惶急中，而神气镇静，无间一时。两年来避居西山，与余居相望，余故益稔知太君之贤。间亦徵之戚友，无间言，而益信琦之所述为诚然也。以太君之为女则孝，为兄弟则友，为妇则顺而有礼，为母姑则慈而能严，而又历万难，出万死，而卒能卓然有以成立，非所谓完人者耶！以丈夫犹难之，况女子乎？吾于是叹天之所以成太君者独厚，而太君亦独能不负天之所以成之也。今琦年甫弱冠，而负奇才，且天性孝谨，吾固以大器期之。琦其益早夜克厉，亦期为天下之完人，以无愧贤母之子哉！庶几千百世而下，知琦而益知太君也。丙午初夏。俟斋居士徐枋敬题。"

后有吴江吴鸣锵《跋》云："太君为余五世从祖姑，高祖南大司寇立齐公，曾祖大司寇忠襄公，祖广西按察司金事仰峰公，父赍之公。归邑庠生潘赠公为继室，力田翁之继母，稼堂太史之母也。太君以世家女，能读书，晓大义。既嫁，视长子如己出，教己子如严师。迨为嫠妇，又遭祸患，流离颠沛，艰苦备尝。卒能危而复安，身标清节，子作儒臣。求之巾帼中，殆无其俦。宜高士之文，赞叹推许，如是其至，惟太君以当之。高士两姊皆适余族，一为吏部文选郎竹亭公长子佩远公室，一为四川道监察御史亦临公次子修文公室，故太君之行事，知之甚悉，不仅与太史有师弟之谊也。余于二十年前，曾于潘氏见此卷后鸿词诸老题跋，今皆失之，殊可惋惜。道光己酉春仲，鸣锵敬观，并跋于宝敦斋。"按：稼堂太史，本名琦，见此卷徐高士文中。高士文作于丙午，乃康熙五年时，距力田翁夫妇罹祸不过三四岁，太君与稼堂尚在茹痛之时，而高士乃以天降祸难成就太君为言，奈恐为太君者，决不愿以子妇之祸，自成就其为完人也。立言之难如此。力田名柽章，吴江人，坐庄廷鑨史案，死于杭州。妻连坐，遣戍自杀。稼堂后易名耒，应博学鸿词科，授翰林院检讨，徐高士及顾处士高弟也。

《东轩吟社图》记及题跋

钱塘汪小米远孙《东轩吟社图》，丹徒费晓楼丹旭写，黄芗泉士珣作记。记曰："道光甲申，海昌吴子律衡照假馆武林驿汪氏之东轩。东轩，故汪氏先人雅集之地，因与主人小米远孙续为吟社，月一会，会不必东轩，而东轩为多。久之，孙与人同元之官永嘉，梁久竹祖恩之官始兴，子律之官金华。子律、久竹先后卒官。张仲雅云璈、姚古芬伊宪、周南卿三燮、李西斋堂亦并殂谢，而吟社终不废，今且岁阳周矣。小米乃属乌程费晓楼丹旭图之。灌木依岩，略约横水，随负花童子渡而来者，王剑秋鉽也。一童子扫花径，穿岩背，出老树下。倚石栏执葵扇者，秀水庄芝阶仲方。背侍女郎，指池荷与语，黄芗泉士珣。池旁石壁插天，曲阑尽处，童子涤砚，坐石上填词者，项莲生鸿祚。水槛半露，二人对坐其中，女郎执拂侍者，为严鸥盟杰及小米，小米执卷若问难状。小阁相连，据案作《吟社图》者，晓楼自貌也。其倚案观者，高爽泉垲。以手指图若有所商榷者，诸秋士嘉乐。阁前柳阴覆地，置壶焉，坐磐石上，观童子拾矢者，吴仲云振棫。持扇联坐者，夏松如之盛。童子捧壶，坐梧桐下浮大白者，汪觉所阜。据石上撚吟髭者，胡书农敬，其弟子邹粟园志初执诗笺立于后。展笺洛诵者，赵雩门钺。童子捧杖，坐而听者，龚闇斋丽正。小童递诗简至，二人对展诗卷者，左为阳湖赵季由学辙，右为归安张仲甫应昌。古松蟠拿，下荫怪石，坐而琴者，武进汤雨生贻汾。并坐者陈扶雅善，侧听者钱蕙窗师曾，倚松根抚膝而听者，汪又村造孙。旁有石壁焉，童子捧砚，执笔就题者，嘉兴张叔未廷济也。茂林修竹，别成境界，二人自水石间来，持白团扇者，汪小洪迈孙。奚童捧诗卷于旁者，汪小逸秉健。飞流激湍，石梁间之童子烹茶侍坐，而执拂谈经者，南屏释了义，旁坐则子律遗貌也。夫人世之聚散何常，出处靡定，重以死生之别，此身若寄，图于何有？然当夫掎裳联襼，松竹有朋，同岑之谊，终不可喧。则《吟社图》之作，非他日东轩故事乎，于是乎书。甲午长至后艻泉黄士珣记，爽泉高垲书。"后有钱叔美杜题七古一章云："汪君磊落古豪者，书卷横胸致潇洒。怀才未肯谒君门，爱向东轩结吟社。轩中幽处罗群贤，绿阴寂历喧风泉。诗人画史及禅客，风流如在羲皇前。兰亭回首久陈迹，觞咏胜事今千年。人生萍遇亦偶然，但能诗酒相周旋。头上不冠衣不船，便超尘壒追飞仙。我到金牛湖上住，水北楼高隔烟树。几时挂杖到君家，沓破苍苔叩门去。"海昌杨芸士文苏题五古二章云："西泠盛坛坫，名贤远相望。诗派亦屡变，后来辄居上。杭厉复代兴，百年奉宗匠。嗟予生苦晚，弗获侍酬唱。如君淡宕人，嗜好殊俗尚。藏书甲东南，亭馆致幽旷。吟社推扶轮，老辈未多让。岂惟集裙屐，湖山亦神王。好事古所希，风流谁颉颃？他时书素传，文献待蒐访。""图中人廿七，我识十八九。旧雨今雨偕，风义共师友。诸老洒吟豪，群贤尽材薮。自惭濩落身，辞家事奔走。暂归觑过从，招邀宴文酒。东轩与水北，觞咏岁时有。钦仰数载间，感喟屡搔首。悲欢既无端，聚散信非偶。知君有深情，留取翰墨寿。相期在千秋，主客同不朽。"

胡书农学士敬亦有题此图七律二首，不在卷中，载所著《崇雅堂集》后。东武刘燕亭方伯喜海阅此图时，小米兄弟已没，因步胡韵题二律云："一编诗集读清尊，白社风流羡尚存。重到名园愁问主（谓小米同年、又村亲家），已醒春梦漫留痕。虎头妙绘分明识，麈尾闲愁仔细论。廿五年光人廿七，渐多宿草满江村。（年来书农学士、叔未解元均先后谢世）""风姿妙曼双红袖，音调凄凉一素弦。难得赏心在泉石，忍教遇眼付云烟。故山我愧猿腾笑，尘世谁能鹤记年。愿向阿师参半偈（谓僧了义），南屏深翠伴钟眠。"

陆春帆中丞费晓题七古一首云："弱龄弄柔翰，东轩坐忘旦。中年一再过，东轩时物换。灵椿萎谢玉树荣，迤逦出拜弟与兄。伯也好学本天性，丹铅善本纷纵横。二十作赋追士衡，结交老苍厨顾英。入门当轩叶虹气，就中我识延陵季（谓吴子律衡照），倾盖论文托末契，只为江湖苦死留。掷将诗卷瑶华字（子律校余诗，本题赠一律，有'可惜为官去，江湖失此人'之句），轩中清供竹木石。险韵联吟击铜钵，碧月银灯照前席。王郎酒酣草书疾（谓王义亭兰），我时尚厕选人籍。醉后狂歌醒时别，骑马长安踏冰雪。十年坛坫雌雄制，次公寄我《清尊集》。何刘沈谢工力敌，天地低昂鬼神泣。新诗千百首，传诵满人口。一代风骚杭厉后，合沓高名动南斗。欲倩画师图某某，吴兴长房妙入神。集中诸老夙所亲，意匠经营为写真。清胪白发各尽态，图成主客廿七人。从此东轩书画足千古，踵事西园差可数。行吟坐啸曾几时，强半诗魂冷黄土。剩有精灵作才语，裙履壶觞渺何许，池馆凄其夜深雨。呜呼！君家伯仲不再见，还君此图泪如霰。"末有长洲陈硕甫先生奚题字曰："余与小米昆季。交久最厚，不能吟，不入社。展图流连，书以记之。"

钱咏所藏宋拓汉经两跋

金匮钱梅溪咏所藏宋拓汉经九纸，凡《尚书·洪范》十行，《君奭》二行，《鲁诗·魏风》八行，《唐风》四行，《仪礼·大射仪》七行，《聘礼》六行，《春秋·公羊·隐四年传》三行，《论语·尧曰篇》四行，又《论语》篇末识语二行。前有梅溪藏汉石经小像，翁覃溪题。每纸后有梅溪释文，常熟翁叔平相国同龢所藏。后归庐江刘健之观察。相国题七古一章于首云："石经残文宝汉氏，古香□郁都九纸。足骄退谷矜秋庵，孙黄所得俭于此。梅花溪上钱立群，冥心日日笺其文。天公郑重落吾手，瓶庐寂对忘云云。"又《跋》云："世传宋拓汉石经残字有三本，一为孙北海藏，一为黄小松藏，一为蔡松原藏。此本有十三纸之巨观，而世尠称述。意梅溪居士得经后，秘不示人，故卷首藏经小景有覃溪题眉，而后无一字，知亦未曾寓目也。覃溪且不使之见，宜同时金石家都无题记耳。惟天道忌盈，红羊之厄，由居士后人出诸劫火中，已佚去四纸，大璞不完，弥足珍重。光绪丙戌之冬，始归于余，欢喜记之。瓶庐翁同龢。"第二《跋》云："初不知阮氏本在何许，孙黄二本在川沙沈韵初家，南北相睽隔，又不能对勘，殊闷损也。昨吴清卿中丞自粤东来书，告余新得石经残字，即有'凶德绥绩'之本（孙退谷本）。名物无恙，为之一慰。来书中颇作自矜语，盖不知余有钱本也。己丑七月二十五灯下，同龢。"末又题一绝句云："苍茫人海怕回头，尚父湖滨旧白鸥。输与梅花老亭长，一灯风雨写经楼。癸卯秋松禅老人书。"上虞罗叔言参事《跋》云："汉熹平石经，海内知名者凡三本：一孙北海藏本，一黄小松藏本，一阮文达藏本。虽屡经劫火，均尚在人间。孙本归吴愙斋中丞，阮本归端忠敏，黄本归汉阳万镜涛。此三本皆残字四段，《尚书》一，《论语》三，存字均有二十余字，而黄本《尚书》残石末行较孙、阮二本又少'凶德绥绩'四字。海内士夫佥以为当日鸿都石刻，海内所存仅此而已。金匮钱氏有双勾本，《诗》《仪礼》《公羊》《论语》残字，其所著《履园丛话》及王少司寇《金石萃编》等书均载之。翁氏既据以入《两汉金石记》，又刻石置南昌郡庠。顾以不知其祖本所在，致有疑为钱氏伪造者。光绪乙巳，予在吴门，忽见梅溪得之年小像立帧于肆中，颇疑但得钩本，何以画象以志得意。

知其所得必为墨本。及辛亥国变，南中故家所藏大半流入贾肆，常熟翁相国故物亦多为好事者所得。庐江刘健之得是本，亟移书假观，则即《丛话》所记钩本之祖也。梅溪自题凡十三纸，而但存九纸。《翁》跋谓其后人佚去，细检之，则所佚正是《尚书》一、《论语》三。始知钱氏当日所得实墨本，而惧势家夺之，又力不能久守，乃割其诸家所有之四纸售之，而自留其九纸，此皆海内人士所未见之孤本，故但托钩本之说，以示同好。观卷中《论语》一纸，首行'以万方'，'以'字之上，割裂之迹宛然，则翁氏谓其子孙失之，不免为梅花亭长所欺矣。颇疑阮氏本，即从梅溪藏本中割出者，以纸墨与此卷正同也。江郑堂跋阮本谓出蔡松原家，殆梅溪既售之文达，而请其勿泄，文达遂托辞以告郑堂。彼本并无蔡氏一字一款，是未必果出蔡氏之证。予既喜见此孤本，并记此一段公案，亦可喜也"云云。

余案：罗《跋》破梅溪之案，可谓快事。然梅溪所刊双钩本，尚有《论语·微子》篇百七十字，此亦孙黄阮三家所无，此本亦无之，必此本尚存十段，《论语》后识实为二段，翁云九段，盖误其所缺者为《尚书·盘庚》《论语·为政》《微子》二段，及《尧曰篇》上半截。今合此本与阮本，已得十二段，惟《微子篇》百七十字无有，不知尚在人间否也。

恽南田题柳绝句十二章

恽南田画柳四页并后题绝句十二章，哀感顽艳，世所希有，不独绘事之工也。

其诗曰：

何处香车紫陌尘，枝枝斜堕落花津。
美人独立东风里，半为春愁翠黛颦。

乌啼江月正昏黄，风袅残烟翠带长。
最是笛中听不得，白门花落旧宫墙。

弱柳风前未送寒，和烟和雨上阑干。
当年歌舞销魂地，深院沈沈独自看。

飞絮游丝点客衣，高楼人远望斜晖。
伤心最是红桥路，宝马钿车乱后稀。

翠压红潮冷钓矶，杜鹃声里送斜晖。
白花飞作红邨雪，一夜游人减带围。

转忆柔条苑路斜，朦胧烟月带残霞。
借问三眠旧人柳，于今天地属谁家？

绿池花片晓来增，欲挽东风力不胜。
只为送春无几日，自将烟翠染溪藤。

数点昏鸦月一潭，绿阴桑火过春蚕。
从今移入图中看，不必攀条忆汉南。

灞岸千丝定有无，隋河旧绿已全芜。
抽毫细染眠烟势，兵气应难到画图。

梦隔春云海路长，杨花飞尽莫思乡。

闽南不是无青柳，海国遥闻已种桑。

扫却砚尘来翠色，无吹玉笛乱春心。

更怜紫燕风前语，可忆西湖旧绿阴。

花雨春残海上城，无心客路听莺声。

诗成一笑蓬莱浅，左肘惊看卧柳生。

此图为鹤尹作。鹤尹，王姓，名抃，乃太仓王文肃曾孙也。

明雅宜山人手书借券题跋

明雅宜山人王宠手书借券一纸，并明以后诸名家诗跋，藏武进费屺怀编修家。今年复见大兴翁覃溪学士手录全卷，并所撰诗一跋一，及雅宜年谱手稿。亟录如下。券云：

立票人王履吉央文寿承作中，借到袁与之白银五十两，按月起利二分期，至十二月一并纳还，不致有负，恐后无凭，书此为证。

嘉靖七年四月　　　日

立票人王履吉（下用宠字花押）

作中人文寿承（下用彭字花押）

案：雅宜山人，名宠，字履仁，更字履吉，吴县人。生于弘治七年甲寅，卒于嘉靖十二年癸巳，年四十。作此券时年三十有五。文寿承名彭，衡山先生次子。袁与之名褒，与兄表、裦，弟袠，从兄弟衮、裘，皆以文行知名，称袁氏六俊，而雅宜尤以书名重一代，故此卷自明时已为世宝。卷中题跋，明人有归昌世、赵宧光、文枏，国朝有沈德潜、徐良、王际华、孔继涑、周景柱、邵齐然、张埙、王宸、朱筠、邵晋涵等；题诗，赵嗣万七绝一首，钱大昕、钱载七古各一首，朱筠五古一首，曹文埴七律一首，季学锦五古一首，吴寿昌、宋铣七古各一首，周震荣二绝句，邵晋涵七古一首，皆名人也。

覃溪《跋》云："雅宜手券一卷，明嘉靖七年四月，王履吉假白银五十两于袁与之，期以十二月纳还，月利二分。而文寿承作中者。后有履吉、寿承押字。元和马君曧斠所藏也。予考履吉居洞庭三年，读书石湖之上二十年，居虞山白雀寺又累年，此书券在嘉靖七年戊子，则居石湖之时也。履吉所与游者，文氏二承、袁氏六俊兄弟最为欢洽。六俊者，表邦正、裦尚之、衮补之、褒与之、袠永之、裘绍之也。六袁并有名吴中，而补之、永之二人尤著。汪尧峰《袁氏六俊小传》云：'与之与人交，不设城府，轻财好施，有以急难告者，倾囊济之无所吝。'然则与之为人，慨可见矣。履吉手书荷花荡诗卷，载于《郁逢庆书画记》，后有《自跋》云：'昨与之兄谈荷花荡之胜，遂赋六绝句呈览，或可当卧游耳。'而其《戏简补之与之》诗云：'何时共醉桃花坞，解尽春衣当酒钱。'是履吉、与之交谊又如此。袁永之生于孝宗宏治十五年壬戌，履吉生于七年甲寅，文寿承生于十年丁巳。与之为永之兄，其生年当亦在此前数年，则履吉、与之、寿承三人者，皆年相若，一时文酒追随，徜徉山水，辛夷之馆，桃花之坞，互相映蔚焉。有缓急相假，而待一人焉为之居间，且仅数月之间，而必鳃鳃论息者哉！文寿承之次子曰元发，有《兰雪斋集》，中有《感昔诗》十一章，其第七章《感哀鲁仲》。鲁仲，胥台先生之子。胥台者，永之也。其诗曰：'急病周贫穷，金钱散如掷。曾闻握筹生，见君几丧魄。'两家子弟垂数十年之后，称道贤达，犹以重友谊轻财贿见之篇什，而当日卧雪庐中，乃较量称贷，用货殖质剂之法，此理之必无者也。所重乎前贤者，非唯其札翰之美，惟其往来赠处之道，足以兴起后人，愧彼薄俗也。使履吉、与之通财之际，果区区若世俗之为者，则其子孙将匿之、去之之不暇，而何有于爱而传之哉！昔虞永兴碑版名迹照耀人耳目，而欧阳子独赏其智永《千文》后所书数字不成文者，以为世南平生所书碑刻皆莫及也，则岂非信笔不用意之作，胜于矜持精思者耶。若斯卷者，盖亦履吉与寿承、与之辈酒间随笔，戏为世俗券式以自娱已耳，岂其果尝有是事哉！归文休、赵凡夫辈去履吉书已百年之久，不辨其事，而直以贷主目之。文瑞又题语在丙午，是万历三十四年，较归题又前十余年，亦弟谓古人片纸只字不可遗失，而不言其称贷之事。后人观此卷者但当如欧子评赏永兴《千文》后数字，以'信笔不用意''不成文'之语视之，则得之矣。故方纲附诗于后焉，言履吉用笔之妙，而不复作券观也。"其诗曰：

> 山人书出文氏门，先河永兴独溯源。
> 或云少作守篱藩，或讥草书貌骞腾。
> 嘉靖戊子序始暄，石湖湖庄一钓舲。
> 棹回桃花坞边村，平生心契文与袁。
> 三桥卧雪好弟昆，酒钱定可办一尊。
> 快说溪上瓜芋翻，鱼租农课孳殖蕃。
> 一年取入给饔飧，俯仰无事称贷援。

屈指此时城市喧，锥刀扰扰计较紧。

一笑相与腹笥抇，仰而看山俯灌园。

偶然得纸墨汁翻，那复细大择语言。

虽近章草势不奔，亦用文法无仿痕。

押尾掔势尤轩轩，所以永兴笔意存。

枕卧斋会纸墨昏，摹本无复寻其根。

《积时》一帖最雄尊，又恐米老讥河豚。

《破邪论序》态婵媛，山人临本其嫡孙。

吾尝借摹勒玙璠，欲叩笔髓穷昆仑。

于楷悟行要不烦，山人盖亲目击温。

六十八字泄胚浑，彼学步者虱在裈。

吾评虞书外笼樊，岂求中郎于虎贲。

欧颜褚薛皆吐吞，贷券之事吾弗论。

乾隆四十年十一月七日，大兴翁方纲书

明代婚书之式

古代婚书之式，自《士昏礼》之昏辞，以至杜氏《通典》、司马温公《书仪》皆载之，亦见于宋人文集中。上虞罗氏藏明张南山尚书骏昏书一通，可见明代之式，具录如下。题为《北京遣第三子云鹤还松江毕姻与唐亲家书》，其辞曰："维时野梅呈腊，宫柳回春，共诒晋国郡尊大亲家阃阅宝聚前：天锡鸿麻，日臻燕祉。乐邱园而遯迹，藉诗酒以陶情。一别星桥，五更岁笔。遥切一门之眷爱，不胜千里之驰思。丹凤楼头，载笔叩依于日下；黄龙浦口，飞帆未得向江南。暑递往而寒递来，霎然过眼；男将婚而女将嫁，寔尔劳心。且小儿缪习僰夷书，滥膺冠带；而令爱素娴红女绣，宜施衿鞶。言念唐子方以来，世系绵绵乎瓜瓞；张公瑾而下，家声秩秩乎冠缨。幸谐二姓之大缘，获缔百年之星眷。珠冠结凤，少陪奠雁之仪；尺素衔鱼，将遂乘龙之愿。计高明之雅度，礼虽薄而无嫌；惟远大之后图，来期速而无缓。式符至愿，顾负深恩。岂草木之无知，当琼瑶之有报。麇留是望，鉴念不宣。右礼书一通，物状别纸陈之，兹不赘。清和郡眷生张骏拜手，画绣堂书。"此卷旧藏嘉善唐氏，有墨卿观察《跋》云："翰题十四世叔祖子名公明，正统时，赘松江娄县泖桥徐氏，仍唐姓，子孙蕃衍，今称谱泖桥房是也。此张南山尚书礼书手迹，当即与泖桥族人缔姻者。容斋孝廉得于吴门，壬戌冬日持以见赠，谨受而藏之，并记岁月。嘉平朔日翰题书。"

程氏旧藏巴隽堂小像立幅

歙县程氏旧藏巴隽堂小像立幅。隽堂名慰祖，字子安，一字予籍，歙县人，汪容甫先生中为作《巴予藉别传》者也。乾、嘉二朝诸名人题咏极多。歙县金辅之先生榜五古四首，其一云：

衡山狂道士，不解世俗书。（原注：谓汪稚川也。稚川游衡湘，遂不反）

说子不去口，相与游物初。

一见若旧识，高言时起予。

低徊感旧游，弹指卅年余。

其二曰：

学者如牛毛，成者如麟角。

> 六经众说郛，谁与苦孔卓。
>
> 巴君治古文，高去天一握。
>
> 安得辍筝琶，洗耳听雅乐。

其三云：

> 鸟迹既茫昧，今惟石鼓尊。
>
> 昧者纪其近，但说李少温。
>
> 斯人篆籀学，如导源昆仑。
>
> 兹事竟不坠，世守到儿孙。

其四曰：

> 由来管城子，本无食肉相。
>
> 爱书兼爱客，澜漫倒家酿。
>
> 维摩虽多病，意已齐得丧。
>
> 彼哉腐鼠嚇，乃太不自量。

款云：子安大兄属题，檠斋金榜。

吴山尊学士题七古一章云：

> 十年不与君往还，喜君犹在天地间。
>
> 君本善病又耽古，搜奇容易凋朱颜。
>
> 天要金石得所主，欧赵缺略尤须补。
>
> 闻说穷愁乃著书，俾君不作侯千户。
>
> 君云平生爱友生，一语投契千均轻。
>
> 流水明月自今昔，俗物那足撄高情。

三间老屋万山里，老与梅花作知己。

繁枝乱插古玉瓶，暗香冷浸上池水。

客来忽作罗浮游，梦醒月落山东头。

安得美人会歌舞，不教寒鸟徒唧啾。

往者高轩践蓬室，我翁度曲君吹笛。

阶前十亩荷花田，红衣舞应歌声侧。

别来我翁霜鬓新，只缘长作倚闾人。

寄语讯君还忆否，屋梁落屑成前尘。

我忆从君邗江沚，当时宾客皆奇士。

汪君（容甫同年）大叫邵君（二云先生）咍，若为古今
争故纸。

君今倦游归治经，我行尚作风中萍。

偶然一叶到黄海，携尊重过杨云亭。

仓然双鬓今如故，生面何人写缣素。

好与千秋小学家，瓣香直当黄金铸。

款署：**子安先生大兄大雅之教，门愚弟吴颿。**

黄左田尚书七古一章云：

忆昔金陵同献赋，新安太守（江千九先生恂）座中遇。

尔时君才殊可畏，辄问君名来也未。

太守指言即此君，握手如遇平生亲。

须臾报罢两乙等，从此汉广江复永。

那知一别经八年，合并忽在黟山颠。

论诗论文兼论画，又结城阳山水缘。

我闲入城无所诣，香山马足常知意。

有时晨谒君尚卧，直待宵归日西坠。

爱君制作文房精，羡君才笔更纵横。

千金赝鼎出游戏，欧赵考古徒纷纷。

倦游我欲归村社，君亦秋风思跋马。

已作悠悠行路人，明年谁共持杯斝。

珍重临歧酒一巡，休教长路损精神。

请看宴坐欢心者，岂是蓬蒿终老人。

款云：乾隆壬子六月二十六日紫阳山馆题，奉子安大兄同年教正，即以留别，时戍归芜湖，子安亦将往汉阳山。壹斋弟黄戍拜稿。

黄洙五古一章云：

峨峨千仞冈，亭亭百尺树。

骨相森清臞，精神温和煦。

古欢情自怡，澄观日微驻。

兴来乘胜概，境迁阅佳趣。

铺海郁蒸云，触石游躞雾。

举头蔚蓝天，噪名五色赋。

山齐江北堂，楼设竹西路。

言歌广咏诗，夫非桔槔务。

九万随所之，六月暂以住。

濠乐诘知鱼，市趋嗤若鹜。

深巷景行行，高斋旧雨雨。

少作托都京，遥原浚图注。

铜石剔苔藓，铅椠拂蟫蠹。

幽履敦安负，坦途绰余裕。

莘莘长芝主，啾啾秦《韶濩》。

室事任儿曹，老子何世故。

妙理倾一尊，养生留小炷。

周旋与我身，静定存吾素。

平君锦线绣，范蠡黄金铸。

袖手抱冲襟，飘髯爱修婕。

梯儿谢隐囊，跣跃如展具。

写心属化工，披图动禅悟。

乾隆壬子四月黄洙题。

此后尚有歙县程木庵诸人诗跋，不录。

案：汪容甫先生所撰《巴予藉别传》，甚能状其人。传曰："予藉故富家，生而通敏，眉目疏秀，身纤而皙。少好刻印，务穷其学，旁及钟鼎款识、秦汉石刻，遂工隶书，劲险飞动，有建宁、延熹遗意。又益蒐古书画器用，及琢研造墨，究极精美，罗列左右，入室粲然。其文弗善也，颜之曰可惜。予藉不能改。又善交游，自通人名德、胜流畸士，下至工师乐伎、偏材曲艺之美，莫不一见洒然，如旧相识，周旋款密，久而不衰。或欺绐攫夺，予藉惛惛不之校，他日遇之，则又如故。予藉好棋及弛马度曲，遇名山胜地、佳时令节，可喜可愕之事，未尝不身在其间。竟数十年，由是大亡其财。且日病。晚为人作书自给，数年，卖其碑刻尚三千金。然其爱之弥甚，节啬衣食，时复买之。乾隆五十八年夏，游江都卒。予藉虽贫以死，然其声名流溢士大夫间，其遗迹所在有之，惜在治生，不在好古也。是故埏埴以为器，方圆具矣，而天机不存焉。巧工引手，冥合自然，览之者终日不能穷其趣，然而不可施之以绳墨。知此者，可与语予藉矣。余与予藉同岁而交深，一别五年，相距数千里。余笃疾再生，而予藉适至，所欲与谈谐者何尽，而竟不及一见而死，岂余与予藉朋友之缘，固止于是欤！悲夫！予藉，名慰祖，歙之渔梁人，卒年五十。"此文盛状予藉为人，而不及其学问。然金辅之先生题诗，极推重其小学，惜未尝著书，其遗墨在人间者，今亦寥寥，惟此象尚存。又容甫先生所撰别传，世多能诵之者，予藉身后差不寂寞耳。

汪容甫《宋书世系表》序

容甫先生《宋书世系表》手稿仅存数叶，光绪戊申见于扬州书肆，乃未成之书也。其《序载述学》中，曰："沈约《宋书》表不传，今采宋氏宗室之见纪传者辑为此篇，且序之曰：宋武帝受终晋室，自永初改元，至于升平之末，凡五世，六十年。本支百二十九人，其被杀者百二十有一，而骨肉自相屠害者八十。当齐初纪，彭城之刘盖有存者，而帝之血属并长沙、临川二系斩焉。夫一兴一废，国家代有，凡在公族，休戚同之。是以商孙不亿，侯服于周；汉世王公，争言符命。当易姓之际，忍耻事仇，并为臣仆，以全生保姓者有矣。未有君临天下，传序九君，一朝革命，覆宗绝祀，殄无遗育，如宋氏之盛者也。方其完如景平，治如元嘉，威如大明，国祚未倾，群生咸遂，而父子兄弟日翦月屠，如恐不及。甚至举宗就戮，祸及婴儿，使幼者不得长，壮者不得育，遂致宗姓寡弱，王室陵迟，奸雄睥睨其旁，拱手以成断流之祸，岂不哀哉！或者谓武帝起自布衣，经营天下十有余年，竟成王业。于时晋室宗亲，诛锄殆尽，而同力举义之人，罕有存者。创业垂统，取济一时，非有积德累仁之旧，娄敬、干宝之陈言，稍已迂阔而远于事情矣。昔汉魏末世，虽见逼夺，而历年传嗣，永保元吉，下至昌邑、海西，犹得尽其天年，未至公然操刃也。自平固解玺，人望未绝，武帝因之以倾桓氏。殷鉴在夏，零陵遂以不免。自是以降，禅代之君，异世同辙，而君亲杀戮之祸，相沿而莫之革，实自帝始。像人以殉，犹或无后，况乎身为戎首，祸流异代，而欲子孙、令闻长世，岂可得哉！当帝践阼之初，威德在人，中外帖服，所长虑却顾，莫肯遑息者，惟故主耳。及夫掩被告殂，子孙磐石之计，虽至今存可也。曾不再稔而前事之师，继体之元子先尝其害。岂所谓天道好还，为法自敝者乎？后嗣之陵夷，又其所矣。呜呼！无一民尺土之柄，战必胜，攻必取，总揽英才，振厉风俗，遗令诏继嗣之意，信乎人杰矣。谓祸患之来，不可逆知，务增修于德，而毋或多杀不辜，以为之备。斯三古哲王，所以祈天永命也。"

钱武肃王投龙简跋

钱武肃王投龙简有银、玉二种。银简出土甚早，文共九行，旁刻龙形。玉简则两面刻文，旁花纹与银简同。银简文曰："大道弟子、天下都元帅、尚父守中书令、吴越国王钱镠，年七十七岁，二月十六日生。自统制山河，主临吴越，民安俗阜，道泰时康，市物平和，遐迩清宴。仰自苍昊降祐，大道垂恩，今则将诣洞府名山，遍投龙简，恭陈醮，上答玄恩。伏愿合具告祈，兼乞镠壬申行年，四时履历，寿龄遐远，眼目光明，家国兴隆，子孙繁盛。志祈元祝，久协投诚，谨诣太湖水府金龙驿传于吴越国苏州府吴县洞庭乡东皋里太湖水府告文。宝正三年，岁在戊子，三月丁未朔二十六日壬投。"此简不知存佚，惟有拓本传世。道咸间，桐城吴康甫廷康，曾刻其文于石，凡二本。玉简则藏上虞罗氏，文与银简同，而"遐迩清宴"句下，多"年年无水旱之灾，岁岁有农桑之乐"二句。又银简"东皋里"，玉简作"王梁里"。盖二简所投之处不同也。

沈子培《爱日吟庐书画录》序

近平湖葛氏刊行《爱日吟庐书画录》及《续录》，其所藏书画颇多赝本，不足当赏鉴之目。然前有嘉兴沈子培方伯一《序》，文极可诵，亟录之。《序》曰：

"昔者宝真作赞，倦翁寓感于东京；故物叙谱，裕之伤怀于北渡。九六元黄之会，火风灾难之辰，图书与钟簴俱移，雅故与衣冠并瘁。竹殿灰飞，文武之道尽今日；董逃行急，缣帛之囊括靡遗。开皇官库，烬余仅录孝源；益部名画，异世乃甄休复。至于石经三字，因移邺而不存；坛山片石，徒入燕而永绝。藏室宝书，随皇老而度月支；博士完经，驾海童而归方丈。蜗角斗争，脉望蜕化。忾我寤叹，能不涟而。然而桃源地僻，五马无惊；桑海尘扬，百地未堕。识陶安之印，季獭承家；发六一之藏，子裴录目。如吾友葛毓珊农部哲嗣穉威比部所编《爱日吟庐书画续录》，得不谓墨庄付托，足慰平生；间史支分，兼彰国故者乎？《爱日吟庐书画录》者，农部所手编也。哀所储藏历代名迹，详略之例，准诸江邨；编定之年，断自光绪。至佳新著，藉甚人间。而录成以后，续收弥富。比部继志，亦有网罗。阙焉不述，岂曰为裘；锲而不舍，乃成后集。《续录》凡八卷，自明以前名迹七十余件，本朝名迹一百九十余件，选择排比，壹如前《录》，又辑《别录》四卷附后。弇州书画之跋，隆万异时；清河世系之表，楂梨一味。固继彪书，廉成察业。善则称先，署仍农部。儒风世德，兹可尚也。

"嗟夫！颓龄易感，表独立于寒风；末劫多贤，乃不生于华族。芜城惨澹，乔木先摧；夜壑迁移，墨皇大去。三年以来，侨居所阅，喟郁华之秘籍，检墨未干；估江夏之珍图，题金如故。潮阳估舶，猎穷持静菁华；朱雀航头，掠剩结一签帙。云烟通眼，天地不仁。方复助不详以眩人，馨衣珠于穷子。昭陵石马，则踞顾秦桥；僧繇画龙，乃垂首建木。岂智士鸱留之国，行大舍其庄严；将天人衰相之年，遂顿亡其璎珞。既欣此善，弥轸他悲。稚威属叙斯编，吾悄悄以思，逾久愈久不能抒写，职思此尔。岁在甲寅端午后二日，李乡寐叟沈曾植。"

案：后段所云"郁华"，谓宗室盛伯羲祭酒昱；"江夏"，谓武进费屺怀编修念慈；"持静"，谓丰顺丁雨生中丞日昌，"结一"，则钱唐朱修伯侍郎、子青观察父子也。朱氏之书画归丰顺张幼樵学士佩纶，癸巳之夏，为乱兵掠夺殆尽。余三家书画亦悉于近三年中散佚。《序》中提及之。方伯文行世甚少，故俱录之。

《殷墟书契考释》序

上虞罗叔言参事所著《殷墟书契考释》，海宁王静安为之后序，唯其初稿乃用骈体，笔意渊雅，有北朝初唐人遗意，近时作者不能及也。其词曰："商遗先生《殷墟书契》成，余读而叹曰：自三代以后言古文字者，未尝有是书也。炎汉以来，古文间出，孔壁、汲冢与今之殷墟而三。壁中所得，简策殊多，《尚书》《礼经》颇增篇数。然淹中五十六卷，不同于后氏者十七；孔氏四十五篇，见于今文者廿九。因所已知，通彼未见，事有可藉，切非至难。而太常所肄，不出曲台之书；临淮所传，亦同济南之数。虽师说之重，在汉殊然；抑通读之方，自古不易。至于误'廙'作'序'，以'衸'为'袊'，'文人'之作'宁人'，'大邑'之书'天邑'，今古异文而同谬，伏孔殊师而沿讹。言乎释文，盖未尽善。晋世《中经》，定于荀、束，今世所存，《穆传》而已。读其写定之书，间存隶古之字，偏旁缔构，殊异古文；随疑分释，徒成虚语，校之汉人，又其次矣。其余郡国山川，多出彝器，始自天水，讫于本朝，吕、薛编集于前，阮、吴考释于后。恒轩晚出，尤称绝伦，愿于创通条理，开拓阃奥，概乎其未有闻也。夫以壁经冢史皆先秦之文，姬嬴汉晋非绝远之世。彝器多出两周，考释已更数代。而校其所得，不过如此。况乎宣圣之所无徵，史籀之所未见，去古滋远，为助滋寡，欲稽而明之，岂易易哉！

"殷墟书契者，殷商王室命龟之辞，而太卜之所典守也。其辞或契于龟，或勒于诸骨，大自祭祀、征伐，次则行幸、畋渔，至于牢圉之数，风雨之占，莫不畛于鬼神，比其书命。爰自光绪之季，出于洹水之墟，先生既网罗以入秘藏，摹印以公天下，复于暇日，撰为斯编。余受而读之，见其学足以指实，识足以洞微。发轸南阁之书，假途苍姬之器。会合偏旁之文，剖析孳乳之字。参伍以穷其变，比校以发其凡。悟一形繁简之殊，起两字并书之例。上池既饮，遂洞垣之一方；高矩攸陈，斯举隅而三反。

颜黄门所谓'檃括有条例，剖析穷根源'者，斯书之谓矣。

　　"由是大乙卜丙，正传写之伪文；入商宅殷，辨国邑之殊号。至于诹日卜牲之典，王宾有奭之名，樿燎薶沈之用，牛羊太豕之数。损益之事，羌难问夫周京；文献之传，夙无徵于商邑。凡诸放佚，尽在敷陈。驭烛龙而照幽都，拊彗星而扫荒翳。以视安国之所隶定、广微之所撰次者，事之难易，功之多寡，区以别矣。是知效灵者地，复开宛委之藏；宏道惟人，终伫召陵之说。后有作者，视此知津。甲寅冬十有二月旬有一日，海宁王国维。"

散　论

殷卜辞中所见先公先王考

甲寅岁莫，上虞罗叔言参事撰《殷虚书契考释》，始于卜辞中发见"王亥"之名。嗣余读《山海经》《竹书纪年》，乃知王亥为殷之先公，并与《世本·作篇》之胲、《帝系篇》之核、《楚辞·天问》之该、《吕氏春秋》之王冰、《史记·殷本纪》及《三代世表》之振、《汉书·古今人表》之垓，实系一人。尝以此语参事及日本内藤博士（虎次郎），参事复博搜甲骨中之纪王亥事者，得七、八条，载之《殷虚书契后编》。博士亦采余说，旁加考证，作《王亥》一篇，载诸《艺文杂志》，并谓自契以降诸先公之名，苟后此尚得于卜辞中发见之，则有裨于古史学者当尤巨。余感博士言，乃复就卜辞有所攻究。复于王亥之外得"王恒"一人。案：《楚辞·天问》云："该秉季德，厥父是臧"，又云"恒秉季德"。王亥即该，则王恒即恒，而卜辞之季之即冥，（罗参事说。）至是始得其证矣。又观卜辞中数十见之田字，从甲在口中。（十古甲字。）及通观诸卜辞，而知田即上甲微。于是参事前疑卜辞之 𠃊、𠃊、𠃊（即乙、丙、丁三字之在〔 或〕中者，与）田字甲在口中同意。即报乙、报丙、报丁者，至是亦得其证矣。又卜辞自上甲以降皆称曰"示"，则参事谓卜辞之示壬、示癸即主壬、主癸，亦信而有征。又观卜辞王恒之祀与王亥同，太丁之祀与太乙、太甲同，孝己之祀与祖庚同，知商人兄弟，无论长幼与已立未立，其名号典礼盖无差别。于是卜辞中人物，其名与礼皆类先王而史无其人者，与夫"父甲""兄乙"等名称之浩繁求诸帝系而不可通者，至是亦理顺冰释。而《世本》《史记》之为实录，且得于今日证之。又卜辞人名中有_字字，疑即帝喾之名。又有"土"字，或亦相土之略。此二事虽未能遽定，然容有可证明之日。由是有商一代先公先王之名，不见于卜辞者殆鲜。乃为此考以质诸博士及参事，并使世人知殷虚遗物之有裨于经史二学者有如斯也。丁巳二月。

夒

卜辞有字，其文曰"贞夒（古燎字）。于"，（《殷虚书契前编》卷六第十八叶。）又曰"夒于□牢。"（同上）又曰"夒于六牛。"（同上，卷七第二十叶。）又曰"于夒牛六。"又曰"贞求年于九牛。"（两见以上，皆罗氏拓本。又曰上阙。）"又于。"（《殷虚书契后编》卷上第十四叶）案：、二形象人首手足之形。《说文》夊部："夒，贪兽也，一曰母猴，似人从页，已止夊其手足。"毛公鼎"我弗作先王羞"之羞作，克鼎"柔远能状"之柔作，番生敦作，而《博古图》、《薛氏款识》、盠和钟之"柔燮百邦"、晋姜鼎之"用康柔绥怀远廷"，柔并作，皆是字也。夒、羞、柔三字，古音同部，故互相通借。此称"高祖夒"，案：卜辞惟王亥称"高祖王亥"（《后编》卷上第廿二叶），或"高祖亥"（《戬寿堂所藏殷虚文字》第一叶），大乙称"高祖乙"（《后编》卷上第三叶），则夒必为殷先祖之最显赫者。以声类求之，盖即帝喾也。

帝喾之名，已见《逸书书序》："自契至于成汤八迁，汤始居亳，从先王居，作帝告"。《史记·殷本纪》"告"作"诰"，《索隐》曰"一作俈。"案：《史记·三代世表》《封禅书》《管子·侈靡》篇皆以"俈"为"喾"。伪《孔传》亦云："契父帝喾都亳，汤自商丘迁亳，故曰从先王居。"若《书序》之说可信，则帝喾之名已见商初之书矣。诸书作喾或俈者，与夔字声相近。其或作发者，则又夔字之讹也。《史记·五帝本纪》索隐引皇甫谧曰"帝喾名夋"，《初学记》九引《帝王世纪》曰"帝喾生而神灵，自言其名曰夋。"《太平御览》八十引作"逡"，《史记正义》引作"岌"。逡为异文，岌则讹字也。《山海经》屡称"帝俊"（凡十二见），郭璞注于《大荒西经》"帝俊生后稷"下云"俊宜为喾，余皆以为帝舜之假借。"然《大荒东经》曰"帝俊生仲容"，《南经》曰"帝俊生季厘"，是即《左氏传》之"仲熊季狸"，所谓"高辛氏之才子"也。《海内经》曰"帝俊有子八人，实始为歌舞"，即《左氏传》所谓"有才子八人"也。《大荒西经》"帝俊妻常羲生月十有二"，又传记所云"帝喾次妃诹訾氏女曰常仪，生帝挚者也。"（案：《诗·大雅·生民》疏引《大戴礼·帝系》篇曰：帝喾下妃娵訾之女曰常仪，生挚。《家语》《世本》其文亦然。《檀弓正义》引同，而作"娵氏之女曰常宜"。然今本《大戴礼》及《艺文类聚》十五、《太平御览》一百三十五所引《世本》，但云"次妃曰娵訾氏，产帝挚"，无"曰常仪"三字。以上文"有邰氏之女曰姜嫄""有娀氏之女曰简狄"例之，当有曰常仪三字。）三占从二，知郭璞以帝俊为帝舜，不如皇甫以夋为帝喾名之当矣。《祭法》"殷人禘喾"，《鲁语》作"殷人禘舜"，舜亦当作夋，喾为契父，为商人所自出之帝，故商人禘之，卜辞称"高祖夔"，乃与王亥、大乙同称，疑非喾不足以当之矣。

相　土

　　殷虚卜辞有◊字，其文曰"贞夐于◊，三小牢，卯一牛"，（《书契前编》卷一第二十四叶，又重见卷七第二十五叶。）又曰"贞求年于◊，九牛"（《铁云藏龟》第二百十六叶。），又曰"贞ۥ夐于◊，"（同上，第二百二十八叶。）又曰"贞于◊求"。（《前编》卷五第一叶。）◊即"土"字，盂鼎"受民受疆土"之土作⬧，卜辞用刀契，不能作肥笔，故空其中作◊，犹ۥ之作ۥ、■之作□矣。土疑即相土，《史记·殷本纪》"契卒，子昭明立。昭明卒，子相土立。"相土之字，《诗·商颂》《春秋左氏传》《世本·帝系》篇皆作土，而《周礼·校人》注引《世本·作篇》"相士作乘马"作"士"（杨倞《荀子注》引《世本》此条作土），而《荀子·解蔽》篇曰"乘杜作乘马"，《吕览·勿躬》篇曰"乘雅作驾"，注："雅，一作持"。持、杜声相近，则土是、士非。杨倞注《荀子》曰："以其作乘马，故谓之乘杜。"是乘本非名，相土或单名土，又假用杜也。然则卜辞之◊，当即相土。曩以卜辞有ۥ◊（《前编》卷四第十七叶）字即"邦社"，假土为社，疑诸土字皆社之假借字。今观卜辞中殷之先公有季、有王亥、有王恒，又自上甲至于主癸，无一不见于卜辞，则此土亦当为相土，而非社矣。

季

　　卜辞人名中又有季，其文曰"辛亥卜□贞，季□求王"（《前编》卷五第四十叶两见），又曰"癸巳卜之于季"，同上（卷七第四十一叶），又曰"贞之于季"（《后编》卷上第九叶）。季亦殷之先公，即冥是也。《楚辞·天问》曰"该秉季德，厥父是臧"，又曰"恒秉季德"，则该与恒皆季之子，该即王亥，恒即王恒，皆见于卜辞。则卜辞之季，亦当是王亥之父冥矣。

王　亥

卜辞多记祭王亥事。《殷虚书契前编》有二事，曰"贞袁于王亥"（卷一第四十九叶），曰"贞之于王亥，卅牛，辛亥用"（卷四第八叶），《后编》中又有七事，曰"贞于王亥求年"（卷上第一叶），曰"乙巳卜□贞之于王亥十"（下阙。同上，第十二叶），曰"贞袁于王亥"（同上，第十九叶），曰"袁于王亥"（同上，第二十三叶），曰"癸卯□贞，□□高祖王亥，□□□"（同上，第二十一叶），曰"甲辰卜□贞，来辛亥袁于王亥，卅牛，十二月"（同上，第二十三叶），曰"贞登王亥羊"（同上，第二十六叶），曰"贞之于王亥，□三百牛"（同上，第二十八叶），《龟甲兽骨文字》有一事曰"贞袁于王亥，五牛"（宽一第九叶）。观其祭日用辛亥，其牲用五牛、三十牛、四十牛乃至三百牛，乃祭礼之最隆者，必为商之先王先公无疑。案：《史记·殷本纪》及《三代世表》商先祖中无王亥，惟云"冥卒，子振立。振卒，子微立。"《索隐》："振，《系本》作核"。《汉书·古今人表》作垓。然则《史记》之振，当为"核"或为"垓"字之讹也。《大荒东经》曰："有璃民国，句姓而食。有人曰王亥，两手操鸟，方食其头。王亥托于有易河伯仆牛，有易杀王互取仆牛。"郭璞注引《竹书》曰："殷王子亥，宾于有易而淫焉。有易之君绵臣杀而放之，是故殷主甲微假师于河伯，以伐有易，克之，遂杀其君绵臣也。"（此《竹书纪年》真本，郭氏隐括之如此。）《今本竹书纪年》："帝泄十二年，殷侯子亥宾于有易，有易杀而放之。十六年，殷侯微以河伯之师伐有易，杀其君绵臣。"是《山海经》之王亥，《古本纪年》作"殷王子亥"，今本作"殷侯子亥"。又前于上甲微者一世，则为殷之先祖冥之子、微之父无疑。卜辞作"王亥"，正与《山海经》同。又祭王亥皆以亥日，则亥乃其正字，《世本》作"核"，《古今人表》作"垓"，皆其通假字。《史记》作"振"，则因与核或垓二字形近而讹。夫《山海经》一书，其文不雅驯，其中人物，世亦以子虚乌有视之。《纪年》一书，亦非可尽信者，而王亥之名竟于卜辞见之，其事虽未必尽然，而其人则确非虚构。可知古代传说存于周秦之间者，非绝无根据也。

　　王亥之名及其事迹，非徒见于《山海经》《竹书》，周秦间人著书多能道之。《吕览·勿躬》篇"王氷作服牛。"案：篆文"氷"作夅，与亥字相似，王夅亦王亥之讹。《世本·作篇》"胲作服牛"（《初学记》卷二十九引。又《御览》八百九十九引《世本》"鲧作服牛"，鲧亦胲之讹。《路史》注引《世本》"胲为黄帝马医，常医龙"，疑引宋衷注。《御览》引宋注曰"胲，黄帝臣也，能驾牛"，又云"少昊时人，始驾牛"，皆汉人说，不足据。实则《作篇》之胲，即《帝系》篇之核也。）其证也。服牛者，即《大荒东经》之"仆牛"，古服、仆同音，《楚辞·天问》"该秉季德，厥父是臧，胡终弊于有扈，牧夫牛羊"，又曰"恒秉季德，焉得夫朴牛"，该即胲，有扈即有易（说见下），朴牛亦即服牛，是《山海经》《天问》《吕览》《世本》皆以王亥为始作服牛之人。盖夏初奚仲作车，或尚以人挽之。至相土作乘马，王亥作服牛，而车之用益广。《管子·轻重戊》云"殷人之王，立帛牢服牛马，以为民利，而天下化之。"盖古之有天下者，其先皆有大功德于天下，禹抑鸿水，稷降嘉种，爰启夏周；商之相土、王亥，盖亦其俦。然则王亥祀典之隆，亦以其为制作之圣人，非徒以其为先祖。周秦间王亥之传说，胥由是起也。

卜辞言王亥者九，其二有祭日，皆以辛亥，与祭大乙用乙日祭大甲用甲日同例。是王亥确为殷人以辰为名之始，犹上甲微之为以日为名之始也。然观殷人之名，即不用日辰者，亦取于时为多。自契以下，若昭明、若昌若、若冥，皆含朝莫明晦之意，而王恒之名亦取象于月弦，是以时为名或号者，乃殷俗也。夏后氏之以日为名者，有孔甲、有履癸，要在王亥及上甲之后矣。

王　恒

卜辞人名，于王亥外又有王 𝌀 ，其文曰"贞之于王 𝌀 "（《铁云藏龟》第一百九十九叶及《书契后编》卷上第九叶），又曰"贞 𝕽 之于王 𝌀 "（《后编》卷下第七叶），又作"王 𝕰 "，曰"贞王 𝕰 □"（下阙。《前编》卷七第十一叶）。案：𝌀 即"恒"字。《说文解字》二部"恆，常也，从心，从舟在二之间，上下心以舟施恒也。𧘇，古文恆，从月。《诗》曰'如月之恒。'"案：许君既云古文恆从月，复引《诗》以释从月之意，而今本古文乃作𧘇，从二，从古文外，盖传写之讹字，当作𐤃。又《说文》木部"楬，竟也，从木，恆声。𢛄，古文楬。"案：古从月之字，后或变而从舟，殷虚卜辞朝莫之朝作𦣞（《后编》卷下第三叶），从日月在茻间，与莫字从日在茻间同意，而篆文作朝，不从月而从舟。以此例之，𢛄本当作𐤃，召鼎有𐤃字，从心、从𐤃，与篆文之恆从盘者同，即恆之初字。可知𢛄、𐤃一字，卜辞𝌀字从二、从𐤃（卜辞月字或作𐤃，或作𐤃），其为舟、互二字或恒字之省无疑。其作⦿者，《诗·小雅》"如月之恒"，毛传"恒，弦也。"弦本弓上物，故字又从弓，然则⦿、⦿二字确为恒字。王恒之为殷先祖，惟见于《楚辞·天问》，《天问》自"简狄在台喾何宜"以下二十韵，皆述商事。（前夏事，后周事。）其问王亥以下数世事曰："该秉季德，厥父是臧，胡终弊于有扈，牧夫牛羊？干协时舞，何以怀之？平胁曼肤，何以肥之？有扈牧竖，云何而逢？击床先出，其命何从？恒秉季德，焉得夫朴牛？何往营班禄，不但还来。昏微遵迹，有狄不宁，何繁鸟萃棘。负子肆情，眩弟并淫，危害厥兄，何变化以作诈，后嗣而逢长。"此十二韵以《大荒东经》及郭注所引《竹书》参证之，实纪王亥、王恒及上甲微三世之事。而《山海经》《竹书》之"有易"，《天问》作"有扈"，乃字之误。盖后人多见有扈，少见有易，又同是夏时事，故改易为扈。下文又云"昏微遵迹，有狄不宁"，昏微即上甲微，有狄亦即有易也。古狄、易二字同音，故互相通假。《说文解字》走部逖之古文作"遏"。《书·牧誓》"逖矣西土之人"，《尔雅》郭注引作"遏矣西土之人"。《书·多士》"离逖尔土"、《诗·大雅》"用遏蛮方"、《鲁颂》"狄彼东南"、《毕狄钟》"毕狄不龚"，此逖、遏、狄三字异文同义。《史记·殷本纪》之"简狄"，《索隐》曰"旧本作易"，《汉书·古今人表》作"简遏"，《白虎通·礼乐》篇"狄者，易也"，是古狄、易二字通，有狄即有易。上甲遵迹而有易不宁，是王亥弊于有易，非弊于有扈，故曰扈当为易字之误也。狄、易二字，不知孰正孰借，其国当在大河之北，或在易水左右。（孙氏之骤说）盖商之先，自冥治河，王亥迁殷，（今本《竹书纪年》：帝芒三十三年，商侯迁于殷。其时商侯即王亥也。《山海经》注所引真本《竹书》，亦称王亥为殷王子。亥称殷、不称商，则今本《纪年》此条，古本想亦有之。殷在河北，非亳殷。见余撰《三代地理小记》。）已由商邱越大河而北，故游牧于有易高爽之地，服牛之利，即发见于此。有易之人乃杀王亥，取服牛，所谓"胡终弊于有扈，牧夫牛羊"者也。其云"有扈牧竖，云何而逢，击床先出，其命何从"者，似记王亥被杀之事。其云"恒秉季德，焉得夫朴牛"者，恒盖该弟，与该同秉季德，复得该所失服牛也。所云"昏微遵迹，有狄不宁"者，谓上甲微能率循其先人之迹，有易与之有杀父之雠，故为之不宁也。"繁鸟萃棘"以下，当亦记上甲事，书阙有间，不敢妄为之说。然非如王逸《章句》所说解居父及象事，固自显然。要之，《天问》所说，当与《山海经》及《竹书纪年》同出一源。而《天问》就壁画发问，所记尤详。恒之一人，并为诸书所未载。卜辞之王恒与王亥，同以王称，其时代自当相接。而《天问》之该与恒，适与之相当。前后所陈又皆商家故事，则中间十二韵自系述王亥、王恒、上甲微三世之事。然则王亥与上甲微之间，又当有王恒一世。以《世本》《史记》所未载，《山经》《竹书》所不详，而今于卜辞得之。《天问》之辞，千古不能通其说者，而今由卜辞通之，此治史学与文学者所当同声称快者也。

上　甲

《鲁语》"上甲微能帅契者也，商人报焉"，是商人祭上甲微，而卜辞不见上甲。郭璞《大荒东经》注引《竹书》作"主甲微"，而卜辞亦不见主甲。余由卜辞有𠨊、𠨨、𠨪三人名，其乙、丙、丁三字皆在匚或匸中，而悟卜辞中凡数十见之⊞或作田。即上甲也。卜辞中凡田狩之田字，其口中横直二笔皆与其四旁相接，而人名之🔲，则其中横直二笔或其直笔必与四旁不接，与田字区别较然。🔲中十字，即古甲字（卜辞与古金文皆同）。甲在🔲中，与🔲、🔲、🔲之乙、丙、丁三字在匚或𠃊中同意，亦有🔲中横直二笔与四旁接而与田狩字无别者，则上加"一"作畐，以别之。上加一者，古六书中指事之法，一在🔲上，与二字古文上字。之一在一上同意，去上甲之义尤近。细观卜辞中记🔲或畐者数十条，亦惟上甲微始足当之。卜辞中云"自🔲（或作畐）至于多后衣"者五（《书契前编》卷二第二十五叶三见，又卷三第二十七叶、《后编》卷上第二十叶各一见），其断片云"自🔲至于多后"者三（《前编》卷二第二十五叶两见，又卷三第二十八页一见），云"自🔲至于武乙衣"者一（《后编》卷上第二十叶）。衣者，古殷祭之名。又卜辞曰"丁卯贞，来乙亥告自🔲"，（《后编》卷上第二十八叶。）又曰"乙亥卜宾贞，🔲大御自🔲"（同上，卷下第六叶），又曰"上阙。贞，翌甲🔲🔲自🔲"（同上，第三十四叶），凡祭告皆曰"自🔲"，是🔲实居先公先王之首也。又曰"辛巳卜大贞，之自🔲元示三牛，二示一牛，十三月"（《前编》卷三第二十二叶），又云"乙未贞，其求自🔲十又三示牛，小示羊"（《后编》卷上第二十八叶），是🔲为元示及十有三示之首。殷之先公称示，主壬、主癸卜辞，称示壬、示癸，则🔲又居先公之首也。商之先人王亥始以辰名，上甲以降皆以日名，是商人数先公当自上甲始，且🔲之为上甲，又有可征证者。殷之祭先，率以其所名之日祭之。祭名甲者用甲日，祭名乙者用乙日，此卜辞之通例也。今卜辞中凡专祭🔲者皆用甲日，如曰"在三月甲子🔲祭畐"（《前编》卷四第十八叶），又曰"在十月又（一即十有一月）甲申🔲酌祭🔲"（《后编》卷下第二十叶），又曰"癸卯卜，翌甲辰之🔲牛吉"（同上，第二十七叶），又曰"甲辰卜贞，来甲寅又伐囧羊五卯牛一"（同上，第二十一叶）。此四事，祭囧有日者，皆用甲日。又云"在正月□□（此二字阙）祭大甲⸺畐"（同上，第二十一叶），此条虽无祭日，然与大甲同日祭，则亦用甲日矣。即与诸先王先公合祭时，其有日可考者，亦用甲。如曰"贞，翌甲□⸺自囧"（同上），又曰"癸巳卜贞，肜肜日自畐至于多后衣，亡它，自□，在四月，惟王二祀"（《前编》卷三第二十七叶），又曰"癸卯王卜贞，肜翌日自畐至多后衣，亡它，在□，在九月，惟王五祀"（后编卷上第二十叶），此二条以癸巳及癸卯卜，则其所云之"肜日""翌日"皆甲日也。是故囧之名甲，可以祭日用甲证之。囧字为十（古甲字）。在□中，可以㔾、㕚、㕚三名乙、丙、丁在匚中证之。而此甲之即上甲，又可以其居先公先王之首证之。此说虽若穿凿，然恐殷人复起，亦无易之矣。《鲁语》称商人"报上甲微"，《孔丛子》引《逸书》"惟高宗报上甲微"（此魏晋间伪书之未采入梅本者。今本《竹书纪年》武丁十二年报祀上甲微，即本诸此），报者，盖非常祭。今卜辞于上甲有合祭、有专祭，皆常祭也。又商人于先公皆祭，非独上甲，可知周人言殷礼已多失实，此孔子所以有文献不足之叹与！

报丁　报丙　报乙

自上甲至汤，《史记·殷本纪》《三代世表》《汉书·古今人表》有报丁、报丙、报乙、主壬、主癸五世，盖皆出于《世本》。案：卜辞有㔾、㕚、匸三人，其文曰"乙丑卜□贞，王宾㔾祭"（下阙，见《书契后编》卷上第八叶，又断片二），又曰"丙申卜旅贞，王宾㕚□亡固"（同上），又曰"丁亥卜贞，王宾匸肜日亡□"（同上），其乙、丙、丁三字皆在匚或匸中，又称之曰"王宾"，与他先王同。罗参事疑即报乙、报丙、报丁，而苦无以证之。余案：参事说是也。卜辞又有一条曰"丁酉酚糵（中阙）。曰三、曰三、示（中阙）。大丁十、大"（下阙，见《后编》卷上第八叶），此文残阙，然"示"字下所阙，当为"壬"字，又自报丁经示壬。示癸、大乙而后及大丁、大甲，则其下又当阙"示癸"、"大乙"诸字。又所谓"曰三、曰三、大丁十"者，当谓牲牢之数，据此，则曰、曰在大丁之前，又在示壬、示癸之前，非报丙、报丁奚属矣。曰、曰既为报丙、报丁，则匚亦当即报乙。惟卜辞曰、曰之后即继以示字，盖谓示壬，殆以匚、曰、曰为次，与《史记》诸书不合。然何必《史记》诸书是而卜辞非乎？又报乙、报丙、报丁称报者，殆亦取"报上甲微"之报以为义，自是后世追号，非殷人本称。当时但称匚、曰、曰而已。上甲之甲字在口中，报乙、报丙、报丁之乙、丙、丁三字在匚或匸中自是一例，意坛墠或郊宗石室之制，殷人已有行之者与？

主壬　主癸

卜辞屡见示壬、示癸，罗参事谓即《史记》之主壬、主癸，其说至确，而证之至难。今既知田为上甲，则示壬、示癸之即主壬、主癸亦可证之。卜辞曰"辛巳卜大贞，之自田元示三牛，二示一牛"（《前编》卷三第二十二叶），又曰"乙未贞，其求自田十又三示牛，小示羊"（《后编》卷上第二十八叶），是自上甲以降均谓之"示"，则主壬、主癸宜称示壬、示癸。又卜辞有示丁（《殷虚书契菁华》第九叶），盖亦即报丁。报丁既作曰，又作示丁，则自上甲至示癸，皆卜辞所谓元示也。又卜辞称自囗十有三示，而《史记》诸书自上甲至主癸，历六世而仅得六君，疑其间当有兄弟相及而史失其名者，如王亥与王恒疑亦兄弟相及，而《史记》诸书皆不载。盖商之先公，其世数虽传而君数已不可考。又商人于先王先公之未立者，祀之与已立者同（见后），故多至十有三示也。

大　乙

汤名天乙，见于《世本》（《书·汤誓》释文引）及《荀子·成相》篇，而《史记》仍之。卜辞有大乙，无天乙，罗参事谓天乙为大乙之讹。观于大戊，卜辞亦作天戊（《前编》卷四第二十六叶）。卜辞之"大邑商"，《周书·多士》作"天邑商。"盖天、大二字形近，故互讹也。且商初叶诸帝，如大丁、如大甲、如大庚、如大戊，皆冠以"大"字，则汤自当称"大乙"。又卜辞曰"癸巳贞，又彳于伊其囗大乙肜日"（《后编》卷上第二十二叶），又曰"癸酉卜贞，大乙伊其"（下阙，见同上），伊即伊尹，以大乙与伊尹并言，尤大乙即天乙之证矣。

唐

卜辞又屡见"唐"字，亦人名。其一条有唐、大丁、大甲三人相连，而下文不具（《铁云藏龟》第二百十四叶）。又一骨上有卜辞三：一曰"贞于唐告凸方"，二曰"贞于大甲告"，三曰"贞于大丁告凸"（《书契后编》卷上第二十九叶）。三辞在一骨上，自系一时所卜。据此，则唐与大丁、大甲连文而又居其首，疑即汤也。《说文》口部"昜，古文唐，从口昜。"与汤字形相近。《博古图》所载齐侯镈钟铭曰"虩虩成唐，有严在帝所，尃受天命。"又曰"奄有九州，处禹之都。"夫受天命有九州，非成汤其孰能当之？《太平御览》八十二及九百一十二引《归藏》曰："昔者桀筮伐唐，而枚占荧惑曰不吉。"《博物志》六亦云"案：唐亦即汤也"。卜辞之唐，必汤之本字，后转作暘，遂通作汤。然卜辞于汤之专祭必曰"王宾大乙"，惟告祭等乃称"唐"，未知其故。

羊　甲

卜辞有"羊甲"无"阳甲"，罗参事证以古："乐阳"作"乐羊"、"欧阳"作"欧羊"，谓："羊甲"即"阳甲"。今案：卜辞有"曰南庚曰羊甲"六字（《前编》卷上第四十二叶），羊甲在南庚之次，则其即阳甲审矣。

祖某　父某　兄某

有商一代二十九帝，其未见卜辞者，仲壬、沃丁、雍己、河亶甲、沃甲、廪辛、帝乙、帝辛八帝也。而卜辞出于殷虚，乃自盘庚至帝乙时所刻辞，自当无帝乙、帝辛之名，则名不见于卜辞者，于二十七帝中实六帝耳。又卜辞中人名，若羌甲（《前编》卷一第十六叶，《后编》卷上第八叶）、若祖丙（《前编》卷一第二十二叶）、若小丁（同上）、若祖戊（同上，第二十三叶）、若祖己（同上）、若中己（《后编》卷上第八叶）、若南壬（《前编》卷一第四十五叶）、若小癸（《龟甲兽骨文字》卷二第廿五叶），其名号与祀之之礼皆与先王同，而史无其人。又卜辞所见父甲、兄乙等人名颇众，求之迁殷以后诸帝之父兄，或无其人。曩颇疑《世本》及《史记》于有商一代帝系不无遗漏。今由种种研究，知卜辞中所未见之诸帝，或名亡而实存。至卜辞所有而史所无者，与夫父某、兄某等之史无其人以当之者，皆诸帝兄弟之未立而殂者，或诸帝之异名也。试详证之。一事，商之继统法，以弟及为主，而以子继辅之，无弟然后传子。自汤至于帝辛二十九帝中，以弟继兄者凡十四帝（此据《史记·殷本纪》。若据《三代世表》及《汉书·古今人表》，则得十五帝），其传子者亦多传弟之子，而罕传兄之子，盖周时以嫡庶长幼为贵贱之制，商无有也。故兄弟之中有未立而死者，其祀之也与已立者同。王亥之弟王恒，其立否不可考，而亦在祀典。且卜辞于王亥、王恒外又有王夨（《前编》卷一第三十五叶两见，又卷四第三十三叶及《后编》卷下第四叶各一见），亦在祀典，疑亦王亥兄弟也。又自上甲至于示癸，《史记》仅有六君，而卜辞称自⊞十有三示，又或称九示、十示，盖亦并诸先公兄弟之立与未立者数之。逮有天下后亦然。《孟子》称大丁未立，今观其祀礼则与大乙、大甲同。卜辞有一节曰"癸酉卜贞，王宾（此字原夺，以他文例之，此处当有宾字）父丁𠦛三牛眔，兄己一牛，兄庚□□（此二字残阙，疑亦是"一牛"二字）亡□"（《后编》卷上第十九叶），又曰"癸亥卜贞，兄庚□眔，兄己□"（同上，第八叶），又曰"贞，兄庚□眔，兄己其牛。"（同上）考商时诸帝中，凡丁之子，无己、庚二人相继在位者，惟武丁之子有孝己（《战国》秦、燕二《策》、《庄子·外物》篇、《荀子·性恶》、《大略》二篇、《汉书·古今人表》均有孝己。《家语·弟子解》云："高宗以后妻杀孝己）则孝己，武丁子也。有祖庚、有祖甲，则此条乃祖甲时所卜，父丁即武丁，兄己、兄庚即孝已及祖庚也。孝己未立，故不见于《世本》及《史记》，而其祀典乃与祖庚同。然则上所举祖丙、小丁诸人名与礼视先王无异者，非诸帝之异名，必诸帝兄弟之未立者矣。周初之制犹与之同。《逸周书·克殷解》曰"王烈祖太王、太伯、王季、虞公、文王、邑考以列升。"盖周公未制礼以前殷礼固如斯矣。

　　二事，卜辞于诸先王本名之外，或称"帝某"，或称"祖某"，或称"父某""兄某"。罗参事曰："有商一代帝王，以甲名者六，以乙名者五，以丁名者六，以庚辛名者四，以壬名者二，惟以丙及戊、己名者各一。其称大甲、小甲、大乙、小乙、大丁、中丁者，殆后来加之以示别。然在嗣位之君，则径称其父为父甲、其兄为兄乙。当时已自了然。故疑所称父某、兄某者，即大乙以下诸帝矣。"余案：参事说是也。非独父某、兄某为然，其云"帝"与"祖"者，亦诸帝之通称。卜辞曰"己卯卜贞，帝甲□（中阙二字）其众祖丁"（《后编》卷上第四叶），案：祖丁之前一帝为沃甲，则帝甲即沃甲，非《周语》"帝甲乱之"之帝甲也。又曰"祖辛一牛，祖甲一牛，祖丁一牛"（同上，第二十六叶），案：祖辛、祖丁之间惟有沃甲，则祖甲亦即沃甲，非武丁之子祖甲也。又曰"甲辰卜贞，王宾求祖乙、祖丁、祖甲、康祖丁、武乙衣；亡□"（同上，第二十叶），案：武乙以前四世为小乙、武丁、祖甲、庚丁（罗参事以庚丁为康丁之讹，是也），则祖乙即小乙，祖丁即武丁，非河亶甲之子祖乙，亦非祖辛之子祖丁也。又此五世中名丁者有二，故于庚丁（实康丁）云"康祖丁"以别之，否则亦直云"祖"而已。然则商人自大父以上皆称曰"祖"，其不须区别而自明者，不必举其本号，但云"祖某"足矣。即须加区别时，亦有不举其本号而但以数别之者，如云"□□于三祖庚"（《前编》卷一第十九叶），案：商诸帝以"庚"名者，大庚弟一，南庚弟二，盘庚弟三，祖庚弟四，则三祖庚即盘庚也。又有称"四祖丁"者（《后编》卷上第三叶，凡三见），案：商诸帝以"丁"名者，大丁弟一，沃丁弟二，中丁弟三，祖丁弟四，则四祖丁即《史记》之祖丁也。以名庚者皆可称"祖庚"，名丁者皆可称"祖丁"，故加"三""四"等字以别之，否则赘矣。由是推之，则卜辞之祖丙或即外丙，祖戊或即大戊，祖己或即雍己、孝己（此祖己，非《书·高宗肜日》之祖己。卜辞称"卜贞，王宾祖己，与先王同"，而伊尹、巫咸皆无此称，固宜别是一人。且商时云祖某者，皆先王之名，非臣子可袭用，疑《尚书》误）。故祖者，大父以上诸先王之通称也。其称"父某"者亦然。父者，父与诸父之通称。卜辞曰"父甲一牡，父庚一牡，父辛一牡"（《后编》卷上第二十五叶）。此当为武丁时所卜，父甲、父庚、父辛即阳甲、盘庚、小辛，皆小乙之兄、而武丁之诸父也（罗参事说）。又卜辞凡单称"父某"者，有父甲（《前编》卷一第二十四叶），有父乙（同上，第二十五及第二十六叶），有父丁（同上，第二十六叶），有父己（同上，第二十七叶及卷三第二十三叶，《后编》卷上第六、第七叶），有父庚（《前编》卷一第二十六及第二十七叶），有父辛（同上，第二十七叶）。今于盘庚以后诸帝之父及诸父中求之，则武丁之于阳甲，庚丁之于祖甲，皆得称父甲；武丁之于小乙，文丁之于武乙，帝辛之于帝乙，皆得称父乙；廪辛、庚丁之于孝己，皆得称父己。余如父庚当为盘庚或祖庚，父辛当为小辛或廪辛，他皆放此。其称"兄某"者亦然。案：卜辞云"兄某"者有兄甲（《前编》卷一第三十八叶），有兄丁（同上，卷一第三十九叶，又《后编》卷上第七叶），有兄戊（《前编》卷一第四十叶），有兄己（《前编》卷一第四十及第四十一叶，《后编》卷上第七叶），有兄庚（《前编》卷一第四十一叶，《后编》卷上第七叶及第十九叶），有兄辛（《后编》卷上第七叶），有兄壬（同上），有兄癸（同上），今于盘庚以后诸帝之兄求之，则兄甲当为盘庚、小辛、小乙之称阳甲；兄己当为祖庚、祖甲之称孝己；兄庚当为小辛、小乙之称盘庚，或祖甲之称祖庚；兄辛当为小乙之称小辛，或庚丁之称廪辛；而丁、戊、壬、癸则盘庚以后诸帝之兄在位者，初无其人，自是未立而殂者，与孝己同矣。由是观之，则卜辞中所未见之雍己、沃甲、廪辛等，名虽亡而实或存。其史家所不载之祖丙、小丁（此疑即沃丁或武丁，对大丁或祖丁言，则沃丁与武丁自当称小丁，犹大甲之后有小甲，祖乙之后有小乙，祖辛之后有小辛矣）、祖戊、祖己、中己、南壬等，或为诸帝之异称，或为诸帝兄弟之未立者，于是卜辞与《世本》《史记》间毫无牴牾之处矣。

附罗叔言参事二书

昨日下午，邮局送到大稿，灯下读一过，忻快无似。弟自去冬病胃，闷损已数月，披览来编，积疴若失。忆自卜辞初出洹阴，弟一见以为奇宝，而考释之事未敢自任。研究十年，始稍稍能贯通。往者写定考释，尚未能自慊，固知继我有作者，必在先生，不谓捷悟遂至此也。上甲之释，无可疑者。弟意田字即小篆甲字所从出。卜辞田字十外加口，固以示别，与匸、司、彐同例，然疑亦用以别于数名之十，周人尚用此字，兮伯吉父盘之"兮田"即"兮甲"也。小篆复改作甲者，初以十嫌于数名之十古七字。而加口作田；既又嫌于田畴之田而稍变之。秦阳陵虎符"甲兵"之字作甲，变口为⌒，更讹⌒为⌒，讹十为丁，如《说文》甲字，而初形全失，反不如隶书甲字尚存古文面目也。弟因考卜辞，知今隶颇存古文，此亦其一矣。又田或作田者，弟以为即"上甲"二字合文。许书"帝"古文作帝，注："古文诸上字皆从一，篆文皆从二，二古文上字。"考之卜辞及古金文，帝、示诸文，或从二，或从一，知古文二亦省作一。田者，上甲也。许君之注当改正为"古文诸上字，或从一，或从二，一与二皆古文上。"或淡长原文本如此，后人转写失之耳。尊稿当已写定，可不必改正。或以弟此书写附大著之后。奉读大稿，弟为忻快累日。此书寄到，公亦当揽纸首肯也。第一札。

前书与公论田即上甲二字合书，想公必谓然。今日补拓以前未选入之龟甲兽骨，得一骨上有畾字，则竟作上田，为之狂喜。已而检《书契后编》，见卷下第四十二叶上甲字已有作畾者（英人明义士所摹《殷虚卜辞》第二十九叶并一百十八叶亦两见畾字），又为之失笑，不独弟忽之，公亦忽之，何耶？卜辞"上"字多作凵，"下"字作冂，下字无所嫌，二作凵者，所以别于数名之二也。此畾字两见，皆作凵。又上帝字作凵帝，其为上字无疑。田为畾字之省，亦无可疑。不仅可为弟前说之证，亦足证尊说之精确。至今隶"甲"字全与田同，但长其直画，想公于此益信今隶源流之古矣。第二札。

丁巳二月，参事闻余考卜辞中殷先公先王，索稿甚亟。既写定，即以草稿寄之。复书两通，为余证成"上甲"二字之释。第一札作于闰二月之望，第二札则二十日也。余适以展墓反浙，至沪读此二书，开缄狂喜，亟录附于后。越七日，国维记。

殷卜辞中所见先公先王续考

　　丁巳二月，余作《殷卜辞中所见先公先王考》。时所据者，《铁云藏龟》及《殷虚书契前后编》诸书耳。逾月，得见英伦哈同氏《戬寿堂所藏殷虚文字》拓本，凡八百纸。又逾月，上虞罗叔言参事以养疴来海上，行装中有新拓之书契文字约千纸，余尽得见之。二家拓本中足以补证余前说者颇多，乃复写为一编，以质世之治古文及古史者。闰二月下旬，海宁王国维。

高　祖　夋

　　前考以卜辞之 🜂 及 🜃 为夋，即帝喾之名，但就字形定之，无他证也。今见罗氏拓本中有一条曰"癸巳贞于高祖🜃"（下阙），案：卜辞中惟王亥称"高祖王亥"（《书契后编》卷上第二十二叶），或"高祖亥"（哈氏拓本），大乙称"高祖乙"（《后编》卷上第三叶），今🜃亦称"高祖"，斯为🜂、🜃即夋之确证，亦为夋即帝喾之确证矣。

上甲　报乙　报丙　报丁　主壬　主癸

　　前考据《书契后编》上第八叶一条，证▯、▯即报丙、报

278

丁。又据此知卜辞以报丙、报丁为次，与《史记·殷本纪》及《三代世表》不同。比观哈氏拓本中有一片，有田、弓、示癸等字，而彼片有司、司等字，疑本一骨折为二者。乃以二拓本合之，其断痕若合符节，文辞亦连续可诵，凡殷先公先王自上甲至于大甲，其名皆在焉。其文三行，左行，其辞曰"乙未酒兹咢田十、弓三、囡三、刁三、示壬三、示癸三、大丁十、大甲十"。（下阙）此中曰"十"、曰"三"者，盖谓牲牢之数。上甲、大丁、大甲十而其余皆三者，以上甲为先公之首，大丁、大甲又先王而非先公，故殊其数也。示癸、大丁之间无大乙者，大乙为大祖，先公先王或均合食于大祖故也。据此一文之中，先公之名具在，不独田即上甲，匚、囡、刁即报乙、报丙、报丁，示壬、示癸即主壬、主癸，胥得确证，且足证上甲以后诸先公之

次，当为报乙、报丙、报丁、主壬、主癸，而《史记》以报丁、报乙、报丙为次，乃违事实。又据此次序，则首甲、次乙、次丙、次丁，而终于壬、癸，与十日之次全同。疑商人以日为名号，乃成汤以后之事，其先世诸公生卒之日，至汤有天下后定祀典名号时已不可知，乃即用十日之次序以追名之，故先公之次乃适与十日之次同，否则不应如此巧合也。兹摹二骨之形状及文字如左：

多 后

　　卜辞屡云"自田至于⿰舟⾱衣",见前考。曩疑"多⿰舟⾱"亦先公或先王之名。今观《戬寿堂所藏殷虚文字》,乃知其不然。其辞曰"乙丑卜贞,王宾⿰女古祖乙□,亡⿱又",又曰"乙卯卜即贞,王宾⿰女古祖乙、父丁⿰舟,亡⿱又",又曰"贞⿰女古祖乙古十牛,四月",又曰"贞⿰女古祖乙古十物牛,四月",(以上出《戬寿堂所藏殷虚文字》。)又曰"咸⿰女古祖乙"(《书契前编》卷五第五叶),又曰"甲□□贞,翌乙□酒肜日于⿱尸古祖乙,亡它"(《后编》卷上第二十叶),则⿰女古亦作⿱尸古。卜辞又曰"□丑之于五⿱尸古"(《前编》卷一第三十叶),合此诸文观之,则"多⿰女古"殆非人名。案:卜辞⿰女古字异文颇多,或作⿰女古(《前编》卷六第二十七叶),或作⿰女古(同上,卷二第二十五叶),或作⿰女古、作⿰女古、作⿰女古(均同上),或作⿱女古(同上,二十五叶),或作⿱母古(《后编》卷上第二十叶),字皆从女、从古(倒子),或从母从古,像产子之形。其从八、ㆍㆍ、ㆍㆍ者,则象产子之有水液也。或从⿱尸者,与从女、从母同意,故以字形言,此字即《说文》"育"之或体"毓"字。毓从每、从㐬(倒古文子),与此正同。吕中仆尊曰"吕中仆作⿱⿰女古子宝尊彝,"⿱⿰女古子即"毓子"。毓,稚也。《书》今文《尧典》"教育子",《诗·豳风》"鬻子之闵斯",《书·康诰》"兄亦不念鞠子哀",《康王之诰》"无遗鞠子羞"。育、鬻、鞠三字通。然卜辞假此为"后"字。古者育、胄、后声相近,谊亦相通。《说文解字》"后,继体君也,象人之形,施令以告四方,故厂之,从一口。"是后从人,厂当即⿱尸之讹变,一口亦古之讹变也。后字之谊,本从"毓"义引申,其后毓字专用毓、育二形,后字专用⿱尸古,又讹为后,遂成二字。卜辞⿰女古又作⿱古

（《后编》卷下第二十二叶），与居、㿟诸形皆象倒子在人后，故"先後"之後古亦作后，盖毓、后、後三字实本一字也。商人称先王为"后"，《书·盘庚》曰"古我前后"，又曰"女曷不念我古后之闻"，又曰"予念我先神后之劳尔先"，又曰"高后丕乃崇降罪疾"，又曰"先后丕降与汝罪疾"，《诗·商颂》曰"商之先后"，是商人称其先人为后，是故"多后"者，犹《书》言"多子""多士""多方"也。五后者，犹《诗》《书》言"三后在天""三后成功"也。其与祖乙连言者，又假为"後"字，"後祖乙"谓武乙也。卜辞以㿟祖乙、父丁连文，考殷诸帝中父名乙、子名丁者，盘庚以后，惟小乙、武丁及武乙、文丁，而小乙卜辞称小祖乙（《戬寿堂所藏殷虚文字》），则㿟祖乙必武乙矣。商诸帝名乙者六，除帝乙外，皆有祖乙之称，而各加字以别之。是故高祖乙者谓大乙也，中宗祖乙者谓祖乙也，小祖乙者谓小乙也，武祖乙、后祖乙者谓武乙也。卜辞"君后"之后与"先後"之後，均用㿟或居，知毓、后、後三字之古为一字矣。

中宗祖乙

《戬寿堂所藏殷虚文字》中有断片，存字六，曰"中宗祖乙牛吉"，称祖乙为"中宗"，全与古来《尚书》学家之说违异。惟《太平御览》八十三。引《竹书纪年》曰"祖乙滕即位，是为中宗，居庇"（今本《纪年》注亦云"祖乙之世，商道复兴，号为中宗"，即本此），今由此断片，知《纪年》是而古今《尚书》家说非也。《史记·殷本纪》以大甲为大宗，大戊为中宗，武丁为高宗，此本《尚书》今文家说。今征之卜辞，则大甲、祖乙往往并祭，而大戊不与焉。卜辞曰"□亥卜贞，三示御大乙、大甲、祖乙五牢"（罗氏拓本），又曰"癸丑卜□贞，求年于大甲十牢，祖乙十牢"（《后编》上第二十七叶），又曰"丁亥卜□贞，昔乙酉服🔥御中阙。大丁、大甲、祖乙百🔥、百羊，卯三百牛。"（下阙。同上，第二十八叶）大乙、大甲之后独举祖乙，亦中宗是祖乙、非大戊之一证。（《晏子春秋·内篇谏上》："夫汤、大甲、武丁、祖乙天下之盛君也。"亦以祖乙与大甲、武丁并称。）

大示　二示　三示　四示

《戬寿堂所藏殷虚文字》中有一条，其文曰："癸卯卜，酌求贞乙巳自田廿示一牛、二示羊、Δ衆三示彘牢、四示犬。"前考以示为先公之专称，故因卜辞"十有三示"一语，疑商先公之数不止如《史记》所纪。今此条称"自田廿示"，又与彼云"十有三示"不同。盖"示"者，先公先王之通称。卜辞云"□亥卜贞，三示御大乙、大甲、祖乙五牢"，见前。以大乙、大甲、祖乙为三示，是先王亦称示矣。其有大示、亦云元示。二示、三示、四示之别者，盖商人祀其先自有差等，上甲之祀与报乙以下不同；大乙、大甲、祖乙之祀又与他先王不同。又诸臣亦称"示"，卜辞云"癸酉卜右伊五示"（罗氏拓本），伊谓伊尹。故有大示、二示、三示、四示之名，卜辞又有小示，盖即谓二示以下，小者，对大示言之也。

商先王世数

《史记·殷本纪》《三代世表》及《汉书·古今人表》所记殷君数同，而于世数则互相违异。据《殷本纪》，则商三十一帝，

（除大丁为三十帝。）共十七世。《三代世表》以小甲、雍己、大戊为大庚弟（《殷本纪》大庚子），则为十六世。《古今人表》以中丁、外壬、河亶甲为大戊弟（《殷本纪》大戊子），祖乙为河亶甲弟（《殷本纪》河亶甲子），小辛为盘庚子（《殷本纪》盘庚弟），则增一世，减二世，亦为十六世。今由卜辞证之，则以《殷本纪》所记为近。案：殷人祭祀中，有特祭其所自出之先王、而非所自出之先王不与者。前考所举"求祖乙（小乙）、祖丁（武丁）、祖甲、康祖丁（庚丁）、武乙衣"，其一例也。今检卜辞中又有一断片，其文曰"（上阙）大甲、大庚、（中阙）丁、祖乙、祖（中阙）一、羊一、南"（下阙。共三行，左读。见《后编》卷上第五叶），此片虽残阙，然于大甲、大庚之间不数沃丁，中丁（中字直笔尚存）、祖乙之间不数外壬、河亶甲，而一世之中仅举一帝，盖亦与前所举者同例。又其上下所阙，得以意补之如左：

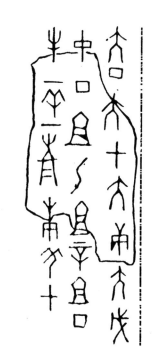

由此观之，则此片当为盘庚、小辛、小乙三帝时之物。自大丁至祖丁，皆其所自出之先王。以《殷本纪》世数次之，并以行款求之，其文当如是也。惟据《殷本纪》则祖乙乃河亶甲子，而非中丁子。今此片中有中丁而无河亶甲，则祖乙自当为中丁子，《史记》盖误也。且据此则大甲之后有大庚，则大戊自当为大庚子，其兄小甲、雍己亦然。

知《三代世表》以小甲、雍己、大戊为大庚弟者非矣。大戊之后
有中丁，中丁之后有祖乙，则中丁、外壬、河亶甲自当为大戊
子，祖乙自当为中丁子。知《人表》以中丁、外壬、河亶甲、祖
乙皆为大戊弟者非矣。卜辞又云"父甲一牡、父庚一牡、父辛一
牡"（《后编》卷上第二十五叶），甲为阳甲，庚则盘庚，辛则
小辛，皆武丁之诸父，故曰"父甲"、"父庚""父辛"，则《人
表》以小辛为盘庚子者非矣。凡此诸证，皆与《殷本纪》合，而
与《世表》《人表》不合。是故殷自小乙以上之世数，可由此二
片证之；小乙以下之世数，可由祖乙、祖丁、祖甲、康祖丁、武
乙一条证之。考古者得此，可以无遗憾矣。

附殷世数异同表

帝名	殷本纪	三代世表	古今人表	卜辞
汤	主癸子	主癸子	主癸子	一世
大丁	汤子	汤子	汤子	汤子二世
外丙	大丁弟	大丁弟	大丁弟	
中壬	外丙弟	外丙弟	外丙弟	
大甲	大丁子	大丁子	大丁子	大丁子三世
沃丁	大甲子	大甲子	大甲子	
大庚	沃丁弟	沃丁弟	沃丁弟	大甲子四世
小甲	大庚子	大庚弟	大庚子	
雍己	小甲弟	小甲弟	小甲弟	
大戊	雍己弟	雍己弟	雍己弟	大庚子五世

帝名	殷本纪	三代世表	古今人表	卜辞
中丁	大戊子	大戊子	大戊弟	大戊子六世
外壬	中丁弟	中丁弟	中丁弟	
河亶甲	外壬弟	外壬弟	外壬弟	
祖乙	河亶甲子	河亶甲子	河亶甲弟	中丁子七世
祖辛	祖乙子	祖乙子	祖乙子	祖乙子八世
沃甲	祖辛弟	祖辛弟	祖辛弟	
祖丁	祖辛子	祖辛子	祖辛子	祖辛子九世
南庚	沃甲子	沃甲子	沃甲子	
阳甲	祖丁子	祖丁子	祖丁子	祖丁子十世
盘庚	阳甲弟	阳甲弟	阳甲弟	阳甲弟十世
小辛	盘庚弟	盘庚弟	盘庚子	盘庚弟十世
小乙	小辛弟	小辛弟	小辛弟	小辛弟十世
武丁	小乙子	小乙子	小乙子	小乙子十一世
祖庚	武丁子	武丁子	武丁子	武丁子十二世
祖甲	祖庚弟	祖庚弟	祖庚弟	祖庚弟十二世
廪辛	祖甲子	祖甲子	祖甲子	
庚丁	廪辛弟	廪辛弟	廪辛弟	祖甲子十三世
武乙	庚丁子	庚丁子	庚丁子	庚丁子十四世
大丁	武乙子	武乙子	武乙子	
帝乙	大丁子	大丁子	大丁子	
帝辛	帝乙子	帝乙子	帝乙子	

285

殷周制度论

中国政治与文化之变革，莫剧于殷、周之际。都邑者，政治与文化之标征也。自上古以来，帝王之都皆在东方：太皞之虚在陈，大庭氏之库在鲁，黄帝邑于涿鹿之阿，少皞与颛顼之虚皆在鲁、卫，帝喾居亳。惟史言尧都平阳、舜都蒲坂、禹都安邑，俱僻在西北，与古帝宅京之处不同。然尧号陶唐氏，而冢在定陶之成阳；舜号有虞氏，而子孙封于梁国之虞县；《孟子》称舜生卒之地皆在东夷。盖洪水之灭，兖州当其下游，一时或有迁都之事，非定居于西土也。禹时都邑虽无可考，然夏自太康以后以迄后桀，其都邑及他地名之见于经典者，率在东土，与商人错处河、济间盖数百岁。商有天下，不常厥邑，而前后五迁，不出邦畿千里之内。故自五帝以来，政治文物所自出之都邑，皆在东方。惟周独崛起西土。武王克纣之后，立武庚、置三监而去，未能抚有东土也。逮武庚之乱，始以兵力平定东方，克商践奄，灭国五十，乃建康叔于卫、伯禽于鲁、太公望于齐、召公之子于燕，其余蔡、郕、郜、雍、曹、滕、凡、蒋、邢、茅诸国，棋置于殷之畿内及其侯甸。而齐、鲁、卫三国，以王室懿亲，并有勋伐，居蒲姑、商、奄故地，为诸侯长。又作雒邑为东都，以临东诸侯，而天子仍居丰镐者凡十一世。自五帝以来，都邑之自东方而移于西方，盖自周始。故以族类言之，则虞、夏皆颛顼后。

殷、周皆帝喾后，宜殷、周为亲。以地理言之，则虞、夏、商皆居东土，周独起于西方，故夏、商二代文化略同。"洪范九畴"，帝之所以锡禹者，而箕子传之矣。夏之季世，若胤甲、若孔甲、若履癸，始以日为名，而殷人承之矣。文化既尔，政治亦然。周之克殷，灭国五十。又其遗民，或迁之雒邑，或分之鲁、卫诸国。而殷人所伐，不过韦、顾、昆吾，且豕韦之后仍为商伯。昆吾虽亡，而已姓之国仍存于商、周之世。《书·多士》曰："夏迪简在王庭，有服在百僚。"当属事实。故夏、殷间政治与文物之变革，不似殷、周间之剧烈矣。殷、周间之大变革，自其表言之，不过一姓一家之兴亡与都邑之移转；自其里言之，则旧制度废而新制度兴、旧文化废而新文化兴。又自其表言之，则古圣人之所以取天下及所以守之者，若无以异于后世之帝王；而自其里言之，则其制度文物与其立制之本意，乃出于万世治安之大计，其心术与规摹，迥非后世帝王所能梦见也。

欲观周之所以定天下，必自其制度始矣。周人制度之大异于商者，一曰立子立嫡之制，由是而生宗法及丧服之制，并由是而有封建子弟之制、君天子臣诸侯之制；二曰庙数之制；三曰同姓不婚之制。此数者，皆周之所以纲纪天下。其旨则在纳上下於道德，而合天子、诸侯、卿、大夫、士、庶民以成一道德之团体，周公制作之本意，实在于此。此非穿凿附会之言也，兹篇所论，皆有事实为之根据，试略述之。

殷以前无嫡庶之制。黄帝之崩，其二子昌意、玄嚣之后，代有天下。颛顼者，昌意之子。帝喾者，玄嚣之子也。厥后虞、夏皆颛顼后，殷、周皆帝喾后。有天下者，但为黄帝之子孙，不必为黄帝之嫡。世动言尧、舜禅让，汤、武征诛，若其传天下与受天下有大不同者。然以帝系言之，尧、舜之禅天下，以舜、禹之功，然舜、禹皆颛顼后，本可以有天下者也。汤、武之代夏、商，固以其功与德，然汤、武皆帝喾后，亦本可以有天下者也。以颛顼以来诸朝相继之次言之，固已无嫡庶之别矣。一朝之中，其嗣位者亦然。特如商之继统法，以弟及为主而以子继辅之，无弟然后传子。自成汤至于帝辛三十帝中，以弟继兄者凡十四帝（外丙、中壬、大庚、雍己、大戊、外壬、河亶甲、沃甲、南庚、盘庚、大辛、小乙、祖甲、庚丁）；其以子继父者，亦非兄之子，而多为弟之子（小甲、中丁、祖辛、武丁、祖庚、廪辛、武乙）。惟沃甲崩，祖辛之子祖丁立；祖丁崩，沃甲之子南庚立；南庚崩，祖丁之子阳甲立。此三事，独与商人继统法不合。此盖《史记·殷本纪》所谓中丁以后九世之乱，其间当有争立之事而不可考矣。故商人祀其先王，兄弟同礼，即先王兄弟之未立者，其礼亦同，是未尝有嫡庶之别也。此不独王朝之制，诸侯以下亦然。近保定南乡出句兵三，皆有铭，其一曰："大祖日己，祖日丁，祖日乙，祖日庚，祖日丁，祖日己，祖日己。"其二曰："祖日乙，大父日癸，大父日癸，中父日癸，父日癸，父日辛，父日己。"其三曰："大兄日乙，兄日戊，兄日壬，兄日癸，兄日癸，兄日丙。"此当是殷时北方侯国勒祖父兄之名于兵器以纪功者。而三世兄弟之名先后骈列，无上下贵贱之别。是故大王之立王季也，文王之舍伯邑考而立武王也。周公之继武王而摄政称王也，自殷制言之，皆正也。（殷自武乙以后四世传子。又《孟子》谓："以纣为兄之子，且以为君，而有微子启、王子比干。"《吕氏春秋·当务》篇云："纣之同母三人，其长子曰微子启，其次曰仲衍，其次曰受德。受德乃纣也，甚少矣。纣母之生微子启与仲衍也，尚为妾，已而为妻而生纣。纣之父、纣之母欲置微子启以为大子。大史据法而争之曰：有妻之子而不可置妾之子。纣故为后。"《史记·殷本纪》则云："帝乙长子为微子启，启母贱，不得嗣。少子辛，辛母正后，故立辛为嗣。"此三说虽不同，似商末已有立嫡之制。然三说已自互异，恐即以周代之制拟之，未敢信为事实也。）舍弟传子之法，实自周始。当武王之崩，天下未定，国赖长君，周公既相武王克殷胜纣，勋劳最高，以德以长，以历代之制，则继武王而自立，固其所矣。而周公乃立成王而已摄之，后又反政焉。摄政者，所以济变也。立成王者，所以居正也。自是以后，子继之法遂为百王不易之制矣。

　　由传子之制而嫡庶之制生焉。夫舍弟而传子者，所以息争也。兄弟之亲本不如父子，而兄之尊又不如父，故兄弟间常不免有争位之事。特如传弟既尽之后，则嗣立者当为兄之子欤？弟之子欤？以理论言之，自当立兄之子；以事实言之，则所立者往往为弟之子。此商人所以有中丁以后九世之乱，而周人传子之制正为救此弊而设也。然使于诸子之中可以任择一人而立之，而此子又可任立其欲立者，则其争益甚，反不如商之兄弟以长幼相及者犹有次第矣。故有传子之法，而嫡庶之法亦与之俱生。其条例则《春秋左氏传》之说曰："太子死，有母弟则立之，无则立长。年钧择贤，义钧则卜。"《公羊》家之说曰："礼，嫡夫人无子立右媵，右媵无子立左媵，左媵无子立嫡侄娣，嫡侄娣无子立右媵侄娣，右媵侄娣无子立左媵侄娣。质家亲亲先立娣，文家尊尊先立侄。嫡子有孙而死，质家亲亲先立弟，文家尊尊先立孙。其双生也，质家据现在立先生，文家据本意立后生。"此二说中，后说尤为详密，顾皆后儒充类之说，当立法之初，未必穷其变至此。然所谓"立子以贵不以长，立适以长不以贤者"，乃传子法之精髓，当时虽未必有此语，固已用此意矣。盖天下之大利莫如定，其大害莫如争。任天者定，任人者争。定之以天，争乃不生。故天子诸侯之传世也，继统法之立子与立嫡也，后世用人之以资格也，皆任天而不参以人，所以求定而息争也。古人非不知官天下之名美于家天下，立贤之利过于立嫡，人才之用优于资格，而终不以此易彼者，盖惧夫名之可藉而争之易生，其敝将不可胜穷，而民将无时或息也。故衡利而取重，絜害而取轻，而定为立子立嫡之法，以利天下后世。而此制实自周公定之，是周人改制之最大者，可由殷制比较得之，有周一代礼制，大抵由是出也。

是故，由嫡庶之制而宗法与服术二者生焉。商人无嫡庶之制，故不能有宗法。藉曰有之，不过合一族之人奉其族之贵且贤者而宗之。其所宗之人，固非一定而不可易，如周之大宗、小宗也。周人嫡庶之制，本为天子、诸侯继统法而设，复以此制通之大夫以下，则不为君统而为宗统，于是宗法生焉。周初宗法虽不可考，其见于七十子后学所述者，则《丧服小记》曰："别子为祖，继别为宗，继祢者为小宗。有五世而迁之宗，其继高祖者也。是故，祖迁于上，宗易于下。敬宗所以尊祖祢也。"《大传》曰"别子为祖，继别为宗，继祢者为小宗。有百世不迁之宗，有五世则迁之宗。百世不迁者，别子之后也。宗其继别子者，百世不迁者也。宗其继高祖者，五世则迁者也。尊祖故敬宗。敬宗，尊祖之义也。"是故，有继别之大宗，有继高祖之宗，有继曾祖之宗，有继祖之宗，有继祢之宗，是为五宗。其所宗者皆嫡也，宗之者皆庶也。此制为大夫以下设，而不上及天子、诸侯。郑康成于《丧服小记》注曰："别子，诸侯之庶子，别为后世为始祖者也。谓之别子者，公子不得祢先君也。"又于《大传》注曰："公子不得宗君。"是天子、诸侯虽本世嫡，于事实当统无数之大宗，然以尊故，无宗名。其庶子不得祢先君，又不得宗今君，故自为别子，而其子乃为继别之大宗。言礼者嫌别子之世近于无宗也，故《大传》说之曰："有大宗而无小宗者，有小宗而无大宗者，有无宗亦莫之宗者，公子是也。公子有宗道。公子之公，为其士大夫之庶者，宗其士大夫之適者。"注曰："公子不得宗君，君命適昆弟为之宗，使之宗之。"此《传》所谓"有大宗而无小宗"也。又若无適昆弟，则使庶昆弟一人为之宗，而诸庶兄弟事之如小宗，此《传》所谓"有小宗而无大宗"也。《大传》此说，颇与《小记》及其自说违异。盖宗必有所继，我之所以宗之者，以其继别若继高祖以下故也。君之嫡昆弟、庶昆弟皆不得继先君，又何所据以为众兄弟之宗乎？或云：立此宗子者，所以合族也。若然，则所合者一公之子耳。至此公之子与先公之子若孙间，仍无合之之道。是大夫、士以下皆有族，而天子、诸侯之子，于其族曾祖父母、从祖祖父母、世父母、叔父母以下服之所及者，乃无缀属之法，是非先王教人亲亲之意也。故由尊之统言，则天子、诸侯绝宗，王子、公子无宗可也；由亲之统言，则天子、诸侯之子，身为别子而其后世为大宗者，无不奉天子、诸侯以为最大之大宗，特以尊卑既殊，不敢加以宗名，而其实则仍在也。故《大传》曰："君有合族之道。"其在《诗·小雅》之《常棣·序》曰："燕兄弟也"，其诗曰："傧尔笾豆，饮酒之饫。兄弟既具，和乐且孺。"《大雅》之《行苇·序》曰："周家能内睦九族也"，其诗曰："戚戚兄弟，莫远具迩。或肆之筵，或授之几。"是即《周礼·大宗伯》所谓"以饮食之礼亲宗族兄弟"者，是天子之收族也。《文王世子》曰："公与族人燕则以齿。"又曰："公与族人燕则异姓为宾。"是诸侯之收族也。夫收族者，大宗之事也。又在《小雅》之《楚茨》曰："诸父兄弟，备言燕私"，此言天子、诸侯祭毕而与族人燕也。《尚书大传》

曰："宗室有事，族人皆侍终日。大宗已侍于宾奠，然后燕私。燕私者何也？祭已而与族人饮也。"是祭毕而燕族人者，亦大宗之事也。是故天子、诸侯虽无大宗之名，而有大宗之实。笃《公刘》之诗曰："食之饮之，君之宗之。"传曰："为之君，为之大宗也。"《板》之诗曰："大宗维翰"，传曰："王者，天下之大宗。"又曰："宗子维城"，笺曰："王者之嫡子，谓之宗子。"是礼家之大宗限于大夫以下者，诗人直以称天子、诸侯。惟在天子、诸侯则宗统与君统合，故不必以宗名；大夫、士以下皆以贤才进，不必身是嫡子。故宗法乃成一独立之统系。是以《丧服》有为宗子及其母、妻之服皆齐衰三月，与庶人为国君、曾孙为曾祖父母之服同。適子、庶子祇事宗子，宗妇虽贵富，不敢以贵富入于宗子之家。子弟犹归器，祭则具二牲，献其贤者于宗子，夫妇皆齐而宗敬焉，终事而敢私祭。是故大夫以下、君统之外复戴宗统，此由嫡庶之制自然而生者也。

其次则为丧服之制。《丧服》之大纲四：曰亲亲，曰尊尊，曰长长，曰男女有别。无嫡庶，则有亲而无尊，有恩而无义，而丧服之统紊矣。故殷以前之服制，就令成一统系，其不能如周礼服之完密，则可断也。《丧服》中之自嫡庶之制出者，如父为长子三年，为众子期；庶子不得为长子三年；母为长子三年，为众子期；公为適子之长殇、中殇大功，为庶子之长殇、中殇无服；大夫为適子之长殇、中殇大功，为庶子之长殇小功，適妇大功，庶妇小功，適孙期，庶孙小功；大夫为嫡孙为士者期，庶孙小功；出妻之子为母期，为父后者则为出母无服，为父后者为其母缌；大夫之適子为妻期，庶子为妻小功；大夫之庶子为適昆弟期，为庶昆弟大功，为適昆弟之长殇、中殇大功，为庶昆弟之长殇小功，为適昆弟之下殇小功，为庶昆弟之下殇无服；女子子适人者，为其昆弟之为父后者期，为众昆弟大功。凡此，皆出于嫡庶之制，无嫡庶之世，其不适用此制明矣。又无嫡庶则无宗法，故为宗子与宗子之母、妻之服无所施。无嫡庶，无宗法，则无为人后者，故为人后者为其所后及为其父母昆弟之服亦无所用。故《丧服》一篇，其条理至精密纤悉者，乃出于嫡庶之制既行以后。自殷以前，决不能有此制度也。

为人后者为之子，此亦由嫡庶之制生者也。商之诸帝，以弟继兄者，但后其父而不后其兄，故称其所继者仍曰兄甲、兄乙，既不为之子，斯亦不得云为之后矣。又商之诸帝，有专祭其所自出之帝而不及非所自出者，卜辞有一条曰："大丁、大甲、大庚、大戊、中丁、祖乙、祖辛、祖丁牛一羊一。"（《殷虚书契后编》卷上第五叶及拙撰《殷卜辞中所见先公先王续考》。）其于大甲、大庚之间不数沃丁，是大庚但后其父大甲，而不为其兄沃丁后也；中丁、祖乙之间不数外壬、河亶甲，是祖乙但后其父中丁，而不为其兄外壬、河亶甲后也。又一条曰："□祖乙（小乙）、祖丁（武丁）、祖甲、康祖丁（庚丁）、武乙衣"（《书契后编》卷上第二十叶并拙撰《殷卜辞中所见先公先王考》），于祖甲前不数祖庚，康祖丁前不数廪辛，是亦祖甲本不后其兄祖庚，庚丁不后其兄廪辛，故后世之帝，于合祭之一种中乃废其祀。（其特祭仍不废。）是商无为人后者为之子之制也。周则兄弟之相继者，非为其父后，而实为所继之兄弟后。以春秋时之制言之，《春秋经》文二年书"八月丁卯，大事于大庙，跻僖公"，《公羊传》曰："讥。何讥尔？逆祀也。其逆祀奈何？先祢而后祖也。"夫僖本闵兄，而传乃以闵为祖，僖为祢，是僖公以兄为弟闵公后，即为闵公子也。又《经》于成十五年书"三月乙巳，仲婴齐卒。"《传》曰："仲婴齐者，公孙婴齐也。公孙婴齐则曷为谓之仲婴齐？为兄后也。为兄后则曷为谓之仲婴齐？为人后者为之子也。为人后者为之子，则其称仲何？孙以王父字为氏也。然则婴齐孰后？后归父也。"夫婴齐为归父弟，以为归父后，故祖其父仲遂而以其字为氏。是春秋时为人后者无不即为其子。此事于周初虽无可考，然由嫡庶之制推之，固当如是也。

又与嫡庶之制相辅者，分封子弟之制是也。商人兄弟相及，凡一帝之子，无嫡庶长幼，皆为未来之储贰，故自开国之初，已无封建之事，矧在后世？惟商末之微子、箕子，先儒以微、箕为二国名，然比干亦王子而无封，则微、箕之为国名，亦未可遽定也。是以殷之亡，仅有一微子以存商祀，而中原除宋以外，更无一子姓之国。以商人兄弟相及之制推之，其效固应如是也。周人既立嫡长，则天位素定，其余嫡子、庶子，皆视其贵贱贤否，畴以国邑。开国之初，建兄弟之国十五，姬姓之国四十，大抵在邦畿之外；后王之子弟，亦皆使食畿内之邑。故殷之诸侯皆异姓，而周则同姓、异姓各半。此与政治文物之施行甚有关系，而天子诸侯君臣之分，亦由是而确定者也。

自殷以前，天子、诸侯君臣之分未定也。故当夏后之世，而殷之王亥、王恒，累叶称王。汤未放桀之时，亦已称王。当商之末，而周之文武亦称王。盖诸侯之于天子，犹后世诸侯之于盟主，未有君臣之分也。周初亦然，于《牧誓》《大诰》皆称诸侯曰"友邦君"，是君臣之分亦未全定也。逮克殷践奄，灭国数十，而新建之国皆其功臣、昆弟、甥舅，本周之臣子；而鲁、卫、晋、齐四国，又以王室至亲为东方大藩，夏、殷以来古国，方之蔑矣。由是天子之尊，非复诸侯之长而为诸侯之君，其在《丧服》，则诸侯为天子斩衰三年，与子为父、臣为君同。盖天子、诸侯君臣之分始定于此。此周初大一统之规模，实与其大居正之制度相待而成者也。

　　嫡庶者，尊尊之统也，由是而有宗法，有服术。其效及于政治者，则为天位之前定、同姓诸侯之封建、天子之尊严。然周之制度，亦有用亲亲之统者，则祭法是已。商人祭法见于卜辞所纪者，至为繁复。自帝喾以下，至于先公先王先妣，皆有专祭，祭各以其名之日，无亲疏远迩之殊也。先公先王之昆弟，在位者与不在位者祀典略同，无尊卑之差也。其合祭也，则或自上甲至于大甲九世，或自上甲至于武乙二十世，或自大丁至于祖丁八世，或自大庚至于中丁三世，或自帝甲至于祖丁二世，或自小乙至于武乙五世，或自武丁至于武乙四世。又数言"自上甲至于多后衣"，此于卜辞屡见，必非周人三年一祫、五年一禘之大祭，是无毁庙之制也。虽《吕览》引《商书》言"五世之庙可以观怪"，而卜辞所纪事实乃全不与之合，是殷人祭其先无定制也。周人祭法，《诗》《书》《礼经》皆无明文。据礼家言，乃有七庙、四庙之说。此虽不可视为宗周旧制，然礼家所言庙制，必已萌芽于周初，固无可疑也。古人言周制尚文者，盖兼综数义而不专主一义之谓。商人继统之法不合尊尊之义，其祭法又无远迩尊卑之分，则于亲亲、尊尊二义皆无当也。周人以尊尊之义经亲亲之义而立嫡庶之制，又以亲亲之义经尊尊之义而立庙制，此其所以为文也。说庙制者，有七庙、四庙之殊，然其实不异。《王制》《礼器》《祭法》《春秋穀梁传》皆言"天子七庙、诸侯五"。《曾子问》言"当七庙、五庙无虚主"，《荀子·礼论》篇亦言"有天下者事七世，有一国者事五世"。惟《丧服小记》独言"王者禘其祖之所自出，以其祖配之而立四庙。"郑注："高祖以下也，与始祖而五也。"如郑说，是四庙实五庙也。《汉书·韦玄成传》："玄成等奏：《祭义》曰：'王者禘其祖之所自出，以其祖配之而立四庙。'言始受命而王，祭天以其祖配，而不为立庙，亲尽也。立亲庙四，亲亲也。亲尽而迭毁，亲疏之杀，示有终。周之所以七庙者，以后稷始封，文王、武王受命而王，是以三庙不毁，与亲庙四而七。"《公羊》宣六年传何注云："礼，天子、诸侯立五庙。周家祖有功，宗有德，立后稷、文、武庙，至于子孙，自高祖以下而七庙。"《王制》郑注亦云："七者，太祖及文、武之祧，与亲庙四。"则周之七庙，仍不外四庙之制。刘歆独引《王制》说之曰："天子三昭、三穆，与太祖之庙而七。七者，其正法，不可常数者也。宗不在此数中，宗变也。"是谓七庙之中，不数文、武，则有亲庙六。以礼意言之，刘说非也。盖礼有尊之统，有亲之统。以尊之统言之，祖愈远则愈尊，则如殷人之制，遍祀先公先王可也。庙之有制也，出于亲之统。由亲之统言之，则亲亲以三为五，以五为九，上杀、下杀、旁杀而亲毕矣。亲，上不过高祖，下不过玄孙，故宗法、服术皆以五为节。《丧服》有"曾祖父母服而无高祖父母服，曾祖父母之服不过齐衰三月"。若夫玄孙之生，殆未有及见高祖父母之死者；就令有之，其服亦不过袒免而止。此亲亲之界也，过是则亲属竭矣，故遂无服。服之所不及，祭亦不敢及，此礼服家所以有天子四庙之说也。刘歆又云："天子七日而殡，七月而葬。诸侯五日而殡，五月而葬。"此丧事尊卑之序也，与庙数相应。《春秋左氏传》曰："名位不同，礼亦异数"，"自上以下，降杀以两，礼也"。虽然，言岂一端而已。礼有以多为贵者，有以少为贵者，有无贵贱一者。车服之节，殡葬之期，此有等衰者也。至于亲亲之事，则贵贱无以异。以三为五，大夫以下用之；以五为九，虽天子不能过也。既有不毁之庙以存尊统，复有四亲庙以存亲统，此周礼之至文者也。宗周之初，虽无四庙明文，然祭之一种限于四世，则有据矣。《逸周书·世俘解》："王克殷，格于庙，王烈祖自大王、大伯、王季、虞公、文王、邑考以列升。"此太伯、虞公、邑考与三王并升，犹用殷礼，然所祀者四世也。《中庸》言："周公成文、武之德，追王大王、王季，上祀先公以天子之礼。"于先公之中追王二代，与文、武而四，则成王、周公时庙数虽不必限于四王，然追王者与不追王者之祭，固当有别矣。《书·顾命》所设几筵，乃成王崩，召公摄成王册命康王时依神之席（见拙撰《周书顾命考》及《顾命后考》），而其席则牖间、西序、东序与西夹凡四，此亦为大王、王季、文王、武王设。是周初所立，即令不止四庙，其于高祖以下，固与他先公不同。其后遂为四亲庙之制，又加以后稷、文、武，遂为七庙。是故遍祀先公先王者，殷制也；七庙、四庙者，七十子后学之说也。周初制度，自当在此二者间。虽不敢以七十子后学之说上拟宗周制度，然其不如殷人之遍祀其先，固可由其他制度知之矣。

以上诸制，皆由尊尊、亲亲二义出。然尊尊、亲亲、贤贤，此三者治天下之通义也。周人以尊尊、亲亲二义，上治祖祢，下治子孙，旁治昆弟，而以贤贤之义治官。故天子、诸侯世，而天子、诸侯之卿、大夫、士皆不世。盖天子诸侯者，有土之君也。有土之君，不传子、不立嫡，则无以弭天下之争。卿、大夫、士者，图事之臣也，不任贤，无以治天下之事。以事实证之，周初三公，惟周公为武王母弟，召公则疏远之族兄弟，而太公又异姓也。成、康之际，其六卿为召公、芮伯、彤伯、毕公、卫侯、毛公，而召、毕、毛三公又以卿兼三公，周公、太公之子不与焉。王朝如是，侯国亦然，故《春秋》讥世卿。世卿者，后世之乱制也。礼有大夫为宗子之服，若如春秋以后世卿之制，则宗子世为大夫，而支子不得与，又何大夫为宗子服之有矣。此卿、大夫、士不世之制，当自殷已然，非属周制，虑后人疑传子立嫡之制通乎大夫以下，故附著之。

男女之别，周亦较前代为严。男子称氏，女子称姓，此周之通制也。上古女无称姓者，有之，惟一姜嫄。姜嫄者，周之妣，而其名出于周人之口者也。传言黄帝之子为十二姓，祝融之后为八姓。又言虞为姚姓，夏为姒姓，商为子姓。凡此纪录，皆出周世。据殷人文字，则帝王之妣与母皆以日名，与先王同，诸侯以下之妣亦然（传世商人彝器多有妣甲、妣乙诸文）。虽不敢谓殷以前无女姓之制，然女子不以姓称，固事实也。（《晋语》"殷辛伐有苏氏，有苏氏以妲己女焉。"案：苏国己姓，其女称妲己。似己为女子称姓之始，然恐亦周人追名之。）而周则大姜、大任、大姒、邑姜，皆以姓著。自是讫于春秋之末，无不称姓之女子。《大传》曰："四世而缌，服之穷也。五世祖免，杀同姓也。六世亲属竭矣。其庶姓别于上而戚单于下，婚姻可以通乎？"又曰："系之以姓而弗别，缀之以食而弗殊，虽百世而婚姻不通者，周道然也。"然则商人六世以后或可通婚；而同姓不婚之制，实自周始；女子称姓，亦自周人始矣。

是故有立子之制而君位定，有封建子弟之制而异姓之势弱、天子之位尊。有嫡庶之制，于是有宗法、有服术，而自国以至天下合为一家。有卿、大夫不世之制，而贤才得以进。有同姓不婚之制，而男女之别严。且异姓之国，非宗法之所能统者，以婚媾甥舅之谊通之。于是天下之国，大都王之兄弟、甥舅，而诸国之间亦皆有兄弟、甥舅之亲，周人一统之策实存于是。此种制度，固亦由时势之所趋，然手定此者，实惟周公。原周公所以能定此制者，以公于旧制本有可以为天子之道，其时又躬握天下之权，而顾不嗣位而居摄，又由居摄而致政，其无利天下之心？昭昭然为天下所共见。故其所设施，人人知为安国家、定民人之大计，一切制度遂推行而无所阻矣。

由是制度，乃生典礼，则"经礼三百、曲礼三千"是也。凡制度、典礼所及者，除宗法、丧服数大端外，上自天子、诸侯，下至大夫、士止，民无与焉，所谓"礼不下庶人"是也。若然，则周之政治但为天子、诸侯、卿、大夫、士设，而不为民设乎？曰：非也。凡有天子、诸侯、卿、大夫、士者，以为民也。有制度、典礼以治，天子、诸侯、卿、大夫、士，使有恩以相洽，有义以相分，而国家之基定，争夺之祸泯焉。民之所求者，莫先于此矣。且古之所谓国家者，非徒政治之枢机，亦道德之枢机也。使天子、诸侯、大夫、士各奉其制度、典礼，以亲亲、尊尊、贤贤，明男女之别于上，而民风化于下，此之谓治。反是，则谓之乱。是故，天子、诸侯、卿、大夫、士者，民之表也；制度、典礼者，道德之器也。周人为政之精髓，实存于此。此非无征之说也。以经证之，《礼经》言治之迹者，但言天子、诸侯、卿、大夫、士；而《尚书》言治之意者，则惟言庶民。《康诰》以下九篇，周之经纶天下之道胥在焉。其书皆以民为言，《召诰》一篇，言之尤为反复详尽，曰命、曰天、曰民、曰德，四者一以贯之。其言曰："天亦哀于四方民，其眷命用懋，王其疾敬德。"又曰："今天其命哲，命吉凶，命历年。知今我初服，宅新邑，肆惟王其疾敬德。王其德之用，祈天永命。"又曰："欲王以小民受天永命。"且其所谓德者，又非徒仁民之谓，必天子自纳于德而使民则之，故曰"其惟王勿以小民淫用非彝"，又曰"其惟王位在德元，小民乃惟刑用于天下，越王显。"充此言以治天下，可云至治之极轨。自来言政治者，未能有高焉者也。古之圣人，亦岂无一姓福祚之念存于其心，然深知夫一姓之福祚与万姓之福祚是一非二，又知一姓万姓之福祚与其道德是一非二，故其所以祈天永命者，乃在"德"与"民"二字。此篇乃召公之言，而史佚书之以诰天下（《洛诰》云"作册逸诰"，是史逸所作《召诰》与《洛诰》日月相承，乃一篇分为二者，故亦史佚作也）。文、武、周公所以治天下之精义大法，胥在于此。故知周之制度、典礼，实皆为道德而设。而制度、典礼之专及大夫、士以上者，亦未始不为民而设也。

周之制度、典礼，乃道德之器械，而尊尊、亲亲、贤贤、男女有别四者之结体也，此之谓民彝。其有不由此者，谓之非彝。《康诰》曰"勿用非谋非彝"，《召诰》曰"其惟王勿以小民淫用非彝"。非彝者，礼之所去，刑之所加也。《康诰》曰："凡民自得罪，寇攘奸宄，杀越人于货，暋不畏死，罔不憝。"又曰："元恶大憝，矧惟不孝不友。子弗祗服厥父事，大伤厥考心。于父不能字厥子，乃疾厥子。于弟弗念天显，乃弗克恭厥兄，兄亦不念鞠子哀，大不友于弟。惟吊兹，不于我政人得罪，天惟与我民彝大泯乱。曰：乃其速由文王作罚，刑兹无赦。"此周公诰康叔治殷民之道。殷人之刑惟寇攘奸宄，而周人之刑则并及不孝不友，故曰"惟吊兹，不于我政人得罪"，又曰"乃其速由文王作罚"，其重民彝也如此。是周制刑之意，亦本于德治、礼治之大经。其所以致太平与刑措者，盖可睹矣。

夫商之季世，纪纲之废，道德之斁极矣。周人数商之罪，于《牧誓》曰："今商王受，惟妇言是用，昏弃厥肆祀弗答，昏弃厥遗王父母弟弗迪，乃惟四方之多罪逋逃，是崇、是长，是信、是使，是以为大夫、卿士，以暴虐于百姓，以奸宄于商邑。"于《多士》曰："在今后嗣王，诞淫厥泆，罔顾于天显民祗"。于《多方》曰"乃惟尔辟，以尔多方，大淫图天之命，屑有辞。"

于《酒诰》曰："在今后嗣王酣身，厥命罔显于民祇，保越怨不易。诞惟厥纵淫泆于非彝，用燕丧威仪，民罔不盡伤心。惟荒腆于酒，不惟自息乃逸。厥心疾很，不克畏死，辜在商邑，越殷国民无罹。弗惟德馨香祀，登闻于天，诞惟民怨，庶群自酒，腥闻在上，故天降丧于殷。罔爱于殷，惟逸。天非虐，惟民自速辜。"由前三者之说，则失德在一人；由后之说，殷之臣民其渐于亡国之俗久矣。此非敌国诬谤之言也，殷人亦屡言之，《西伯戡黎》曰："惟王淫戏用自绝。"《微子》曰："我用沈酗于酒，用乱败厥德于下。殷罔不小大，好草窃奸宄，卿士师师非度。凡有辜罪，乃罔恒获。小民方兴，相为敌雠。"又曰："天毒降灾荒殷邦，方兴沈酗于酒，乃罔畏畏，咈其耇长，旧有位人。今殷民乃攘窃神祇之牺牷牲用，以容将食无灾。"夫商道尚鬼，乃至窃神祇之牺牲，卿士浊乱于上，而法令隳废于下，举国上下，惟奸宄敌仇之是务，固不待孟津之会、牧野之誓，而其亡已决矣。而周自大王以后，世载其德，自西土邦君、御事小子，皆克用文王教。至于庶民，亦聪听祖考之彝训。是殷周之兴亡，乃有德与无德之兴亡，故克殷之后，尤兢兢以德治为务。《召诰》曰："我不可不监于有夏，亦不可不监于有殷。我不敢知曰：有夏受天命，惟有历年。我不敢知曰：不其延。惟不敬厥德，乃早坠厥命。我不敢知曰：有殷受天命，惟有历年。我不敢知曰：不其延。惟不敬厥德，乃早坠厥命。今王嗣受厥命，我亦惟兹二国命，嗣若功。王乃初服。"周之君臣，于其嗣服之初反复教戒也如是，则知所以驱草窃奸宄相为敌仇之民而跻之仁寿之域者，其经纶固大有在。欲知周公之圣与周之所以王，必于是乎观之矣。

说自契至于成汤八迁

《尚书序》："自契至于成汤八迁"，《正义》仅举其三。今考之古籍，则《世本·居篇》云"契居蕃"，（见《水经注·渭水》篇。《通鉴·地理通释》引《世本》作番，疑即《汉志》鲁国之蕃县，观相土之都在东岳下可知。）契本帝喾之子，实本居亳，今居于蕃，是一迁也。《世本》又云"昭明居砥石"（《书正义》引），由蕃迁于砥石，是二迁也。《荀子·成相》篇云："契玄王，生昭明，居于砥石，迁于商。"是昭明又由砥石迁商，是三迁也。《左氏》襄九年传云："陶唐氏之火正阏伯居商邱，祀大火而火纪时焉，相土因之，故商主大火。"是以商邱为昭明子相土所迁。又定九年传，祝鮀论周封康叔曰："取于相土之东都，以会王之东搜。"则相土之时曾有二都，康叔取其东都以会王之东搜，则当在东岳之下，盖如泰山之祊为郑有者，此为东都；则商邱乃其西都矣。疑昭明迁商后，相土又东徙泰山下，后复归商邱，是四迁、五迁也。今本《竹书纪年》云："帝芬三十三年，商侯迁于殷。"（《山海经》郭璞注引真本《纪年》有"殷王子亥"，"殷主甲微"，称殷不称商，则今本《纪年》此事或可信。）是六迁也。又"孔甲九年，殷侯复归于商邱"，是七迁也。至"汤始居亳，从先王居"，则为八迁。汤至盘庚五迁，《书序》纪其四，而前之八迁，古未有说，虽上古之事若存若亡，《世本》《纪年》亦未可尽信，然要不失为古之经说也。（梁氏玉绳《史记志疑》引《路史·国名纪》上甲居邺，以当一迁。不知邺即殷也。）

说　商

　　商之国号，本于地名。《史记·殷本纪》云"契封于商"，郑玄、皇甫谧以为上雒之商，盖非也。古之宋国，实名商邱。邱者，虚也。（《说文解字》："虚，大丘也。昆仑丘谓之昆仑虚。"又云："丘谓之虚，从丘，虍声。"）宋之称商丘，犹洹水南之称殷虚，是商在宋地。《左传》昭元年"后帝不臧，迁阏伯于商丘，主辰，商人是因，故辰为商星。"又襄九年《传》："陶唐氏之火正阏伯居商丘，祀大火而火纪时焉。相土因之，故商主大火。"又昭十七年《传》："宋，大辰之虚也，大火谓之大辰。"则宋之国都，确为昭明、相土故地。杜预《春秋释地》以商邱为梁国睢阳（今河南归德府商邱县），又云"宋、商、商邱三名一地"，其说是也。始以地名为国号，继以为有天下之号。其后虽不常厥居，而王都所在，仍称大邑商，迄于失天下而不改。罗参事《殷虚书契考释序》云："史称盘庚以后，商改称殷，而遍搜卜辞，既不见'殷'字，又屡言'入商'，田游所至，曰'往'、曰'出'，商独言'入'，可知文丁、帝乙之世，虽居河北，国尚号商。"其说是也。且《周书·多士》云"肆予敢求尔于天邑商"，是帝辛、武庚之居犹称商也。至微子之封，国号未改，且处之商邱，又复其先世之地，故国谓之宋，亦谓之商。顾氏《日知录》引《左氏传》"孝惠娶于商"、哀二十四年。"天之弃商久矣"、僖二十二年"利以伐姜，不利子商"，哀九年。以证宋之得为商。阎百诗《潜邱劄记》驳之，其说甚辨，然不悟周时多谓宋为商。《左氏》襄九年传："士弱曰：商人阅其祸败之衅，必始于火。"此答晋侯宋知天道之问。商人，谓宋人也。昭八年《传》："大搜于红，自根牟至于商卫，革车千乘。"商卫，谓宋卫也。《吴语》："阙为深沟，通于商、鲁之间。"谓宋、鲁之间也。《乐记》："师乙谓子贡：商者，五帝之遗音也，商人识之，故谓之商。齐者，三王之遗音也，齐人识之，故谓之齐。"子贡之时，有齐人，无商人。商人即宋人也。余疑宋与商声相近，初本名商，后人欲以别于有天下之商，故谓之宋耳。然则商之名起于昭明，讫于宋国，盖于宋地终始矣。

说 亳

古地以亳名者甚多，《周书·立政》云"三亳阪尹"，郑玄谓"汤旧都之民服文王者分为三邑，其长居险，故名阪尹。盖东成皋、南辕辕、西降谷也。"《书正义》引。皇甫谧则云："三处之地皆名为亳，蒙为北亳，谷熟为南亳，偃师为西亳。"（同上）《括地志》申之曰："宋州谷熟县西南三十五里南亳故城，即南亳，汤都也。宋州北五十里大蒙城为景亳，汤所盟地，因景山为名。偃师为西亳，帝喾及汤所都。"（《史记·殷本纪正义》引）二说不同。然《立政》说文王事，时周但长西土，不得有汤旧都之民与南、北、西三亳之地。此三亳者，自为西夷，与《左氏传》之"肃慎燕亳"，《说文》"京兆杜陵亭之亳"，皆与汤都无与者也。又《春秋》襄十一年"同盟于亳城北"（《公》《榖》作京城北，《公羊疏》谓《服氏经》亦作京，今《左氏经传》作亳，殆字之误也），则为郑地之亳。《史记·五帝本纪集解》引《皇览》云"帝喾冢在东郡濮阳顿邱城南亳阴野中"，则为卫地之亳。《左氏传》"公子御说奔亳"，则为宋地之亳。与皇甫谧所举三亳，以亳名者八九，然则汤之所都，果安在乎？《史记·六国表》言："收功实者常于西北，故禹兴于西羌，汤起于亳。"徐广以京兆杜陵之亳亭当之，盖探史公之意以为说。班固于《汉·地理志》则云："偃师尸乡，殷汤所都。"郑玄亦以为汤

都偃师，皇甫谧以为汤居南亳（《尚书正义》引）。《括地志》
兼采二说，以为汤始居南亳谷熟，后居西亳偃师。而《汉书·地
理志》山阳郡之薄县，臣瓒曰："汤所都。"是汤所都之亳亦有
四说。余案：瓒说是也。山阳之薄，即皇甫谧所谓北亳，后汉以
薄县属梁国，至魏晋并罢薄县，以其地属梁国之蒙县，故谧云
"蒙为北亳"者，浑言之。杜预于庄十一年《传》注云"蒙县西
北有亳城"，则析言之。蒙之西北，即汉山阳郡薄县地也（今山
东曹州府曹县南二十余里）。其为汤都有三证：一以春秋时宋之
亳证之。《左氏》庄十一年传："宋万弑闵公于蒙泽，立子游。
群公子奔萧，公子御说奔亳，南宫牛、猛获帅师围亳。冬十月，
萧叔大心及戴武宣、穆庄之族以曹师伐之，杀南宫牛于师，杀子
游于宋，立桓公。猛获奔卫，南宫万奔陈。"杜注以亳在蒙县西
北。如杜说，则亳与曹接境。曹师之伐，先亳后宋，猛获在亳，
故北奔卫。南宫万在宋，故南走陈。是宋之亳，即汉之薄县。又
哀十四年《传》"桓魋请以鞍易薄。景公曰：'不可。薄，宗邑
也。'乃益鞍七邑。"鞍，桓魋之邑，地虽无考，当与薄近。是
岁魋入于曹以叛，时曹地新入于宋，虽未必为魋采邑，亦必与魋
邑相近。则其所欲易之薄，亦必与曹相近，殆即前汉山阳郡之薄
县，而此薄为宋宗邑，尤足证其为汤所都。然则此北亳者，于春
秋时为亳、为薄，于两汉为薄县，晋时县治虽废，而尚有亳城。
若南亳、西亳，不独古籍无征，即汉以后亦不见有亳名，其证
一也。二以汤之邻国证之。《孟子》言"汤居亳，与葛为邻"，
皇甫谧、孟康、司马彪、杜预、郦道元均以宁陵县（前汉属陈留
郡，后汉属梁国。）之葛乡为葛伯国。谧且谓偃师去宁陵八百余
里，不能使民为之耕，以证汤之所都当为谷熟之南亳。然谷熟之
去宁陵，虽较之偃师为近，中间尚隔二百余里。若蒙县西北之

薄，与宁陵东北之葛乡地正相接，汤之所都，自当在此，其证二也。三以汤之经略北方证之。汤所伐国，韦、顾、昆吾、夏桀，皆在北方。昆吾之墟，地在卫国（汉东郡濮阳城内）。《左传》《世本》说当可据。而韦国，郑笺以为豕韦。按《续汉书·地理志》"东郡白马县有韦乡"，杜预亦云："白马县东南有韦城，古豕韦氏之国。"又白马之津，《史记·曹相国世家》亦谓之"围津"，是韦与昆吾实为邻国，与亳相距不过二百里。顾地无考，《汉书·古今人表》作"鼓"。案：殷虚卜辞云"王步于簋"，簋当即鼓字。卜辞所载地名，大抵在大河南北数百里内，知亦距韦与昆吾不远。且顾与昆吾，《郑语》均以为己姓之国，故卫之帝邱城外有戎州己氏；而梁国蒙、薄之北，汉亦置己氏县。疑古顾国当在昆吾之南，蒙薄之北。然则亳于汤之世，居国之北境，故汤自商邱徙此，以疆理北方。逮北伐韦、顾，遂及昆吾，于是商境始北抵河，王业之成，基于此矣。汤之时，方有事北方，决无自商邱南徙谷熟之理。至偃师之地，更与诸国风马牛不相及，其证三也。自来说汤都者，纷歧无定说，故举此三证质之。

说 耿

　　《尚书序》：“祖乙迁于耿。”《史记·殷本纪》作“邢”，《索隐》以为“河东皮氏县之耿乡。”然仲丁迁隞，河亶甲居相，其地皆在河南北数百里内。祖乙所居，不得远在河东。且河东之地，自古未闻河患，耿乡距河稍远，亦未至遽圮也。段氏《古文尚书撰异》引《说文》：“邢，郑地有邢亭，疑祖乙所迁当是此地。”然《说文》“邢”字下云：“邢，周公子所封，地近河内怀”，其云周公子所封。则指邢、茅、胙、祭之邢（杜注在广平襄国县），然又云“地近河内怀”，则又指《左传》（宣六年）、《战国策》（《魏策》秦固有怀地邢邱。《史记·魏世家》作怀地邢邱）之邢邱（杜注：在河内平皋县）也。邢邱即邢虚，犹言商邱殷虚，祖乙所迁，当即此地。其地正滨大河，故祖乙圮于此也。

说　殷

殷之为洹水南之殷虚，盖不待言。然自《史记》以降，皆以殷为亳，其误始于今文《尚书·书序》讹字，而太史公仍之。《书序》："盘庚五迁，将治亳殷。"（马、郑本古文同。）束晳谓"孔子壁中《尚书》作'将始宅殷'。"孔疏谓："'亳'字摩灭，容或为'宅'。壁内之书，安国先得，'治'皆作'乱'，其字与'始'不类，无缘误作始字。"段氏《古文尚书撰异》谓"'治'之作'乱'，乃伪古文。束广微当晋初，未经永嘉之乱。或孔壁原文尚存秘府，所说殆不虚。"按《隋书·经籍志》，晋世秘府所存，有古文《尚书》经文，束晳所见，自当不诬。且'亳殷'二字未见古籍，《商颂》言"宅殷土茫茫"，《周书·召诰》言"宅新邑"。"宅殷"连言，于义为长。且殷之于亳，截然二地。《书》疏引《汲冢古文》云"盘庚自奄迁于殷，在邺南三十里。"（《史记索隐》引《汲郡古文》：盘庚自奄迁于北蒙，曰殷虚，去邺三十里。今本《纪年》作：自奄迁于北蒙，曰殷。无"在邺南三十里"六字。）束晳以《汉书·项羽传》之"洹水南殷虚"释之（见《书》孔疏），今龟甲、兽骨出土皆在此地，盖即盘庚以来殷之旧都。《楚语》白公子张曰："昔殷武丁能耸其德，至于神明，以入于河，自河徂亳。"盖用《逸书·说命》之文（今伪古文《说命》袭其语）。《书·无逸》称"高宗旧劳于外"，当指此事。然则小乙之时，必都河北之殷，故武丁徂亳，必先入河，此其证也。《史记》既以盘庚所迁为亳殷，在河南，而受辛之亡，又都河北，乃不得不以去亳徙河北归之武乙，今本《纪年》袭之。然《史记正义》引古本《竹书纪年》云："自盘庚徙殷，至纣之亡，七百七十三年，更不迁都。"虽不似竹书原文，必隐括本书为之，较得事实。乃今本《纪年》于武乙三年书"自殷迁于河北"，又于十五年书"自河北迁于沫"，则又勦《史记》及《帝王世纪》之说，必非汲冢本文也。要之，盘庚迁殷，经无"亳"字；武丁"徂"亳，先入于河；洹水之虚，存于秦世。此三事，已足正《书序》及《史记》之误。而殷虚卜辞中所祀帝王，讫于康祖丁、武祖乙、文祖丁，罗参事以康祖丁为庚丁，武祖乙为武乙，文祖丁为文丁，其说至不可易。（见《殷虚书契考释》。）则帝乙之世尚宅殷虚，《史记正义》所引《竹书》，独得其实。如是，则商居殷最久，故亦称"殷"。《诗》《书》之文；皆"殷""商"互言，或兼称"殷商"，然其名起于地名之殷，而殷地之在河北不在河南，则可断也。

周葊京考

宗周彝器，言"王在葊京"者五，井鼎、静簋、静敦、史懋壶、遹敦。言"王在葊"者一，召伯虎敦。其字从舜、从宁。宁字虽不可识，然与旁鼎之{字}、旁尊之{字}皆极相似，当是从舜、旁声之字。葊京盖即《诗·小雅》"往城于方"及"侵镐及方"之方。镐、方二地，自来无说。案：《小雅》云"薄伐玁狁，至于大原"，又云"来归自镐，我行永久。"极其所至之地曰"太原"，著其所由归之地曰"镐"，则镐与太原殆是一地。或太原其总名，而镐与方皆太原之子邑耳。太原，先儒或以为晋阳，或以为平凉。而据《尚书·禹贡》《春秋左氏传》之说，其地当在河东。《禹贡》记禹治冀州水，首壶口梁岐，次太原、次岳阳、次覃怀、次衡漳，而终以恒卫。其次实自西而东，则太原一地当在壶口梁岐之东，太岳之西，即汉之河东郡地。又《左氏》昭元年传："宣汾洮，障大泽，以处太原。"考汾水经流千三百四十里，历汉太原、河东二郡地，而洮水、大泽则皆在河东。《续汉书·郡国志》"河东郡闻喜邑有涑水，有洮水"。《水经·涑水注》则云："涑水所出，俗谓之华谷（《经》云：涑水出河东闻喜县东山黍葭谷），至周阳与洮水合。"又云"贾逵曰：汾、洮，二水名。"司马彪曰："洮水出闻喜县，故王莽以县为洮亭也。然则涑水殆亦为洮水之兼称乎？"云云。是郦氏始以洮为涑之别

312

源，又疑为涑之异号。观传文汾、洮并举，殆非涑水不足当之，则后说殆是也。顾无论从何说，洮水皆不出汉河东境内。则有汾、洮二水之太原，正汉河东郡地，与《禹贡》之太原在壶口梁岐、岳阳间者，地望正合。大泽当即安邑盐池或蒲坂张阳池，亦河东地也。《后汉书·西羌传》："穆王西伐犬戎，取其五王。王遂迁戎于太原。"（此书当出原本《竹书纪年》。）而《穆天子传》"天子至于雷首，犬戎胡觞天子于雷水之阿"，此当是犬戎既迁后事。案：雷首山在河东蒲坂县，雷水出焉，则犬戎所迁之太原在河东可知。《周语》"宣王既丧南国之师，乃料民于太原。"料民之事，亦以河东为便，不容东至晋阳，亦无缘西至平凉也。太原之地既定，乃可求镐方之所在。余疑彝器中之菶京，即《小雅》之"方"也。静敦上言"王在菶京"，下言"射于大池"，遹敦上言"王在菶京"，下言"呼渔于大池"，则菶京左右必有大池。而河东诸湖泽，有董泽、有盐池、有张阳池（今蒲州五姓湖）。盐池既不可渔，则所谓大池者，董泽与张阳池必居其一而张阳池东西两陂，东陂东西二十五里，南北八里；西陂东西二十里，南北五里；去蒲坂一十五里，较董泽之东西四里、南北三里者为大。若以此池当静敦、遹敦之大池，则所谓菶京者，非蒲坂莫属矣。《汉书·地理志》："河东郡蒲坂，故曰蒲，秦更名。"（今蒲州）菶、蒲声相近。又菶在阳部，蒲在鱼部，为阴阳对转之字。又古方、旁同字，则《小雅》之方，当即彝器之菶京，秦汉之蒲坂矣。彝器凡言"王在菶京"者，多穆王时器，而召伯虎敦作于宣王六年，亦云"王在菶"，与穆王迁戎、宣王料民之事亦可相印证也。周都丰镐，而菶亦称京，与唐都长安而建蒲州为中都者，先后一揆。余曩作《玁狁考》，于方镐之方未能实指其地，故复著之。

秦都邑考

秦之祖先，起于戎狄，当殷之末，有中潏者，已居西垂，大骆、非子以后，始有世系可纪，事迹亦较有据。其历世所居之地，曰西垂、曰犬邱、曰秦、曰渭汧之会、曰平阳、曰雍、曰泾阳、曰栎阳、曰咸阳，此九地中，惟西垂一地，名义不定。犬邱、泾阳二地，有异实而同名者，后人误甲为乙，遂使一代崛起之地与其经略之迹不能尽知，世亦无正其误者。案：西垂之义，本谓西界。《史记·秦本纪》："中潏在西戎，保西垂。"又："申侯谓孝王曰：昔我先郦山之女，为戎胥轩妻，生中潏，以亲故归周，保西垂，西垂以其故和睦。"又云：庄公"为西垂大夫。"以语意观之，西垂殆泛指西土，非一地之名。然《封禅书》言："秦襄公既侯，居西垂。"《本纪》亦云"文公元年居西垂宫"，则又似特有西垂一地。《水经·漾水注》，以汉陇西郡之西县当之，其地距秦亭不远。使西垂而系地名，则郦说无以易矣。唯犬邱一地，徐广曰："今槐里也。"案：槐里之名犬邱，班固《汉书·地理志》、宋衷《世本注》均有此说。此乃周地之犬邱，非秦大骆、非子所居之犬邱也。《本纪》云"非子居犬邱"，又云"大骆地犬邱"，夫槐里之犬邱为懿王所都，而大骆与孝王同时，仅更一传，不容为大骆所有，此可疑者一也。又云宣公子庄公，以"其先大骆地犬邱为西垂大夫。"若西垂泛指西界，则槐里尚在雍岐之东，不得云西垂。若以西垂为汉之西县，则槐里与西县相距甚远，此可疑者二也。且秦自襄公后始有岐西之地，厥后文公居汧渭之会，宁公居平阳，德公居雍，皆在槐里以西，无缘大骆、庄公之时已居槐里，此可疑者三也。案：《本纪》又云"庄公居其故西犬邱"，此西犬邱实对东犬邱之槐里言，《史记》之文，本自明白，但其余犬邱字上均略去"西"字。余疑犬邱、西垂本一地，自庄公居犬邱、号西垂大夫，后人因名西犬邱为西垂耳。然则大骆之起，远在陇西，非子邑秦，已稍近中国。庄公复得大骆故地，则又西徙。逮襄公伐戎至岐，文公始逾陇而居汧渭之会，其未逾陇以前，殆与诸戎无异。自徐广以犬邱为槐里，《正义》仍之，遂若秦之初起已在周畿内者，殊失实也。（此稿既成，检杨氏守敬《春秋列国图》，图西犬邱于汉陇西郡西县地，其意正与余合。）

　　《史记》于《始皇本纪论赞》后复叙秦世系、都邑、陵墓所在其言与《秦本纪》相出入；所纪秦先公谥号及在位年数，亦与《本纪》及《六国表》不同，盖太史公别记所闻见之异辞，未必后人羼入也。其中云"肃灵公（即《秦本纪》之灵公）居泾阳。"为《秦本纪》及《六国表》所未及。泾阳一地，注家无说，余曩作《獯狁考》；曾据此及泾阳君、高陵君之封，以证《诗·六月》之泾阳非汉安定郡之泾阳县。今更证之，考春秋之季，秦、晋不交兵者垂百年。两国间地在北方者，颇为诸戎蚕食。至秦厉共公十六年，始堑河旁，以兵二万伐大荔，取其王城，则今之陕西同州府大荔县也。二十一年始县频阳，则今之蒲城、同官二县间地也。至灵公六年，晋城少梁，秦击之。（《六国表》作"七年，与魏战少梁。"）十三年城藉姑，皆今之韩城县地。然则厉共公以后，秦方东略，灵公之时，又拓地于东北，与三晋争霸，故自雍东徙泾阳。泾阳者，当在泾水之委，今之泾阳县地。决非汉安定郡之泾阳也。且此时义渠方强，绵诸未灭，安定之泾阳与秦，中隔诸戎，势不得为秦有。即令秦于西北有斗入之地，而东略之世，决无反徙西北之理。厥后灵公子献公徙治栎阳，栎阳在今高陵县境，西距泾水入渭之处不远，则泾阳自当在高陵之西，今泾阳之境矣。余说详《玁狁考》中，然则有周一代，秦之都邑分三处，与宗周、春秋、战国三期相当，曰西垂，曰犬邱，曰秦，其地皆在陇坻以西，此宗周之世秦之本国也。曰汧渭之会，曰平阳，曰雍，皆在汉右扶风境，此周室东迁、秦得岐西地后之都邑也。曰泾阳，曰栎阳，曰咸阳，皆在泾渭下游，此战国以后秦东略时之都邑也。观其都邑，而其国势从可知矣。

又案：《秦本纪》，于献公即位前说"秦以往者数易君，君臣乖乱，故晋复强，夺河西地。"孝公元年，下令国中，亦曰"会往者厉、躁、简公、出子之不宁，国家内忧，未遑外事，三晋攻夺我先君河西地，诸国卑秦，丑莫大焉。献公即位，镇抚边疆，徙治栎阳，且欲东伐"云云。似灵公之世，国势颇蹙，又未尝东徙。《秦始皇本纪》后虽云"灵公居泾阳"，然于其陵墓，则云"葬悼公西，"悼公葬雍，则灵公亦葬雍。厥后，简公、出子亦葬于雍，是灵公虽居泾阳，未尝定都也。然以其经营东北观之，则其居泾阳之事，殆无可疑。河西之失，亦非尽事实。《本纪》书简公六年"堑洛城重泉"，而灵公之子献公未立时亦居河西，则河西仍为秦有，不过疆場之事，一彼一此，时有之耳。孝公下令，欲激发国人，故张大其辞，观《本纪》《六国表》所纪灵公时事可知矣。

秦郡考

　　自《史记·秦始皇本纪》载始皇二十六年从廷尉李斯议，分天下以为三十六郡，于是言秦郡者分为二说：一以为三十六郡乃秦一代之郡数，而史家追纪之；一以为始皇二十六年之郡数，而后此所置者不与焉。前说始于班固《汉书·地理志》，后说始于裴骃《史记集解》，而成于《晋书·地理志》。《汉志》所纪郡国沿革，其称"秦置"者二十七（河东、太原、上党、东郡、颍川、南阳、南郡、九江、巨鹿、齐郡、琅邪、会稽、汉中、蜀郡、巴郡、陇西、北地、上郡、云中、雁门、代郡、上谷、渔阳、右北平、辽西、辽东、南海。），称"秦郡"者一（长沙），称"故秦某郡者"八（三川、泗水、九原、桂林、象郡、邯郸、砀郡、薛郡），中有始皇三十三年所置之南海、桂林、象郡三郡（由余所考定，则九原郡亦三十三年置）。裴骃不之数，而易以鄣郡、黔中，并数内史为三十六郡。《晋志》从之，益以后置之闽中、南海、桂林、象郡（由余所考定，则闽中郡实始皇二十五年所置），为四十郡。近者钱氏大昕用班说，姚氏鼐用裴说，二者争而不决久矣。原钱氏之意，以《汉志》秦郡之数适得三十六，与《史记》冥合。又以班氏为后汉人，其言较可依据。余谓充钱氏之说，则以《汉书》证《史记》，不若以《史记》证《史记》。夫以班氏较裴氏，则班氏古矣。以司马氏较班氏，则司马氏又古矣。细绎《史记》

317

之文，无一与《汉志》相合，始知持班、裴二说者，皆未尝深探其本也。今尽置诸家之说，而于《史记》中求始皇二十六年所置三十六郡之数，则《秦本纪》惠文君十年，魏始纳上郡十五县，秦于是始有上郡。后九年，司马错伐蜀，灭之，秦于是有蜀郡。后十三年，攻楚汉中，取地六百里，置汉中郡。昭襄王二十九年，大良造白起攻楚，取郢为南郡。三十年，蜀守若伐取巫郡及江南为黔中郡。三十五年，初置南阳郡。庄襄王元年，初置三川郡。四年，初置太原郡。《始皇本纪》又谓始皇即位时，秦地已并巴、蜀、汉中，越宛有郢，置南郡；北收上郡以东，有河东、太原、上党郡。则巴郡、河东、上党三郡，亦始皇以前所置也。嗣后，始皇五年，初置东郡。十七年，内史腾攻韩，以其地为郡，名曰颍川。二十五年，王翦定荆江南地，降越君，置会稽郡。此十四郡皆见于本纪者也。其散见于《列传》者，则《穰侯列传》云："穰侯卒于陶，而因葬焉。秦复收陶为郡。"案：昭王十六年，封魏冉陶为诸侯，陶在齐、魏之间，蕞尔一县，难以立国。二十二年，蒙武伐齐河东为九县。齐之九县，秦不能越韩、魏而有之，其地当入于陶。三十六年，客卿灶攻齐，取刚寿予穰侯，则陶固有一郡之地矣。《赵策》："秦下甲攻赵，赵赂以河间十二县。"又云："甘罗说赵，令割五城，以广河间。"《史记·甘茂传》实用此文。河间共十七城，则亦有一郡之地。《樊哙传》"河间守军于杠里破之"，是秦有河间守矣。汉初疆域，当因其故，故彭越王梁实都定陶，辟疆分赵，乃王河间。由前后证之，则始皇时实有此二郡也。《东越列传》云："闽越王无诸及越东海王摇者，皆越王勾践之后也。秦已并天下，皆废为君长，以其地为闽中郡。"而《始皇本纪》系降越君于二十五年，则闽中郡之置亦当在是年。《本纪》但书降越君、置会稽郡，文有所略也。《匈奴列传》言秦昭襄王时有陇西、北地、上郡，筑长城以拒胡。赵武灵王置云中、雁门、代郡，燕亦置上谷、渔阳、右北平、辽西、辽东郡以拒胡。是秦之北鄙，于上郡外，固有陇西、北地二郡，及灭燕、赵，又得其缘边八郡。故始皇二十六年前之郡，明见于《史记》者共二十有七。至项羽、高祖二《纪》中之砀郡、《高祖纪》之泗川郡（《纪》有泗川监平，泗川守壮、守监，皆郡官）、《陈涉世家》中之陈郡、东海郡，皆见于始皇二十六年之后，然不得谓二十六年未有此郡。故秦郡之见于《史记》者共三十有一。今姑不论，而于《汉书·地理志》求之，则邯郸、巨鹿二郡当为十九年灭赵后所置，砀郡当为二十二年灭魏后所置，长沙、九江、泗水、薛郡当为二十三年灭楚后所置，齐郡、琅邪当为二十六年春灭齐后所置。《汉志》之秦郡中，除与《史记》复出外，求其真为二十六年前所有之郡，又得九郡，以益《史记》之二十七郡，共为三十六郡（比之《汉志》之三十六郡，则有陶郡、河间、闽中、黔中，而无九原、南海、桂林、象郡）。《史记》于始皇二十六年大书"分天下为三十六郡"，即谓是也。自是以后，则三十三年略取陆梁地为桂林、象郡、南海。又前年，使蒙恬发兵三十万人北击胡，略取河南地。是年，又西北斥逐匈奴，自榆中并河以东属之阴山，以为三十四县（《匈奴列传》作四十四县）。此三十四县者，优足以置一大郡。以地理准之，实即九原郡之地。三十五年除道，道九原、抵云阳，自是九原之名始见于史。故三十二年始皇之碣石，归巡北边，自上郡入。至三十七年，始皇崩于沙邱，其丧乃从井陉抵九原，从直道至咸阳，明始皇三十二年以前未有九原郡也。至二世时，则有陈守、东海守见于《陈涉世家》，则秦之末年又置陈与东海二郡，故二十六年以后，于《史记》中又得六郡，并前为四十二郡，此秦一代之郡数也。然则秦郡遂尽于此乎？曰：据史文言之，似不能有他说矣。然以当时之建置言之，则余未敢信也。今以秦四十二郡还之六国，则除六郡为秦故地（汉中、蜀郡、巴郡、陇西、北地、上郡），六郡取之胡越（会稽、闽中、南海、桂林、象郡、九原）外，楚得其八（南郡、九江、泗水、东海、长沙、薛郡、黔中、陈郡），赵亦如之（太原、上党、巨鹿、云中、雁门、代郡、邯郸、河间），燕得其五（上谷、渔阳、右北平、辽西、辽东），韩、魏共得其七（河东、三川、东郡、颍川、南阳、定陶、砀郡），齐得其二（齐郡、琅邪）。夫齐地之大，虽不若楚、赵，以视韩、魏，固将倍之。且负海饶富，非楚、赵边地之比也。今举全齐之地，仅置二郡，其不可解一也。燕之五郡，皆缘边郡而无腹郡，自蓟以南，古称天府之地，今虚不置郡，其不可解二也。余以为三十六郡之分，在始皇二十六年，齐国之灭，近在是年之春，距燕之亡亦不过一岁，二国新定，未遑建置，故于燕仅因其旧置之缘边五郡，于齐略分为齐与琅邪二郡，其于区画固未暇也。讫于疆理既定，则齐尚得五郡，燕尚得一郡，何以征之？曰：《汉书·高帝纪》曰："以胶东、胶西、临淄、济北、博阳、城阳郡七十三城，立子肥为齐王。"博阳者，济南也。（《史记·项羽本纪》以田安为济北王，都博阳。《田儋列传》亦云："田横走博阳"。《汉书》作"田横走博"，苏林以为即泰山博县。案：《汉书·王子侯表》，齐孝王子博阳顷侯，就下曰在济南，则汉初博阳当在济南，而田安之王济北，实兼济南北之地也。）此汉初之郡，当因秦故。而临淄一郡，实齐郡之本名，加以琅邪，共得七郡，为田齐故地，如此则秦之疆理列国，庶得其平。故《史记·项羽本纪》云："徙齐王田市为胶东王，立田安为济北王。"《曹相国世家》云："还定济北郡"，《田儋列传》云："田荣反，击项羽于城阳。"此胶东、济北、城阳者，皆非县名，（胶东治即墨，城阳治莒。）则非郡奚属矣。故曰齐于临淄、琅邪外，尚有五郡也。秦于六国故都，多为郡治，临淄、邯郸，即以齐、赵之都名其郡者也。余如韩都阳翟，则秦颍川郡所治；楚都寿春，则秦九江郡所治；唯三川郡则不治魏都之大梁，而治周都之洛阳。燕则据《汉志》所载，仅得缘边五郡，而自蓟以南膏腴之地，以《汉志》郡国当之，当得广阳国之四县、涿郡之八县与渤海郡若干县，此燕宗庙社稷所在，八百余年藉以立国者也。其在秦时，不宜虚不置郡。《水经·灅水注》言："始皇二十一年灭燕，以为广阳郡。高帝以封卢绾为燕王，更曰燕国。"全氏祖望《地理志稽疑》力主是说。由今日观之，此郡之果名广阳与否，虽不可知，然其置郡之说，殊不可易，故曰燕尚有一郡也。此六郡者，于史虽无明征，然以建置言之，乃所当有，且其分置，或前乎南海六郡矣。由此言之，则秦郡当得四十有八。秦以水德王，故数以六为纪。二十六年，始分天下为三十六郡。三十六者，六之自乘数也。次当增置燕、齐六郡为四十二郡。四十二者，六之七倍也。至三十三年，南置南海、桂林、象郡，北置九原，其于六数不足者二，则又于内地分置陈、东海二郡，共为四十八郡，四十八者，六之八倍也。秦制然也。如谓不然，则请引贾生之言以证之：曰"秦兼并天下，山东三十余郡"。秦汉之间，自关以东谓之山东。今四十八郡，除六郡为关中地，六郡得之胡越外，其余六国故地，适得三十六郡，故云"山东三十余郡"。若秦郡之数不至四十八，则山东安得有三十余郡乎？故三十六郡者，始皇二十六年之郡数，又六国故地之郡数。此语习于人口久矣，而班固遽以是为秦一代之郡，不已疏乎！后人眩于《汉志》之说，而于贾傅之所论，史迁之所纪，瞢若无睹，或反据《汉志》以订正《史记》及《汉书》纪传，此余所以不能无辨也。

汉郡考上

班孟坚志汉地理毕而总结之曰："本秦京师为内史，分天下作三十六郡。汉兴，以其郡太大，稍复开置，又立诸侯王国。武帝开广三边，故自高祖增二十六，文景各六，武帝二十八，昭帝一，讫于孝平，凡郡国一百三。"《志》中各郡下，又分注其沿革。其称"高帝置"者二十：曰河内、曰汝南、曰江夏、曰魏郡、曰常山、曰清河、曰涿郡、曰渤海、曰平原、曰千乘、曰泰山、曰东莱、曰东海、曰豫章、曰桂阳、曰武陵、曰广汉、曰定襄、曰楚国、曰淮阳国。其称"高帝时为某郡"者三：京兆尹曰高帝二年为渭南郡，左冯翊曰高帝二年为河上郡，右扶风曰高帝二年为中地郡。称高帝郡国者二：中山国曰高帝郡，广阳国曰高帝燕国。称"故郡"者一：丹阳郡曰故鄣郡。计为郡二十三，为国三，合于后序增二十六之数。而后之祖述其说者，亦小有异同。《续汉书·郡国志》举信都而无武陵，《晋书·地理志》举梁国而无鄣郡，钱氏大昕举内史、胶东、衡山而无渭南、河上、中地三郡，皆求以足《汉志》二十六之数。其是非暂置勿论，要皆以班氏之说为信而不可易也。岂独此数家而已，自来读《汉书》者，殆无不以班氏之说为信而不可易也。自余考之，则上所举二十六郡国，其真为高帝置者，曾不及三分之一，而世人莫之察焉，是可异已。诸郡中可确证为高帝置者，唯河内郡见于《史

记·汉兴以来诸侯王年表序》，清河、常山二郡见于《樊哙传》，
豫章郡见于《黥布传》。余如汝南、魏郡、中山已不足征。至江
夏、涿郡、渤海、平原、千乘、泰山、东莱、桂阳、武陵、定襄
十郡，尤可证其非高帝所置。江夏属县，半为衡山故郡。吴芮之
王衡山，实都邾县。及芮徙长沙，而衡山为淮南别郡，英布、刘
长迭有其地。至文帝分王淮南三子，而衡山复为一国。武帝初，
伍被为淮南王画策云："南收衡山以击庐江，有寻阳之船，守下
雉之城，结九江之浦，绝豫章之口。"寻阳为庐江属县，则下雉
此时亦当属衡山，此四语者，实分指庐江、衡山、九江、豫章四
郡，皆厉王时故地也。又云"强弩临江而守，以禁南郡之下"。
则淮南所虑，仅汉南郡之兵，不言江夏。武帝之初，似尚无江夏
郡。逮元狩元年，衡山国除。次年于其地置六安国，仅得衡山五
县、江夏十四县，当以衡山余县及南郡东边数县置之，则高帝时
不得有江夏郡也。前《秦郡考》言秦于燕之故都当置一郡，其地
有《汉志》之广阳国四县及涿郡、渤海二郡之半，汉初置燕国，
当仍其旧。而涿郡之地，介居《汉志》之广阳、河间二国间。中
叶以后，广阳、河间各得四县，故中间得有涿郡之二十九县。若
高帝时燕之内史与赵之河间郡，决非迫隘如此，则已无置郡之余
地，故《史记·郦商传》："商破燕王臧荼军，食邑涿五千户，
号曰'涿侯'。至高帝十二年，以破英布功，改封曲周。"若当时
已置涿郡，决无以郡治为侯国之理。是岁卢绾称乱，子建受封，
燕地未平而高皇晏驾，其于疆域，当无变革。是高帝时不得有涿
郡、渤海二郡也。平原、千乘二郡，汉初为齐悼惠王封域，而平
原实齐济北郡之地。景、武以后，济北国境反居济水之南，其在
汉初，实跨济水南北。《史记·曹相国世家》云"还定济北郡，
攻著、漯阴、平原、鬲、卢。"著于《汉志》为济南县，卢为泰

山县，文帝后济北王所都。漯阴、平原、鬲皆平原属县，故徐广云："济北分平原、太山二郡。"高帝时，齐既有济北郡，则不得有平原郡也。《史记·诸侯王表》："文帝十五年，分齐为胶西国，都苑。"徐广曰："乐安有苑县。"按《汉志》，齐地无苑县，据《水经·瓠子河注》所引，则作"高苑"。高苑，千乘县也。案：《史记·功臣侯表》有"高苑侯丙倩，高祖六年封。武帝建元三年国除。"胶西之都，似不应与侯国同处。然《水经注》实有东、西二高苑。其所谓"东高苑城"者，胶西之都也；所谓"西高苑城"者，丙倩之邑也。东高苑城以今地望准之，当在乐安、高苑之间，是汉初千乘之地属于胶西，不得有千乘郡也。《封禅书》云"济北王以为天子且封禅，乃上书献泰山及其旁邑，天子以他县偿之。"则泰山郡之置在武帝时，非高帝所置也。东莱一郡，处胶东、胶西之北。《汉志》之胶东国仅得八县，高密国本胶西国。仅得五县，故其北得置十七县之东莱郡。汉初，胶西实有千乘之地。《史记·吴王濞传》言"胶西王印以卖爵事有奸，削其六县。"《汉书·胶西于王端传》亦言"有司比再请削，其国去太半。"则高密国五县，当因胶西既削之余。胶东八县，恐亦非汉初旧域。东莱一郡，当置于二国削地后，非高帝所置也。故《汉书·高帝纪》云"以胶东、胶西、临淄、济北、博阳、城阳郡，立子肥为齐王。"《史记·齐悼惠王世家》数文帝时齐国别郡，亦但举济北、济南、菑川、胶西、胶东、城阳，而无平原、千乘、泰山、东莱四郡。则高帝时无此四郡也。武陵、桂阳二郡之地，高帝时为长沙国南境，故文帝赐赵佗书曰："前日闻王发兵于边，为寇灾不止，当其时，长沙苦之，南郡尤甚。"又曰："朕欲定地犬牙相入者，以问吏。吏曰：'此高皇帝所以介长沙土也。'朕不得擅变焉。"则长沙与南越之间，汉不得置郡。且长沙在文帝时不过二万五千户，势不能分置三郡，则武陵、桂阳二郡非高帝所置也。定襄一郡若为高帝所置，则其时当属代国。案：高帝封兄仲于代，王云中、代、雁门三郡，后封子恒，王太原、代、雁门三郡，皆无定襄。《史记》举汉郡，亦但计云中以西，而定襄则在其东，则定襄非高帝郡也。此外，如东海本秦郯郡，淮阳本秦陈郡，燕之国都亦秦之一郡，而史失其名，则高帝所置之郡，其余几何？又《汉志》所举秦郡，当高帝时，南海、桂林、象郡入于南越，闽中入于闽越，九原入于匈奴（《汉志》五原郡注：秦九原郡，武帝元朔二年更名，若汉初尚有是郡者。然《武帝纪》云：元朔二年，收河南地，置朔方、五原郡，则此郡实武帝所开。又《史记·匈奴传》：匈奴收蒙恬所夺地与汉关故河南塞，至朝那、肤施，事在楚汉之际。则九原之没久矣），黔中一郡，亦废于楚汉之际，则高帝时之郡数，又得几何？即令《汉志》二十余郡悉为高帝所置，则汝南当属淮阳，常山、清河、中山属赵，涿郡、渤海属燕，平原、千乘、泰山、东莱属齐，东海属楚，豫章属淮南，鄣郡属吴，桂阳、武陵属长沙，定襄属代，其得为汉郡者，不过江夏、魏郡、广汉三郡，而此三郡亦无所征。故谓此二十余郡为高帝所置，其误犹小；若直以孝平时之疆域为汉初之疆域，而谓此二十余郡者悉为天子所有，则全不合当时事实也。然但据《汉志》以为说，则此误必不能免。（钱氏大昕谓高帝置郡二十六，其十之八皆属于王国，此说极是，他人未有明言之者。）此则不可以不辨也。善夫太史公之言曰："汉初，内地自山以东尽诸侯地，汉独有三河、东郡、颍川、南阳，自江陵以西至蜀北，自云中至陇西，与内史凡十五郡。"此十五郡者，河东一、河内二、河南三，所谓三河也；东郡四、颍川五、南阳六；自江陵以西至蜀，则南郡七、巴郡八、蜀郡九；北自云中至陇西，则云中十、上郡十一、北地十二、陇西十三；而自山以西，尚有上党；巴蜀之北，尚有汉中，共十五郡，加内史为十六，此高帝五年初定天下时之郡数也。六年，以云中属代，则并内史得十五郡。至十一年，复置云中，而罢东郡以益梁，罢颍川郡以益淮阳，则并内史为十四郡。史公习闻十五郡之名，又习闻东郡、颍川之为汉郡，故既称与内史为十五，又并数东郡、颍川。虽云疏漏，然视班氏之误，则有间矣。由是言之，则高帝末年之郡，除王国支郡外，并内史唯得十四而已。至于文、景之间，亦仅有二十四郡。故枚乘说吴王曰："夫汉并二十四郡、十七诸侯，其珍怪不如山东之府。"乘之说吴，在景帝三年吴王举兵之后，而十七诸侯则为文、景间之事（《史记·诸侯王表》唯文帝后七年及景帝元年共十七国）。夫十七诸侯既数文、景间之诸侯，知二十四郡亦数文、景间之郡也。乘于景帝三年说吴，何以不数三年之郡，而犹数元年以前之郡？曰：犹吾辈今日之言十八行省、二十二行省也。枚乘此书，刘奉世以其言齐赵事与史不合，疑为传者增之。然虽有增饰，而十七诸侯、二十四郡之数不能凿空为之也。此二十四郡者，除高帝时十四郡外，则左内史一、右内史二（《汉志》以分左、右内史为武帝建元六年事，然《百官公卿表》纪景帝元年以晁错为左内史，则景帝初已分内史为三。又《景帝纪》中六年诏曰"三辅举不如法令者"，诏文称三辅，不容有误，必《汉志》之误也）、东郡三（《汉书·贾谊传》："请割淮阳北边二、三列城与东郡以益梁"，则孝文之时，梁不得东郡）、颍川四、淮阳五（淮阳王武于文帝十一年徙梁为郡）、琅邪六（琅邪本齐别郡，文帝元年废琅邪国以与齐。十五年，齐文王薨，分其地为齐、济南、济北、菑川、胶西、胶东六国，并城阳为七国，而琅邪不以封，其为汉郡当在此时矣）、河间七（河间哀王以文帝十五年薨，国除为郡）。益上十四郡为二十一郡。其余三郡，则当为汝南、魏郡、广汉，此文帝末年郡数也。而汉郡之增，实在孝景之世。元年削赵之常山郡，二年削楚之东海郡，三年削吴之会稽、鄣郡。是岁，七国反，既平其地，又以其余威削诸侯，于是始得平原、千乘、济南、北海、东莱之地于齐，得涿郡、渤海、上谷、渔阳、右北平、辽西、辽东之地于燕，得巨鹿、清河于赵，得太原、雁门于代，得沛郡于楚（沛郡本秦泗水郡，至项羽都彭城后，徙治彭城，遂名彭城郡。汉初为元王交所都。景帝四年，封刘礼为楚王，续元王后，殆不尽与以彭城故地。沛郡之置，当在此时。观高帝十二年春吴濞尚为沛侯，可知，此时尚无沛郡。是岁复丰、沛二县为天子汤沐邑，其他县城属楚国。《水经·获水注》谓"楚元王冢在萧县之同孝山"，足证沛郡诸县多属楚国，或分属梁之砀郡。《史记》谓内地自山以东尽诸侯地，则汉初固不得有沛郡也），得庐江、豫章于淮南，得武陵、桂阳于长沙，而诸侯地之以新封皇子者尚不与焉。故《史记·诸侯王年表序》言之曰："吴楚时，前后诸侯或以谪削地，是以燕、代无北边郡，吴、淮南、长沙无南边郡，齐、赵、梁、楚支郡，名山陂海，咸纳于汉，诸侯稍微。"此实善道当时之大势者也。至《汉志》所谓"高帝增二十六郡国，文、景各六"者，参以《史》《汉》纪传，无一相合，而自来未有理而董之者，此则余所大惑不解也。

汉郡考下

汉兴，矫秦郡县之失，大启诸国，时去六国之亡未远，大抵因其故壤，专制千里，建国之大，古今所未有也。当汉初定天下，异姓诸王各据其手定之地：韩信王楚，彭越王梁，张敖王赵，韩王信王韩，卢绾王燕，英布王淮南，吴芮王长沙，此诸王者，皆与高祖素等夷，又无骨肉之亲，外托君臣之名，而内有敌国之实。是时高帝之策，在建同姓以制异姓。故六年废楚王信，则分其地以王刘贾于荆，弟刘交于楚。又时齐、代无王，则王子肥于齐，王兄仲于代，而徙韩王信于太原，收颍川郡以通东方之道。明年，韩王信叛，而代王亦弃其国，则以代王爱子如意。九年，废赵王张敖，则徙代王于赵而益以代地，使陈豨以赵相国守之。明年，陈豨反，则王子恒于代；彭越反，则王子恢于梁，子友于淮阳；英布反，则王子长于淮南，兄子濞于吴。又明年，卢绾反，则王子建于燕。当始封子弟时，惟恐其地之不广，力不能有所禁御也。及异姓渐尽，又虑诸子分地之不均也，故新置之国，率因其故。洎吴濞受封，始虑东南之乱。未及半载，而高祖遽崩，吕后以嫡母之尊，废梁、赵，割齐、楚，以王张、吕，宫车朝驾，而临淄之兵夕起矣。文帝之世，亦第稍分齐、赵以众建其子弟，惟梁、代无王，则王子参于代，子武于梁，以控制东诸侯，其所用亦高帝遗策。所异者，高以同姓制异姓，文以亲制疏而已。孝景嗣位，始大削吴、楚、赵，而七国之乱随之。既平七国，因以余威宰制诸侯，其分王诸子，亦不过一郡之地。昭宣以降，王国益微。及孝平元始中，诸侯大者十余城，小者三四县，比汉初王国，或不能得其十分之一。变置既甌，作史者但据后世版籍，略纪沿革而已。故但据《汉志》之文以求汉初诸侯之疆域，则其大小广狭，不能与实际同日而语。今考汉初诸国之地，则大者七八郡，小者二三郡，而后世所置之郡，尚不计焉。举其目，则属齐者八：曰临淄、曰菑川、曰济南、曰济北、曰胶西、曰胶东、曰琅邪、曰城阳。（《汉书·高帝纪》："以胶东、胶西、临淄、济北、博阳、城阳郡七十三城立子肥为齐王。"《史记·齐悼惠王世家》：文帝十六年，"齐孝王将闾以悼惠王子扬虚侯为齐王，故齐别郡尽以王悼惠王子：子志为济北王，子辟光为济南王，子贤为菑川王，子卬为胶西王，子雄渠为胶东王，与城阳、齐，凡七王。"皆不数琅邪。然《悼惠王世家》云："哀王八年，高后割齐琅邪郡立营陵侯刘泽为琅邪王。"又云："孝文帝元年，尽以高后时所割齐之城阳、琅邪、济南郡复与齐。"则汉初齐固得琅邪郡。至文帝十五年，齐文王薨，无后。其明年，文帝分齐为六，尽王悼惠王诸子，独琅邪不以封，殆于此时入汉也。）属燕者六：曰□□、曰上谷、曰渔阳、曰右北平、曰辽西、曰辽东。（案：燕国都所治之郡，史失其名。武帝元朔元年，燕王定国自杀，国除为郡，则名燕都。《汉书·徐乐传》称："乐，燕郡无终人是也。"无终，《汉志》属右北平，此时当属燕郡，若以右北平为燕别都，故曰燕郡，则景帝时右北平已属汉矣。至上谷五郡属燕，史虽无明文，然司马迁称诸侯地皆外接于胡越。景帝后，燕、代无北边郡，吴、淮南、长沙无南边郡，则景帝以前燕、代诸国各有边郡矣。下代、吴诸国仿此。）属赵者六：曰邯郸、曰巨鹿、曰常山、曰清河、曰河间、曰中山，中间益郡三：曰代、曰雁门、曰云中。（赵国诸郡，史无明文，以史迁云内地自山以东尽诸侯地知之。）属代者三：曰太原、曰代、曰雁门。（《汉书·高帝纪》：六年，以云中、雁门、代郡五十三县立兄宜信侯喜为代王。十一年，诏曰："代地居常山之北，与夷狄邻，赵乃从山南有之，远，数有胡寇，难以为国。颇取山南太原之地益属代，代之云中以西为云中郡，则代受边寇益少矣。"是文帝王代时，已以太原易云中也。）属梁者二：曰砀郡、曰定陶，中间益郡一：曰东郡，属淮阳者曰陈郡、曰汝南，中间益郡一：曰颍川。（《高帝纪》：十一年，立子恢为梁王，子友为淮阳王，罢东郡，颇益梁；罢颍川郡，颇益淮阳。属楚者三：曰彭城、曰东海、曰薛郡，《汉书·高帝纪》以砀郡、薛郡、郯郡三十六县立弟文信君交为楚王。郯郡即东海，砀郡乃彭城之误。楚元王云："王薛郡、东海、彭城三十六县"是也。）属吴者三：曰广陵、曰会稽、曰鄣郡。（《高帝纪》以东阳、鄣郡、吴郡三十三县立刘贾为荆王。及英布反，并荆地。吴王濞之封，实因故荆国境。东阳与广陵实为一郡，初治东阳，故名东阳。及吴濞乃都广陵，本传云"吴王起兵于广陵"是也。后广陵国转小，汉乃于其北置临淮郡耳。）属淮南者四：曰九江、曰庐江、曰衡山、曰豫章。（《史记·黥布传》：布遂剖符为淮南王，都六。九江、庐江、衡山、豫章，皆属布。后厉王王淮南，亦仍其封域。）属长沙者一：曰长沙。故高帝时诸侯之郡凡三十有九，而诸郡之广狭，又当与《汉志》绝异。《汉志》齐郡（即临淄）十二县，菑川三县，高密（即胶西）五县，胶东八县，城阳、广阳（即燕□口郡）、赵国（即邯郸）、河间各四县，梁国（即砀郡）八县，淮阳（即陈郡）九县，楚国（即彭城）七县，鲁国（即薛郡）六县，广陵四县，六安（即衡山）五县，皆非汉初郡域。以理度

之，则《汉志》北海之二十六县，实得临淄、菑川之县；平原县
十九，千乘县十五，济南县十四，泰山县二十四，实分齐之济
南、济北、楚之薛郡之县；东莱县十七，实得胶西、胶东之县；
琅邪县五十一，实得城阳之县；涿郡县二十九，渤海县二十六，
实得广阳、河间之县；广平县十六，实得邯郸之县；沛郡、汝
南县各三十七，一得砀郡、彭城之县，一得陈郡之县；临淮县
二十九，实得彭城、广陵之具；江夏具十二，实得衡山之县。故
汉初齐地，当得《汉志》之平原、千乘、济南、泰山、齐郡、北
海、东莱、琅邪八郡及菑川、胶东、高密、城阳四国；燕地当得
涿郡、渤海、上谷、渔阳、右北平、辽西、辽东七郡及广阳一
国；赵地当得巨鹿、常山、清河三郡，与魏郡之半及赵广平、真
定、中山、信都、河间六国；梁地当得山阳、济阴二郡与沛郡之
半及梁、东平二国；淮阳当得汝南一郡与淮阳国；楚当得东海一
郡与沛郡、临淮之半及鲁、楚二国；吴当得会稽、丹阳二郡与临
淮之半及广陵国；淮南当得庐江、九江、豫章三郡与江夏之半及
六安国；长沙当得桂阳、武陵、零陵三郡及长沙国。此三十二郡
与一十七国者，以元始中之郡国言之也。而班《志》于诸郡国
下，其言"故公国"或"厶年为厶国"者仅十三郡国，而不言
"故厶国"者三十有六，使后之读史者疑若自高帝时即为汉郡
者，此所以不能不表而出之也。

浙江考

浙江之名，始见于《山海经》《史记》《汉书》《越绝书》《吴越春秋》诸书，而《汉书·地理志》及《水经》皆有"渐江水"，无"浙江水"。《说文解字》于"江沱"二字下出"浙"字，曰"江水至会稽山阴入海为浙江"，其后又出"渐"字曰"渐水出丹阳黟南蛮中东入海"。乾嘉以来言水地者，率祖《说文》之说，分浙、渐为二水，以今之钱唐江当渐水，以《汉志》之分江水或南江当浙水，是惑于班、许、《水经》之言，而不悟先秦、西汉之所谓浙江，固指今之钱唐江也。《海内东经》之说出汉人手，姑置勿论，试以《史记》定之。《史记》"浙江"凡六见，《秦始皇本纪》："过丹阳至钱唐，临浙江，水波恶，乃西百二十里从狭中渡。"《项羽本纪》："秦始皇帝游会稽，渡浙江。"若谓此浙江即分江水，则自丹阳至钱唐，当先渡浙江，不得云"至钱唐临浙江"也。若以浙江为《汉志》之南江，则自钱唐至山阴，不须渡浙江，又钱唐之西百二十里不得复有浙江也。则《本纪》之浙江，正谓钱唐江也。（其言水波恶，亦惟钱唐江为然。）又《高祖功臣侯表》"堂邑侯陈婴"下云："定豫章、浙江，都折。"（《汉书·侯表》作都渐）"费侯陈贺"下云："定会稽、浙江、湖阳（《汉表》作湖陵）。"盖汉之定江南也，陈婴之兵自豫章至浙江之上游，定太末、黟、歙诸县；陈贺之兵自会稽（时会稽郡治吴）至浙江之下游，定钱唐、余暨、山阴诸县。陈婴所都之地，《史记》作"折"，《汉书》作"渐"，盖即《汉志》《说文》《水经》所谓蛮夷中地，非以水名地。即以地名水，尤"浙""渐"为一之明证矣。湖阳，《汉表》作湖陵，即《越绝书》及《吴志·孙静传》之固陵。即今西兴。固陵之为湖陵，犹"姑孰"之为"湖孰"矣。《越绝书》言"浙江西路固陵城者，范蠡敦兵城也"，其陵固可守，谓之固陵。汉初为楚守者，盖亦据此城以拒汉。故陈贺定浙江后，即至湖陵，则《侯表》中之浙江，亦谓今之钱唐江也。《越王句践世家》："楚尽取故吴地，至浙江北。"《货殖传》"浙江南则越"，即《论衡》所谓"余暨以南属越，钱唐以北属吴"，钱唐之江，两国界也。是实战国以后楚、越之界与春秋吴、越之界未必相合，而以山川大势分之，最为易晓，故移以言吴越之界。是《世家》《列传》中之浙江，亦谓今之钱唐江也。史迁亲上会稽，吴、越诸水，皆所经历，所记不容有误。且始皇经行，皆有记注，彻侯功伐，亦书故府，其言当有所本。是秦汉之间，已以今钱唐江为浙江，不自《史记》始。厥后袁康、赵晔、王充、朱育、韦昭等，凡南人所云浙江，无不与《史记》合。许叔重之说，自不能无误，乾嘉诸儒过信其说，不复质之古书，是末师而非往古，重传说而轻目验，吾不能从之矣。

鬼方昆夷獫狁考

　　我国古时有一强梁之外族，其族西自汧、陇，环中国而北，东及太行、常山间，中间或分或合，时入侵暴中国，其俗尚武力，而文化之度不及诸夏远甚，又本无文字，或虽有而不与中国同。是以中国之称之也，随世异名，因地殊号。至于后世，或且以丑名加之。其见于商、周间者，曰鬼方、曰混夷、曰獯鬻。其在宗周之季，则曰獫狁。入春秋后，则始谓之戎，继号曰狄。战国以降，又称之曰胡、曰匈奴。综上诸称观之，则曰戎、曰狄者，皆中国人所加之名；曰鬼方、曰混夷、曰獯鬻、曰獫狁、曰胡、曰匈奴者，乃其本名。而鬼方之方、混夷之夷，亦为中国所附加。当中国呼之为戎狄之时，彼之自称决非如此，其居边裔者，尤当仍其故号。故战国时，中国戎、狄既尽，强国辟土，与边裔接，乃复以其本名呼之。此族春秋以降之事，载籍稍具，而远古之事，则颇茫然，学者但知其名而已。今由古器物与古文字之助，始得言其崖略，倘亦史学家之所乐闻欤？

　　此族见于最古之书者，实为鬼方。《易·既济》爻辞曰："高宗伐鬼方，三年克之。"《未济》爻辞曰："震用伐鬼方，三年有赏于大国。"《诗·大雅·荡》之篇曰："内奰于中国，覃及鬼方。"《易》之爻辞，盖作于商周之际，《大雅·荡》之篇作于周厉王之世，而托为文王斥殷纣之言，盖亦谓殷时已有此族矣。

后人于《易》见鬼方之克需以三年，知其为强国；于《诗》见鬼方与中国对举，知其为远方；然皆不能质言其地。有以为在北者，干宝《易注》云："鬼方，北方国也。"（李鼎祚《周易集解》引）有以为在西者，宋衷《世本》注云："鬼方，于汉则先零羌是也。"（《文选》扬雄《赵充国颂》注引）有以为在南者，伪《竹书纪年》："武丁三十二年，伐鬼方，次于荆。"则以鬼方为荆以南之国，《黄氏日钞》且以为鬼方即荆楚矣。其余异说纷纭，不知所极。年代辽远，书阙无征，固自不足怪也。唯《竹书纪年》称"王季伐西落鬼戎"，（此条见《后汉书·西羌传》及章怀太子注，乃真《纪年》之文。）可知其地尚在岐周之西。今征之古器物，则宣城李氏所藏小盂鼎（今佚）与潍县陈氏所藏梁伯戈，皆有"鬼方"字。案：大、小两盂鼎皆出陕西凤翔府郿县礼村沟岸间，其地西北接岐山县境，当为盂之封地。大盂鼎纪王遣盂就国之事，在成王二十三祀（吴氏大澂《盂鼎跋》以此鼎为成王时作。案：铭中尚述殷人酗酒事，以戒盂，与《酒诰》辞意略同，吴说是也），小盂鼎纪盂伐鬼方献俘受锡之事，在成王二十五祀，则伐鬼方事在盂就国之后，鬼方之地，自当与盂之封地相近。而岐山、郿县以东即是丰镐，其南又限以终南、太一，唯其西汧、渭之间，乃西戎出入之道。又西逾陇坻，则为戎地，张衡所谓"陇坻之险隔阂华戎"者也。由是观之，鬼方地在汧、陇之间，或更在其西，盖无疑义。虽游牧之族，非有定居，然殷周间之鬼方，其一部落必在此地无疑也。然其全境，犹当环周之西北二垂而控其东北。梁伯戈虽仅有"魉方蠻"及"梁伯作"数字可辨，然自为梁伯伐鬼方时所铸；而梁伯之国，杜预谓在冯翊夏阳县。《史记·秦本纪》："惠文王十年，更名少梁为夏阳。"《汉志》亦云："夏阳，故少梁。"其地在今陕西西安府韩城县，又在宗周之东，其北亦为鬼方境，故有争战之事。据此二器，则鬼方之地，实由宗周之西而包其东北，与下所考昆夷、獯狁正同。此鬼方疆域之略可考者也。

至其种族之大小、强弱如何，《易》称"高宗伐鬼方，三年克之"，《纪年》称"王季伐西落鬼戎，俘其二十翟王"，观此二事，鬼方之非小部落可知。而小盂鼎所纪献俘之数，尤为详悉，虽字多残阙，犹得窥大略。（此鼎唯有吴氏式芬释文，尚多疏略，今取其献俘一节更释之。）其文曰："王□盂以□□伐鬼方□□□□□□□二人□戒□□□□戒孚人万手八十一人孚□□□匹□车□两孚牛□百□□□牛羊廿八羊。"又曰："执兽一人□□百卅七戒□□□□□孚□□三匹孚车两"云云。铭中"鬼方"下第三字仅存下半"口"字，以下文"执兽一人"在戒前例之，当为兽字之泐。兽者，疑"首"之假借字。下文第九、第十两行间尚有"折兽"二字，殆即《易》所云"有嘉折首"，他器所云"折首执讯"矣。戒即"馘"字，虢季子白盘"桓桓子白，献馘于王"，其字从戈、从爪，诸家或释俘，或释馘。今此字从或、从爪，其为"馘"字无疑。兽者折首，馘者截耳也。"孚"即"俘"之本字。"手"则"三千"二字合文。兽与馘之数，虽摩灭不可知，然俘人之数至万三千有余，则兽馘之数亦可知矣。此事在宗周之初，自为大捷，而《书》阙不纪，又当成王全盛之时，而鬼方之众尚如此，则其强大亦可知。梁伯戈时代虽无可考，观其文字，当在盂鼎之后，可知宗周之世，尚有鬼方之名，不独殷周间为然。此鬼方事实之略可考者也。

鬼方之名，《易》《诗》作"鬼"，然古金文作"鬼"，或作"鬾"。盂鼎曰"王□盂以□□伐鬼方。"（吴氏摹本鬼字半泐作鬼，然第八行有鬼字鬼字之首，又稍磨泐。合观二字用笔位置，知确是戜字也。）其字从鬼、从戈。又梁伯戈云"魃方繺。"即蛮字。其字从鬼、从攴。二字不同，皆为古文"畏"字。案：大盂鼎"畏天畏"，二"畏"字上作🐾下作🐾。毛公鼎"愍天疾畏，敬念王畏"，二"畏"字皆作🐾，皆从鬼、从卜者。尚盘畏字作畟，则从甶（《说文》：甶，鬼头也），从攴，卜与攴同音，又攴字之所从，当为攴之省字。而或从卜，在鬼字之右；或从攴，在鬼字之左；或从攴，在鬼头之下，此古文变化之通例，不碍其为一字也。从戈之戜，亦即魃字。凡从攴、从戈，皆有击意，故古文往往相通，如"薄伐玁狁"之薄，今《毛诗》作"薄"，薄者，迫也。而虢季子白盘之"博伐"从干，不娶敦之"臺戴"从戈，师袁敦之"尃乃众"则又从卜。《书》之"外薄四海"，其义亦为迫，而《释文》引"一本作敷"。《诗·常武》之"铺敦淮渍"，《释文》引《韩诗》"铺"作"敷"。《后汉书·冯绲传》亦引作"敷敦"。案："敷敦"即"戴臺"，则字亦从攴。可知从卜、从攴、从戈，皆可相通。则或字亦畏字也。其中🐾、戜二字见于周初之器，为字尤古。后从卜之字变而作"魃"，从戈之字变而作"威"。古威字从戈、从女，邿公华、邿公轻二钟皆然。虢叔钟作🐾、🐾，亦戈形之变。而鬼、女二字皆象人跪形，形极相似，故变而从女。上虞罗氏所藏古铄有叇亡🐾铄，"亡🐾"即"亡畏"。此戜、威、畏三字相关之证也。魃字又变作敠，王孙遗诸钟之"畏婴（即畏忌）。趡趡"，沇儿钟之"盙于畏义"（即淑于威仪），皆如此作。既从卜，又从攴，则稍赘矣。由此观之，则戜、魃二字确为畏字，鬼方之名当作"畏方"。《毛诗传》"鬼方，远方也。"畏、远双声，故以声为训。汉人始以魃为"鬼"字，张平子《东京赋》"况魃戜与毕方"，薛综不识"魃"字，以《说文》之"魃"字释之。不知"魃戜"用《小雅》"为鬼为蜮"语，尤为明白，决非指小儿鬼之魅。是周时畏字，汉人已用为鬼字，故《庄子·天地》篇之"门无畏"（《释文》门无鬼，司马本作无畏），郭象本作"门无鬼"，又《杂篇》之"徐无鬼"，亦当为"徐无畏"之误也。（古人多以无畏、无忌为名，如《左传》之申之舟名无畏是也。）由是观之，汉人以隶书写定经籍时，改"畏方"为"鬼方"，固不足怪。此古经中一字之订正，虽为细事，然由此一字，可知鬼方与后世诸夷之关系，其有裨于史学者，较裨于小学者为大也。

　　鬼方与昆夷、玁狁，其国名与地理上递嬗之迹，当详于下。其可特举者，则宗周之末尚有隗国，春秋诸狄皆为隗姓是也。《郑语》史伯告郑桓公云："当成周者，西有虞、虢、晋、隗、霍、扬、魏、芮。"案：他书不见有隗国。此隗国者，殆指晋之西北诸族，即唐叔所受"怀姓九宗"。春秋隗姓，诸狄之祖也。原其国姓之名，皆出于古之畏方，可得而征论也。案：《春秋左传》凡狄女称"隗氏"，而见于古金文中则皆作"媿"（包君鼎、包君盉、郑同媿鼎、芮伯作叔媿鼎、邓公子敦五器皆如此作）。经典所以作隗字者，凡女姓之字，金文皆从女作，而先秦以后所写经传，往往省去女旁，如己姓之己，金文作改（苏魏改鼎、苏公敦）、作妃（见番妃鬲、虢仲鬲、虢文公子敦，皆女姓，非妃匹之妃），今《左传》《国语》《世本》皆作己字。庸姓之庸，金文作"嫞"（杜伯鬲），今《诗》"美孟庸矣"作"庸"字。弋姓之弋，金文作"妑"（南旁敦），今《诗》"美孟弋矣"、《穀梁传》"葬我小君定弋"，皆作"弋"字。任姓，金文作"妊"（苏冶妊鼎、铸公簠等），今《诗》与《左传》《国语》《世本》皆作"任"字。然则媿字依晚周省字之例，自当作"鬼"。其所以作隗者，当因古文畏作[古文字]、隗作[古文字]，[古文字]旁之卜与[古文字]旁之阝，所差甚微，故又误为隗。然则媿、隗二字之于畏字，声既相同，形亦极近，其出于古之畏方无疑。畏方之畏，本种族之名，后以名其国，且以为姓，理或然也。我国周后，国姓之别颇严。然在商世，则如彭祖为彭姓、姺邳之姺为姺姓，皆以国为姓。况鬼方礼俗与中国异，或本无姓氏之制，逮入中国，与诸夏通婚媾，因以国名为姓。《世本》"陆终取鬼方氏之妹谓之女嬇"，《大戴礼·帝系》篇及《水经注·洧水》条所引作"女隤"，《汉书·古今人表》作"女溃"，而《史记·楚世家索隐》与《路史后纪》所引皆作"女嬇"，鬼、贵同声，故馈字亦通作"馈"，则女嬇、女隤疑亦女媿、女隗之变，鬼方之为媿姓，犹獫狁之为允姓也。虽《世本》所纪上古之事未可轻信，又上古之女亦不尽以姓为称，然后世附会之说，亦必有所依据。而嬇、隤二字，其音与媿、隗绝近，其形亦与媿、隗二字变化相同。或殷周间之鬼方，已以媿为姓，作《世本》者因传之上古欤？此鬼方姓氏及其遗裔之略可考者也。

混夷之名，亦见于周初之书，《大雅·绵》之诗曰"混夷駾矣"，《说文解字》马部引作"昆夷"，口部引作"犬夷"，而《孟子》及《毛诗·采薇序》作"昆"，《史记·匈奴传》作"绲"，《尚书大传》则作"畎夷"，颜师古《汉书·匈奴传》注云"畎音工犬反"。昆、混、绲并工本反，四字声皆相近，（《礼记》衮亦作卷，是工本、工犬二音相通之证。）余谓皆畏与鬼之阳声，又变而为"荤粥"（《史记·五帝本纪》及《三王世家》），为"薰育"（《史记·周本纪》），为"獯鬻"（《孟子》），又变而为"獫狁"，亦皆畏、鬼二音之遗。畏之为鬼，混（胡本反，或胡浑反）之为昆、为绲、为畎、为犬，古喉牙同音也。畏之为混，鬼之为昆、为绲、为畎、为犬，古阴阳对转也。混、昆与荤、薰，非独同部，亦同母之字（古音喉牙不分），獯狁则荤薰之引而长者也。故鬼方、昆夷、薰育、獯狁，自系一语之变，亦即一族之称，自音韵学上证之有余矣。

然征之旧说，则颇不同。鬼方、混夷，古人无混而一之者。至混夷与獯鬻、獯狁，则又画然分而为二。《孟子》言"太王事獯鬻，文王事昆夷"，《诗序》言"文王之时，西有昆夷之患，北有獯狁之难。"《逸周书》序亦谓"文王立，西距昆夷，北备獯狁。"然《孟子》以獯鬻、昆夷并举，乃由行文避复之故。据《绵》诗本文，则太王所事，正是混夷。此诗自一章至七章，皆言太王迁都筑室之事，八章云："柞棫拔矣，行道兑矣。混夷駾矣，维其喙矣。"亦当言太王定都之后，伐木开道，混夷畏其强而惊走也。（经于第九章"虞芮质厥成"以下，殆言文王。郑笺以第八章系之文王，殊无所据。）太王所喙者，既为混夷，则前此所事者亦当为混夷。《孟子》易以獯鬻者，以下文云"文王事昆夷"，故以异名同实之獯鬻代之，临文之道，不得不尔也。此古书之不可泥者一也。《诗序》所言，亦由误解经语。案：《出车》诗云："赫赫南仲，獯狁于襄"，又云："赫赫南仲，薄伐西戎。"既云獯狁，复云西戎，郑君注《尚书大传》据之遂云："南仲一行，并平二寇。"序《诗》者之意，殆亦以昆夷当经之西戎，与郑君同。不知西戎即獯狁，互言之以谐韵，与《孟子》之昆夷、獯鬻错举之以成文，无异也。不娶敦以獯狁与戎错举，正与《出车》诗同，此古书之不可泥者二也。然则旧说以昆夷与獯鬻、獯狁为二，盖无所据。昆夷之地，自太王之迁自北而南观之，则必从豳北入寇。又《史记》谓"自陇以西有绵诸、绲戎、翟獂之戎"，杨恽亦谓"安定山谷之间昆戎旧壤"，则其地又环岐周之西，与上所考鬼方疆域若合符节。而自殷之武丁，讫于周之成王，鬼方国大民众，常为西北患，不容太王、文王之时绝不为寇，而别有他族介居其间。后世玁狁所据之地，亦与昆夷略同。故自史事及地理观之，混夷之为畏夷之异名，又为玁狁之祖先，盖无可疑，不独有音韵上之证据也。

　　獯鬻、玁狁，皆宗周以前之称，而当时书器，均不见獯鬻二字。其见于传记者，以《孟子》为最古。《史记·五帝本纪》称"黄帝北逐荤粥"，《匈奴传》亦云"唐虞以上，有山戎、猃狁、荤粥居于北蛮"。晋灼曰："尧时曰荤粥"，皆后世追纪之辞，不足为据。犹伊尹《四方令》、《周书·王会解》并有匈奴，非事实也。然以理势度之，尚当为玁狁以前之称。荤、薰之音同于混、昆，而玁字其声虽同，其韵已变，合"玁狁"二字，乃得"薰"音，其名或当在獯鬻之后也。《诗》玁狁之玁，《释文》云"本或作猃，音险"。《史记》以降，亦多作"猃狁"。古金文如兮甲盘、虢季子白盘作"厰狁"，不娶敦作"厰允"，又作"𢍰允"，𢍰即"厰"之异文，《说文》厂部："厰，崟也。一曰地名，从厂、敢声。"案：厰、崟二字连文，厰崟即《穀梁传》之"岩唫"，（僖三十八年。）《公羊传》作"嵌岩"，则颠倒其文。孙愐《唐韵》："厰，鱼音反"，以为厰即"唫"字，然则厰字之用为"厰鉴"之厰者，一变而作"岩"，再变而作"险"；（古岩、险同字，《尚书序》及《墨子·尚贤》篇之傅岩，《史记》作傅险，《左氏传》：制，岩邑也。《孟子》：不立于岩墙之下，岩即险字。《广韵》：岩，险也。）其用为"厰允"之厰者，一变作"玁"，再变作"猃"。自其最后之字，厰自当读"险"，不当读"鱼音反"，陆音是也。此字之音，与畏、混、荤、獯异部，其变化唯可于双声求之，殆先有獯音，而后有"玁狁"之二合音也。然则旧说之先獯鬻而后玁狁，或非无据矣。

　　獯鬻地理，一无可考，唯玁狁出入之地，则见于书器者较多。其见于《诗》者，曰焦获、曰泾阳、曰镐、曰方、曰朔方、曰太原。此六者，昔儒考证至多，未有定说也。更求之于金文中，则见于不娶敦者，曰西俞、曰罯、曰高陵；见于兮甲盘者，曰罿盧；见于虢季子白盘者，曰洛之阳。此十一地中，方与朔方、罯与洛，当为一地，故得九地。九地之中，唯泾阳与洛阳（此雍州浸之洛，非豫州之伊雒。）以水得名，今尚可实指其地，而泾水自西北而东南，洛水自北而南，经流各千里，但曰泾阳、曰洛之阳，语意亦颇广莫也。欲定其地，非综此九地考之不可。案：玁狁之寇周也，及泾水之北，而周之伐玁狁也，在洛水之阳，则玁狁出入，当在泾、洛之间。而泾、洛二水，其上游悬隔千里，至其下流入渭之处，乃始相近，则泾阳、洛阳，皆当在二水下游。泾阳既在泾水下游，则焦获亦当在泾水下游之北。（陈氏启源《毛诗稽古编》：《诗》数玁狁之恶，故先言焦获，见其纵兵深入，迫处内地。继又追本其始，自远而来，故言镐与方，纪其外侵所经也。言泾阳，纪其内侵所极也。《正义》亦云：镐方虽在焦获之下，不必先焦获乃侵镐方。其说均是也。）郭璞《尔雅注》以为在池阳瓠中者是也。不娶敦之高陵，亦当即《汉志》左冯翊之高陵县，其地西接池阳，亦在泾水之委。然先儒多以汉时泾阳县属安定郡，在泾水发源之处，疑《诗》之泾阳亦当在彼，不知秦时亦有泾阳，在泾水下游。案：《史记·秦始皇本纪》云"肃灵公居泾阳"，考秦自德公以降都雍，灵公始居泾阳，灵公子献公之世，又徙栎阳，则泾阳一地，当在雍与栎阳之间。而栎阳（汉之万年县）西界向陵，距泾水入渭之处不远，则灵公所居之泾阳，自当在泾水下游，决非汉安定郡之泾阳也。又《穰侯列传》云："秦昭王同母弟曰高陵君、泾阳君。"盖一封高陵、一封泾阳。二君受封之年，史所不纪，然当在昭王即位，宣太后执政之初，时义渠未灭，汉安定郡之泾阳县，介在边裔，太后决不封其爱子于此，且与高陵君同封，亦当同壤。后昭襄王十六年，封公子市（即泾阳君，《史记秦本纪索隐》云：泾阳君名市。《穰侯列传索隐》乃云名显，误也）宛、公子悝（即高陵君）邓，为诸侯。宛、邓二地相接，则前所食泾阳、高陵二地，亦当相接。然则秦之泾阳，当为今日之泾阳县（汉之池阳县），而非汉之泾阳。以秦之泾阳之非汉之泾阳，益知周之泾阳之非汉之泾阳矣。此三地者，皆在泾北，自此而东北，则至洛水。虢季子白盘云"博伐厰允于洛之阳"，兮甲盘（世称兮田盘）云"王初各伐厰允于㖵盧"，"㖵盧"亦在洛水东北。"㖵"字虽不可识，然必为从㗊、喦声。虘则古文"鱼"字。《周礼·天官·獻人》释文："本或作鮫。"獻、鮫同字，知盧、鱼亦一字矣。古鱼、吾同音，故往往假盧、獻为吾。齐子仲姜镈云"保盧兄弟，保盧子姓"，即保吾兄弟，保吾子姓也。沇儿钟云"獻以宴以喜"，即"吾以宴以喜"也。敦煌本隶古定《商书》"鱼家旄孙于荒"，日本古写本《周书》"鱼有民有命"，皆假鱼为吾。《史记·河渠书》"功无已时兮时吾山平"，吾山亦即"鱼山"也。古鱼、吾同音，衒从吾声，亦读如吾。㖵盧与《春秋》之"彭衙"为对音，㖵、彭声相近，盧、衙则同母兼同部字也。《史记·秦本纪》"武公元年伐彭戏氏。"《正义》曰："戏号也。盖同州彭衙故城是也。""戏"盖"盧"之讹字矣。彭衙一地，于汉为左冯翊，衙县正在洛水东北，方、镐、太原，亦当于此间求之。然则宣王之用兵于玁狁也，其初在泾水之北，《六月》第三章是也；其继也在洛水之阳，《六月》四章及兮甲盘、虢季子白盘是也；而洛水东北以往，即是西河，太原一地当在河东。《禹贡》：

"既载壶口，治梁及岐，既修太原，至于岳阳。"郑注、孔传均以太原为汉太原郡。然禹治冀州，水实自西而东，疑壶口、梁、岐而往，至霍太山，其地皆谓之太原。《左》昭元年传："宣汾洮，障大泽，以处太原。"则太原之地，奄有汾、洮二水，其地当即汉之河东郡，非汉太原郡矣。疑太原之名，古代盖兼汉太原、西河、河东三郡地，而秦人置郡，晋阳诸县遂专其名，以古书所纪太原地望证之，亦无不合。《后汉书·西羌传》："穆王西伐犬戎，取其五王，王遂迁戎于太原。"此事当出真本《竹书纪年》。（案：范书《西羌传序》，大都取材于《国语》《史记》《纪年》三书。此节白鹿、白狼事，本《国语》《史记》；则取五王及迁戎太原事，当出《纪年》。章怀太子注虽不引《纪年》为证，然郭璞《穆天子传注》引《纪年》取其五王以东，则迁戎太原事必本《纪年》无疑。）穆王所迁者，盖即五王之众，郭璞引《纪年》云"取其五王以东"，则所迁之地亦当在东。《穆天子传》："天子至于雷首，犬戎胡觞天子于雷水之阿。"此亦犬戎既迁后事。案：雷首山在河东蒲坂县（今蒲州），《纪年》与《穆传》所纪若果不谬，则太原在河东可知。后人或东傅之于晋阳，西傅之于平凉，皆与史事及地理不合者也。凡此八地，均在宗周东北，唯西俞一地，则在宗周之西。不娶敦云："白氏曰：不娶，驭方厥允，广伐西俞，王命余羞追于西，余来归献禽。今余命女，御追于畧。女以我车宕伐厥允于高陵。"盖此时玁狁从东西两道入寇，故既追于西，归而复东追于洛。时西寇虽去，而东方之寇已深入，故未及至洛而与之战于泾北之高陵也。是西俞之地实在周西，与《尔雅》之"北陵西喻"、《赵策》《赵世家》之"全分先俞"，皆不相涉。周西之地，以俞、喻、榆名者颇多，皆一字一音之偶合，讫不能指为何地。然由"羞追于西"一语，可知玁狁自宗周之东北而包其西，与鬼方、昆夷之地全相符合也。

獫狁之号，始于何时，讫于何代，其侵暴中国以何时为甚，亦有可讨论者。《诗》咏伐獫狁事，有《采薇》《出车》《六月》三篇。《六月》之为宣王时诗，世无异论。唯《采薇》、《出车》二诗，《毛传》及《诗序》皆以为文王时诗。然其诗云"王事靡盬"，又云"王命南仲"，又云"天子命我，城彼朔方"，皆不似诸侯之诗。《序》以为文王以天子之命，命将遣戍役，故其辞如此。然三家《诗》说，殊不尽然。《汉书·匈奴传》谓"懿王时，戎狄交侵，诗人始作，疾而歌之曰：'靡室靡家，獫狁之故'，又曰'岂不日戒。獫狁孔棘'。"则班固以《采薇》为懿王时诗也。《出车》咏南仲伐獫狁之事。南仲亦见《大雅·常武》篇，其诗曰"王命卿士，南仲太祖，太师皇父。"《传》谓王命卿士南仲于太祖，皇父为太师。《白虎通》释"爵人于朝，封诸侯于庙"引《诗》曰："王命卿士，南仲太祖。"《白虎通》多用《鲁诗》，是鲁说亦与毛同，《笺》则以南仲为皇父之太祖，系文王时人。然《汉书·古今人表》系南仲于宣王时，在方叔、召虎之下，仲山甫之上，而文王时别无南仲。《后汉书·庞参传》载马融上书曰"昔周宣獫狁，侵镐及方，孝文匈奴，亦略上郡，而宣王立中兴之功，文帝建太宗之号，非唯两主有明睿之姿，抑亦扞城有虓虎之助，是以南仲赫赫，列在周《诗》，亚夫赳赳，载于汉策。"是班固、马融皆以南仲为宣王时人，融且以《出车》之南仲为即《常武》之南仲矣。今焦山所藏鄬惠鼎云："司徒南中，入右鄬惠。"其器称"九月既望甲戌"，有月日而无年，无由知其为何时之器。然其文字不类周初，而与召伯虎敦相似，则南仲自是宣王时人，《出车》亦宣王时诗也。征之古器，则凡纪獫狁事者，亦皆宣王时器，兮甲盘称"惟五年三月既死霸庚寅。"案：长术，宣王五年三月乙丑朔，二十六日得庚寅，此正与余既死霸之说合。虢季子白盘云："惟王十有二年正月初吉丁亥。"案：宣王十二年正月乙酉朔，三日得丁亥，亦与初吉之语合。而十二年正月丁亥为铸盘之日，则伐玁狁当为十一年事矣。由是观之，则周时用兵玁狁事，其见于书器者，大抵在宣王之世。而宣王以后即不见有玁狁事，是玁狁之称，不过在懿、宣数王间，其侵暴中国，亦以厉、宣之间为最甚也。

至玁狁之后裔如何？经传所纪，自幽、平以后，至于春秋隐、桓之间，但有"戎"号；庄、闵以后，乃有"狄"号。戎与狄，皆中国语，非外族之本名。戎者，兵也。《书》称"诘尔戎兵"，《诗》称"弓矢戎兵"，其字从戈、从甲，本为兵器之总称。引申之，则凡持兵器以侵盗者亦谓之戎。狄者，远也，字本作"逷"，《书》称"逷矣西土之人。"《诗》称"舍尔介狄"，皆谓远也。后乃引申之为驱除之于远方之义，《鲁颂》之"狄彼东南"，馱狄钟之"馱狄不龚"，曾伯霋簠之"克狄淮夷"，皆是也。因之凡种族之本居远方而当驱除者，亦谓之狄。且其字从犬，中含贱恶之意，故《说文》有"犬种"之说，其非外族所自名而为中国人所加之名，甚为明白。故宣王以后，有戎狄而无玁狁者，非玁狁种类一旦灭绝，或远徙他处之谓，反因玁狁荐食中国，为害尤甚，故不呼其本名，而以中国之名呼之。其追纪其先世也，且被以恶名，是故言昆戎则谓之犬戎，薰鬻则谓之獯鬻，厥允则谓之玁狁，盖周室东迁以后事矣。考《诗》、《书》、古器，皆无犬戎事。犬戎之名，始见于《左传》《国语》《山海经》《竹书纪年》《穆天子传》等，皆春秋战国以后呼昆夷之称，而獯鬻、玁狁亦被此名。《后汉书·西羌传》称："武乙暴虐，犬戎寇边，周古公逾梁山而迁于岐下。"是以獯鬻为犬戎也。《后汉书·西羌传》引《纪年》"穆王西征犬戎，取其五王，王遂迁戎于太原"，又引"夷王命虢公帅六师伐太原之戎"，又引"宣王二十七年王遣兵伐太原戎不克"。而《诗》云"薄伐玁狁，至于太原"，太原一地，不容有二戎，则又以玁狁为犬戎也。由是观之，古之獯鬻、玁狁，后人皆被以"犬戎"之名，则攻幽王、灭宗周之犬戎，亦当即宣王时之玁狁，不然，玁狁当懿、宣之间，仍世为患，乃一传至幽王时绝无所见，而灭宗周者乃出于他种族，此事理之必不可信者也。然则戎中最强大之犬戎既即玁狁，其余以戎名者，如汾、晋间诸戎，当即唐叔所受之怀姓九宗；又河南山北之阴戎、伊川之陆浑戎，皆徙自瓜州，所谓"允姓之奸居于瓜州"者，亦严狁同族也。《春秋》庄、闵以后，戎号废而狄号兴，（《春秋》所书，闵、僖以后无单称戎者，唯云某戎，或某某之戎而已。）而狄之姓氏见于《左传》者，实为隗姓，后世有谓赤狄隗姓、白狄釐姓者（《世本》），又有谓隗姓赤狄、嬬姓白狄者（《潜夫论》），然秦汉以后之隗姓，皆出白狄故地。秦始皇时丞相隗状，虽不知其所出，当为秦人。汉隗嚣一族，则天水成纪人。魏之隗禧（见《魏志·王肃传》），亦京兆人。则赤、白二狄，疑皆隗姓，皆鬼方玁狁后裔或同族。及春秋中叶，赤狄诸国皆灭于晋，河南山北诸戎亦多为晋役属，白狄僻在西方，不与中国通，故戎狄之称泯焉。尔后强国并起，外族不得逞于中国，其逃亡奔走复其故土者，或本在边裔未入中国者，战国辟土时，乃复与之相接。彼所自称，本无戎狄之名，乃复以其本名呼之。于是胡与匈奴之名始见于战国之际，与数百年前之獯鬻、玁狁先后相应，其为同种，当司马氏作《匈奴传》时盖已知之矣。

西胡考上

汉人谓西域诸国为西胡，本对匈奴与东胡言之。《海外东经》云"西胡白玉山在大夏东"，又云"昆仑山在西胡西"，白玉山及昆仑山即今之喀喇昆仑，是前汉人谓葱岭以东之国曰西胡也。（《山海经》此篇中多汉郡县名，是汉人所附益。然在建平元年刘歆所进十三篇中，是犹出前汉人手也。）《说文解字》玉部："琈，石之有光者"，"璧，琈也。出西胡中。"又邑部："鄯善，西胡国也。"又系部："缴，西胡毳布也。"鄯善在葱岭东；毳布，葱岭东西皆产之；璧琈则专出葱岭以西月氏、罽宾、大秦诸国，是后汉人于葱岭东西诸国，皆谓之西胡也。魏晋六朝犹袭此名，《后汉书·西域传赞》云："逖矣西胡，天之奥区。"《宋云行记》云："鄯善城主，是叶谷浑第二息，宁西将军统部落三千以御西胡。"又云："惠生在乌场国二年。西胡风俗，大同小异，不能具录。"是南北朝人亦并谓葱岭东西诸国为西胡也。西胡亦单呼为胡，《汉书·西域传》："西夜与胡，异其种类，氐羌行国，逐水草往来。"是其所谓胡，乃指西域城郭诸国，非谓游牧之匈奴。后汉以降，匈奴浸微，西域诸国，遂专是号。罗布泊畔所出之魏晋间木简，所云"胡浮窟""胡犁支"者，皆西域人名。而鄯善、龟兹所产铁谓之"胡铁"、所作舌头金谓之"胡舌金"。又魏晋以来，凡草木之名冠以"胡"字者，其实皆西域物

348

也。六朝以后，史传释典所用"胡"字，皆不以之斥北狄，而以之斥西戎。释道宣《释迦方志》所谓"此土"，又指西蕃，例为胡国者也。隋僧彦琮始分别胡、梵（《续高僧传一》），唐人皆祖其说。（道宣《释迦方志》、智广《悉昙字记》、慧琳《一切经音义》皆然。）然除印度外，凡西域诸国皆谓之胡。玄奘《大唐西域记》又由其文字分胡为三种：其于葱岭以东诸国，但云"文字语言取则印度"而已，不别为之立名；至葱岭以西，分为二种，一曰"窣利"，自素叶水城以西至羯霜那（火国），地名窣利，人亦谓焉，文字语言即随称矣，字源简略，本二十余言，转而相生，其流浸广，粗有书记，竖读其文，递相传授，师资无替；二曰"睹货逻"，此铁门以南、雪山以北之地，分为二十七国，语言去就，稍异诸国，字源二十五言，转而相生，用之备物，书以横读，自左而右，文记浸多，逾广窣利。此外如梵衍那、迦毕试、尸弃尼、商弥等国，皆云"文字同睹货逻国，语言稍异"，则亦睹货逻之一支。案：奘师此言，盖本印度旧说。《大智度论》（二十五）谓"敝生处者，安陀罗、舍婆罗（原注裸国也）、兜佉罗（原注小月氏）、修利、安息、大秦等。"考安陀罗即《西域记》之案达罗国，与裸国俱在印度之南，安息、大秦在印度之西，则兜佉罗、修利当在印度之北。兜佉罗即睹货逻，修利即窣利，审矣。唐僧利言梵语杂名，胡之梵言，形为 Suli，声曰苏哩。苏哩亦即窣利，但利言专以苏哩为胡，玄奘则但以窣利为胡之一种，故又云"自黑岭以来并为胡俗"，则葱岭东西与妫水南北，虽非窣利，仍是胡国。《慧超行记》与慧琳《西域记音义》所说略同。道宣《释迦方志》并谓"雪山以西至于西海，名宝主也，偏饶异珍，而轻礼重货，是为胡国"。则波斯、大秦亦入其中，故西域诸国，自六朝人言之，则梵亦为胡，自唐人言之，则除梵皆胡，断可识矣。是故以形貌言，则《汉书》言："自宛以西至安息国，其人皆深目多须髯"，《北史》言："自高昌以西，诸国人等皆深目高鼻"，又言："康国人深目高鼻，多须髯"。颜师古《汉书注》言："乌孙人青眼赤须。"《西域记》及《唐书》皆言"疏勒、护蜜人并碧瞳"，均与波斯、大秦人相似。以言语言，则《汉书》言"自宛以西至安息国，虽颇异言，然大同，自相晓知也。"又近日西人于新疆南北路发见三种古文字：一粟特语，二睹货逻语，三东伊兰语。睹货逻语与玄奘所称名同，粟特当玄奘之所谓"窣利"，东伊兰语则当其所谓葱岭以东诸国语也。三者皆属阿利安语系，与印度、波斯、大秦语族类相同。而粟特语与东伊兰语，尤与波斯语近。以风俗言，则《汉书》言"自宛以西至安息国，其人善贾市，争分铢，贵女子。"《西域记》言："宝主之乡，无礼义，重财贿，短制左衽，断发长髭。有城郭之居，务货殖之利。"又言："黑岭以来，莫非胡俗，大率土著，建城郭，务田畜。性重财贿，俗轻仁义，嫁娶无礼，尊卑无次。妇言是用，男位居下，吉乃素服，凶则皂衣。"亦与大秦、波斯俗尚略同。是故，言乎称号，则同被胡名；言乎形貌、言语、风俗，则虽有小异，无害大同。于是此种胡人种族之疑问起，即此种胡人果从东方往，抑从西方来之疑问是也。

西胡考下

　　自来西域之地，凡征伐者自东往，贸易者自西来，此事实也。太古之事不可知，若有史以来，侵入西域者，惟古之希腊、大食。近世之俄罗斯来自西土，其余若乌孙之徙、塞种之徙、大夏之徙、大月氏之徙、匈奴之徙、嚈哒之徙、九姓昭武之徙、突厥之徙、回鹘之徙、蒙古之徙，莫不自东而西，即如玄奘所称窣利、睹货逻二种，亦有西徙之迹。玄奘谓："自素叶水城以西至羯霜那，地名窣利。"是利窣之地，东尽康居故境，西尽九姓昭武之地。诸国之中，康为宗国。《北史》谓："康本康居之后"，又谓："其王本月氏人，旧居祁连山北昭武城，因被匈奴所破，西逾葱岭，遂有国。"支庶各分王，故康国左右诸国，并以昭武为姓，其称"九姓昭武"，亦如三姓葛禄、九姓回鹘、十姓突厥、卅姓突厥、卌姓拔悉蜜，为北方游牧人种之名称。是窣利之人本出东方，文字竖读，尤近汉法。至睹货逻，则西徙之迹尤历历可指。考睹货逻之名，源出大夏。（嘉兴沈乙庵先生并西人马括德等，并创是说。）大夏本东方古国，《逸周书·王会解》云："禺氏騊駼，大夏兹白牛，犬戎文马。"又《伊尹献令》云："正北空桐大夏。"空桐与禺氏（即月氏）、犬戎，皆在近塞。则大夏一国，明非远夷。《史记·封禅书》云："齐桓公西伐大夏，涉流沙。"此本《管子》佚文。《吕氏春秋·古乐》篇："伶伦自大夏之西，乃至阮喻之阴。"《汉书·律历志》、《说苑·修文》篇、《风俗通·音声》篇同纪此事，"阮喻"皆作"昆仑"，昆之为阮，声之近；（《说文》自部："阮，读若昆。"）仑之为喻，字之误也。综此二说，则大夏当在流沙之内，昆仑之东，较周初王会时已稍西徙。《穆天子传》云："自宗周瀍水以西，至于河宗之邦，阳纡之山，三千又四百里。自阳纡西至于西夏氏，二千又五百里。自西夏至于珠余氏及河首，千又五百里。自河首襄山以西，南至于舂山珠泽昆仑之邱，七百里。"是西夏氏西距昆仑二千又二百里，与《管子》《吕览》所记大夏地望正合。惟《海外东经》云："国在流沙外者，大夏竖沙居繇月支之国。"又云："西胡白玉山在大夏东"，与周秦间故书不合。此出汉通西域后所附益，非其本文矣。《大唐西域记》十二。云："于阗国尼壤城东四百余里，至睹货逻故国，国久空旷，城皆荒芜。"案：于阗国姓，实为尉迟，而画家之尉迟乙僧，张彦远《历代名画记》云"于阗人"，朱景元《唐朝名画录》云"吐火罗人"，二者皆唐人所记，是于阗与吐火罗本同族，亦吐火罗人曾居于阗之证。又今和阗以东大沙碛，《唐书》谓之"图伦碛"（《唐书·西域·吐谷浑传》：李靖等军且末之西，伏允走图伦碛，将托于阗。是图伦碛在且末于阗间），今谓之"塔哈尔马干碛"，皆"睹货逻碛"之讹变。是睹货逻故国在且末、于阗间，与周秦间书所记大夏地位，若合符节。《唐书·西域传》云"大夏即吐火罗"，其言信矣。大夏之国，自西逾葱岭后，即以音行，除《史记》《汉书》尚仍其故号外，《后汉书》谓之"兜勒"（《和帝纪》及《西域传序》），六朝译经者谓之"兜佉勒"（《婆沙论》卷九：世尊极知兜佉勒语胜生兜佉勒中者）、"兜佉罗"（《大智度论》卷二十五，见上），《魏书》谓之"吐呼罗"，《隋书》以下谓之"吐火罗"，《西域记》谓之"睹货逻"，皆大夏之对音。其徙葱岭以西，盖秦汉间之事。希腊地理学家斯德拉仆所著书，记西历纪元前百五十年时，睹货逻等四蛮族侵入希腊人所建之拔底延王国，是大夏之入妫水流域，前乎大月氏者仅二十年。故大夏居妫水南，而大月氏居其北，此其侵略先后之次序也。此事，中国、印度、希腊古籍全相符合，则睹货逻一族与月氏同出东方可断言矣。窣利、睹货逻既同出东方，则其同语系之种族，若印度、若波斯、若大秦，当无一不出自东方。特其迁徙，当远在有史以前。此前说之结论必归于是，又与民族西徙之事实相符合也。虽然，侵略者自东往，贸易者自西来，二者皆史实也。凡西徙之种族，于其所征服之国，不过得其政权及兵权，而自成统治者之一级，其时人民之生活仍如故也。《慧超行传》于西域诸国屡言土人是胡，王是突厥；或言土人是胡，王及兵马并是突厥。凡东方民族侵入西域者，殆无不然。且西域人民以国居东西之冲，数被侵略，亦遂专心职业，不复措意政治之事，是故希腊来则臣希腊，大夏、月氏来则臣大夏、月氏，嚈哒来则臣嚈哒，九姓昭武来则臣九姓昭武，突厥来则臣突厥，大食来则臣大食，虽屡易其主，而人民之营其生活也如故。当时统治者与被治者间，言语风俗，固自不同，而统治一级，人数较少，或武力虽优而文化较劣，狎居既久，往往与被治者相融合，故此土之言语风俗，非统治者之言语风俗，实被治者之言语风俗也。世或以统治者之名呼其种族及言语，如大月氏人、睹货逻语之类，盖非尽当。考古书所载，此土人民，本与波斯、大秦同是一族。《汉书》言："自宛以西至安息国，虽颇异言，然大同，自相晓知也。其人皆深目多须髯，善贾市，争分铢，贵女子。女子所言，丈夫乃决正。"是其形貌、言语、风俗本同西方。自汉讫唐，蝉嫣未变。

《北史》言："康国人善商贾，粟特人多诣凉土贩货，大月氏人商贩京师。"《唐书》言："康国人好利，丈夫年二十去旁国，利所在，无不至。"玄奘、慧超所记胡俗，无不同贯。又《西域记》于素叶水城及怛罗斯城，皆云"各国商胡杂居，于飒秣建及迦毕试国"，云"异方奇货，皆聚此国"。是大食未兴以前，东西贸易，悉在此种胡人之手。故自汉以来，人民颇复东向。《北史》言"高昌以西诸国人等，皆深目高鼻"。是汉时此族，以大宛为东界者，至南北朝已越葱岭，而以高昌为其东界。虽此种人民或于有史以前本居东土，然于有史以后自西徂东，亦为事实。故高昌以西，语言、文字与波斯、大秦同属一系，汉魏以来，总呼为"胡"，深合事理。然则论西胡之事，当分别统治者与被治者二级观之，否则鲜不窒阂矣。

西胡续考

自《汉书·西域传》言："自宛以西至安息，其人皆深目多须髯。"后世所记胡人容貌，如《世说新语》六。记康僧渊，《太平广记》（二百四十八）引《启颜录》记隋三藏法师，又（四百三十五）引《朝野佥载》记宋蔡事，无不如是。《北史·于阗传》言"自高昌以西诸国人等，皆深目高鼻，惟此一国（于阗），貌不甚胡。"《唐书·突厥传》言："颉利族人思摩，以貌似胡，疑非阿史那种，故但为夹毕特勒而不得为设。"是胡之容貌，显与他种不同，而其不同之处，则"深目多须"四字尽之。隋唐以来，凡非胡人而貌类是者，亦谓之"胡"。刘宾客《嘉话录》：言"杨国忠知史部铨，呼选人名，引入于中庭，不问资序，短小者通道参军，胡者云湖州文学。"李匡义《资暇录》（下）。云"俗怖小儿曰'麻胡来'，不知其源者，以为多髯之神。"李商隐《骄儿诗》：或谑张飞胡，或嘲邓艾吃。《东观奏记》（上）。"宣宗问宰臣白敏中曰：'有一山陵使，胡而长，其人姓氏为谁？'敏中奏：'景陵山陵使令狐楚。'"《侯鲭录》：四。"王晋卿尝过巩、洛间，道旁有后唐庄宗庙，默念始治终乱。意斯人必胡。及观神象，两眼外皆髭也。"是中国人貌类胡人者，皆呼之曰"胡"，亦曰"胡子"。此名当六朝时本施之胡人。《艺文类聚》（三十五）。载："梁简文帝谢安吉公主，饷胡子一头，启云：'方言异俗，极有可观。山高水远，宛在其貌。'"即用《世说》所载康僧渊事。盖谓真胡人。至唐，而中国人貌类是者，亦谓之胡子。《太平广记》（二百四之五）引《御史台记》云："邵景、萧嵩俱授朝散大夫，二人状貌类胡，景鼻高而嵩须多，同时服朱绂，对立于庭。韦铿《帘中独窥》而咏曰：'一双胡子著绯袍，一个须多一鼻高。'"云云。又《云溪友议》载唐陆岩梦《桂州筵上赠胡子女诗》云："自道风流不可攀，那堪蹙额更颓颜。眼睛深却湘江水，鼻孔高于华岳山。"是自唐以来皆呼多须或深目高鼻者为胡或胡子。此二语至今犹存，世人呼须及多须之人皆曰胡子。俗又制"髭"字以代之。《北梦琐言》（七）。载蔡押衙诗云："可怜洞庭湖，却到三冬无髭须。"以其不成湖也。是唐人已谓须为胡，岂知此语之源，本出于西域胡人之状貌乎？且深目多须，不独西胡为然，古代专有胡名之匈奴，疑亦如是。两汉人书虽无记匈奴形貌者，然晋时胡羯，皆南匈奴之裔。《晋书·石季龙载记》云："太子詹事孙珍问侍中崔约曰：吾患目疾，何方疗之？"约素狎珍，戏之曰：'溺中可愈。'珍曰：'目何可溺？'约曰：'卿目腕腕，正耐溺中。'珍恨之，以告石宣。宣诸子中最胡状，目深，闻之大怒，诛约父子。"又云："冉闵躬率赵人诛诸胡羯，无贵贱、男女、少长皆斩之，死者二十余万。屯据四方者，所在承闵书诛之，于是高鼻多须至有滥死者。"《安禄山事迹》（下）。云："高鞠仁令范阳城中，杀胡者重赏。于是羯胡尽死，小儿掷于空中，以戈承之。高鼻类胡而滥死者甚众。"事亦相类。夫安史之众，素号杂胡，自兼有突厥、奚、契丹诸部。晋之羯胡，则明明匈奴别部，而其状高鼻多须，与西胡无异，则古之匈奴，盖可识矣。自后汉以来，匈奴寖微，而东胡中之鲜卑起而代之，尽有其故地。

自是讫于蠕蠕之亡，主北垂者，皆鲜卑同族也。后魏之末，高车、突厥代兴，亦与匈奴异种，独西域人民与匈奴形貌相似，故匈奴失国之后，此种人遂专有胡名。顾当时所以独名为胡者，实因形貌相同之故，观《晋书》载记之所记，殆非偶然矣。

西域井渠考

今新疆南北路通凿井取水，吐鲁番有所谓卡儿水者，乃穿井若干，于地下相通以行水。伯希和教授以为与波斯之地下水道相似，疑此法自波斯传来。余谓此中国旧法也。《史记·河渠书》："武帝初，发卒万余人穿渠，自征引洛水至商颜下。岸善崩，乃凿井深者四十余丈，往往为井，井下相通行水，水颓以绝。商颜东至山岭十余里间，井渠之生自此始。"此事史家不纪其年，然记于塞瓠子（元封二年）之前，时西域尚未通也。又《大宛列传》云："宛城中无井。汲城外流水。"又云："宛城新得秦人，知穿井。"是穿井为秦人所教，西域本无此法。及汉通西域，以塞外乏水，且沙土善崩，故以井渠法施之塞下。《汉书·乌孙传》："汉遣破羌将军辛武贤将兵万五千人至敦煌，遣使案行卑鞮侯井，欲通渠转谷积居庐仓以讨之。"孟康曰："卑鞮侯井，大井六通渠也。下流涌出，在白龙堆东土山下，井名通渠，又有上下流，则确是井渠。"《沙州图经》云："大井泽在州北十五里。"引《汉书》辛武贤事云："遣使者案行，悉穿大井。"是汉时井渠，或自敦煌城北直抵龙堆矣。汉于鄯善、车师屯田处，当亦用此法。波斯乏水，与葱岭以东略同。《北史·西域传》言："波斯地多沙碛，引水灌溉。"《西域记》言："波剌斯国引水为田。"皆不言其引水之法。刘郁《西使记》言："穆锡地无水土人隔岭凿井，相沿数十里，下通流以溉田。"所言与汉井渠之法无异，盖东来贾胡以此土之法传之彼国者，非由彼土传来也。（元王祯《农书·农器图谱》十三《灌溉门》所载阴沟法，即古井渠之遗。明陆容《菽园杂记》一，陕西城中，旧无水道，井亦不多，居民日汲水西门外。参政余公子俊知西安府时，以为关中险要之地，使城闭数日，民何以生？始凿渠城中，引灞、浐水，从东入西出，环甃其下以通水，其上仍为平地，迤逦作井口，使民得就以汲。此永世之利也。可见井渠之制，历代行之无废。今京师阴沟用以泄潴秽水者，亦用是法也。）

黑车子室韦考

丁卯暮春，从友人借得日本文科大学所印《满洲、朝鲜历史地理研究报告》，中有津田博士《室韦考》，谓"室韦本部，自后魏讫唐，并在今嫩江流域。而唐人并兴安岭西及呼伦泊西南诸部族皆呼之曰'室韦'。盖本之室韦本族部人之言，而非诸部族之所自称者"。其说甚精辟，独不及黑车子室韦及其南徙事，因补著之。考两《唐书·室韦传》，并无黑车子部落。唐人及五代人著书有黑车子，而不承以"室韦"字。故津田博士于《辽代乌古敌烈考》中，释《辽史·太祖纪》之"黑车子室韦"为二部之名。然《辽史·百官志》属国职名中有"室韦国大王府"，有"黑车子室韦国大王府"，则"黑车子室韦"五字自当连读。博士释为二部者，非也。其住地，则《会昌一品集》卷六。《赐黠戛斯书》云："黑车子犹去汉界一千余里，在沙漠之中。"《五代史·四裔》附录引《胡峤陷虏记》云："契丹北有黑车子，语皆广泛，无以指定其地。"考《通鉴》言"回鹘乌介可汗走保黑车子。"（《考异》云：从《会昌伐叛记·实录新传》。）《旧书·回纥传》独云"依和解室韦。"则"黑车子"殆即"和解室韦"之异名。《旧书·室韦传》云："今室韦最西，与回纥接界者，乌素固部落，当俱轮泊之西南，次东有移塞没部落，次东有塞曷支部落，次有和解部落，次东又有乌罗护部落，又有那礼部落。"

案"俱轮泊"即今"呼伦泊",则和解室韦之地当在今呼伦泊东南。又其东之乌罗护部落,即《旧书·北狄传》别出之"乌罗浑",《传》云"此部南与契丹接",则那礼部落当即谓耶律氏始祖泥礼所统之部落也。("泥礼"见《旧书·契丹传》。《耶律辽实录》作"湟里",陈大任《辽史》作"雅里"。)则和解部落当在今兴安岭左右,与岭西之达怛相近。《会昌一品集》卷五。《赐回鹘嗢没斯特勒等诏书》云:"秋热,卿及部下诸官,并左相阿波兀等部落黑车子达怛等,平安好。"案"左相"即"左厢",(回鹘有内宰相、外宰相,而无左、右相。故相当读为厢。《通典》西突厥分十箭为左右厢,鄂尔昆河西畔之《回鹘苾伽可汗残碑》亦有"□厢沓实力"之句,是突厥、回鹘皆分属部为左、右厢。左右两厢,唐人亦作两相,见贾公彦《仪礼疏》卷十七及卷三十四。)黑车子与达怛并为回鹘左厢部落,则二部相近明矣。然至回鹘国破,种人分散之时,此部或他种室韦之一部,亦随回鹘而南,至中国塞下。《旧书·回纥传》:"那颉啜战胜全占赤心部下七千帐,因据室韦黑沙榆林,东南入幽州雄武军西北界。"《新书》易之曰:"那颉啜收赤心部下七千帐,东走振武大同,因室韦黑沙南窥,幽州节度使张仲武破之,悉得其众。"据《旧书》之文,则黑沙、榆林并是地名,其地当在振武大同之东北,幽州之西北,而与室韦连言,殊不可解。据《新书》,则黑沙似是部名,盖即"黑车"之异译,盖此时黑车子室韦当有一部游牧幽州塞外者,盖那颉啜因之,否则自振武大同东趋幽州,与黑车子室韦之原住地固风马牛不相及也。《会昌一品集》(卷二)。《幽州纪圣功碑铭》云:"回鹘下有二部,曰赤心宰相,曰那颉啜特勒。赤心者,天性忿鸷,戎马尤盛。初与名王嗢没斯首谋内附,俄而负气恃力,潜图厉阶,为嗢没斯所给,诱以俱竭可汗,戮于帐下,其众大溃，东逼渔阳公（谓卢龙节度使张仲武），以室韦悍极之兵，近我边鄙，俾其侦逻，且御内侵，寻以征役不供，为虏所败，由是介马数万，连互幽陵"云云。盖其时室韦虽为回鹘役属，然亦朝贡于唐，故仲武俾其侦逻，而室韦不从，故曰"征役不供。"又（卷十五）。《请发镇州兵马状》云："又幽州奏进官孙方造云：'仲武破回鹘之时，收得室韦部落主妻儿，昨室韦部落主欲将羊马金帛赎妻儿，仲武并不要，只使杀回鹘监使，即还妻儿'。"是回鹘侵幽州之众，中有室韦可知。时此种室韦根据地，去幽州亦不甚远。《旧书》云："会昌三年，乌介去幽州界八十里下营。是夜，河东刘沔率兵奄至乌介营，乌介惊走东北约四百里外，依和解室韦下营。"案两《唐书》刘沔、石雄诸《传》，《新书·回鹘传》，刘沔遣石雄夜袭乌介营，在振武不在幽州。则乌介东走幽州塞外，又东北走和解室韦，并在被袭之后。《旧书》记被袭事于东走幽州后，甚误。然乌介于被袭后，曾去幽州界八十里下营，又自此走东北四百里外，依和解室韦下营，似事实也。和解室韦原住地，在兴安岭左右，所谓"黑车子去汉界一千余里"是也。而乌介依室韦下营，乃仅东北走四五百里。则是时和解室韦之全部若一部，必已西南徙无疑。逮至契丹之兴，则黑车子室韦更南徙中国近塞，《辽史·太祖纪》云："唐天复三年九月，讨黑车子室韦。唐卢龙节度使刘仁恭发兵数万，遣养子赵霸来拒。至武州，太祖谍知之，伏劲兵桃山下，遣室韦人牟里诈称其酋长所遣，约霸兵会平原。既至，四面伏发，擒霸，歼其众，乘胜大破室韦。明年七月，复讨黑车子室韦，唐河东节度使李克用遣通事康令德乞盟。冬十月，太祖以骑兵七万会克用于云中。"又，"太祖二年冬十月，遣轻兵取吐浑叛入室韦者。"夫黑车子室韦原住地本在契丹之北，乃因伐黑车子故，而南与刘仁恭交兵，复与李克用会盟。又吐浑与黑车子道里远隔，何以叛入室韦？此必因黑车子室韦已南徙幽、并近塞，故有此事实也。余作《鞑靼考》及《萌古考》，见此二部当唐之季世均有南徙之迹，此黑车子室韦亦然。盖当回鹘既衰契丹将兴之际，北方民族间受一种之感应，故有移徙之事，其原因虽不可知，而迁徙则为事实，故备论之。

西辽都城虎思斡耳朵考

西辽事迹，见于中土纪载者，至为简略。其建都之地，《辽史》作"虎思斡耳朵"（《天祚纪》：延庆二年，耶律大石班师东归，马行二十日，得善地，遂建都城，号虎思斡耳朵）。《金史》作"骨斯讹鲁朵"（《忠义粘割韩奴传》：大定中，回纥移习览三人至西南招讨司贸易，自言本国邹恬番部，所居城号骨斯讹鲁朵。俗无兵器，以田为业，所获十分之一输官，耆老相传。先是，契丹至，不能拒，因臣之。契丹所居屯营乘马行，自旦至日中，始周匝）。《元史》作"谷则斡儿朵"（《曷斯麦里传》：曷斯麦里，西域谷则斡儿朵人，初为西辽阇儿罕近侍，后为谷则斡儿朵所属可散八思哈长官），或作"古徐鬼国讹夷朵"（《郭宝玉传》：甲戌，从帝讨契丹遗族，历古徐鬼国讹夷朵等城，破其兵三十余万。案鬼当作儿，钱竹汀说）。《元遗山文集》作"古绩儿国讹夷朵"（《文集》二十八，《大丞相刘氏先茔神道碑》：车驾征契丹遗族，是为西辽历古绩儿国讹夷朵等城，战合只，破之。刘郁撰常德《西使记》作"亦堵"，《西使记》：二月二十四日过亦堵。两山间土平民夥，沟洫映带，多故垒坏垣。问之，盖契丹故居也。计其地去和林万五千里，而近有河，曰亦运流，洶洶东注，土人曰此黄河也）。亦堵者，盖"讹夷朵"之略。李真常《长春真人西游记》谓之"大石林牙"，[《西游记》上：十月十有六日，西南过板桥，渡河。晚至南山下，即大石林牙。（自注：大石，学士林牙小名。）其国王，辽后也。自金师破辽，大石林牙领众数十走西北，移徙十余年，方至此地。其风土气候，与金山以北不同。平地颇多，以农桑为务，酿蒲萄为酒，果食与中国同。惟经夏秋无雨，皆疏河灌溉，百谷用成。东北西南，左山右川，延袤万里，传国几百年。〕亦但谓之"大石"（《西游记》上：《游河中西园诗》"大石东过二十程"。又卷下：《读书绝句》"西过大石半年居"），则又以人名名其国都。而拉施特《蒙古史》则谓之"八喇沙衮"。案《元史·地理志》"西北地附录"，笃来帖木儿属地中有"八里茫"一地，《经世大典图》亦有八里茫图，在阿力麻里之西南；柯耳鲁（即葛逻禄）亦剌八里之南，倭亦（今乌什）之北，故武进屠氏（寄）《蒙兀儿史记》以八里茫为"八里沙"之讹，即以拉氏书中之"八喇沙衮"当之，其说是也。余谓虎思斡耳朵者，契丹之新名，其名行于东方。八喇沙衮者，突厥之旧名，早行于东西二土，八喇沙衮即《唐书·地理志》之裴罗将军城也。《资治通鉴考异》（二）引《唐元宗实录》突厥葛逻禄下首领有裴罗达干，《唐书·突厥传》突骑施黑姓可汗有阿多裴罗，《回鹘传》骨咄禄毗伽阙可汗之名为骨力裴罗，又有将军鼻施吐拨裴罗，《大唐会要》（九十八）有回纥演者裴罗，《册府元龟》（九五五）纪突厥首领有采施裴罗，又（九七一及九七二）纪回纥使臣有近支伽裴罗、阿德俱裴罗、裴罗达干等，是裴罗者，突厥种族中之人名也。回鹘人中有称"将军"者，当是应用汉语。辽金时之"相温""详稳""详衮"，元时之"桑昆""想昆"，并自此语出。是裴罗将军一城，当是西突厥故名，讫辽金间，西域人犹以此名呼之，谓之"八喇沙衮"，《元史》又略称"八里沙"，此地名源流之可考者也。又自地理上言之，则有三证：一，《唐书·地理志》载贾耽《皇华四达记》云："至热海后百八十里出谷至碎叶川口，八十里至裴罗将军城，又西四十里至碎叶城，北有碎叶水，北四十里有羯丹山，十姓可汗每立君长于此。"案热海者，今之特穆尔图泊。碎叶水者，今之吹河。是裴罗将军城在吹河之南又距吹河东入特穆尔图泊处八十里。而《元朝秘史》（五）云："王罕又走去回回地面垂河，行入合剌乞塔种古儿皇帝处。"（同卷六《太祖遗王罕书》，蒙文内亦有此语，但译文略去"垂河"字样。）又卷六云："乃蛮古出鲁克。过委元合儿鲁种处，至回回地面垂河，行与合剌乞塔种的人古儿罕相合了。"案垂河即吹河。合剌乞塔即黑契丹，蒙古人以之呼西辽。古儿皇帝古儿罕，即耶律大石自号之葛儿罕，（《辽史·天祚纪》）若阔儿罕（《元史·曷思麦里传》）也。是西辽都城地滨吹河，《西游记》言"西南过板桥，渡河，晚至南山下，即大石林牙。此河亦谓吹河"。《西使记》："契丹故居有河曰'亦'，（句）运流洵洵东注。"正与东入特穆尔图泊之吹河合，此一证也。今吹河之南即天山山脉，其山西人谓之阿历山德岭。《西游记》云"晚至南山下"，即谓此山。《西使记》云"两山间土平民夥，沟洫映带"，则兼水南之天山水北之羯丹山而言，此二证也。《唐志》自裴罗将军城至呾罗斯之距离，凡三百五十里。据《大唐西域记》及《慈恩法师传》，则五百八九十里。（两书无裴罗将军城，今以自素叶水城至呾逻私之里数，加裴罗至素叶之里数计之。）大抵贾眈所书里数，率较玄奘所书为短，当由计里之单位或方法不同。今征之元人所记，则邱长春自大石林牙西行七八日始见一石城，（此城即呾罗斯，以长春前此沿山向西行，而至此后，山忽南去，乃并西南山行。与《西域记》自素叶至哄逻私皆西行至呾逻私后方西南行者密合。）常德以二月二十四日过亦堵，二十八日过塔赖寺，塔

赖寺即长春所见之石城。但长春以车行，常德以马行。又常德奉
使，当宪宗己未，在太宗大置站赤之后，故迟速不同。即如自呾
罗斯至赛蓝，长春行五日，常德仅三日。又自赛蓝至寻思干，长
春行十四日，常德仅八日。以比例求之，则常德五日之行程，正
当长春七八日，是二书所记自西辽都城至呾罗斯之行程，正与玄
奘及贾耽所记自裴罗将军城至呾罗斯之里数相应，此三证也。然
则八剌沙衮即裴罗将军城，殆无疑问。考隋唐以来热海以西诸
城，碎叶为大，西突厥盛时已为一大都会。《慈恩传》言"至
素叶水城，逢突厥可汗方事畋游，军马甚盛。"及唐高宗既灭贺
鲁，移安西都护府于龟兹，以碎叶备四镇之一。（《唐书·西域
传》）调露中，都护王方翼筑碎叶城，四面十二门，为屈曲隐
伏之状。（《唐书地理志》及《王方翼传》）后突骑施乌质勒屯
碎叶西北，稍攻得碎叶城，因徙居之。（同《突厥传》）开元十
年，十姓可汗请居碎叶城，安西节度使汤嘉惠表以焉耆备四镇。
（同上《西域传·焉耆传》）嗣后，突骑施别种苏禄子吐火仙复
居之。（同上《突厥传》）天宝七年，始为北庭节度使王正见所
毁，（《通典》一九三引杜环《经行记》）后葛禄复据其地。唐
中叶以后，与西域隔绝，其地遂无所闻。及大石林牙既平西域，
思复契丹故地，乃东徙于此。然不居碎叶而居其东四十里之裴
罗将军城者，盖唐时碎叶故城已毁坏无余故也。而《金史·忠
义传》言"契丹所居屯营，乘马行，自旦至日中始周匝。"则视
唐之碎叶城广大可知，更无论故裴罗将军城矣。据《辽史·天
祚纪》："自大石都此，讫直鲁古亡，凡七十有八年。其未东徙
时，则都于寻斯干。"此事《辽史》虽不纪，然谓班师东归，马
行二十日得善地；正与邱长春《寻斯干诗》所谓"东石东过二十
程"者相合，故西辽名寻斯干为河中府。（《西游记》自注邪迷

思干大城，大石有国时名为河中府。《湛然居士集》卷四《再用韵纪西游事诗》注：西域寻斯干城，西辽目为河中府。）东徙之后，仍建为陪都。《西游记》云："西南至寻斯干，万里外回纥国最佳处，契丹都焉。"即以其西都言之。耶律文正《湛然居士集》（二）。和裴子《法见寄》云："扈从出天山，从容游大石。"此大石谓寻斯干。盖寻斯干与虎思斡耳朵为契丹东西二都，故并得大石之名耳。西辽都城自来未有真切言之者，故聊发其概焉。

鞑靼考

鞑靼之名，始见于唐之中叶《阙特勤碑》之突厥文中，有"三十姓鞑靼"（Otuz Tatar）、"九姓鞑靼"（Tokuz Tatar），是为鞑靼初见纪录之始。案《阙持勤碑》立于开元二十年，则鞑靼之名古矣。李德裕《会昌一品集》卷五有《赐回鹘盟没斯特勒等诏书》，末云："卿及部下诸官，并左相阿波兀等部落、黑车子达怛等，平安好。"又卷八《代刘沔与回鹘宰相颉于伽思书》云："纥扢斯专使将军踏布合祖云：发日，纥扢斯即移就合罗川，居回鹘旧国，兼已得安西、北庭、达怛等五部落。"是为鞑靼见于汉籍之始，时唐武宗会昌二年也。嗣于懿宗咸通九年，从朱邪赤心讨庞勋；僖宗中和二年，从李克用讨黄巢，并有功。至后唐、汉、周，仍世入贡，故薛、欧《五代史》及欧、宋《唐书》并记其事，而欧氏于《五代史》并为达怛立传。宋初太祖、太宗朝尚三次入贡，后为西夏隔绝，不与中国通，而两宋人纪录中，尚屡见其名，乃《辽史·营卫志》所记诸部族、《百官志》所记属国职名中，皆无鞑靼。《本纪》中虽三见"达旦"字，亦去其偏旁。《金史》乃并绝其迹。正史中，至《明史》始复有《鞑靼传》。而《明史》之《鞑靼传》，实《蒙古传》也。然则辽金三百年中，唐宋间所谓鞑靼者，果何往乎？观宋元人之著书，知当时固有鞑靼，其对辽、金之关系决非浅鲜，正史中必不容没其事，而竟不概见，此读史者当发之疑问也。以余之所见，则唐、宋间之鞑靼，在辽为阻卜，在金为阻䪁，在蒙古之初为塔塔儿。其漠南之汪古部，当时号为白达达者，亦其遗种也。

曷言乎鞑靼在辽为阻卜、在金为阻䪁也？《辽史·圣宗纪》："开泰元年正月，达旦国兵围镇州，州军坚守，寻引去。"而《萧图玉传》云："开泰中，阻卜复叛，围图玉于可敦城，势甚张。图玉使诸军齐射却之，屯于窝鲁朵城。"案《圣宗纪》："统和二十二年，以可敦城为镇州。"《地理志》："镇州建安军节度，本古可敦城。"则《纪》《传》所载地名既合，年岁又同，自是一事。而一称达旦，一称阻卜，是阻卜即鞑靼之证一也。《续资治通鉴长编》（卷五十五）："真宗咸平六年七月，契丹供奉官李信来归，言戎主母后萧氏有姊二人，长适齐王，王死，自称齐妃，领兵三万，屯西鄙驴驹儿河，使西捍塔靼，尽降之。"案《辽史·圣宗纪》："统和十二年八月，诏皇太妃领西北路乌古等部兵及永兴宫分军抚定西边，以萧挞凛督其军事。十五年三月，皇太妃献西边捷。九月，萧挞凛奏讨阻卜捷。"而《萧挞凛传》则云："十二年，夏人梗边，皇太妃受命总乌古及永兴宫分军讨之。挞凛为阻卜都详稳，凡军中号令，太妃并委挞凛。十五年，敌烈部人杀详稳而叛，遁于西北荒，挞凛将轻骑逐之，因讨阻卜之未服者。诸蕃岁贡方物充于国，自后往来若一家焉。挞凛以诸部叛服不常，上表乞建三城以绝后患，从之。"考三城者，谓镇州及防、维二州，皆在驴驹河西南，与西夏相去绝远。是统和间太妃西征，非讨西夏，而实经营阻卜诸部。乃李信谓之"西捍塔靼"，是阻卜即鞑靼之证二也。而此事完全之证据，乃在《金史》。《金史·夹谷清臣传》："北阻䪁叛，上遣责清臣，命右丞相襄代之。"又内族《襄传》："襄代清臣，遂屯临潢。（中略）乃命支军出东道，襄由西道。而东军至龙驹河，为阻䵃所围，三日不得出，求援甚急。（中略）襄即鸣鼓进发。（中略。）响晨压敌，突击之，围中将士亦鼓噪出，大战，获舆帐牛马，众皆奔斡里札河，遣完颜安国追蹑之。众散走，会大雨，冻死者十七八。降其部长，遂勒勋九峰山石壁"云云。今案《元朝秘史》（四）："大金因塔塔儿篾古真薛兀勒图不从他命，教王京丞相领军来剿捕，逆著浯浏札河，将篾古真薛兀勒图袭将来。"案"王京"者，"完颜"之对音。《圣武亲征录》《元史·太祖纪》并记此事，皆作"丞相完颜襄"。语浏札河亦即《金史》之斡里札河（今乌尔载河）。是二书纪事并相符合。而《金史》之"阻䵃"，《元秘史》谓之"塔塔儿"，正与《辽史·萧图玉传》之"阻卜"，《圣宗纪》作"达旦"者，前后一揆。而"塔塔儿"一语，为"鞑靼"之对音，更不待言。故曰：唐宋间之鞑靼，在辽为阻卜，在金为阻䵃也。

更从地理上证之。唐时鞑靼住地，据《阙特勤碑》侧之突厥文，两记"三十姓鞑靼"，皆在"黠戛斯骨利干"之后、"契丹白霅"之前。日本箭内博士谓黠戛斯在突厥西北，骨利干又在其北，契丹白霅皆在突厥之东，则在其间之三十姓鞑靼，当居突厥东北，与金、元间之塔塔儿方位全同。其说良是。今假名此部曰东鞑靼。然此碑突厥文中，尚有"九姓鞑靼，"此部住地无可考。然《唐书·地理志》引贾耽《入四夷道里记》云："中受降城正北如东八十里，有呼延谷，谷南口有呼延栅，北口有归唐栅，车道也，入回鹘使所经。又五百里至鸊鹈泉，又十里入碛，经麚鹿山、鹿耳山、错甲山，八百里至山燕子井。又西北经密粟山、达旦泊、野马泊、可汗泉、横岭、绵泉、镜泊，七百里至回鹘牙帐。"此达旦泊在回鹘牙帐东南数百里，疑以鞑靼人所居得名。九姓鞑靼所居，盖当在此。今假名此部曰西鞑靼。《会昌一品集》所见达怛，其一与黑车子连称者，似与东方之三十姓鞑靼相当；其一与安西北庭连称者，似即西方之九姓鞑靼也。而唐末、五代以来，见于史籍者，只有近塞鞑靼。此族东起阴山，西逾黄河、额济纳河流域。至北宋中叶，并散居于青海附近，今假名之曰南鞑靼。欧阳公《五代史》之所传、王延德使高昌时之所经、李仁甫《续通鉴长编》之所记，皆是族也。而《辽史》所记阻卜，其分布区域，乃各与此三部鞑靼相当。李信谓辽齐妃领兵屯西鄙驴驹儿河，西捍塔靼，而《辽史·文学传》萧韩家奴之言曰："阻卜诸部，自来有之。曩时，北至胪朐河，南至边境，人多散居，无所统一，惟往来抄掠。及太祖西征，至于流沙，阻卜诸部望风悉降。"是辽时边境以北至胪朐河，皆有阻卜部落，此可拟唐时之"东鞑靼"。又《太祖纪》云："天赞二年九月丙申朔，次古回鹘城。丙午，遣骑攻阻卜。"《萧图玉传》云："阻卜复叛，围图玉于可敦城。"《萧惠传》云："西阻卜叛，都监涅鲁古等将兵来援，遇敌于可敦城西南。"又《萧挞不也传》："阻卜酋长磨古斯绐降，挞不也逆于镇州西南沙碛间。"案古回鹘城，即今外蒙古额尔德尼昭西北之合剌八剌合孙（唐时回鹘牙帐），在鄂尔昆河西岸；可敦城即镇州，其地今虽未能考定，要当在鄂尔昆河之东，喀鲁哈河左右。而阻卜自其西南来，则其住地当在可敦城西南，唐时达旦泊正在此方面。故此部可拟唐时之"西鞑靼"。又《辽史·属国表》圣宗开泰五年，书"阻卜酋长魁可来降"，《圣宗纪》作"党项魁可来"。《兵卫志》言"西夏元昊谅祚智勇过人，能使党项、阻卜掣肘大国。"此以"阻卜"与"党项"互举连言，则阻卜又南与党项相近。此种阻卜，又可拟唐末、五代之"南鞑靼"。故辽时阻卜分布之广，正与唐宋人所谓鞑靼相同。至见于《金史》之阻䪁、若北阻䪁，则略当唐时之"东鞑靼"，亦即蒙古人所谓"塔塔儿"，此亦可由地理上证明之。《金史·宗浩传》云："内族襄以为攻破广吉刺，则阻䪁无东顾忧。"是阻䪁在广吉刺之西。而《元朝秘史》记翁吉刺住地云："合勒合河流入捕鱼儿海子处，有帖儿格等翁吉刺。"其记塔塔儿住地则云："阿亦里兀惕、备鲁兀惕两种塔塔儿，在捕鱼儿海子与阔连海子中间，兀儿失温地面。"（今鄂尔顺河）又云："察阿安、阿勒赤都塔兀惕、阿鲁孩四种塔塔儿，在兀勒灰失鲁格勒只惕地面。"（今乌尔浑河与色野尔集河合流处）皆东与在喀尔喀河流域之翁吉刺为邻。又载扯克扯儿地面（今苏克斜鲁山）有塔塔儿人，距翁吉刺之德薛禅家不远，与《金史》所载阻䪁地望无一不合。故辽、金二《史》中阻卜、阻䪁之为鞑靼，自地理上证之而有余矣。

若然，辽金之阻卜、阻䪁，于唐宋为鞑靼，于蒙古为塔塔儿，则阻卜、阻䪁之名，乌从起乎？又于唐宋以前、蒙古以后，得求此名之源流否乎？然求之前后诸史，绝不见有与阻卜或阻䪁相类之名称。余乃不得不设一极武断、极穿凿之假说，曰：阻卜、阻䪁者，"鞑靼"二字之倒误，且非无意之误，而有意之误也。何以言之？曰：辽、金人文字中多言鞑靼，如史愿《亡辽录》（《北盟会编》卷二十一引）云："辽于沙漠之北，则置西北路招讨府，（中略）镇摄鞑靼、蒙骨、迪烈诸国。"又金主亮遣翰林学士韩汝嘉与宋国信使副徐嘉等宣谕公文（《北盟会编》卷二百二十九引）云："向来北边有蒙古、鞑靼等，从东昏王时数犯边境。"是辽、金时固有鞑靼，其《国史》《实录》亦当不讳言鞑靼，而辽、金二《史》中无之者，曰蒙古人讳言鞑靼故。蒙古人何以讳言鞑靼？曰：蒙人本非鞑靼，而汉人与南人辄以此名呼之，固为蒙古人所不喜。且元末修史之汉臣，已不复知鞑靼与蒙古之别，而辽、金史料中所记鞑靼事，非朝贡即寇叛，彼盖误以蒙古之先朝贡于辽、金也。虑其有损国体，故讳之尤深。当蒙古盛时，《秘史》《亲征录》并记太祖受金官职事，初未尝以此为讳。然宋、辽、金三《史》之作，在顺帝之世，其时蒙古之势力既已坠地，故于文字之间尤多忌讳，试举实证以明之。《续资治通鉴长编》于太祖乾德四年、开宝二年、太宗太平兴国八年，并书"鞑靼入贡"，盖本与国史及《会要》。《建炎以来朝野杂记》（乙集十九）亦云："鞑靼于太祖、太宗朝各再入贡。"乃《宋史》本纪于外国朝贡无一不书，独无太祖、太宗鞑靼入贡事。王延德《使高昌记》载于王明清《挥麈前录》者，中有鞑靼字凡六处，《宋史·高昌传》全录其文，惟删去有"鞑靼"字之处。《亡辽录》（《北盟会编》卷二十一引）"天祚于保大四年得大石林牙兵，又得阴山鞑靼毛割石兵，自谓天助，欲出兵收复燕、云。大石林牙力谏"云云。《东都事略》附录二。亦云："耶律延僖得大石林牙七千骑，又阴结鞑靼、毛褐室韦三万骑助之。"而《辽史·天祚纪》则云："天祚既得林牙耶律大石兵，又得阴山室韦谟葛失兵，自谓得天助，再谋出兵，收复燕、云。"《辽史》此节，分明出于二书，而二书皆有"鞑靼"字，《辽史》独无。又《松漠记闻》："余都父子以游猎为名，遁入夏国。夏人问其兵几何？云'亲兵二三百'。遂不纳。投鞑靼，鞑靼先受悟室之命，其首领诈出迎，具食帐中，潜以兵围之。余都出敌，不胜，父子皆死。"《辽史·耶律余睹传》则云："余睹假游猎为名，遁西夏。夏人问：'汝来有兵几何？'余睹以'二三百'对，夏人不纳，卒。"此事与《纪闻》同，当出《纪闻》，而独无投鞑靼被杀事。《金史·叛臣传》亦但言"边部杀余睹及其二子，函其首以献。"《太宗纪》亦言"部族节度使土古斯捕斩余睹及其诸子"，而不明言其为何部。是数证者，谓非元人修史时有意删去"鞑靼"字不可也。然辽、金史料中之鞑靼，固自倍蓰于宋史料，又不必与他事并见，史臣以其不可删，且不胜删也。乃或省其偏旁作"达旦"字。又创为改字之法。考鞑靼之始见载籍也，其字本作"达怛"（《会昌一品集》及《册府元龟》），后作"达靼"（薛、欧《五代史》及《梦溪笔谈》）。至宋南渡后，所撰、所刊之书乃作"鞑靼"。"鞑"字不见于《集韵》《类篇》，是北宋中叶尚无此字，其加革旁，实涉靼字而误。然辽、金史料中，其字当已有作"鞑靼"者。其倒也或作"怛达"，或作"靼鞑"，极与阻鞣二字相似。当时史料中或有一二处误作"阻鞣"，或又省作"阻卜"者，史臣乃利用其误，遂并史料中之不误者而尽改之，以避一时之忌讳。其于《辽史》太祖、圣宗《纪》三处尚存"达旦"字者，盖史臣所未及改，抑故留此间隙，以待后人之考定者也。且《辽史》所见之"达旦"三处，不独省其偏旁，亦异其书法。凡史家于敌国使来则书"聘"，属国则书"贡"，此诸史之通例。《辽史》本纪惟于梁、唐、周、宋四国书"聘"，后晋、北汉、西夏之称臣或受册而书"贡"，南唐虽未称臣，亦仍书"贡"。至塞北诸部，更无不书"贡"者。惟《道宗纪》"太康十年二月庚午朔，萌古国遣使来聘。三月戊午，远萌古国遣使来聘。"独书"聘"者，以示蒙古之先与辽世为敌国也。而《太祖纪》书"神册三年二月，达旦国来聘"；《圣宗纪》书"统和二十三年六月，达旦国九部遣使来聘"，亦书聘者，盖元代修史诸臣已不知鞑靼与蒙古之分，误以辽史料中之鞑靼为蒙古之先，故以敌国书法书之，与《道宗纪》之书"萌古来聘"，同一用意。由此二条，可见元人修史时讳言鞑靼之隐。《金史》之中亦有类是之特笔，如西北、西南招讨司下之乣军详稳，本有十处，今《地理志》《兵志》所载，均为九处。《地理志》有移典乣而无萌骨乣，《兵志》反是。其实二者均当有之。盖萌古、萌骨之为蒙古，此人人所易知。元人必以蒙古列于金之乣军为讳，故于《地理志》删之，而于《兵志》亦删去移典乣，以与《地理志》之九处相应。然于其首大书曰："西北、西南之乣军十。"明移典、萌骨二乣皆所当有，故于二《志》互见，以使人推考得之。《兵志》部族节度使有"萌骨部族"，而《地理志》中无之，亦由此故。其所以删彼而存此者，缘《地理志》记各部族节度使各详稳，皆自为一行，易属人目。若《兵志》之文，则蝉联而下，非通读全文，难以觉察故也。此皆史臣之微辞。辽、金二《史》中之阻卜、阻𪏽，亦犹是矣。要之，吾侪既发见元人讳言鞑靼之隐，则其删剟事实、改易名目，并不足深怪。而上所陈述武断穿凿之假说，固自有可能性在也。

漠南鞑靼（阴山鞑靼）。之见于载籍也，较漠北东西二鞑靼（三十姓鞑靼及九姓鞑靼）。为后。唐会昌初年，回鹘为黠戛斯所破，其一部南走中国近塞。时李德裕为相，筹所以防御、招抚之者甚备，具见《会昌一品集》中。而其中所记近塞蕃族，仅有沙陀、契苾、退浑、党项四部而无鞑靼。至咸通九年，鞑靼始从朱邪赤心讨庞勋。赤心时为蔚州刺史，则尔时鞑靼必已居蔚州近塞，知鞑靼之徙阴山左右，当在会昌与咸通之间。然则未徙之时，果居何地？抑称何名？自欧《史》以来，颇有异说。余谓阴山鞑靼，当即"三十姓鞑靼"或"九姓鞑靼"一部之南下者。盖当时东、西二鞑靼，均有南徙之可能性，即《会昌一品集》中之达怛与黑车子连称者，余前既定为三十姓鞑靼。当唐之季黑车子一族，实已南徙幽州近塞（见拙著《书津田博士室韦考后》），则其邻部之达怛，同时亦南徙并州近塞，固非不可解之事。又九姓鞑靼住地，余前以贾耽《道里记》中之"达旦泊"拟之。此泊在回鹘牙帐东南，当回鹘入唐之道。回鹘既破，此部相率南徙，亦自然之势也。日本箭内博士乃据阎复《驸马高唐忠献王碑》所引《汪古氏家传》及《蒙鞑备录》，谓阴山鞑靼出于沙陀，乃突厥人种，与漠北鞑靼之属蒙古人种者全非同族。余意此二族在唐并为鞑靼，在《辽史》并为阻卜，自不既视为异种。但南徙之后，与沙陀、党项诸部杂居，故此部中颇含有他种人，而其与党项之关系，尤较沙陀为密，故昔人多互称之。如折氏本党项大姓，而《册府元龟》（卷九百七十二）之"党项折文通"，同卷又称之为"达怛都督折文通"。又《辽史·属国表》有"阻卜酋长魁可"，而《圣宗纪》作"党项魁可"。《宋史·党项传》"景德二年，熟户旺家族击夏兵，擒军主一人以献。"又"大中祥符二年，夏州略去熟户旺家族首领都子等来归。"案"旺家"即白鞑靼名族"汪古"之异译，而《宋史》以为党项部族。《元史·阿剌兀思剔吉忽里传》云："阿剌兀思剔吉忽里，汪古部人。金源氏堑山为界，以限南北，阿剌兀思剔吉忽里以一军守其冲要。"而《蒙鞑备录》则云："金章宗筑新长城，在静州之北，以唐古纠人戍之。""唐古"亦即"党项"之异译。盖鞑靼与党项，自阴山、贺兰山以西，往往杂居，故互受通称。然若据此而遽谓阴山鞑靼出于党项，则与谓其出于沙陀者，同为无根之说也。故余对箭内博士之二元论，宁主张一元论，以唐之鞑靼、辽之阻卜名称之统一，非是无以解释之故也。

萌古考

余曩作《鞑靼考》，始证明元之季世讳言"鞑靼"，故鞑靼之名虽已见于唐代，而宋、辽、金三史中乃不概见，又或记其实而没其名。其于蒙古亦然。"蒙兀"之名亦见于唐世，《辽史》虽两记"萌古来聘"事，而部族属国中并无其名。《金史·兵志》虽有"萌骨部族节度使及萌骨糺详稳"，而《地理志》部族节度使八处、详稳九处皆无之。知元人讳言其祖，与讳言鞑靼同。乃就书传所记蒙古上世事实汇而考之，署曰《萌古考》。一年以来，频有增益，既别成《南宋人所传蒙古史料考》，又就前考稍有补正，因并写为此篇，以俟异日论定焉。

《旧唐书·北狄传》："室韦，契丹之别类也。（中略）其北大山之北，有大室韦，其部落傍望建河居。其河源出突厥东北界俱轮泊，屈曲东流，经西室韦界，又东经大室韦界，又东经蒙兀室韦之北，落俎室韦之南，又东与那河、忽汗河合，又东经南黑水靺鞨之北，北黑水靺鞨之南，东流注于海。"

《唐书·北狄传》："室韦直北曰纳北支部，北有大山，山外曰大室韦，濒于室建河。河出俱伦泊，迤而东，河南有蒙瓦部，其北落坦部。水东合那河、忽汗河，又东贯黑水靺鞨，故靺鞨跨水，有南北部，而东注于海。

　　案：新旧二《书》记室韦事大略相同，知《新书》实本《旧书》，惟"望建河"作"室建河"，"蒙兀"作"蒙瓦"，"落俎"作"落坦"为异耳。望建河所出之"俱轮泊"，即今"呼伦泊"，《元朝秘史》之"阔连海子"也。今由呼伦泊东出者，惟额尔古讷河，东北流与黑龙江合，又东流与混同江合。混同江之北源为嫩江，即《魏书·失韦传》之"难水"，此传之"那河"，《元朝秘史》之"纳浯河"也。而此那河在忽汗河前。忽汗河者，今之呼尔喀河。然则此传之那河，非谓其下流之混同江，而谓其上流之嫩江也。然额尔古讷河与嫩江实不相通，故日本津田博士左右吉。《勿吉渤海诸考》以此传所记为出传闻之误，其说是也。然则望建河只是额尔古讷河之古名，不兼黑龙江、混同江言之。蒙兀室韦亦只在额尔古讷河之下游，然后后来蒙古住地在额尔古讷河、敖嫩河流域者，始可得而说矣。

　　《五代史记·四裔附录》引胡峤《陷虏记》："契丹东北至辖劫子，其人髦首，披布为衣，不鞍而骑，大弓长箭，尤善射。遇人辄杀而生食其肉，契丹诸国皆畏之。契丹五骑遇一辖劫子，则皆散走。其国三百皆室韦。"

　　案：此"辖劫子"，日本箭内博士亘。《鞑靼考》以《辽史》之"梅里急"、《元朝秘史》之"篾儿乞惕"当之。然元初篾儿乞惕住今色楞格河流域，远在契丹西北，与此记东北之说不合，其左右亦绝无室韦部落。惟《唐书》之蒙兀室韦，则西有大室韦，北有落俎室韦，东亦与兴安岭东之室韦本部相望，与三面皆室韦之说合。又《唐书·地理志》载贾耽《入四夷道里记》云："俱轮泊四面皆室韦。"蒙兀室韦在出俱轮泊之望建河南，又南与契丹接，故云其国三面皆室韦矣。然则"靺劫子"殆即"蒙兀室韦"之讹转，后世所以称蒙古者，曰梅古悉、曰谟葛失、曰毛割石、曰毛揭室、曰毛揭室韦、曰萌古子、曰盲骨子、曰蒙国斯、曰蒙古斯、曰萌子、曰蒙子，皆与此靺劫子之音相关系，似不能以梅里急、篾儿乞惕当之也。

《契丹国志》（二十二）："四至邻国地理远近，正北至蒙古里国，国无君长所管，亦无耕种，以弋猎为业，不常其居。每四季出行，惟逐水草，所食惟肉酪而已。不与契丹争战，惟以牛羊驼马皮毳之物与契丹为交易，南至上京四千余里。"

案：《契丹国志》系采辑诸书而成，此条今未见所本，当出赵志忠《阴山杂录》诸书。

《辽史·道宗纪》："太康十年二月庚午朔，萌古国遣使来聘。三月戊申，远萌古国遣使来聘。"

凡史家于敌国使来则书"聘"，属国则书"贡"，此诸史之通例也。《辽史》本纪惟于梁、唐、周、宋四国书聘，后晋、北汉、西夏以称臣或受册而书贡，南唐虽未称臣，亦仍书贡，至漠北诸部，更无不书贡者。此于萌古及远萌古独书聘，以示蒙古之先与辽世为敌国也。又《太祖纪》："神册三年二月，达旦国来聘。"《圣宗纪》："统和二十二年六月，达旦国九部遣使来聘"。亦书聘者，缘元时修史诸臣不知蒙古与鞑靼之别，误以鞑靼为蒙古之先，故亦以敌国书法书之。元人修三史时，讳言鞑靼及蒙古，余已于《鞑靼考》中详论之。此二条乃史臣删剟未尽者，然亦异其书法。蒙古人贡于辽，当不止此二次也，此区别萌古与远萌古为二，知当时实分数部。《辽史·营卫志》有"鹤剌唐古部"，《钦定辽史国语解》（三）。云："蒙古语：鹤剌，远也。"则远萌古国，其本语当云"鹤剌萌古国"。然此为契丹人分别之辞，而非蒙古人所自称，不待言也。

《辽史·天祚纪》："保大二年四月，金已取西京，沙漠以南部族皆降，上遂遁于讹沙烈。时北部谟葛失赆马、驼、食羊。六月，谟葛失以兵来援，为金人败于洪灰水，擒其子陀古及其属阿敌音。"

同上："保大四年春正月，上趋都督马哥军，金人来攻，弃营北遁，马哥被执，谟葛失来迎，赆马、驼、羊，又率部人防卫，封谟葛失为神于越王。"

同上："天祚既得大石林牙兵，又得阴山室韦谟葛失兵，自谓得天助，再谋出兵，收复燕、云。"

史愿《亡辽录》：（《三朝北盟会编》卷二十一引）"天祚于保大四年得大石林牙兵，又得阴出鞑靼毛割石兵，自谓天助，谋出兵收复燕、云。"

《东都事略附录》（二）："耶律延禧得大石林牙七千骑，又阴结鞑靼毛褐室韦三万骑助之。"

《金史·太祖纪》："天辅六年辽保大二年。五月，谟葛失遣其子范泥格失贡方物。"

同上《太宗纪》："天会三年三月，斡鲁以谟葛失来附，请授印绶。"

案：谟葛失、毛割石、毛褐室韦，当作"毛揭室韦"（见下），上与蒙兀室韦、鞑劫子，下与萌古子、萌骨子、蒙国斯（见《三朝北盟会编》卷二百三十）、蒙古斯诸名相应，亦当指蒙古。惟辽、金二《史》所记"谟葛失事"，一若人名，非部族名者，其实不然。《续资治通鉴长编记事本末》（卷一百四十三）："宣和五年二月，兀室杨璞到馆，谓赵良嗣等曰：'西京路疆土，又非原约当割，若我家不取，待分与河西毛揭室家，必得厚饷。'河西谓夏国，毛揭室谓鞑靼也"云云。毛揭室即毛褐室韦，亦即谟葛失，是谟葛失是部名非人名之证。其云毛揭室为鞑靼者，缘中国人不甚分别蒙古、鞑靼故也。又辽、金二《史》记谟葛失若人名然者，缘蒙古之祖先受封入贡于辽、金，为元末所深讳，故变其辞如此。亦犹《亡辽录》《东都事略》记保大四年天祚南下事，并有"鞑靼"，而《辽史》特删之也。且谟葛失、毛割石之为蒙古，尚有他证。赵良嗣《燕云奉使录》（《北盟会编》卷九引）载良嗣问金史乌歇等曰："闻契丹旧酋走入夏国，借得人马过黄河，夺了西京以西州县，占了地土不少，不知来时知子细否？"使副对曰："来时听得契丹旧酋在沙漠，已曾遣人马追赶，终须捉得，兼沙漠之间是鞑靼、萌古子地分，两国君长并已降拜了本国，却走那里去，国书中已载矣"云云。是天祚北走时，所依乃鞑靼、蒙古二部，其所率以南下者，亦即此二部之众，其谓两国"已降拜了本国"者，即指天辅六年谟葛失贡方物之事也。然则视谟葛失、毛割石、毛揭室韦为蒙古之对音，与史事亦合。顾保大二年三月天祚走入夹山，则谟葛失所居当距夹山不远，与前之蒙兀室韦、后之蒙古住地不合。然当辽之世，蒙古人已有一部南徙阴山左右，辽西南面招讨司所属有梅古悉部（《营卫志》：梅古悉部，圣宗以唐古户置唐古。疑本作萌古。《辽史》以忌讳改之也），金西北、西南二路之乣军，有萌骨乣详稳（见《金史·兵志》，而《地理志》详稳几处中删之），皆谓此蒙古一部之南徙者。《马哥保罗记行》记天德军（金丰州，在今归化城附近）事云："此地，我辈呼之为 Gog 及 Magog 国，而彼等自称为汪古 Ung 及萌古 Mungul 国。当鞑靼移动（谓蒙古南征）之前，此二族早住此地，故以名之。汪古乃此地土著，萌古亦有时为鞑靼之别称"云云。据此记事，则蒙古未兴之前，阴山左右早有蒙古人移居。此东西记事之互相符合者也。

《松漠记闻》："盲骨子，契丹事迹谓之朦古国，即《唐书》所记之蒙兀部。"

同上："盲骨子，其人长七尺，捕生麋鹿食之。金人尝获数辈至燕。其目能视数十里，秋毫皆见，盖不食烟火，故眼明。与金人隔一江，尝渡江之南为寇，御之则返，无如之何。"

> 案：此所记者，蒙古本部事也。蒙古人不火食，事或有之，胡峤所记鞨劫子杀人生食其肉之说，即由此传讹。江，盖谓克鲁伦河。

《建炎以来系年要录》（卷九十六）："绍兴五年（金天会十三年），是冬，金主亶以蒙古叛，遣领三省事宋国王宗盘提兵破之。蒙古者，在女真之东北，在唐为蒙兀部，其人劲悍善战，夜中能视，以鲛鱼皮为甲，可捍流矢。"（下略。原注：以张汇《金虏节要》、洪皓《记闻》、王大观《行程录》、《蒙国编年》谓之"萌骨子"，《记闻》谓之"骨子"，今从《行程录》。）

同上（卷一百三十三）："绍兴九年（金天眷二年），女真万户呼沙呼（此四库馆臣校改《大金国志》作"胡沙虎"，当是《要录》原文）北攻蒙古部（《国志》作"盲骨子"），粮尽而还，蒙古追袭之。至上京之西北，大败其众于海岭。"

同上（卷一百四十八）："绍兴十三年（金皇统三年）三月，蒙古复叛金，金主宣命将讨之。初，鲁国王昌既诛，其子星哈都（《大金国志》作"胜花都"）郎君者，率其父故部曲以叛，与蒙古通，蒙古由是强取二十余团寨，金人不能制。"（原注：据王大观《行程录》。案：《松漠记闻》达赍长子大伊玛被囚，遇赦得出。次子勋，今为平章。皓以今年六月归，乃不见此事。未知孰的，今姑附见，更俟详考。）

同上（卷一百五十五）："绍兴十六年（金皇统六年）八月，金元帅兀术之未卒也，自将中原所教神臂弓弩手八万人讨蒙古。因连年不能克，是月，领汴京行台尚书省事萧博硕诺（《大金国志》作"萧保寿奴"）与蒙古议和，割西平河以北二十七团寨与之，岁遗牛羊米豆，且命册其酋鄂伦贝勒（《国志》作"熬罗孛极烈"）为蒙古国王。蒙人不肯。"（原注：据王大观《行程录》。）

同上（卷一百五十六）："绍兴十七年（金皇统七年）三月，蒙古与金人始和，岁遗牛羊米豆绵绢之属甚厚。于是蒙古鄂伦贝勒乃自称祖元皇帝，改元天兴。金人用兵连年，卒不能讨，但遣精兵分割要害而还。"（原注：此据王大观《行程录》。案：《录》称岁遗牛羊五十万口，米豆共五十万斛，绢三十万匹，绵三十万两。恐未必如此之多。今削去其数，第云甚厚，更俟详考。）

《旧闻证误》（卷四）："皇统四年秋，元帅遣使报监军（原注：时监军者讨蒙古），曰：'南宋以重兵逼胁，和约大定，除措置备御，早晚兵到矣。'至次年冬十月，元帅亲统大军十万众，水陆并集。"（原注：出王大观《行程录》。）案：皇统四年甲子，本朝绍兴十四年也，前二年已分画地界矣。不知兀术何以历二年之久而后加兵于蒙古，恐必有误。

同上（卷四）："皇统七年春三月，国使还。蒙古许依所割地界牛羊倍增。金国许赐牛羊各二十五万口，今又倍之，每岁仍赂绢三十万匹，绵三十万两，许从和约。"（原阙书名，《四库》本注云：当出王大观《行程录》。）案：本朝岁遗北人银、绢各二十五万匹、两，而北人遗蒙古乃又过之，恐未必然。

刘时举《续宋中兴编年资治通鉴》（卷四）："绍兴五年冬，蒙国叛金。"

同上："八年，金伐蒙，为所败。"

同上："十七年，金与蒙国议和，蒙国自称祖元皇帝。"

《大金国志·熙宗纪》："天会十三年冬，皇伯宋王宗盘提兵攻盲骨子，败之。"

同上："天眷元年，女真万户胡沙虎北攻盲骨子，粮尽而还，为盲骨子袭之，至上京之西北，大败其众于海岭。"（下皇统六年又出此条。）

同上："皇统七年，朦骨国平。初，挞懒既诛，其子胜花都郎君者，率其父故部曲以叛，与朦骨通。兀术之未死也，自将中原所教神臂弓手八万人讨之，连年不能克。皇统之六年，复遣萧保寿奴与之和，议割西平河以北二十七团寨与之，岁遗牛羊米豆，且册其酋长熬罗孛极烈为朦辅国王，至是始和，岁遗甚厚。于是熬罗孛极烈自称祖元皇帝，改元天兴。大金用兵连年，卒不能讨，但遣精兵分据要害而还。"

《建炎以来朝野杂记》（乙集卷十九）："有蒙国者，在女真之东北，唐谓之蒙兀部，金人谓之蒙兀，亦谓之萌骨，人不火食，夜中能视，以鲛鱼皮为甲，可捍流矢。自绍兴时叛，都元帅宗弼用兵连年，卒不能讨，但分据要害，反厚赂之。其主僭称祖元皇帝，至金亮之际，并为边患，其来久矣。"

《蒙鞑备录》："旧有蒙古斯国，在金人伪天会间，亦尝扰金房为患，金人尝与之战，后乃多与金帛和之"。案：李谅《征蒙记》曰："蒙人尝改元天兴，自称太祖元明皇帝。今鞑人甚朴野，无制度，珙尝讨究于彼。闻蒙已残灭久矣。"

《直斋书录解题》："《征蒙记》一卷，金人明威将军登州刺史李大谅撰。建炎巨寇之子，随其父成降金者也。所记蒙人（原作"家人"，因字形相近而误）跳梁，自其全盛时已不能制矣。"

> 以上十五条，李氏所记，出于王大观《行程录》；赵珙所录，出于李大谅《征蒙记》；而刘时举、字文懋昭又本于李氏。李氏、赵氏对《行程录》《征蒙记》二书，本执存疑之态度。余于《南宋人所传蒙古史料考》，始证明二书皆南宋人伪作，其所记事，无一不与史实相矛盾。语已具彼考中，兹不复赘。

《宋史·洪皓传》："绍兴十二年八月，金人来取赵彬等三十人家属，诏归之。皓谓秦桧曰：'彼方困于蒙兀，姑示强以尝中国。若遽从之，谓秦无人，益轻我耳'。"

> 案此出《盘洲文集（卷七十四）·忠宣行状》，可知金皇统间，蒙古实有寇金之事，但不至如《行程录》《征蒙记》之所载耳。

炀王《江上录》（《三朝北盟会编》二百四十三引）："正隆三年，下诏小龙虎大王镇守蒙古。"

《三朝北盟会编》（卷二百二十九）："绍兴三十一年（金正隆六年）七月廿一日，金遣翰林学士韩汝嘉与国信使副徐矞、张抡宣谕公文云：'向来北边有蒙古、鞑靼等，从东昏王时，数犯边境。自朕即位，久已宁息。顷准边将屡申，此辈又复作过，比之以前，保聚尤甚，众至数十万。'（下略）

  案：此事缘金主亮已决南伐之计，故藉北征蒙、鞑为辞，以拒宋使入境，非真有此事也。

楼钥《北行日录》（卷下）："乾道六年正月十五日，宿相州城外安阳驿。把车人言：'去年十二月，方差使一番为年时被蒙子国炒，旧时南畔用兵，尽般兵器在南京，今却般向北边去。三月中，用牛三千头般未尽，间被黄河水涨后且休。'又云：'蒙古国作梗，太子自去边头议和，半年不决，又且归，今又遣莫都统提兵去'。"

  案："蒙子"，即"蒙古子"之略。《系年要录》（卷一百九十一）："张抡问韩汝嘉曰：'萌子小邦，何烦皇帝亲行'？"是当时亦谓蒙古谓萌子、蒙子也。宋乾道六年，即金大定十年。《金史·世宗纪》："是年八月壬申，遣参知政事宗叙北征巡。"又《宗叙传》："十一年，奉诏巡边。六月至军中，将战，有疾。诏以右丞相纥石烈志宁代宗叙还。"《志宁传》亦云："十一年，代宗叙北征。"虽二《传》纪事并后于《本纪》一年，然此数年中，金有事于北方可知也。《金史》但言北巡、北征，而不言所征者何部，赖楼氏所记知之。若太子自去边头议和云云，则固齐东野语也。要之，《金史》于金人用兵蒙古事，往往多所忌讳，不明白书之如此，及章宗朝兵事皆是。然则蒙古故事，宋人既增其伪，而元人复汩其真，诚可谓史学之不幸也。

  《蒙鞑备录》云："金虏大定间，燕京及契丹地有谣言云：'鞑靼来，鞑靼去，赶得官家没去处。'葛酋雍宛转闻之，惊曰：'是必鞑人为我国患。'乃下令极于穷荒出兵剿之，每三岁遣兵向北剿杀，谓之'减丁'。（中略）至伪章宗立，明昌年间不令杀戮，是以鞑人稍稍还本国，添丁长育。"案：此事正史绝无纪载，惟《世宗纪》书："大定七年闰七月甲戌，诏秘书监移剌子敬经略北边。"又"十年八月壬申，遣参知政事宗叙北巡。"十年之役既缘蒙古，则七年之役当亦相同。二役相去适三年，每三岁减丁之说，殆由此传讹。然大定十年以后，纪不复书巡边事。惟《唐括安礼传》载"大定十七年，诏遣监察御史完颜觎古速行边。"而筑壕之议，即起于是年。可知大定之世，北边未尝无事也。

《金史·夹谷清臣传》："明昌六年，清臣受命出师，行尚书省事于临潢府。遣人侦知虚实，以轻骑八千，令宣徽使移剌敏为都统。左卫将军充招讨使，完颜安国为左右翼，分领前队，自选精兵一万以当后队。进至合勒河，前队敏等于栲栳泺攻营十四，下之。回迎大军，属部斜出，掩其所获羊马资物以归。清臣遣人责其赎罚，北阻𪋮由是叛去。"

　　案：《金史·章宗纪》于明昌、承安间兵事，不书叛者主名，此传亦然。今以地理考之，合勒河者，《元朝秘史》之合勒合河，今之喀尔喀河也。栲栳泺者，《唐书》之俱轮泊、《秘史》之阔连海子、今之呼伦泊也。移剌敏等自合勒河北进，则所至者为栲栳泺东畔。此地当金、元间为蒙古合答斤、撒勒只兀惕二部所居。《圣武亲征录》太祖责汪罕书曰："我时又如青鸡海鹘，自赤儿黑山飞越于盂而之泽，搠斑脚鸽以归君。此谁？哈答斤、散只兀、弘吉剌诸部是也。"案：此处有阙文。贝勒津译《拉施特集史》中太祖书曰："我如鸷鸟，自赤儿古山飞越捕鱼儿淖尔，擒灰色、蓝色足之鹤以致于汝。此鹤谓谁？朵儿奔、塔塔儿诸人是也。我又如蓝色之鹰，越古阑淖尔，擒蓝色足之鹤以致于汝，此鹤谓谁？哈答斤、撒儿助特、翁吉剌特是也。"（据洪侍郎钧汉译本。）案：捕鱼儿淖尔即贝尔泊，古阑淖尔即呼伦泊，则合答斤、撒勒只兀惕二部，正在呼伦泊剧之东，清臣所攻，即此二部。内族《宗浩传》所谓"连岁扰边，皆合底忻、山只昆二部为之"者，亦于此传得其证矣。

同上：内族《宗浩传》："北方有警，命宗浩佩金虎符驻泰州便宜从事"。"北部广吉剌者尤桀骜，屡胁诸部入塞。宗浩请乘其春莫马弱攻之。时阻䩁亦叛，内族襄行省事于北京，诏议其事。襄以为若攻破广吉剌，则阻䩁无东顾忧，不若留之，以牵其势。宗浩奏：'国家以堂堂之势，不能扫灭小部，顾欲藉彼为捍乎？臣请先破广吉剌，然后提兵北灭阻䩁。'章再上，从之。诏谕宗浩曰：'将征北部，固卿之诚，更宜加意，毋致后悔。'宗浩觇合底忻与婆速火相结，广吉剌之势必分。彼既畏我见讨，而复掣肘仇敌，则理必求降，可呼致也。因遣主簿撒领军为先锋，戒之曰：'若广吉剌降，可就征其兵以图合底忻，仍侦余部所在，速使来报，大军当进，与汝夹击，破之必矣。'合底忻者，与山只昆皆北方别部，恃强中立，无所羁属，往来阻䩁、广吉剌间，连岁扰边，皆二部为之也。撒入敌境，广吉剌果降。遂征其兵万四千骑，驰报以待。宗浩北进，命人赍三十日粮，报撒会于移米河共击敌。而所遣人误入婆速火部，由是东军失期。宗浩前军至忒里葛山，遇山只昆所统石鲁、浑滩两部，击走之，斩首千二百级，俘生口车畜甚众。进至呼歇水，敌势大蹙，于是合底忻部长白古带、山只昆部长胡必拉及婆速火所遣和火者皆乞降。宗浩承诏，谕而释之。胡必拉言，所部必烈土，近在移米河，不肯偕降，乞讨之。乃移军趋移米，与迪烈土遇，击之，斩首三百级，赴水死者十四五，获牛羊万二千，车帐称是。合底忻等恐大军至，西渡移米弃辎重遁去。撒与广吉剌部长忒里虎追蹑，及至寠里不水大破之。婆速火九部斩首、溺水死者四千五百余人，获驼马牛羊不可胜计。军还，婆速火请内属，并请置吏。上优诏褒谕。迁光禄大夫，以所获马八千置牧以处之。"

案：此亦记金人用兵蒙古事也。广吉剌，即《辽史·天祚纪》之王纪剌、《元朝秘史》之翁吉剌、《元史》之弘吉剌也。元世瓮吉剌歹、瓮吉歹二氏，入蒙古七十二种中（《辍耕录》一）。而《金史·百官志》："光吉剌为白号姓，蒙古为黑号姓。"则广吉剌疑本非蒙古同族也。此传有广吉剌部长忒里虎，即《秘史》蒙文卷四所谓翁吉剌敦迭儿格克、卷六所谓合勒合河入捕鱼儿海子处有帖儿格等翁吉剌、《圣武亲征录》所谓弘吉剌部长帖木哥者也。婆速火则广吉剌之别部，《元史·特薛禅传》："特薛禅、孛思忽儿，弘吉剌氏"。婆速火，即孛思忽儿之异译。又婆速火所遣和火者，即特薛禅之子。案：陈那颜之弟火忽也。广吉剌与婆速火本是一族，故宗浩言合底忻与婆速火相结，广吉剌之势必分也。合底忻、山只昆二部，皆蒙古奇渥温氏，《秘史》：一"朵奔篾儿干之子，不忽合塔吉做了合答斤姓氏，不忽秃撒勒只做了撒勒只兀惕姓氏，孛端察儿做了孛儿只斤姓氏。"此合底忻即合答斤，山只昆即撒勒只兀惕，皆孛端察儿二兄之后。《秘史》蒙文四。有"合答斤、撒勒只兀惕相和的种"一语，知二族本自相合，若必列土、迪列土，传文前后互异，不知"必""迪"二字孰是。如"必"字不误，则必烈土当即《秘史》之别勒古讷惕，此亦与合答斤、撒勒只兀惕同出于朵奔篾儿干，或此族中微，乃为撒勒只兀惕所役属耳。传中地名，如忒里葛山当即今之特尔根山，呼歇水当即辉河，移米河当即伊敏河，一名依奔河，并在呼伦泊东南，与弘吉剌、合答斤、撒勒只兀惕地望皆合，惟窊里不水无考耳。

此传所记宗浩北伐事，以《章宗纪》及内族《襄传》参校之，在承安三年。考金自明昌以后，北垂多事，《纪》《传》于防边事岁不绝书，而不明言所防者何部。钱竹汀《金史考异》乃疑《大金国志》所记爱王事为实有其人，殊不知爱王事出金人《南迁录》，其书乃南人伪撰，宋人已有定论，绝不足据。惟此传明言"连岁扰边，皆合底忻、山只昆二部为之。"然后章宗一朝之边患，始得其主名。又案《董师中传》："明昌四年，师中上疏曰：'今边鄙不驯，反侧无定，必里哥孛瓦贪暴强悍，深为可虑。'又云'南北两属部数十年捍边者，今为必里哥孛瓦诱胁，倾族随去'。"考必里哥亦云毕勒哥、必勒格，《辽史·天祚纪》有"回鹘王毕勒哥"，《秘史》俺巴孩罕之父名想昆必勒格，乃蛮太阳罕之父，称亦难察必勒格罕，是毕勒哥、必勒格乃美名或爵名，其名当为孛瓦。孛瓦即此传之合底忻部长白古带，亦即《秘史》蒙文（四）之合答斤部长巴忽撒罗吉也。孛瓦、白古带、巴忽，相为对音，甚为明白。然则为明昌、承安间之边患者，合底忻其首也。其余诸部，惟广吉剌一败移剌睹之兵，阻鞯则本从金师北伐，后因争俘获而叛，故明昌、承安间之兵事，非对鞑靼而对蒙古也。《金史·李愈传》愈于泰和二年上书，谓"北部侵我旧疆千有余里，不能雪耻"，则当时部族之猖獗与金师之失利，可想而知。故自明昌之末，先后遣丞相夹谷清臣、内族襄行省于临潢北京，又遣尚书右丞夹谷衡行院于抚州，出重臣以临之，筑壕堑以备之。而明昌六年夹谷清臣栲栳泺之役，承安元年内族襄斡里札河之役，三年内族宗浩移米河之役，最为大举。以今考之，惟斡里札河一役，系伐鞑靼，其前后二役，皆为蒙古也。此传所云连岁扰边皆二部为之者，确为史家特笔。盖元之季年，讳言"鞑靼"，即蒙古寇金之事，当时亦不乐闻，故《纪》《传》虽偶见广吉剌、合底忻、山只昆分部之名，而此诸部之总名讫不一见，但浑言"北部"而已。当此诸部寇金之时，成吉思汗己崛起三河之源，斡里札河一役，实与金人掎角以覆阻鞢，而此役与移米河一役，诸部受创颇巨，故泰和元年漠北十一部共立札木合为局儿可汗，翁吉剌、合答斤撒勒只兀惕、塔塔儿皆与焉。此固对成吉思汗之同盟，亦对女真之同盟也。阔亦田之役，诸部尽为成吉思所败，金之边患亦以稍息。成吉思亦有事于克烈乃蛮诸部，未遑南伐。逮诸部既灭，遂一举而下中都，上距移米河之役，不过十六年，亦可谓兴之暴矣。元人以章宗朝边患虽非孛儿只斤氏，而实其同族，故隐约书之。余顷考鞑靼事，知辽、金二《史》中有待发之覆，因汇举蒙古上世事实，疏通证明之，庶足为读史者之一助乎。丁卯四月八日重改正。

金界壕考

　　《金史·内族襄传》赞论北边筑壕事，以元魏北齐之筑长城拟之。后世记金界壕者，如赵珙《蒙鞑备录》《元史·速不台传》并谓之"长城"。然金世初无长城之称也，其见于史者，曰边堡、曰界壕。界壕者，掘地为沟堑，以限戎马之足。边堡者，于要害处筑城堡，以居戍人。二者于防边各有短长。边堡之设，得择水草便利处置之，而参差不齐，无以御敌人之侵轶。壕堑足以御侵轶矣，而工役绝大，又塞外多风沙，以堙塞为患。故世宗朝屡遣使经画，卒不能决。章宗时，边患益亟，乃决开壕之策，卒于承安三年成之。其壕堑起东北讫西南，几三千里，此实近古史上之大工役。今其遗迹虽湮没，而见于载籍者，尚可参稽而得其概略。然欲考其遗迹之所在，不可不先知金边堡及界壕之沿革也。

　　金之边堡界壕，盖创于其初叶。《金史·地理志》称金之封疆，北自蒲与路之北三千余里火鲁火疃谋克地为边，右旋入泰州婆卢火所浚界壕，而西历临潢金山，跨庆桓抚昌净州之北，出天山外，包东胜、接西夏云云。案《婆卢火本传》不记浚界壕事，而但记其屯田泰州。天眷元年，驻乌古迪烈地，薨。考乌古迪烈地在泰州之北，大定、明昌间之边堡界壕，在东北路者，实起于乌古迪烈地，而达泰州边界，则婆卢火之驻乌古迪烈地，或即因经营壕堑之故，是金熙宗初年已有壕堑之计画矣。有壕堑则不能不置戍守，置戍守则不可无堡垒，则边堡之筑亦当在同时。《移剌按答传》云"参知政事完颜守道经略北方"。按答摄咸平路屯军都统，入为兵部侍郎，徙西北西南两路旧设堡戍迫近内城者，于极边安置，仍与泰州临潢边堡相接。案《世宗纪》，完颜守道经略北方，在大定三年，则大定之初，金边固已有堡戍矣。至五年正月，诏泰州临潢接境设边堡七十，驻兵万三千，（此据《世宗纪》。《阿勒根彦忠传》作置堡戍七。）未几而有开壕之议。《纥石烈良弼传》"参知政事宗叙请置沿边壕堑。良弼曰：'敌国果来伐，此岂可御哉？'"又《李石传》"北鄙岁警，朝廷欲发民穿深堑以御之。石与丞相纥石烈良弼皆曰：'不可。北俗无定居，出没不常，惟当以德柔之。若徒深堑，必当置戍，而塞北多风沙，曾未期年，堑已平矣。不可疲中国有用之力，为此无益。'议遂寝。"案开壕之议，发于宗叙。宗叙以大定十年参政，次年巡边，未几而卒。是开壕之议起大定十年后也。至十七年，世宗思宗叙言，诏两路招讨司及乌古石垒部族临潢泰州等路分定堡戍，具数以闻。（《兵志》及《宗叙传》）二十一年，增筑泰州临潢府等路边堡及屋宇。（《世宗纪》）《地理志》记其事云："大定二十一年，世宗以东北路招讨司在泰州境及临潢路旧设二十四堡障，参差不齐，遣大理司直蒲察张家奴往视其处置。于是东北自达里带石堡子至鹤五河地分，临潢路自鹤五河堡子至撒里乃，皆取直列置堡戍。评事移剌敏言：东北及临潢所置，土瘠樵绝，当令所徙之民姑逐水草以居，分遣丁壮营毕开壕堑以开边。"（案世宗欲取直列置堡戍者，盖为防敌人侵轶计，而土瘠樵绝，于戍兵不便。故移剌敏建议令戍兵，姑逐水草，别开壕堑以备边。盖以壕堑取直线堡戍，仍旧参差，以互相剂。）四月，遣吏部郎中奚胡失海经画壕堑，旋为沙雪堙塞，不足为御。乃言可筑二百五十堡，

堡日用工三百，一月可毕，粮亦足备，可为边防久计。泰州九堡
（疑十九堡之脱）临潢五堡之地斥卤，官可为屋外，自撒里乃以
西十九堡，旧戍军舍少，可令大盐泺官木三万余，与直东堡近岭
求木，每家构室一椽以处之。"案此节但记诸人建议，未及当时
实行之状。据《地理志》，则于泰州下记堡十九，临潢府下记堡
三十七，注云："大定间二十四，后增"。则大定五年诏泰州临
潢接境所设边堡七十，及是年胡失海所议筑之堡二百五十，皆未
尝实行也。至章宗明昌初，北部入寇，乃复有开壕之议，《纪》
称明昌五年三月，诏集百官议北边开壕事。五月，罢北边开壕
之役。然未几，此役复兴。《张万公传》云"初，明昌间，有司
建议，自西南、西北路沿临潢达泰州，开筑壕堑以备大兵，役者
三万人，连年未就。御史台言：'所开旋为风沙所平，无益于御
侮而徒劳民'。上因旱灾问万公所由致。万公对以'劳民之久，
恐伤和气，宜从御史台所言，罢之为便。'后丞相襄师还，卒为
开筑，民甚苦之。"案章宗时旱灾，在承安元年。是明昌、承安
间，开壕之役固未罢也。及承安三年，丞相襄出兵临潢，因请就
用步卒穿壕筑障，起临潢左界北京路以为阻塞，言者多异同。诏
问方略。襄曰：'今兹之费虽百万贯，然功一成，则边防固而戍
兵可减半。岁省三百万贯，且宽民转输之力，实为永利。'诏可。
襄亲督视之，军民并役，又募饥民以备，即事五旬而毕。于是西
北、西南路亦治塞如所请。"（内族《襄传》）案丞相襄所治者，
乃临潢路之界壕也。其在西北路者，则《完颜安国传》云："以
功迁西北路招讨使。承安二年，以营边堡功召签枢密院事。"独
《吉思忠传》云："承安三年，改西北路招讨使。初，大定间修
筑西北屯戍，西自坦舌，东至胡烈么，几六百里。中间堡障，工
役促迫，虽有墙隍，无女墙副堤。思忠增缮，用功七十五万。止

用屯戍军卒，役不及民。上嘉其劳，赐诏奖谕。"（《章宗纪》系此事于承安五年，失之。）在西南路者，则《仆散揆传》云："揆升西南路招讨使，沿徼筑垒穿堑，连亘九百里，营栅相望，烽候相应，人得恣田牧，北边遂宁。召拜参知政事。"案《章宗纪》承安四年二月，以西南招讨使仆散揆为参知政事，则此亦承安三年事也。临潢西北西南三路界壕开筑之本末，见于纪传者如此。惟东北路界壕，则筑自何人，成于何年，殊无可考。案《宗浩传》云："宗浩进拜尚书右丞相，时惩北边不宁，议筑壕堑以备守戍，君臣多异同。平章政事张万公力言其不可，宗浩独谓便。乃命宗浩行省事以督其役。考宗浩拜右丞相在泰和三年正月，而张万公即以三月朔致仕。又据《万公传》，万公谏开壕，乃因旱灾言之。而旱灾在承安元年，则《传》所谓"命宗浩行省事以督开壕之役"者，与《传》首所云"北边有警命宗浩佩金虎符驻泰州便宜从事"者，实为一事，事当在承安元二年。《传》系之于拜右丞相之后，殊为失实。缘当时北部入寇，泰州临潢首当其冲，诸路界壕皆于承安三年竣工，不应最冲要之东北路，独迟至泰和三年始开筑也。然则金之界壕，萌牙于天眷，讨论于大定，复开于明昌，落成于承安。虽壕堑之成甫十余年，而蒙古入寇中原，如入无人之境。然使金之国力常如正隆大定之时，又非有强敌如成吉思汗，庸将如独吉思忠完颜承裕，则界壕之筑，仍不失为边备之中下策，未可遽以成败论之也。

一、东北路之界壕

金之界壕，起于东北路招讨司境。而东北路招讨司，金初为乌古迪烈统军司，海陵时改乌古迪烈招讨司，世宗初，乃改东北路招讨司。又招讨司初治乌古迪烈部，后治泰州，故欲考东北路界壕之所在，不能不先考乌古迪烈部及泰州之所在也。

甲、乌古迪烈部　乌古迪烈，本辽时二部族之名。《辽史·营卫志》国外十部中有乌古部、隈古部（当云隈乌古部。《道宗纪》《部族表》正作隈乌古部。《表》又作奥隈乌古部。《圣宗纪》《百官志》作奥隈。《于厥部志》又复出乌隈乌骨里都，皆此部也）、敌烈八部。而国内诸部，以乌古户置者，太祖二十部中有乌古涅剌部图鲁部，圣宗三十四部中有斡突碗乌古部；以敌烈户置者，圣宗三十四部中有迭鲁敌烈部、北敌烈部。（《百官志》尚有三河乌古部，不知属国内欤？国外欤？又有八石烈敌烈部，即《营卫志》之敌烈八部也。）是辽时乌古敌烈，各有国外国内二种。国外者，其本部；国内诸部，则契丹所俘本部之户口别编置成部族者也。其部族各有节度使及详稳，其上又有乌古敌烈都详稳及乌古敌烈统军司，二官颇有重复之嫌疑。都详稳统国外诸部，统军司则统国内诸部者也。其在国外之二部，据日本津田博士之研究，则乌古部游牧于今喀尔喀河流域，敌烈部游牧于今乌尔顺河流域，皆在今兴安岭之西。则在国内之乌古敌烈部，当在今兴安岭之东。《辽史·道宗纪》："寿隆二年九月，徙乌古敌烈部于乌纳水，以当北边之冲。"案乌纳水疑即今桂勒尔河，此河南源为乌哈纳河，出乌哈纳山。疑当时全河亦纳此称矣。至金世，则乌古敌烈之本部乃不复见。其在兴安岭东之乌古敌烈部，亦稍徙而东北。《海陵纪》："天德四年十一月，买珠于乌古迪烈部及蒲与路。"《地理志》："乌古迪烈统军司后改为招讨司，与蒲与路近。"案金蒲与路在上京北六百里，即今黑龙江呼兰一带之地。又近世产珠之地，以松花江、嫩江、艾晖各江为最，则金之乌古迪烈部当在兴安岭以东，嫩江流域南，与泰州为邻，故其各分部亦各与泰州近。《杲传》云："天辅元年，杲以兵一万攻泰州，下金山县。女固脾室四部及渤海人皆来降，遂克泰州。"（宗干、宗雄并娄室《传》略同。）案女固脾室皆迪烈分部之名，《地理志》部族节度使中有迪烈女古部，《辽史·天祚纪》书"保大三年敌烈部皮室叛，"此女固脾室即女古皮室也。又《兵志》及《宗叙传》以乌古石垒临潢泰州连言。又《宗尹传》："大定二十四年，世宗将幸上京，曰：'临潢乌古里石垒，岁皆不登，朕欲自南道往。'"案金时由北道往上京者，必由临潢泰州，此以乌古里石垒替泰州字，当由此部逼近泰州故也，则金时乌古迪烈部地在兴安岭之东、蒲与路之西、泰州之北，可断言也。

乙、泰州　《金史·地理志》："泰州昌德军节度使，本契丹二十部族牧地，海陵正隆间置德昌军，隶上京，大定二十五年罢之。承安二年，复置于长春县，以旧泰州为金安县，隶焉。北至边四百里，南至懿州八百里，东至肇州二百五十里，户三千五百四，县一（旧有金安县，承安三年置，寻废），长春。"（辽长春州韶阳军，天德二年降为县，隶肇州。承安三年来属。）案此文中显著有误字，则"昌德军"当作"德昌军"，"承安二年"当作"承安三年"，得由本文注文订正之。（《完颜铁哥传》：贞祐二年，迁东北路招讨使兼德昌军节度使。则德昌是，昌德非也。）其所记界至，亦有可疑者。案金长春县即辽长春州。《辽史·营卫志》："鸭子河泊，东西二十里，南北三十里，在长春州东北三十五里。"考鸭子河即今松花江，鸭子河泊即今松花江西之科尔布察罕泊，其西南三十五里，即辽长春州金长春县之所在，承安三年置新泰州于此。然此地东南距肇州不过二百里，又西南至懿州殆将千里，西北至界亦将六百里。余疑此文本旧泰州之界至，而史官误以系之新泰州者也。果如是，则金之旧泰州，当在今洮尔河之南洮南县之东某地点矣。又《兵志》云："东北路招讨司，初置乌古迪烈部，后置于泰州。泰和间以去边尚三百里，宗浩乃命分司于金山。"《宗浩传》则云："明年承安四年。拜枢密使，初朝廷置东北路招讨司泰州，去境三百里，每敌入，比出兵追袭，敌已遁去。至是宗浩奏徙之金山，以据要害，设副招讨二员，分置左右，由是敌不敢犯。"《志》《传》纪此事，系年不同，然皆在承安三年置泰州于长春县之后，则招讨司自泰州徙金山，谓自长春徙，非自旧泰州徙也。然宗浩于承安元二年已佩金虎符驻泰州便宜从事，此时旧泰州已罢，新泰州未置，所驻之泰州，自系谓旧泰州，时宗浩正督开壕之役（见上）。又承安三年，出兵移米河，大破广吉刺、合底忻、山只昆诸部。疑徙东北路招讨司于金山，正在此时。时招讨司已徙治金山，故是岁复置泰州，不治旧泰州，而治其东之长春也。然则东北路招讨司，实自旧泰州徙金山。金山又在旧泰州西北三四百里，盖即兴安岭之古名。《娄室传》："宗雄等下金山县，使娄室分兵二千，招沿山逃散之人。"则金山为连山之大名可知。《地理志》："右旋入泰州婆卢火所浚界壕，西历临潢金山。"则泰州临潢西北境之山，当时并谓之"金山"，其为今之兴安岭无疑矣。《旧唐书·回纥传》"乌介可汗去幽州界八十里下营，河东刘沔率兵奄至，乌介惊走东北约四百里外，依和解室韦下营，嫁妹与室韦，托附之，为回鹘相美权者逸隐啜逼诸回鹘杀乌介于金山。"此金山，以地望度之，实谓兴安岭。《元史·耶律留哥传》："留哥率所部会按陈于金山，刑白马、白牛，登高北望，折矢以盟。按陈曰：'吾还奏，当以征辽之责属尔。'"度其地望，似亦谓泰州临潢西境之山，是辽金前后，亦呼兴安岭为"金山"也。（日本津田博士《金代北边考》据《金史》杲宗雄宗干诸《传》，谓金山在长春之西，旧泰州之东。案《杲传》，杲以兵一万攻泰州，下金山县，女固脾室四部及渤海人皆降，遂克泰州。《宗雄传》云：斜也（即杲小名）宗雄与宗干、娄室取金山县，遂与斜也俱取泰州，其攻克之次，自先春州，次金山，次泰州。然详玩文义，盖春州克后，斜也以正兵攻泰州，而别遣宗雄等攻其西北之金山县，且招降诸部族。金山既下，泰州前后受敌，乃不可守。此兵家常事，不足据为东西之次第也。）然则金之泰州，东界肇州，北界乌古迪烈部，西北以金山与外族为界。乌古迪烈部与泰州之位置既定，然后金东北路之界壕始可得而考也。

金之西北路及临潢路边堡，《地理志》略记其名，而界壕所在，则未之记。界壕利在径直，而边堡则参差不齐，不必尽在界壕线上。然由边堡以定界壕之所在，当无大误也。《志》云："东北路，自达里带石堡子至鹤五河地分。临潢路，自鹤五河堡子至撒里乃。"皆取直列，置堡戍。屠氏寄于《蒙兀儿史记》首释之云："达里带，满洲语有石也。堡在嫩江西岸，布特哈旧总管衙门之北伊倭齐之地。"又云："鹤五河即《蒙古游牧记》科尔沁右翼中旗之鹤午河，堡在河上。"又近坊间所出地图，自黑龙江布特哈城之东南，直抵兴安岭之索岳尔济山，画一弧线，题曰："金长春外堡"盖，即本之屠氏所监修之《黑龙江实测图》（屠《图》未见）。据屠氏之说，似曾目验此界壕及边堡遗址者。然屠氏于额尔古讷河迤西之边堡遗址，屡屡言之，而从未言及兴安岭一带有古长城遗址，当是别有所本。案《西清黑龙江外纪》二。云："布特哈有土城，因山起伏，西去数千里，直达木兰。相传兄弟二人所筑，土人谓之乌尔科，流人亡去不识涂者，多由此入关。"屠氏图金边堡起于布特哈，正与《外纪》说合。殆即以此说为根据，而不著其所本，且若得之目验者，则其卤莽诡秘不可讳也。夫外纪所记布特哈土城事，自为史学上最有兴味之材料。然其可信与否，须由实地探检决之，屠氏遽信为事实，亦失之轻易。然其以《金志》之鹤五河为《蒙古游牧记》之鹤午河，则至当不可易也。案《记》云："科尔沁右翼中旗北二百六十里有鹤午河，出伊克呼巴海山，经摩尔托山东南流入左翼前旗界会榆河。"又云："榆河，蒙古名海拉苏台，源出兴安山，经火山东南流，会贵勒尔河（胡图桂勒尔河）。"是鹤午河出兴安岭东麓，为桂勒尔河北源之一，金时泰州临潢分界于此。征之蒙古文献，则此处为金与外族之分界，无可疑也。案《圣武亲征录》屡见"塞"字及"汉塞"字，而壬戌癸亥二年两见"阿兰塞"，其地望甚为明画。壬戌年云："秋，乃蛮杯禄可汗，会蔑儿乞部长脱脱别吉，朵鲁班、塔塔儿、哈答斤、散只兀诸部，暨阿忽出拔都（泰赤乌部长）忽都花别吉（斡亦剌部长）等，来犯我军及汪可汗。上先遣乘高觇望于捏干贵因都、彻彻儿、赤忽儿黑诸山，有骑自赤忽儿黑山来告，乃蛮渐至。上与汪可汗自兀鲁回失连真河，移军入塞。汪可汗子亦剌合居北边。后至据高岭，方下营，杯禄可汗易之曰：'彼军漫散，俟其众聚，吾悉卷之。'时阿忽出火都二部兵从乃蛮来，与前锋合。将战，遥望亦剌合军势不可动，遂还。亦剌合寻亦入塞，会我军。拟战，置辎重他所，上与汪可汗倚阿兰塞为壁，大战于阙亦坛之野。"又癸亥年云："上止军于阿兰塞，急移辎重于失连真河。（中略）上移军合兰只之野。（中略）上亦将兵至斡儿弩，遣武哥山冈沿哈勒合河顺进"云云。案上二条中所见地名，虽有未经论定者，然如兀鲁回失连真河（《秘史》作兀勒灰失鲁格勒只惕）之为今乌尔浑河及色野尔集河，哈勒合河之为今喀尔喀河，殆无异议也。据此二条，则阿兰塞与乌尔浑河、色野尔集河极近，而乌尔浑河与鹤午河发源处尤近，则阿兰塞即鹤五河堡子附近之界壕也。又拉施特《集史》同记壬戌年事云："帝与汪罕离兀鲁回失鲁楚儿只特河，向汪古部地，以行近哈拉温赤敦，汪罕子鲜昆在边外从，而后行及山隘，逾隘即汪古部界。（中略）未战，而鲜昆军已过山隘至汪古部地"云云（据洪侍郎译贝勒津本）。以此记事与《亲征录》相比较，则阿兰塞分明即此哈剌温赤敦。又此谓逾隘即汪古部界，"汪古部"分明即"乌古部"之异译，非阴山北之汪古部。时乌古久为金属，乌古地即金地，故录以塞目之。至"哈剌温赤敦"之名，《秘史》凡两见。卷六云："成吉思在巴勒渚纳海子住时（合兰只战役后），有弟合撒儿，将他妻并三子也古、也松格、秃忽撇在王罕处，罄身领几个伴当走出来寻成吉思。寻至合剌温山（蒙文作合剌温碛都）缘岭寻不见。"又卷八："成吉思对木合黎说，东边至合剌温山（蒙文合剌温只都），你就做左手万户。"日本那珂博士注以"合剌温山"为兴安岭全体之大名。余案，那珂说是也。《元史·特薛禅传》："太祖谕火忽曰：哈老温迤东涂河潢河之间，火儿赤纳庆州之地，与亦乞列思为邻，汝则居之。"然则临潢庆州西北之连山，亦称"哈剌温"，与那珂氏说合。然虞集《句容郡王世绩碑》（《道园学古录》卷二十三）云："至元二十五年，也只里王为叛王火鲁哈孙所攻。五月，王从成宗移师援之，败诸兀鲁灰，还至哈剌温山，夜渡贵列河，败叛王哈丹之军，尽得辽左诸部。"（《元史·土土哈传》略同。）案"兀鲁灰"即《亲征录》之"兀鲁回"，今之"乌尔浑河"。"贵列河"即今之"桂勒尔河"，是虞集之"哈剌温山"，与《亲征录》之"阿兰塞"、拉施特之"哈剌温赤敦"，地望密合。案《蒙古游牧记》（一）云："科尔沁右翼中旗北二百里，有温山，蒙古名哈禄那"。"哈禄那"即"哈剌温"之对音，此山去鹤午河极近。又此地为金元间东西交通孔道，宗浩出兵泰州，前军至忒里葛山，忒里葛山即今索岳尔济山北方之特尔根山，则师由此道也。成吉思命合撒儿领右手军，沿海自大宁经浯剌纳浯二江（今松花江及嫩江），泝讨浯儿河（今洮儿河）回营，由此道也。土土哈败叛王于兀鲁灰，还至哈剌温山，夜渡贵列河，亦由此道。

然则哈剌温赤敦，本兴安岭之一峰，以其当东西孔道，且为金人要塞之所在，故蒙古人亦举以名兴安岭之全体耳。由是言之，金东北路之界壕，殆沿兴安岭置之。西南至桂勒尔河北源之鹤五河堡子处，与临潢路界壕接，若屠氏之所图，非经目验，固有不能遽信者。此东北路界壕之略可考者也。

二、临潢路之界壕

《金史·地理志》：大定中，临潢边堡自鹤五河至撒里乃，凡五堡。自撒里乃以西凡十九堡。撒里乃一地，见于《辽史·道宗纪》及《金史·地理志》，然其地望绝无可考。据上节所考，金东北路之界壕既沿兴安岭置之，则临潢路之界壕亦必沿兴安岭无疑。拉施特书"帝驻军乞觯界上察哈察儿山"。"察哈察儿"，《秘史》作"扯克彻儿"，《亲征录》作"彻彻儿"，即今之苏克苏鲁山。（据《蒙古游牧记》在阿噜科尔沁旗北二百三十里。）今亦以此山之名其南北之兴安岭山脉，此路界壕直至庆州。《地理志》于"庆州"下云"北至界二十里"，又"其倚郭朔平县"下云"有榷场务"，则庆州有界壕可知。案庆州即今之白塔子，自是迤而西南，至达里泊南之胡烈么，与西北路界壕接，其详俟于下节论之。

三、西北路之界壕

金之西北路招讨使，初驻燕子城，（后为抚州治。）后徙界上。（后为桓州治。）而昌州亦旧属桓、抚二州，故桓、抚、昌三州以北之界壕，并西北路之界壕也。《章宗纪》："承安五年九月己未，尚书省奏：'西北路招讨使独吉思忠言，各路边堡墙隍，西自坦舌，东至胡烈么，几六百里。向以起筑匆遽，并无女墙副堤。近令修完，计工七十五万，止役戍军，未尝动民。今已毕工。'上赐诏奖谕。"（《独吉思忠传》同，但以为承安三年事是也。）是西北路界壕西起坦舌，东迄胡烈么。坦舌，屠敬山谓即今山西武川厅北之塔集呼都克。然其地已在西南路招讨司辖境，屠说非也。胡烈么，屠氏以为即《章宗纪》承安三年斜出等请开市场于辖里袅之辖里袅，而未能实指其地。余案《章宗纪》之"辖里袅"，《食货志》作"辖里尼要"，而《地理志》于"昌州宝山县"下云："有狗泺，国言押恩尼要"。则"尼要"一语与"淖尔"同源。（《钦定金史国语解》：索伦语"尼要"，水甸也。）今多伦诺尔东北，达里泊之南，有一泊名"活来库勒（库勒亦谓泊也）"，盖即金之辖里尼要也。自此西南之界壕，元人并有记述。其在桓州北者，王恽《中堂事记》（《秋涧先生大全集》卷八十）云："中统二年三月二十四日乙酉，次桓州故城。二十七日戊子，次新桓州西南十里外。南北界壕尚宛然也，距旧桓州三十里。（案此谓新桓州距旧桓州之里数，非谓界壕距旧桓州之里数也。）二十八日己丑，饭新桓州，未刻，扈从銮驾入开平府，距新桓州四十有五里。"案元开平府，即今多伦诺尔厅之昭奈曼寺，则新桓州即今之库尔图巴尔哈孙，旧桓州即今库尔图巴尔哈孙南波罗城北之某地点也。王恽所见界壕，当在旧桓州城

北十余里，而《金志》云"桓州北至旧界一里半"，"一里"殆
"十里"之误也。在抚州北者，则长春真人《西游记》述之。长
春以辛巳岁二月十一日过抚州，十五日过盖里泊，十九日出明昌
界（谓明昌间所筑界垣），皆向东北行。案抚州故城即今哈剌巴
尔哈孙（黑城），盖里泊即今之克勒泊。而自盖里泊至明昌界之
日程，与自抚州至盖里泊之日程略等，则长春所出之明昌界，去
秋涧所见界壕不远矣。至昌州北之界壕，则张德辉《纪行》记之
曰："北过抚州，惟荒城在焉。北入昌州，居民仅百家，中有廨
舍，乃国王所建也。亦有仓廪，隶州之盐司，州之东有盐池，周
广可百里，土人谓之狗泺，以其形似故也。州之北行百余里，
有故垒隐然，连亘山谷。垒南有小废城，问之，居者曰：'此前
朝所筑堡障也。'城有戍者之所居。"沈子惇《西游记》"金山以
东释"释之曰："《方舆纪要》云'金昌州在兴和（金抚州）西
北'，又云'威宁废县北有昌州城'，案威宁故城在察哈尔正黄旗
西南八十余里，地在抚州之西，则昌州在抚州西北。"余按此说
非也。德辉与长春同自抚州趋鱼儿泺（今达里泊），长春过抚州
后即东北行，德辉虽不取此道，决无西北趋察哈尔右翼地之理。
然则昌州仍当于抚州正北求之。《口北三厅志》（二）云："察
哈尔镶黄旗牧厂北四十里，有达拍逊诺尔，华言泡子河。盖即金
之狗泺。"然则昌州当在抚州稍东北，而张德辉所见故垒又在其
北百余里，盖较界壕在桓、抚二州北者，又稍迤而北矣。

四、西南路之界壕

西南路界壕之与西北相接者，实为净州。赵珙《蒙鞑备录》
云："章宗筑新长城，在静州之北。"《金史·地理志》"净州"

下："刺史，大定十八年以天山县升为丰州支郡，北至界八十里。"案彭大雅《黑鞑事略》云："沙井，天山县北八十里。"是沙井在界上也。元人置砂井总管府及砂井县于此。耶律楚材《湛然居士集》卷三《和移剌子春见寄》云"邂逅沙城识子初"，又卷四《寄沙井刘子春诗》云"寄语沙城老故人"，盖以其地有界垣，故谓之"沙城"。《备录》谓新长城在静州之北，以唐古乣人守之，即《元史·阿剌兀思剔吉忽里传》所谓"金源氏堑山为界，以限南北，阿剌兀思剔吉忽里以一军守其冲要者"也。又传云："既平乃蛮，从下中原，复为向导，南出界垣。"又云："太祖留阿剌兀思剔吉忽里归镇本部，为其部众所杀，其妻阿里黑携幼子字要合与侄镇国逃难，夜遁至界垣，告守者，缒城以登，因避地云中。"此界垣即净州北八十里之界垣，无可疑也。净州地望，今不易考。《蒙古游牧记》云"四子部落旗北有废净州城"，似失之太北。案天山以山名县，自当在阴山中，而彭大雅云："出沙井则四望平旷，荒芜际天。"盖已在阴山北麓，然则天山沙井，并当在四子部落之南，不得在其北也。西南路界壕之可考见者止此。而《仆散揆传》云："筑垒穿堑，连亘九百里。"盖此壕自沙井西包东胜云内之北，直抵黄河，与西夏接。《地理志》记金之封域云："右旋入泰州婆卢火所浚界壕，而西经临潢金山，跨庆桓抚昌净州之北，出天山外，包东胜，接西夏。"云云，殆可谓兼为界壕写照也。

蒙古札记

塔　纳

　　塔纳，《秘史》旁注及译文均云"大珠，即今东珠也。"东珠之名起于近世，然中国汉魏时已知之。鱼豢《魏略》云："扶余出大珠，如酸枣。"（《太平御览》卷八百二引）《魏志》及《后汉书·东夷传》并袭其文。《辽史·食货志》："铁离靺鞨于厥等部，以蛤珠、青鼠、貂虎、胶鱼之皮、牛羊、驼马、毳罽等物，来易于辽者。道路裋属，且由契丹入宋，宋人甚重之，谓之北珠。然惟宫禁用之，民间买卖有禁。"《续资治通鉴长编》（卷三百九）："元丰三年，李承之权三司使，有商人违禁货北珠，乃为贵主所售。狱久不决，承之曰：'朝廷法令畏王姬乎？'遂命取之。至徽宗朝，北珠尤多入中国。"《三朝北盟会编》（卷三）："中国崇宁之间，漫用奢侈，宫禁竞尚北珠。北珠者，自北中来榷场相贸易。天祚知之，始欲禁绝，其下谓中国倾府库以市无用之物，此为我利，而中国可以困，因恣听之。而天祚亦骄汏，遂从而慕尚焉。北珠美者，大如弹子，而小者若桐子，皆出辽东海汊中。每八月望，月色如昼，则必大熟。而北方沍寒，九十月则坚冰厚已盈尺，凿冰没水而取之，人已病焉。又有天鹅能食蚌，则珠藏其嗉。又有俊鹘号海东青，能击天鹅，人以俊鹘而得天鹅，则于其嗉得珠焉"云云。案近世东省采珠，率以四月往，八月还。此凿冰采珠及得之天鹅嗉中之说，恐皆出传闻之误，惟北珠自此多输入中国，则事实也。及宋自海上与金人交通，金亦以北珠相遗，《续通鉴长编》（四百四十二）："重和元年闰九月，阿骨打发渤海人李善庆、熟女真散都、生女真勃达三人，赍国书并北珠、生金、貂革、人参、松子同马政等来，故北宋之季，藏珠最富。然《宣和录》（《北盟会编》九十七引）记靖康之变，虏人入内，径取诸库，珍珠四百二十三斤、玉六百二十三斤、珊瑚六百斤、玛瑙一千二百斤、北珠四十斤、西海夜明珠一百三十个。"亦未免夸大其辞。观《大金吊伐录》（一）："天会四年正月，宋主致谢书，别幅有珍珠戁圈夹袋子一副。"注："上有北珠二十三颗，麻调珠全。"又宋主遣李税持宝物折充金银书，有"珍珠束带一条"，注："上有北珠二十五颗。"北珠独记颗数，则其珍贵可知，似库中不应有四十斤之多也。南渡以后，宫禁势家犹有此物，盖又新自榷场输入者。《癸辛杂志》记韩彦古以白玉为小合，满贮北珠遗范西叔。又记韩平原诛后，"斥卖其家所有之物，至于败衣破絮，亦各分为小包，包为价若干。时先妣漫以数券得一包，则皆妇人敝鞋也。方恚恨欲弃之，疑其颇重，则内藏大北珠二十粒。"是南宋富贵家亦有此物，不独宫禁也。金时尽有产珠之地，故官自采捕。《金史·海陵纪》："天德四年十一月辛丑，买珠于乌古迪烈部及蒲与路，禁民间私相贸易，仍调两路民夫采珠一年。"又《世宗纪》："大定九年七月，罢东北路采珠，故金之末年藏珠为最多。"《世戚徒单四喜传》："正大九年，制旨取宫中宝物，马蹄金四百枚，大珠如栗黄者七千枚。"此珠之入中国者也。其输入塞外诸部及西方诸国者，如《秘史》所载塔塔儿有塔纳秃款

只列（大珠衾）、畏吾儿亦都护以塔纳思入贡。太宗时，西方之
报达国，亦令岁贡塔纳思，盖金时回回商人转贩至彼。然报达之
塔纳思，恐系西海所产珠之大者。蒙古人漫以东方塔纳之名名之
耳。蒙古初年，此珠之用尤广，《辍耕录》（卷三十）云："只孙
宴服，贯大珠以饰其肩、背、膺间，首服亦如之。"故《元史》
列传中亦谓只孙服为珠衣。至元之叔季，此物似已渐少，杨瑀
《山居新话》载："伯颜太师利阔阔歹平章家所藏答纳环子，又
记至元间伯颜太师擅权，典瑞院都事□□建言，宜造龙凤牌以宠
异之，三珠以大答纳嵌之，饰以红刺鸦忽杂宝，牌身脱钑元德上
辅功臣号字，嵌以白玉。此牌计直数万定。事败毁之，即以珠物
给原主，盖厥价尚未酬也。"夫以一牌之直至数万定，除去红刺
鸦忽，其三珠之价，至少当得一二万定，则其时此珠已不甚多，
盖终元之世未尝开采也。

烧　饭

　　《秘史》记成吉思汗王罕与乃蛮将可克薛兀撒刺黑对陈于巴
亦答刺黑别勒赤，逮夜，王罕移营去。天明，成吉思看王罕立
处无人，曰："他将我做烧饭（蒙文土兀食连）般撇了。"烧饭之
语，颇为费解，《亲征录》译此语曰："彼辈无乃异志乎"，拉施
特哀丁则曰："我今在火坑中，而王罕弃我。"皆失其解。屠敬山
乃以蒙古俗旅行辄掘新灶不用旧灶解之，亦非也。烧饭本契丹、
女真旧俗，亦辽金时通语。《续资治通鉴长编》（卷一百十）：
"契丹主既死，则设大穹庐，铸金为象，朔望节忌辰日辄置祭，
筑台高逾丈，以盆焚食谓之烧饭。"（原注：正史载此事于《契
丹传》，《实录》同。）《三朝北盟会编》（卷三）："女真死者，

埋之而无棺椁。贵者生焚所宠奴婢、所乘鞍马以殉之，所有祭祀饮食等物尽焚之，谓之烧饭。"此俗亦不自辽、金始。王沈《魏书》言："乌桓葬则歌舞相送，肥养一犬，以彩绳婴，并取死者所乘马、衣服，皆烧而送之。"（《魏志·乌桓传》注引。）然烧饭之名，则自辽金始，而金人尤视为送死一大事。《金史·镐王永中传》："明昌二年正月，孝懿皇后崩，二月丙戌，禫祭，永中始至。辛卯，始克行烧饭礼，而妃嫔亲王烧饭，天子往往亲与其礼。"《后妃传》："世宗元妃李氏，大定二十一年二月戊子薨。甲申，葬于海王庄。丙申，上如海王庄烧饭。"又《夔王允升传》："贞祐元年薨，既殡，烧饭，上亲临奠。其大臣贵戚死，则遣使为之烧饭。"《张万公传》："泰和七年薨，命依宰臣故事，烧饭赙葬。"又《世戚乌古论元忠传》："承安二年讣闻，上遣宣徽使白琬烧饭，赙物甚厚。"契丹、女真并有此俗，蒙古亦当有之，故成吉思见弃于王罕，乃云"将我做烧饭般撇了"，犹言"视我如刍狗"也。《秘史》（卷二）有"合札鲁亦捏鲁"一语，旁注云："地里烧饭祭祀。"足证蒙古亦有此俗，且其汉译烧饭一语，直至明初犹行于世也。满洲初入关时，犹有此俗。吴梅村《读史偶述诗》云："大将祁连起北邙，黄肠不虑发邱郎。平生赐物都燔尽，千里名驹衣火光。"后乃以纸制车马代之，今日送三之俗，即辽金烧饭之遗也。

扫　花

《秘史蒙文》（卷三）有"扫花"一语，旁译与文译并云"人事"。案扫花，元人亦云"撒花"，亦云"撒和"；"人事"犹云"人情"也。汪水云诗"官军要讨撒花银"，所谓人事银也。《山居新话》云："都城豪民，每遇假日，必以酒食招致省宪僚吏翘杰出群者款之，名曰'撒和'。凡人有远行者，至巳午时以草料饲驴马，谓之'撒和'，欲其致远不乏也。"撒和亦与人事义近，此自与者方面言之也。至自取者、受者言之，亦可云撒花，《元典章》载中统纪元颁新政诏云："凡事撒花等物，无非取给于民。"《黑鞑事略》云："其见物则欲，谓之撒花。"又云"撒花，汉语觅也。"明译人事，兼包与受二者言之，尤为切当。日本那珂博士译《元秘史》改为"给事"，则误矣。

安　答

《秘史》记成吉思汗札木合幼年初做安答时，互易髀石骱头；及攻克蔑儿乞，又互易带马，重新作安答。是"安答"云者，必以易物为订交条件，故《亲征录》注云："安答，交友之物。"其诂致确也。此亦契丹旧俗，《辽史·圣宗纪》："上与斜轸于太后前易弓矢鞍马，约以为友。"（统和元年）又"与麻都骨世勋易衣马为好。"（开泰四年）"与夷离毕兵部尚书萧世宁定为友契，以重君臣之好。"（同上）《道宗纪》："阻卜酋长余古赧及爱的来朝，诏燕王延禧相结为友。"（大安二年）与蒙古结安答之俗完全相似，则蒙古语中安答一语，或即自契丹语出也。

兀孙额不干

明译《秘史》，于种名人名之句读，颇有差误。那珂博士日文译本是正殊多，然亦有未及改正者。如卷三，"豁儿赤兀孙额不干阔阔搠思"，明译误作豁儿赤兀孙（句），额不干（句），阔阔搠思（句）。那珂译本以"豁儿赤兀孙额不干"为句，"阔阔搠思"为句，实则豁儿赤为一人，兀孙额不干为一人，与阔阔搠思共为三人。观卷八，九十五千户中有豁儿赤、有许孙即兀孙；又太祖敕语中，以豁儿赤为林木中万户，以兀孙额不干为别乞，名位各异，断不能视为一人。那珂氏误从明译句读，以豁儿赤兀孙为一人，乃不得不以九十五千户中之许孙当《元史》之哈散纳。屠敬山、柯学士皆从之，于是豁儿赤事迹亦抵牾不可解矣。

赵　官

《秘史续集》一。谓"宋主为赵官"，其名称殊不可解。余案"赵官"者，"赵扩"之音讹，乃直斥宁宗御名也。金人辄直呼宋帝之名，如呼钦宗为赵桓、高宗为赵构，并见纪载。其呼宁宗亦然，《金史·仆散揆传》云："朕以赵扩背盟，侵我疆场。"又云"赵扩闻之，料已破胆。"又云"如使赵扩奉表称臣，（中略）亦可罢兵。"《内族宗浩传》云："宋遣方信孺赍其主赵扩誓书来。"是金人每谓宁宗为赵扩，蒙古人亦以金人所呼者呼之耳。

常仁卿

刘郁《西使记》记宪宗己未常德仁卿从皇弟旭烈西征事。"常德"之名，罕见纪载，惟王恽《秋涧先生大全集》（卷十二）有题"常仁甫运使西觐纪行"五言律二首云："九万鹏抟翼，孤忠驾使轺。功名元有数，风雪不知遥。抵北逾鳌极，维南望斗杓。胡生摇健笔，且莫诧东辽。"自注：《五代史》有《胡峤陷虏记》。"三策条民便，逾年致节旄。梦惊羊胛日，险历幻人刀。碧碗坚昆异，黄金甲第高。白头书卷里，留滞敢辞劳。"《西觐记》即谓《西使记》也。

记现存历代尺度

一、刘歆铜斛尺。（长工部营造尺七寸二分。九英寸又十二分之一。）

新莽嘉量，今藏坤宁宫，其斛铭曰："方尺而圜，其外深尺"。斗铭云："方尺而圜，其外深寸"。此尺即据斛之周径及深之所制也。《隋书·律历志》谓之刘歆铜斛尺，今从之。《隋志》谓周尺、后汉建武铜尺、晋泰始十年荀勖律尺，即晋前尺。并与此尺同，故列之弟一种。其后复列自汉至隋十四种尺，并以弟一种尺比较之。故此尺出，而《隋志》之十五种尺无一不可再制矣。

王复斋《钟鼎款识》中有晋前尺拓本，余曩已考定为宋高若讷摹制之品。（见前《晋前尺跋》。）今原拓已亡，扬州阮氏及汉阳叶氏刊本均与此尺不合。然阮文达跋谓建初六年尺较此晋尺长二分强，（见复斋《款识册》及《积古斋钟鼎彝器款识》十。）则其拓本甚近此尺，但微弱耳。考高若讷造《隋志》十五种尺，本用汉泉（实谓王莽钱布）尺寸，今用莽货布四积为一尺，亦与此尺甚近而微弱，然终不如此尺之得其正也。

二、汉牙尺。（拓本　长工部营造尺七寸二分六厘。　九英寸又五分之一。）

原尺现在西充白氏，分寸用金错。

·

三、后汉建初铜尺。（长工部营造尺七寸三分七厘。　九英寸又二十四分之七。）

原尺藏曲阜衍圣公府，今未知存亡。世所传拓本、摹本及仿制品甚多，长短不同，均未可依据。癸亥年，鄞县马叔平衡。见一铜尺，汉阳叶东卿（志诜）所仿以赠翁学士（方纲）者，其长如此。又上虞罗氏藏一未装裱旧拓本，长短亦同。（装裱后纸易伸展，恒较原器及原拓为长。原物既不可见，当以此本为最合矣。）

四、无款识铜尺。（拓本　长营造尺七寸三分五厘。　九英寸又八分之七。）

乌程蒋氏藏，比建初尺稍长，晋以前物也。

五、唐镂牙尺。（拓本　长营造尺九寸四分弱。　十一英寸又四十八分之三十九。）

乌程蒋氏藏，刻镂精绝。《大唐六典》"中尚署令"注云："每年二月二日进镂牙尺"，即此是也。中土素未闻有唐尺，余据日本奈良正仓院所藏红绿牙尺，定为唐开元以前之物。

六、唐红牙尺甲。（摹本　长营造尺九寸三分弱。　十一英寸又四十八分之三十一。）

七、唐红牙尺乙。（摹本　长营造尺九寸五分。　十一英寸又十二分之十一。）

八、唐绿牙尺甲。（摹本　长营造尺九寸五分。　十一英寸又十二分之十一。）

九、唐绿牙尺乙。（摹本　长营造尺九寸二分强。　十一英寸又四十八分之二十九。）

十、唐白牙尺甲。（摹本　长营造尺九寸三分。　十一英寸又四分之一。）

十一、唐白牙尺乙。（摹本　长同上。）

右六尺，日本奈良正仓院藏，乃日本孝谦天皇天平胜宝八年，当唐至德二载。其皇太后献于东大寺者。后手书愿文及献物帐真迹，亦藏院中。帐中有红牙拨镂尺二，绿牙拨镂尺二，白牙尺二，今并完好。观其形制，必当时遣唐使所赉去也。此六尺曾影印于东瀛珠光第一册中，余从珠光摹出。

十二、无款铜尺。（拓本　长营造尺九寸四分强。十一英寸又六分之五。）

乌程蒋氏藏，宋以前物。

十三、宋木尺甲。（拓本　长营造尺一尺零二分。　十二英寸又四分之一。）

十四、宋木尺乙。（拓本　长同上。）

十五、宋木尺丙。（拓本　长营造尺九寸七分。　十二英寸强。）

藏上虞罗氏，辛酉年夏出于宋巨鹿故城，同时所出磁器，有大观、政和纪年款，知此乃宋尺也。

十六、明嘉靖牙尺。（拓本　长营造尺一尺微弱。　十二英寸又五分。）

　　武进袁氏藏，侧有款曰"大明嘉靖年制"。

　　十七、工部营造尺。（长十二英寸又十二分之七。）

　　右所陈列之尺，合实物拓本摹本共十七种，自汉讫近世之尺度，略具于是。案尺之为物，不独为人生日用所必需，其大者如调钟律、测晷景，胥于尺度是赖，故历代制作，不能不求精密，且须参考古制。晋荀勖造泰始律尺，即晋前尺。实据古器七种参校定之。唐李淳风撰《隋书·律历志》，列自周至隋十五种尺，并以晋前尺校之，示其比例，其所据者大半实物也。宋仁宗时，高若讷等议钟律得失，乃用王莽钱币尺寸，依《隋书》定尺十五种上之。元、明学者，罕有讨论。大清康熙间，曲阜孔东堂尚任。得汉建初尺及宋三司布帛尺，其拓本、摹本多传于世，后人得资以考订古物。又宋高若讷所造之晋前尺，其拓本尚存于王复斋《钟鼎款识》册中，沈果堂、彤。程易畴瑶田。等亦据以考古代礼制。光绪甲午，吴清卿大澂。撰《权衡度量实验考》，复据古玉、古器、古钱以考历代尺度，然于唐以后之制颇略。近时所见，如刘歆铜斛尺、唐牙尺、宋木尺、明嘉靖尺，皆吴氏所未及见也。故尺度一事，比权量之研究，自为简易。然在十年或二十年以前，尚不能为此比较之研究也。

　　据前比较之结果，则尺度之制，由短而长，殆成定例。然其增率之速，莫剧于东晋、后魏之间，三百年间，几增十分之三。今六朝之尺虽无一存，然据《隋书·律历志》所载，则

　　魏尺比晋前尺，一尺四分五厘。（长营造尺七寸五分强。　九英寸又二分之一弱。）

　　晋后尺比晋前尺，一尺六分二厘。（长营造尺七寸六分强。　九英寸又二十四分之十五。）

宋氏尺比晋前尺，一尺六分四厘。（长营造尺七寸六分五厘。九英寸又二十四分之十五强）。

梁朝俗间尺比晋前尺，一尺七分一厘。（长营造尺七寸七分强。 九英寸又四分之三。）

后魏前尺比晋前尺，一尺二寸七厘。（长营造尺八寸七分弱。 十英寸又十二分之十一弱。）

后魏中尺比晋前尺，一尺二寸一分一厘。（长营造尺八寸七分强。 十一英寸。）

后魏后尺，（后周市尺隋开皇官尺同。）比晋前尺，一尺二寸八分一厘。（长营造尺九寸二分弱。 十一英寸又四十八分之三十一。）

东魏尺比晋前尺，一尺五寸八豪。（长营造尺一尺零八分强。 十三英寸又二十四分之十五弱。）

此即自汉尺增至唐尺之径路。而自唐迄今，则所增甚微，宋后尤微。求其原因，实由魏晋以降，以绢布为调，而绢布之制，率以二尺二寸为幅，四丈为匹，官吏惧其短耗，又欲多取于民，故尺度代有增益，北朝尤甚。自金、元以后，不课绢布，故八百年来，尺度犹仍唐宋之旧。案《隋书·律历志》谓魏及周齐，贪布帛长度，故用土尺。今征之《魏书·高祖纪》，"太和十九年，诏改长尺大斗"。又《杨津传》："延昌末，津为华州刺史，先是受调绢匹度尺特长，在事因缘，共相进退，百姓苦之，津乃令依公尺度。"案自太和末至延昌不及二十年，而其弊已如此。又《张普惠传》："神龟中，天下民调幅度长广，尚书计奏复征绵麻。普惠上疏曰：'绢布匹有丈尺之赢一，犹不计其广，丝绵斤兼百铢之剩，未闻依律罪州郡，若一匹之滥，一斤之恶，则鞭户主连三长，此所谓教民以贪者也。今百官请俸，人乐长阔，并欲厚重，无复准极。得长阔厚重者，便云其州能调绢布，精阔且长，横发美誉。不闻嫌长恶广，求计还官者，此百官之所以仰负圣明也'"云云。尺度之由短而长，全由于此。且当时不独增尺法，又增匹法。《魏书·卢同传》："熙平初转尚书左丞，时相州刺史奚康生，征民岁调皆七八十尺，以要奉公之誉，部内患之，同于岁禄，官给长绢，同乃举案康生度外征调。书奏，诏科康生之罪。"《北史·崔暹传》："齐天保，调绢以七丈为匹。暹言之，乃依旧焉"。合此数事观之，则尺度之骤增于后魏一代者，更不烦解说矣。

孔氏所藏宋三司布帛尺，未见有拓本传世。世所传仿制品，大率当工部营造尺之八寸七分许，其正确与否，所不敢知。要之短于唐尺，与上言尺度由短而长之定例不符。然细考唐宋尺制，则此尺不独不能外此例，且足为此例作一佳证也。何则？唐之尺法，本有二种：《大唐六典·金部郎中》条云："凡度以北方秬黍中者，一黍之广为一分，十分为寸，十寸为尺，十二寸为大尺，十尺为丈。"又云："凡积秬黍为度量权衡者，调钟律，测晷景，合汤药，及冠冕之制则用之。内外官司，悉用大者。"案此制本出后周，而隋唐沿用之。宋仍唐制，亦用二种尺。其量布帛也，或用三司布帛尺，则以四十八尺为匹；或用淮尺，则以四十尺为匹。程大昌《演繁露》云："官尺者，与浙尺同，仅比淮尺十八，公私随事致用。予尝怪之，盖见唐制而知其由来久矣。金部定制，以北方秬黍中者为则，凡横度及百黍即为一尺。此尺既定，而尺加二寸，别名大尺。唐帛以四丈为匹，用大尺准之，盖秬尺四十八尺也。今官帛乃今官尺四十八尺，准以淮尺，正其四丈也。国朝事多本唐，岂今之省尺即用唐秬尺为定耶？不然，何为官府通用省尺，而缯帛特用淮尺也"云云。案程氏所云官尺、省尺，即三司布帛尺，（赵与时《宾退录》云：省尺者，三司布帛尺也。）虽较唐秬尺颇长，而宋人以之当唐秬尺，又以淮尺当唐大尺，其言固不诬也。而今传摹之布帛尺，长于唐秬尺者至今尺一寸许，则宋淮尺之大于唐大尺，又可见矣。故曰：此尺不足破尺度由短而长之定例，且足为此例之一佳证也。

胡服考

胡服之入中国，始于赵武灵王。

《史记·六国表》："赵武灵王十九年，初胡服。"《赵世家》同。

其制，冠则惠文。

蔡邕《独断》："武冠，或曰繁冠，今谓之大冠，武官服之，侍中、中常侍加黄金附蝉，貂鼠尾饰之。太傅胡公说曰：'赵武灵王效胡服，始施貂蝉之饰。秦灭赵，以其君冠赐侍中。'"

司马彪《续汉书·舆服志》："武冠，一曰武弁大冠，诸武官服之，侍中、中常侍加黄金珰，附蝉为文，貂尾为饰，谓之'赵惠文冠'。刘昭《补注》又名鵔鸃冠。胡广说曰：'赵武灵王效胡服，以金貂饰首，前插貂尾，为贵职。秦灭赵，以其君冠赐近臣'。"

又"武冠，俗谓之大冠，环缨无蕤，以青丝为绲，加双鹖尾，为鹖冠云。（中略）鹖者，勇雉也，其斗对一死乃止，故赵武灵王以表勇士，秦施安焉。"

案胡服之冠，汉世谓之武弁，又谓之繁冠，古弁字读若盘，繁读亦如之。疑或用周世之弁，若插貂蝉及鹖尾，则确出胡俗也。其插貂蝉者,谓之赵惠文冠。惠文者,赵武灵王子何之谥。武灵王服胡服,惠文王亦服之,后世失其传,因以惠文名之矣。其加双鹖尾者谓之鹖冠,亦谓之鵔鸃冠。《淮南·主术训》:"赵武灵王贝带鵔鸃而朝,赵国化之。"高诱注:"鵔鸃,读曰私鈚头。"两字三音,盖以鵔鸃为带钩之师比。然《史记·佞幸传》云:"孝惠时,郎中皆冠鵔鸃,贝带。"《说文解字》鸟部亦云:"秦汉之初,侍中冠鵔鸃。"则《淮南》书之"鵔鸃",确为"鵔鸃"之误,又冠名而非带钩名也。如是,胡服冠饰既有貂蝉鸟羽之殊,而鸟羽中又有鹖与鵔鸃之异,然用武冠则同。其插鵔鸃或貂蝉,盖无定制,恐自赵时已然。汉初侍中插鵔鸃,中叶以后易以貂蝉,(《汉书·武五子传》燕王旦郎中侍从者著貂羽,黄金附蝉,号为侍中。则侍臣之易貂蝉,自武帝时已然矣。)而以插鵔鸃者为武臣冠,故《续汉志》分别言之。至鵔鸃与鹖同为雉属,《说文解字》:"鵔鸃,鷩也"。"鷩,赤雉也"。"鹖,似雉,出上党。"二者相似,故得互言之。其冠,汉时有武冠、武弁、繁冠、大冠诸名。晋宋以后,又谓之建冠,又谓之笼冠,(晋、隋二《志》)盖比余冠为高大矣。

其带具带,

《赵策》:"赵武灵王赐周绍胡服衣冠,具带,黄金师比,以傅王子也。"

《淮南·主术训》:"越武灵王贝带鵔鸃而朝。"

案具带、贝带,《国策》《淮南》互异。《史记》及《汉书·匈奴传》皆云"黄金饰具带一。"姚宏《战国策续注》引《汉书》作贝带。贾谊《新书·匈奴》篇云"绣衣具带"，而史、汉《佞幸传》及今本《穆天子传》均作"贝带"，《太平御览》卷六百九十六引《穆天子传》作贝带。二字形相近，故传写多讹。颜师古注《汉书·佞幸传》云"贝带，海贝饰带。"然此带本出胡制，胡地乏水，得贝綦难，且以黄金饰，不容更以贝饰，当以作"具"为是。具带者，"黄金具带"之略，犹《汉书·隽不疑传》之云"櫑具剑"，《王莽传》之云"玉具剑"也。古大带、革带皆无饰，有饰者胡带也。后世以其饰名之，或谓之校饰革带，《吴志·诸葛恪传》。或谓之鞍饰革带，《御览》引《吴录》。或谓之金环参镂带，同引《邺中记》。或谓之金梁络带，《金楼子》。或谓之起梁带，新、旧两《唐书·舆服志》，说见后。凡此皆汉名，胡名则谓之郭洛带。高诱《淮南·主术训》注："私铊头，郭洛带系铫镝也。"颜师古《汉书·匈奴传》注引张宴曰："鲜卑郭洛带瑞兽也，东胡好服之。"鱼豢《典略》谓之廓落带（《御览》引），《吴志·诸葛恪传》谓之钩络带（《御览》引。《吴书》及《吴录》皆作钩络带），《宋书·礼志》裤褶服之络带，即郭洛带、钩络带之省也。"黄金师比"者，具带之钩，亦本胡名，《楚辞·大招》作"鲜卑"，王逸注："鲜卑，绲带头也。"《史记·匈奴传》作"胥纰"，《汉书》作"犀毗"，高诱《淮南》注作"私铊头"，皆"鲜卑"一语之转，延笃所谓胡革带钩是也。古有大带，有革带，《玉藻》记大带之制曰："并纽约用组三寸"。是大带无钩也。《左氏昭十一年传》云："衣有袥，带有结。"此不明言其为大带、革带，有结则亦无钩矣。然古革带当用钩，《左氏僖二十四年传》："齐桓公置射钩而使管仲相。"《史记·齐太公世家》云："管仲射中小白带钩。"《荀子·礼论》篇"缙绅而无钩带"。绅为大带，则钩带或指革带，皆古带用钩之证。然其制无考。其用黄金师比为带钩，当自赵武灵王始矣。

其履靴。

《广韵》八戈引《释名》"靴本胡服，赵武灵王所服。"《太平御览》卷六百九十八。引《释名》"靴本胡名也，赵武灵王始服之。"

案今本《释名》云"靴，跨也，两足各以一跨骑也。鞾鞾，靴之缺前壅者，胡中所名也。"无赵武灵王始服事，盖今本讹脱。《广韵》与《御览》所引亦非原文，皆隐括其意。疑赵武灵王始服之一语，《释名》本系于"鞾鞾靴之缺前壅者胡中所名也"下。

其服，上褶下袴。

《史记·赵世家》："当道者谒简子曰：'及君之后嗣，且有革政而胡服。'"张守节《正义》："胡服，谓今时服也，废除裘裳也。"

案胡服之衣，《赵策》及《赵世家》皆无文，自来亦无质言之者，惟张守节《正义》以唐之时服当之。唐之时服，有常服、袴褶二种，谓日常所服者。今定以为上褶、下袴，即以后世所谓"袴褶服"当之者，由胡服之冠带履知之也，《汉书·武五子传》："故昌邑王衣短衣大绔，冠惠文冠"。则惠文者，袴褶服之冠也。《晋书·舆服志》《宋书·礼志》皆云："袴褶之服、腰有络带以代鞶革。"络带者，具带之

胡名，则具带者，袴褶服之带也。《隋书·礼仪志》："履
则诸服皆用，惟褶服以靴。"则靴者，袴褶服之履也。赵武
灵王所服胡服，冠褶服之冠，束褶服之带，履褶服之履，
则其服为袴褶可知。此可由制度推之者也。褶者，上衣，
《士丧礼》"襚者以褶"，则必有裳，褶与裳对文言之。《释
名》"褶，袭也，覆上之言也。"又"留幕，冀州人所名大
褶，下至膝者也。"大褶至膝，则小者较膝为短矣。颜师古
注《急就篇》云："褶，重衣之最在上者也，其形若袍，短
身而广袖。"皆褶为上衣之证也。案：褶字古亦通作袭，《士
丧礼》："襚者以褶"。郑注："古文褶为袭"。《说文解字》
衣部有袭无褶，盖用《礼经》古文。然郑玄于《丧礼》之商祝
袭祭服乃袭三称，乃《聘礼》之裼袭。《乡射礼》《大射礼》
《士丧礼》之袒袭，诸袭字皆作袭，独于《士丧礼》襚者以褶
从今文作褶，不从古文者，是郑以褶、袭为二字也。且郑于
《礼经》诸袭字下不云今文袭为褶，是今文本有褶、袭二字。
又《丧大记》于君褶衣褶衾作褶，于凡敛者袒迁尸者袭作袭，
是今文礼家皆以褶、袭为二字也。二字音义皆近，褶谓一衣自
有表里，袭则数衣相为表里。褶为衣名，袭乃加衣之名。然今
文礼家分别用之，辨微之意也。又微论之，则褶字又有二义。
《玉藻》："禅为绚，帛为褶。"褶谓裕衣，对单衣之绚言之。
《士丧礼》："襚者以褶，则必有裳。"褶谓上衣对下衣之裳言
之。汉以后褶字亦兼二义。又古者高低谓之上下，表里亦谓之
上下。《释名》覆上之训及颜师古云重衣之最在上者，皆据二
义为说也。袴者，《说文》云："绔，胫衣也。"《释名》云：
"袴，跨也，两股各跨别也。"盖特举其异于裳者言之。案绔、
袴一字，袴与今时裤制无异。古无异说。惟段氏玉裁《说文解

字注》谓今之套裤，古之绔也。今之满裆裤，古之祥也。盖据《说文》胫衣、《释名》跨别之训以为言。然二书但就袴、跨言之，以别于无跨之犊鼻裈，非必谓绔之两跨各别为一物也。《汉书·上官皇后传》：为穷绔多其带。服虔曰：穷绔有前后当，不得交通也。师古曰：穷绔即今之绲裆绔也。《方言》无䙓袴谓之鼻。郭璞注袴无跨者，今之犊鼻裈也。是汉时下衣之有前后当及无跨者通谓之袴。段氏以今之套裤当之，非也。上短衣而下跨别，此古服所无也。古之亵衣亦有襦袴，《内则》"衣不帛襦袴。"《左氏传》"征褰与襦"，褰亦袴也。然其外必有裳。若深衣以覆之，虽有襦袴不见于外，以袴为外服，自袴褶服始。然此服之起，本于乘马之俗，盖古之裳衣本乘车之服，至易车而骑，则端衣之联诸幅为裳者，与深衣之连衣裳而长且被土者，皆不便于事。赵武灵王之易胡服，本为习骑射计，则其服为上褶下袴之服可知。此可由事理推之者也。虽当时尚元袴褶之名，其制必当如此，张守节废裳之说，殆不可易矣。

战国之季，他国已有效其服者。

《楚辞·大招》"小腰秀颈，若鲜卑只。"

《齐策》"田单攻狄，三月而不克之也。齐婴儿谣曰：'大冠若箕，修剑拄颐。攻狄不能，下垒枯邱。'（中略）鲁仲子曰：'今将军东有夜邑之奉，西有蕾上之虞，黄金横带而驰乎淄渑之间。'"

《汉书·艺文志》："《鹖冠子》一篇"，原注："楚人居深山，以鹖为冠。"

案《大招》或云屈原所作，或云景差，二说不同。要在楚顷襄王放原江南以后，去赵武灵王之初胡服，至少且十余年，故有鲜卑之语。若田单之"大冠""修剑""黄金横带"，大冠即惠文冠。黄金横带，古服所无，即具带也。单攻狄之岁虽不可考，然在复齐之后，则后于赵武灵王之服胡服殆三十年矣。《鹖冠子》未详何时人，其书有《赵武灵王》篇，知亦在武灵王以后，故皆用其冠带。知战国时之服胡服，不限于赵国矣。

至汉而为近臣及武士之服，或服其冠，或服其服，或并服焉。

《史记·佞幸传》："孝惠时，郎中皆冠鵕鸃，贝带。"

《汉书·景十三王传》："广陵王去殿门有成庆画短衣大绔长剑，去好之，作七尺五寸剑，被服皆效焉。"

又《武五子传》："故昌邑王衣短衣大绔，冠惠文冠。"

又《盖宽饶传》："宽饶初拜为卫司马，未出殿门，断其单衣，令短离地，冠大冠，带长剑。

《东观汉纪》（御览卷六百八十七引）："光武初兴，与诸季市弓弩、绛衣、赤帻。初，伯升之起，诸家子弟皆曰'伯升杀我'。及见上绛衣、大冠，乃惊曰'谨厚者亦复为之。'"

又（同上引），"诏赐段颎赤帻大冠一具。"

《独断》："武冠或曰繁冠，今谓之大冠，武官服之，侍中、中常侍加黄金附蝉，貂鼠尾饰之。"

《续汉志》："武冠，亦曰武弁大冠，诸武官服。"

又"武冠加双鹖尾，竖左右，为鹖冠云。五官、左右中郎虎贲、羽林、五中郎将、羽林左右监皆冠鹖冠，纱縠单衣。虎贲将虎文绔，白虎文剑佩刀。虎贲武骑皆鹖冠，虎文单衣。"

　　案上九事，或箸胡服之冠，或但箸其服，或并箸冠服，或并箸冠带。《续汉志》言五中郎将、虎贲、武骑等皆冠鹖冠而服单衣。案汉之单衣如深衣制，则但箸其冠者未必即服其服也。然其初冠服大抵相将，如昌邑王所服者是。盖宽饶之断其单衣者，以未出殿门，不及易服也。又如《东观记》所记光武之绛衣赤帻及赤帻大冠，虽但箸其冠及服之色，而不箸服之种类。然汉时赤帻绛衣实为袴褶之服。何以证之？《周礼·司服》郑注云："今伍伯缇衣。"缇，赤黄色。崔豹《古今注》云："今户伯绛帻纁衣。"（纁色亦在赤黄之间，与绛相类。）伍伯者，车前导引之卒，（见《释名》《续汉志》《古今注》。）今传世汉画象，车前之卒，（随家庄画像第一石，及汶上县城垣东西二石，又山东金石保存所、日本东京工科大学所藏各一石。车前皆有四人，执毕及仗前导。案《续汉志》云：车前伍伯中二千石、二千石六百石皆四人，则上五石中之军前四卒确为伍伯无疑。）皆短衣著袴。由伍伯之绛帻纁衣为袴褶之服，知光武之绛衣赤帻及赤帻大冠，不独冠胡服之冠，亦服胡服之服矣。（前汉侍臣及武官之服殆皆如此。）后汉以还，颇有变革，或以胡服之冠为武官之冠而易其服（如《续汉志》所纪中郎将等），以胡服之服为士卒之服（以汉画象证之，如孝堂山东石室东壁画象中之持弓行刑者，及持弓步行者。又西石室西壁之持戈步行者，与武梁祠第二石之怨家攻者，皆短衣著袴，如汉世士卒皆服袴褶，伍伯亦其一也）而去其冠，然犹用武冠之帻（如伍伯），其皆出于古之胡服，犹可得而求其踪迹也。然则后汉中叶后，袴褶之服但施于士卒，而不及武官，故崔琰《谏魏太子书》以褶为虞旅之贱服也。

428

汉末，军旅数起，服之者多，于是始有"袴褶"之名。

《江表传》（《吴志·吕范传》裴注引）："吕范自请暂领孙策都督。策曰：'子衡，卿既上大夫，加手下已有大众，立功于外，岂宜复屈小职，知军中细碎事乎？'中略。范出，便释褠著袴褶，执鞭诣阁下，自称领都督。"

《魏志·崔琰传》："太祖征并州，留琰傅文帝于邺，世子仍出田猎变易服乘，志在驱逐。琰书谏曰：'深惟储副以身为宝，而猥袭虞旅之贱服，忽驰骛而陵险，意雉兔之小娱，忘社稷之为重，斯诚有识所以恻心也。惟世子燔翳捐褶，以塞众望，不令老夫获罪于天。'世子报曰：'昨奉嘉命，惠示雅数，欲使燔翳捐褶，翳已坏矣，褶亦去矣。'"

案"袴褶"二字连文，始见《江表传》。《魏志》言"燔翳捐褶"，则袴褶之略也。由此二事，知汉末袴褶为将领之卑者及士卒之之服，及魏文帝为魏太子，驰骋田猎，亦服此服。自是复通行于上下矣。

魏晋以后，至于江左，士庶服之，

《语林》（《北堂书钞》卷一百二十九引）："夏少明在东国，不知名，闻裴逸民名知人，乃入洛从之。日未至家，少许，见一人著黄皮袴褶，乘马将猎，即逸民也。"

《晋书·郭璞传》："璞中兴初行经越城，遇一人呼其姓名，因以袴褶遗之，其人辞不受。"

又《隐逸传》："余杭令顾飏，以郭文山行或须皮衣，赠以韦袴褶一具，文不纳。"

《南齐书·王奂传》："上以行北诸戌士卒多缊缕，送袴褶三千具，令奂分赋之。"

百官服之，

《魏百官名》（《御览》卷六百九十引）："三公朝赐青林文绮长袖袴褶。"（案《隋书·艺文志》有《魏晋百官名》五卷，则魏乃汉魏之魏，非后魏也。）

《晋书·舆服志》："袴褶之制，未详所起。近世凡车驾亲戎中外戒严之服，服无定色，冠黑帽，缀紫标，标以缯为之，长四寸，广一寸，腰有络带以代鞶革。中官紫标，外官绛标，又有纂严戒服而不缀标，行留文武悉同，其畋猎巡幸，则惟从臣戎服带鞶革，文官不下缨，武官服冠。"（《宋书·礼志》標作褾，武官服冠作武官脱冠。）

《宋书·礼志》同上。（末有"宋文帝元嘉中巡幸搜狩皆如之，救宫庙水火亦如之"二语。）

《隋书·礼仪志》："梁天监令，袴褶，近代服以从戎，今纂严则百官文武咸服之。"（陈《天嘉令》同。）

《晋书·杨济传》："济尝从武帝校猎北邙下，与侍中王济俱著布袴褶，骑马执角弓，在辇前。"

《晋义熙起居注》（《北堂书钞》卷一百二十九，《御览》卷六百九十引）："安帝自荆州至新亭，诏曰：'诸侍官戎行之时，不备朱服。'悉令袴褶从也。"（此据《御览》所引。《书钞》引元年更服，而诸侍官不备采衣袴褶，疑有脱误）

《宋书·文九王传》："时内外戒严，普服袴褶。"

天子亦服之，

《晋书·舆服志》："袴褶，近世凡车驾亲戎中外戒严之服。"

《宋书·后废帝纪》："帝尝著小袴褶，未尝服衣冠。"

《齐书·东昏侯纪》："帝著织成袴褶，金簿帽，执七宝缚矟，戎服急装，不变寒暑。"

又"高祖师至，帝著乌帽袴褶，备羽仪，登南掖门临望。"

《南史·东昏侯纪》："戎服急装缚袴，上著绛衫，以为常服。"

案袴褶本天子亲戎之服，若宋之苍梧，齐之东昏，以为常服，非晋宋以来故事。故宋太皇太后令云："昱弁冠毁冕，长袭戎衣。"齐宣德皇后令云："身居元首，好是贱服，危冠短服，坐卧以之。"以是为二帝罪状也。

然但以为戎服及行旅之服而已，北朝起自戎夷，此服尤盛，

《赵书》（《北堂书钞》卷一百二十九引）："裴宪撰《三正东耕仪》，中书令徐光奏亲耕改服青缣袴褶。"

至施之于妇女。

陆翙《邺中记》："石虎时，皇后出女骑一千为卤簿，冬月皆著紫纶巾，蜀锦袴褶，（《御览》卷六百九十六引）腰中著金环参镂带，（同上引）皆著五采织成靴。"（同上卷六百九十八引）

后魏之初，以为常服，

《魏书·胡叟传》："叟每至贵胜之门，恒乘一特牛，敝韦袴褶而已。"

又"叟于高允馆见中书侍郎赵郡李璨，璨被服华靡，叟贫老衣褐，璨颇忽之。叟谓云：'老子今若相许，脱体上袴褶衣帽，君欲作何计也。'讥其惟假盛服，璨惕然失色。"

又《孝义传》："显祖崩，王元威立草庐于州城门外，衰裳蔬粥，哭踊无时。至大除日，诏送白袖袴褶一具，与元威释服。"

及朝服。

《魏书·成淹传》："太和中，文明皇后崩，萧赜遣其散骑常侍裴昭明、朝散侍郎谢竣等来吊，欲以朝服行事。主客执之曰：'吊有常式，何得以朱衣入山庭。'昭明等言：'本奉朝命，不容改易。'高祖敕尚书李冲选一学识者更与论执，冲奏遣淹。昭明言：'使人惟赍袴褶，比既戎服不可以吊，幸借缁衣帢以申国命。'高祖敕送衣帽给昭明等。"

案裴昭明言"使人惟赍袴褶"，是本欲以袴褶吊，而魏人谓之欲以朝服行事，是北人以袴褶为朝服也。昭明言"比既戎服不可以吊"，是南人以袴褶为戎服也。

《齐书·魏虏传》："虏主宏诏：'季冬朝贺，典无成文，以袴褶事（事字上疑夺一行字），非礼敬之谓。若置寒朝，服徒成烦濁。自今罢小岁贺，岁初一贺'。"

案《魏书·高祖纪》："太和十五年十一月丙戌，初罢小岁贺。先是，太和十年正月朔，帝始服衮冕朝乡万国。又夏四月，始置五等公服，至是五年，而小岁贺时百官尚无寒朝服者，盖后魏本以袴褶为朝服，相沿已久，不能遽变也。至太和十八年十二月革衣服之制，然后严其法制矣。"

后虽复古衣冠，而此服不废。

《梁书·陈伯之传》："褚緭在魏，魏人欲擢用之。魏元会，緭戏为诗曰：'帽上著笼冠，袴上著朱衣，不知是今是，不知非昔非。'魏人怒，出为始平太守。"

案笼冠者，武冠，亦即惠文冠（见《晋书·舆服志》《隋书·礼仪志》）。朱衣者，袴褶之色（见上所引《魏书·成淹传》及下所引《宋书·刘怀慎传》诸条）。褚缗诗所咏，正袴褶服也。缗与陈伯之入魏在梁天监元年（即魏世宗景明三年）。缗作此诗时，距太和革衣服之制已近十年，而元会之时仍服袴褶，盖世宗以后，又复用代北旧俗也。惟《洛阳伽蓝记》一事与此不合，《记》谓杨元慎含水噀陈庆之曰："吴人之鬼，住居建康，小作冠帽，短制衣裳。"又谓"庆之还梁，羽仪服式，悉如魏法，江东士庶竞相模楷，褒衣博带，被及秣陵"云云。似南北衣服与上所征引者相反。然是时魏元会之服尚用袴褶，则常服可知。其所云短小褒博者，殆不过同一衣制，南北稍有大小长短之别而已。

隋则取其冠，以为天子之戎服。

《隋书·礼仪志》："武弁金附蝉平巾帻，余服具服。"（案具服者，朝服，即通天冠之服。其制玉簪导，绛纱袍，深衣制，白纱内单，皂领襈襈裾，绛纱蔽膝，白假带，方心曲领。革带，玉钩𫘬，鹿卢玉具剑，火珠镖首，白玉双佩，玄组，双大绶，玄黄赤白缥绿，纯玄质，长二丈四尺五，百首，广一尺。小双绶长二尺六寸，色同大绶，而首半之，间施三玉环，朱袜赤舄，舄加金饰。）讲武、出征、四时搜狩，大射、祃类、宜社、赏祖、罚社、纂严则服之。"（案北齐制略同。）

武臣之朝服，

《隋书·礼仪志》："左右卫、左右武卫、左右武侯大将军、领左右大将军，并武弁绛朝服带佩绶。左右卫、左右武卫、左右武侯将军、领左右将军、左右监门卫将军、太子左右卫、左右宗卫、左右内等率、左右监门郎将及诸副率并武弁绛朝服剑佩绶。直阁将军、直寝直斋、太子直阁武弁绛朝服剑佩绶。"（案南朝武臣亦皆服武冠，见《隋志·梁天监令》《陈天嘉令》。）

取其服为天子田猎豫游之服。

《隋书·礼仪志》："乘舆黑介帻之服，紫罗褶，南布袴，玉梁带，紫丝鞋，长靿袜，田猎豫游则服之。

皇太子侍从田狩之服，

《隋书·礼仪志》："皇太子平巾黑帻，玉冠枝，金花饰，犀簪导，紫罗褶，南布袴，玉梁带，长靿袜，侍从田狩则服之。"

上下公服。

《隋书·礼仪志》："乘舆鹿皮弁服，绯大襦，白罗裙，金乌皮履，革带，中略。视朝听讼则服之。凡弁服，自天子以下、内外九品以上，弁皆以乌为质，并衣袴褶。五品以上以紫，六品以下以绛。"

案乘舆弁服既有裙襦，是与袴褶服异。而下复云"并衣袴褶"者，盖弁服或服裙襦，或服袴褶，二者通著，犹唐之翼善冠、进德冠，或服常服，或服袴褶也。

武官侍从之服，

《隋书·礼仪志》："左右卫大将军等侍从，则平巾帻，紫衫，大口袴褶，金玳瑁装两裆甲。左右卫将军等侍从，则平巾帻，紫衫大口袴，金装两裆甲。直阁将军等侍从，则绛衫，大口袴褶，银装两裆甲。"（案此两云大口袴褶，两褶字皆衍文。上所云紫衫、绛衫，衫即褶也。否则褶上加衫，又加两裆甲，亦太赘矣。）

取其带与履，以为常服。

《隋书·礼仪志》："百官常服同于匹庶，皆著黄袍，出入殿省。高祖朝服亦如之，惟带加十三环，以为差异。"

《旧唐书·舆服志》："隋代贵臣多服黄文绫袍，乌纱帽，九环带，乌皮六合靴。百官常服同于匹庶，皆著黄袍，出入殿省。高祖朝服亦如之，惟带加十三环，以为差异。盖取于便事。其乌纱帽渐废，贵贱通服，折上巾，其制周武帝建德年所造也。"

《唐书·车服志》："初，隋文帝听朝之服，以赭黄文绫袍，乌纱帽，折上巾，六合靴，与贵臣通服。惟天子之带十有三环。"

唐亦如之，武弁之服用其冠，

《大唐六典》："殿中省尚衣局奉御职，武弁，金附蝉，平巾帻，余服具服。讲武、出征、四时搜狩、大射、祃类、宜社、赏祖、罚社、纂严则服之。"

《旧唐书·舆服志》："武弁平巾帻，侍中中书令则加貂蝉，侍左者左珥，侍右者右珥。皆武官及门下中书殿中内侍省天策上将府诸卫领军武候监门领左右太子诸坊诸率及镇戍流内九品服之，其诸王府佐九品以上准此。"

平巾帻之服用其服，

《六典》："殿中省尚衣局奉御职，平巾帻，簪导冠支皆以玉，紫褶亦白褶。白袴，玉具装真珠宝钿带，著靴，乘马则服之。　翼善冠，其常服及白练裙襦通箸之，若服袴褶，则与平巾帻通箸。"

又"太子内直局内直郎职，平巾帻，犀簪导，紫绺白袴，玉梁珠宝钿带，著靴，乘马则服之。进德冠，九璪加金饰，其常服及白练裙襦通著之，若服袴褶，则与平巾帻通著。"

又"礼部郎中员外郎职，凡百官平巾帻之服，武官以卫官寻常公事则服之。（冠及褶依本品色并大口袴起梁带乌皮靴，若武官陪立大仗加螣蛇裲裆。）袴褶之服，朔望朝会则服之。"（五品已上通用绌绫及罗，六品已下用小绫，应著袴褶，并起十月一日至二月三十日巳前。）

案平巾帻之服即是袴褶，而《六典》于百官服乃分平巾帻之服与袴褶之服为二者，盖名武官所服者为平巾帻之服，文官所服者为袴褶之服，取便于称谓，其实非有异也。《旧书·舆服志》云："平巾帻箪簪导冠支，五品以上紫褶，六品已下绯褶，加裲裆螣蛇，并白袴，起梁带靴，武官及卫官陪立大仗则服之。若文官乘马，亦通服之，去裲裆螣蛇。"《六典》于"平巾帻"下亦云："冠及褶依本品色，并大口袴，起梁带，乌皮靴。"而"袴褶服"下不言带履，意谓已见于上，是平巾帻之服与袴褶为一服之证也。又《新书·车服志》："开元中，御史大夫李适之建议，冬至元日大礼，朝参官及六品服朱衣，六品以下通服袴褶。天宝中，御史中丞吉温建议，京官朔望朝参用朱袴褶。"此又《六典》朔望朝参用之袴褶专指文官所服者之证也。若以为二服，则失之矣。

常服用其带与履。

《旧唐书·舆服志》："常服赤黄袍衫，折上头巾，九环带，六合靴，皆起自魏周，便于从事。自贞观以后，非元日、冬至、受朝及大祭祀，皆常服而已。"（案唐百官常服袍衫用本品色带之銙，数亦随其品，余与天子同。）

唐季褶服渐废，专用常服，宋初议复之而未行，

《宋史·舆服志》："袴褶之制，乾德四年范质与礼官议，故令：'文三品以上紫褶，五品以上绯褶，七品以上绿褶，九品以上碧褶并白大口袴，起梁带，乌皮靴。'此谓《唐》令。今请造袴褶如令文之制，其起梁带制度检寻未是，望以革带代之，奏可。是岁造成而未用。"

然仪卫中尚用之。

《宋史·仪卫志》文繁不录。

《文昌杂录》"皇朝导驾官袴褶"，盖马上之服也。

又自六朝至唐，武官小吏流外多服袴褶。

《晋书·仪卫志》："中朝太驾卤簿，末大戟一队，九尺楯一队，刀楯一队，弓一队，弩一队，队各五十人，黑袴褶将一人。"

《隋书·礼仪志》：陈《天嘉令》："领军捉刀人，乌总

帽、袴褶、皮带。　　太子二傅骑吏，玄衣、赤帻、武冠，常行则袴褶。　　案辂、小舆、持车、辂车给使，平巾帻、黄布袴褶、赤臛带。　　廉帅、整阵、禁防，平巾帻、白布袴褶。鞑角五音帅、长麾，青布袴褶、岑帽、绛绞带。都伯，平巾帻、黄布袴褶。　　武官问讯、将士给使，平巾帻、白布袴褶。"

又《音乐志》："隋制：皇帝大鼓、长鸣工人，皂地苣文；金钲、棡鼓、小鼓、中鸣、吴横吹工人，青地苣文；凯乐工人，武弁，朱褠衣；横吹，绯地苣文。并为帽、袴褶。大角工人，平巾帻、绯衫、白布大口袴。内宫鼓乐服色皆准此。"

又：皇太子大鼓、长鸣、横吹工人，紫帽，绯袴褶。金钲、棡鼓、小鼓、中鸣工人，青帽、青袴褶。铙吹工人，武弁，朱褠衣。大角工人，平巾帻、绯衫、白布大口袴。"

又："正一品，横吹工人，紫帽、赤布袴褶。金钲、棡鼓、小鼓、中鸣工人，青帽、青布袴褶。铙吹工人，武弁，朱褠衣。大角工人，平巾帻、绯衫、白布大口袴。三品以上同正一品。四品，棡鼓、大鼓工人，青帽、青布袴褶。"

《旧唐书·舆服志》："民任杂掌无官品者，皆平巾帻、绯衫、大口袴，朝集从事则服之。品子任杂掌者，皆平巾帻、绯衫、大口袴，朝集从事则服之。　　平巾帻、绯褶、大口袴、紫附褠，尚食局主食、典膳局主食、太官署、食官署、掌膳服之。平巾绿帻、青布袴褶，尚食局主膳、典膳局典食、太官署、食官署、供膳服之。平巾五瓣髻、青袴褶、青耳屩，羊车小史服之。总角髻、青袴褶，刻漏生、刻漏童服之。"

《唐书·仪卫志》："千牛备身冠进德冠、服袴褶。"

又："皇帝仗，指南车、记里鼓车、白鹭车、鸾旗车、辟恶车、皮轩车，皆四马，有驾士十四人，皆平巾帻、大口袴、绯衫。　凡五路皆有副。驾士皆平巾帻、大口袴，衫从路色。　大辇主辇二百人，平巾帻、黄丝布衫、大口袴、紫诞带、紫行縢、鞋袜。　尚乘直长二人，平巾帻、绯袴褶。又：太皇太后、皇太后、皇后仗，内给使百二十人，平巾帻、大口袴、绯裲裆。”

又：“亲王卤簿，憔弩一，执者平巾帻、绯袴褶，骑。次青衣十二人，平巾青帻、青布袴褶，执青布仗袋。　次节一，夹稍一，各一人骑执，平巾帻、大口袴、绯衫。次府佐六人，平巾帻、大口袴、绯裲裆，骑，持刀夹引。　象路一，驾四马，佐二人立侍，一人武弁、朱衣、革带、居左；一人绯裲裆、大口袴，持刀居右。”

案《隋志》与《唐志》例，袴褶同色，则连言“某袴褶”，如云“绯袴褶”“青袴褶”是也。袴褶异色，则云“某衫某色大口袴”，或但云“某衫大口袴”。（凡袴皆白色，故多不言色。）《旧唐志》或云“绯衫大口袴”，或云“绯褶大口袴”，衫、褶互言，知衫即褶。然则上所云“某衫大口袴”或“大口袴某衫”者，皆袴褶服也。

此胡服行于中国之大略也。自汉以迄隋唐，诸外国之服亦大抵相似。

《汉书·匈奴传》：“中行说曰：其得汉缯絮以驰草棘中，衣袴皆裂弊，以视不如旃裘坚善也。”

案中国古服如端衣深衣，袴皆在内，驰草棘中不得裂弊。袴而裂弊，是匈奴之服。袴外无表，即同于袴褶服也。

《淮南·氾论训》：“古者有鍪而绻领以王天下者矣。”高

注："绻领，皮衣，屈而絭之，如今胡家韦袭反褶以为领也。"

案"袭""褶"二字通用，然一句中用字不得互异，恐褶乃"摺"字之讹，反摺为领，所谓"屈而絭之"，是匈奴衣韦褶也。胡家对汉家言之也。

《说文解字》："鞮，草履也。胡人履连胫，谓之络鞮。"（下九字今本无，《韵会》引有之。）

《魏志·扶余传》："扶余国人，在国衣白布大袂袍袴，履革鞮。"

《吴时外国传》（《御览》卷六百九十六引）："大秦国人皆著袴褶络带"，又"扶南人悉著钩络带"。

《流沙坠简补遗》："（上缺。）著布袴褶纻履。"

又"（上缺）丑年十四，短小著布袴褶，口（下缺）"

案此二简出和阗东尼雅城北，乃魏晋间物，纪是时往来西域商胡之年名物色者也。

《梁书·诸夷传》："芮芮国辫发衣锦小袖袍小口袴。"

《魏书·蠕蠕传》："肃宗赐阿那瑰绯纳小口袴褶一具，内中宛具；紫纳大口袴褶一具，内中宛具。"

又《高车传》："诏员外散骑侍郎可足浑使高车，赐阿伏至罗与穷奇各绣袴褶一具。"

《隋书·东夷传》："高丽人皆皮冠，（《北史》作头著折风，形如弁。使者《北史》作士人。）皆插鸟羽，（《北史》鸟字上有"二"字。）贵者冠用紫罗，饰以金银，服大袖衫大口袴素皮带黄革屦。"

殆与中国胡服同源，至此服入中国后之制，代有变革。其初有冠冠前有珰，珰以黄金为之，加貂蝉焉。

《独断》："武冠加黄金附蝉，貂鼠尾饰之。"

《续汉书·舆服志》："武冠加黄金珰，附蝉为文，貂尾为饰。"

案附蝉之制，古无明文。传世古器中多见玉蝉，或古武冠以黄金为珰，上加玉蝉，故云"附蝉"。蝉殆加于冠前。《隋志》引徐爰《舆服注》云："博山附蝉谓之金颜"。故《续汉志》谓之黄金珰。珰者，当也，当冠之前，犹瓦当之当瓦之前矣。

貂则有左右之别。

《后汉书·宦者传》："汉兴，置中常侍官，皆银珰左貂，给事殿省。自明帝以后，迄乎延平，委用渐大，而其员稍增，改以金珰右貂，兼领卿署之职。"

《晋书·舆服志》："武冠插以貂毛，黄金为竿，侍中插左，常侍插右。"

《宋书·礼志》："侍中左貂，常侍右貂。"

《旧唐书·舆服志》："武弁平巾帻，侍中中书令则加貂蝉，侍左者左珥，侍右者右珥。"

案《齐书·舆服志》言："应劭《汉官》及司马彪《志》，并不见侍中与常侍有异，惟言左右珥貂而已。然范蔚宗已言汉初中常侍银珰左貂，后汉改为金珰右貂，则侍中左貂，常侍右貂，自后汉已然矣。

汉时又于冠内加帻，是为平巾帻。

《续汉书·舆服志》："古者有冠无帻。秦雄诸侯，乃加其武将首饰，为绛帕以表贵贱。其后稍稍作颜题，至孝文乃高颜题，续之为耳，上下群臣贵贱皆服之。文者长耳，武者短耳，称其冠也。"

《独断》："元帝额有壮发，不欲使人见，始进帻服之，群臣皆随焉。然尚无巾，如今半帻而已。王莽无发，乃施巾，故语曰：'王莽秃帻施屋。'冠进贤者宜长耳，冠惠文者宜短耳，各随所宜。

《宋书·礼志》汉注曰："冠进贤者宜长耳，今介帻也。冠惠文者宜短耳，今平巾帻也。知时各随所宜，遂因冠为别。介帻服文吏，平上服武官也。"

后或去冠而存其帻，帻之色，或赤或黑，

《晋书·舆服志》："袴褶之制，服无定色，冠黑帽。"（《宋志》同。）

案古者帽与帻相似，黑帽即黑帻也。（赤帻已见前。）

上缀紫标。

《晋书·舆服志》："袴褶之制，冠黑帽，上缀紫标（《宋志》作标）。标以缯为之，长四寸，广一寸。中官紫标，外官绛标。"（《宋志》同。）

《南史·王琨传》："景和中，讨义阳王昶，六军戒严，应须紫檦，左右欲营办。琨曰：'元嘉中讨谢晦，有紫檦在匣中，不须更作。'检取果得焉。"

六朝亦间用冠。

《宋书·刘怀慎传》："孝武乘画轮车，幸太宰江夏王义恭第，怀慎子德愿著笼冠短朱衣执辔，进止甚有容状。"

《梁书·陈伯之传》："魏元会，褚緭戏为诗曰：'帽
上著笼冠，袴上著朱衣'。"

隋唐以后则惟用平巾帻而已。袴褶之质，魏晋六朝杂用缣
锦织成绌布皮韦为之；隋则天子及皇太子褶以罗，袴以布；唐
则五品以上通用细绫及罗，六品以下用小绫，流外小吏亦用布焉。

《隋书·礼仪志》及《大唐六典》　均见前。

褶之色，汉魏以降大抵用绛及朱，

《东观记》及《古今注》　并见前。

《宋书·刘怀慎传》："德愿著笼冠短朱衣。"

又《元凶劭传》："劭以朱衣加戎服上，乘画轮车，与
萧斌同载。"

《齐书·郁林王本纪》："高宗使萧谌等率兵入云龙
门，戎服，加朱衣于其上。"

《梁书·陈伯之传》《南史·东昏侯纪》《魏书·成淹
传》并见前。

然亦无定色。

《晋书·舆服志》："袴褶之制，服无定色。"（《宋志》同）

隋则天子及皇太子以紫，百官五品以上亦以紫，六品以下
用绛。

《隋书·礼仪志》　见前。

唐则天子或紫或白，皇太子以紫。

《太唐六典》　见前。

百官服色初与隋同，后以品差为四等。

《旧唐书·舆服志》："五品以上紫褶，六品以下绯褶。"

《唐书·舆服志》："袴褶之制，三品以上紫，五品以上绯，七品以上绿，九品以上碧。"

袴皆白色，又古之袴褶大抵褒博，故有缚袴之制。

《宋书·袁淑传》："太子劭左右引淑等袴褶，又就主衣取锦三尺为一段，又中破分淑斌及左右，使以缚袴。"

又《沈庆之传》："刘湛之被收之夕，上开门召庆之。庆之戎服履鞾缚袴入，上见而惊曰：'卿何意乃尔急装？'庆之曰：'夜半唤队主，不容缓服。'"

《齐书·虞悰传》："郁林废，悰窃叹曰：'王徐遂缚袴废天子，天下岂有此理耶？'"

《南史·东昏侯纪》　见前。

《隋书·礼仪志》陈《天嘉令》：袴褶，近代服以从戎，今纂严则文武百官咸服之，车驾亲戎，则缚袴不舒散。"

隋唐以后，行从骑马所服者颇窄小矣。

《隋书·礼仪志》："炀帝时，师旅务殷，车驾多行幸，百官行从惟服袴褶，而军旅间不便，至六年后，诏从驾涉远者，文武官等皆戎衣。"

案袴褶即戎衣，兹别袴褶与戎衣为二者，盖自魏以来，袴褶有大口、小口二种，（《魏书·蠕蠕传》。）隋时殆以广袖大口者为袴褶，窄袖小口者为戎衣，否则无便不便之可言矣。

《旧唐书·舆服志》："刘子玄《乘马著衣冠议》：'臣伏见比者鸾舆出幸，法驾首涂，左右侍臣皆以朝服骑马，夫冠履而出，止可配车而行。今乘车既停，而冠履不易，可谓唯知其一而未知其二。何者？褒衣博带，革履高冠，本非马上所施，自是车中之服。且长裙广袖，襜如翼如，倘马有惊逸，人从颠坠，固已受嗤行路，有损威仪'。"

案子玄此议，以朝服之广袖长裙为不便于乘马，则唐时乘马所服之袴，其非褒博可知。故仪卫中服袴褶者，皆云大口袴以别之，知乘马之服非复广袖大口矣。

其带之饰，则于革上列置金玉，名曰校具，亦谓之鞊，亦谓之环，其初本以佩物，后但致饰而已。

《吴书》（御览卷六百九十六引）："陆逊破曹休于石亭，上脱御金校带以赐逊。"

《吴志·诸葛恪传》："钩落者，校饰革带，世谓钩络带。"

《吴录》（御览卷六百九十六引）："钩络者，鞍饰革带也。"

《邺中记》（同上）："石虎皇后女骑，腰中著金环参镂带。"

《金楼子》："齐东昏侯自捉玉手版金梁络带。"

《周书·侯莫陈顺传》："顺破赵青雀，魏文帝亲执顺手，解所佩金镂玉梁带赐之。"

《隋书·礼仪志》："革带，今博三寸，加金镂鰈螳蜋钩，以相拘带。"

《唐书·车服志》："袴褶服起梁带，起梁带之制，三品以上玉梁宝钿，五品以上金梁宝钿，六品以下金饰隐起而已。"

《朝野佥载》："巧人张崇者，能作灰画腰带铰具，每一胯大如钱，灰画烧之，见火即隐起，作鱼龙鸟兽之形，莫不悉备。"

《旧唐书·舆服志》："上元元年八月制，一品以下带手巾算袋，仍佩刀子砺石。武官欲带者听之。景云中又制，令依上元故事，带手巾算袋，其刀子砺石等许不佩。武官五品以下佩鞢韄七事，七事为：佩刀、刀子、砺石、契苾真、哕厥、针筒、火石袋也。至开元初复罢之。"

《唐文粹》（七十七）："韦端符李卫公故物记，有玉带一，首末为玉十有三，方者七，挫两隅者六，每缀环焉为附，而固以金。传云：'环者列佩用也。'公擒萧铣时，高祖所赐于阗献三带，其一也。又火镜二、大觿一、小觿一、算囊二、椰盂一、盖常佩于玉带环者十三，物亡其五，存者有八。"

《梦溪笔谈》：一"中国衣冠，自北齐以来，乃全用胡服，窄袖绯绿短衣长靿靴，有鞢韄带，皆胡服也。带衣所垂鞢韄，盖欲佩带弓剑帉帨算囊刀砺之类。自后虽去鞢韄，而犹存其环，环所以衔鞢韄，如马之鞦根，即今之带銙也。"

案以上带具之名，皆取诸马鞍具。《吴录》谓络带为鞍饰革革，《吴志》及《吴书》谓之校饰革带。金校带，校者即《朝野佥载》之铰具，亦马鞍之饰也。《宋史·仪卫志》载鞍勒之制有校具。日本人源顺《倭名类聚钞》引杨氏《汉语钞》（二书之作，皆当中国唐时）云："腰带之革，未著铰具为铤"。（即"鞓"字）又云"铰具腰带及鞍具，以铜属革也"。是铰具谓革上所施铜鞍，与带共之者也。又《金楼子》及《周》《隋》二书，带有金梁、玉梁之名，而《初学记》有宋刘义康《谢金梁鞍启》，则梁之名，亦鞍与带共之者也。又《隋志》之觿，唐《六典》《新》《旧》二书之鞢及鞢韄，《梦溪笔谈》之鞢韄，亦谓马鞍之饰。《说文》："鞊，鞍饰。"《玉篇》："鞊，鞍鞊也。"又"鞊韄，鞍具也"。《宋史·仪卫志》："鞍勒之制，有鞊鞢革带之环。"《笔谈》亦以马之鞦根比之。是带上之饰，其名皆取诸鞍饰。欲知带制，必于鞍制求之矣。古者鞍有垂饰，名之曰鞰。《说文》："鞰，绥也。"盖其饰下垂如冠缨之绥，故训之以绥。《广雅》："鞰谓之鞘。"《广韵》："鞰，垂貌。"王氏念孙曰："鞘亦垂貌也，犹旗旒谓之旃矣。"《宋史·仪卫志》说鞍勒之制，《校具》下云："皆垂六鞘。"是古之鞍有垂饰之证也。且马之腹带及后鞦（即马绪，《说文》所谓纣也）皆系于鞍，故鞍上必有系鞘与鞦带之处。以理度之，则鞍之左右必缘以革，而施金于其上，以贯垂鞘及鞦带等，是为铰具。据宋制，则垂鞘有六，又加以腹带后鞦，则鞍上所施铰具，必至十余。颜延之《赭白马赋》云："宝铰星罗"，是古制已如斯矣。络带铰具，其数略等。又鞍之铰具以贯垂鞘，络带铰具以佩七事，其用亦略同，故古人谓之鞍饰革带或校饰革带也。《隋》《唐》志之鲽或鞢，亦校具之异名。所谓玉钩鲽金钩鲽者，钩谓带钩，鲽则校具也。至沈氏《笔谈》云："带环所以衔鞢鞸，如马之鞦根。"又《宋史·西夏传》云："金涂银束带垂鞢鞸佩解结锥短刀弓矢韣"，则误以所垂之物为鞢鞸矣。（《宋史·仪卫志》纪鞍上诸物，先鞊鞢，次校具，次六鞘。盖以鞍左右所缘之革为鞊鞢，此盖鞊之本义。鞊者，帖也。以革帖于木上，犹帖之帖于帛书上也。《玉篇》鞡字即鞊声之转，隋唐之间以带鞡上所施校具为鞊。此名之转移者也。宋人犹以鞍上所帖之革为鞊，此名之未变者也。古带校具或作环形，或校具之上更缀以环（如李卫公《故物记》所云），故其带又谓之环带。隋唐以后，则常服之带谓之环带，袴褶服之带谓之起梁带。梁者，盖于铰具作鼻为桥梁之形，因以贯环。意者常服为燕居及执事之服，故其带须有环以佩刀砺之属。袴褶为骑马之服，故校具之制不必作环形钦。即常服之带，后亦并去其环，故唐中叶以后不谓之环，而谓之銙。宋时带环有笏头洼面诸名，其无环可知矣。

周、隋之际，始以环数别尊卑。

《周书·李贤传》："高祖赐贤御所服十三环金带一要。"

又《宇文孝伯传》："高祖赐以十三环金带。"

《隋书·李穆传》："高祖作相，穆奉十三环金带于高祖。"盖天子之服也。

又《礼仪志》："百官常服同于匹庶，皆著黄袍，出入殿省。高祖朝服亦如之，惟带加十三环以为差异。"

唐世因之，以为服章。

《唐书·车服志》："腰带一品、二品銙以金，六品以上以犀，九品以上以银，庶人以铁。"

又其后以紫为三品之服，金玉带銙十三。绯为四品之服，金带銙十一。浅绯为五品之服，金带銙十。深绿为六品之服，浅绿为七品之服，皆银带銙九。深青为八品之服，浅青为九品之服，皆输石带銙八。黄为流外官及庶人之服，铜铁带銙七。

履之专用靴，盖六朝以后则然。

《隋书·礼仪志》："履则诸服皆服，惟褶服以靴。靴，胡履也，取便于事，施于戎服。"

此胡服入中国后变革之大略也。此服通行于中国者千有余年，而沈约乃谓"袴褶之服，不详所起。"沈括知其为胡服，而又以为始于北齐，后人亦无考其源流及制度者，故备著之。

古诸侯称王说

　　世疑文王受命称王，不知古诸侯于境内称王，与称君、称公无异。《诗》与《周语》《楚辞》称契为玄王，其六世孙亦称王亥（《山海经》作王亥，郭璞注引古本《竹书纪年》作殷王子亥。今殷虚卜辞中屡见王亥，是《山海经》称名不误。《吕氏春秋》王父作服牛；父乃古文亥字之误），此犹可曰后世追王也。汤伐桀，誓师时已称王。《史记》又云"汤自立为武王"，此亦可云史家追纪也。然观古彝器铭识，则诸侯称王者，颇不止一、二觏。徐楚之器无论已。《矢王鼎》云"矢王作宝尊"，《散氏盘》云："乃为图矢王于豆新宫东廷"，而《矢伯彝》则称矢伯，是矢以伯而称王者也。《录伯**戒**敦盖》云："王若曰：录伯**戒**□自乃祖考有劳于周邦。"又云："**戒**拜手稽首，对扬天子丕显休，用作朕皇考釐王宝尊敦。"此釐王者，录伯之父。录伯祖考有劳于周邦，则其父釐王非周之僖王可知。是亦以伯而称王者也。《**仐**伯敦》云："王命仲到归**仐**伯裘。王若曰：**仐**伯，朕丕显祖玟珷应受大命，乃祖克□先生翼自他邦，有□于大命，我亦弗望假为忘字。享邦，锡女□裘。**仐**伯拜手稽首，天子休，弗望小□邦归爯，敢对扬天子丕显鲁休，用作朕皇考武**仐**几王尊敦。"**仐**伯之祖自文武时已为周属，则亦非周之支庶，其父武**仐**几王，亦以伯而称王者也。而录伯、**仐**伯二器，皆纪天子锡命以为宗器，则非不臣之国。盖古时天泽之分未严，诸侯在其国自有称王之俗，即徐楚吴楚之称王者，亦沿周初旧习，不得尽以僭窃目之。苟知此，则无怪乎文王受命称王而仍服事殷矣。

周时天子行幸征伐考

殷时天子行幸田猎之地，见于卜辞者多至二百，虽周亦然。以彝器征之，其云“在成周”者三：盂爵云“惟王初□于成周”，趞鼎云“惟王来格于成周”，季娟鼎云“王在成周王格于楚麓”。是皆周初之器，记王由宗周至成周者也。其云“在莽京者五”：召伯虎敦云“王在莽，”静彝、静敦、小臣静彝、史懋壶皆云“王在莽京。”其云在他处者六：睘卣云“王在厈”，冘敦云“王在郑”，冘簠云“王在囯”，师酉敦云“王在吴”，虎敦云“王在杜宜”，曶鼎云“王在□宜”是也。其言籍农者一：諆田鼎云“王大籍农于諆田。”言兽（即狩字）者一：宰圃卣云“王兽于豆麓”是也。其言征伐者九：禽彝云“王伐无侯（疑即许侯）”，大保敦云“王伐录”，子贞敦云“贞从王伐梁”，𢓊伯彝云“𢓊伯从王伐叛荆”，《无㠱敦》云“王征南夷”，唯叔鼎云“唯叔从王南征”，噩侯鼎云“王南征伐角□惟还自征在杜噩侯驭方纳□于王”，宗周钟云“南国服子敢陷虐我疆土，王𦔻伐其至𢦔伐乃都，服子乃遣间来逆邵王，南夷东夷具见，廿有六邦”，兮田盘云“王初格伐猃允于嚣䖏”是也。以上皆天子亲自行幸征伐之事见于彝器者，其事凡二十有五，而为地凡十有九，则其余未见纪录者亦可知矣。

月氏未西徙大夏时故地考（乙丑）

周末月氏故居，盖在中国之北。《逸周·王会解》"伊尹献令列禺氏于正北"，《穆天子传》"己亥至于焉居禺知之平"，禺知亦即禺氏，其地在雁门之西北，黄河之东，与献令合。此二书疑皆战国时作，则战国时之月氏，当在中国正北。《史记·大宛列传》"始云月氏居敦煌祁连间"，则已是秦汉间事。又云"月氏为匈奴所败，乃远去过宛西，击大夏而臣之，遂都妫水北为王庭。其余小众不能去者保南山羌，号小月氏。"考月氏为匈奴所败，当汉文帝四年，而其西居大夏则在武帝之初。然则月氏既败于匈奴以后，徙居大夏以前，果居于何处乎？近日东、西学者均以为在伊犁方面，其所据者，《大宛列传》中单于言"月氏在吾北"一语也。然单于之言未必审方位，即以伊犁当之，亦在匈奴之西，不得云北也。案《管子·国蓄》篇云"玉起于禺氏"，《地数》篇云"玉起于牛氏边山"，《揆度》篇云"北用禺氏之玉"，又云"玉起于禺氏之边山，此度去周七千八百里"，又《轻重甲》篇云"禺氏不朝，请以白璧为币乎。昆仑之虚不朝，请以璆琳琅玕为币乎。"又云"怀而不见于抱，挟而不见于掖，而辟七金者，白璧也，然后八千里之禺氏可得而朝也。簪珥而辟千金者，璆琳琅玕也，然后八千里之昆仑之虚可得而朝也。"《轻重乙》篇云"金出于汝汉之右衢，珠出于赤野之末光，玉出于禺山之旁山。"此皆距周七千八百余里,皆以禺氏为产玉之地。余疑《管子·轻重》诸篇皆汉文景间所作,其时月氏已去敦煌、祁连间,而西居且末、于阗间,故云"玉起于禺氏"也。盖月氏西徙,实由《汉书·西域传》之南道,其余小众留保南山,一证也。其逾葱岭也,不臣大宛、康居而臣大夏,二证也。(《西域传》"南道西逾葱岭",则东为月氏安息。)其迁徙之迹与大夏同,(《大唐西域记》于阗尼壤城东行四百余里有睹货逻故国。)三证也。则月氏东去敦煌、祁连间之后,西居大夏之前,其居必在且末、于阗间,从可知也。以前从无留意于《管子》之纪事者,故略缀数语以记之。乙丑冬日。

西域杂考（乙未）

　　阗池　《汉书·甘延寿、陈汤传》："延寿、汤讨郅支，引军分行，别为六校，其三校从南道逾葱岭，经大宛；其三校都护自将，发温宿国，从北道入赤谷，过乌孙，涉康居界，至阗池西。"案延寿、汤所取之路，即玄奘《西域记》所取之道，亦即《唐书·地理志》所载自安西入西域第一道。《唐志》言"自拨换城（一曰威戎城，曰姑墨州）。二十里至小石城，又二十里至于阗国之胡芦河，又六十里至大石城（一曰于祝，曰温肃州）。西北三十里至粟楼烽，又四十里度拔达岭，又五十里至顿多城，乌孙所治赤山城也。又三十里渡真珠河，又西北渡乏驿岭，五十里渡雪海，又五十里至碎卜戍，傍碎卜水五十里至热海。《西域记》至跋禄迦国（旧谓姑墨）西北行三百余里，度石碛至凌山（即《唐志》之雪海），山行四百余里至大清池（或名热海，又谓咸海），周千余里"云云。二书所记里数不尽符合，然皆经热海，延寿、汤亦取此道，则所经之阗池必热海也。传云"涉康居界至阗池西"，则乌孙、康居殆于热海之北分界。热海者，今之特穆尔图泊。

　　都赖水　《陈汤传》"前至郅支城都赖水上"。案《长春真人西游记》有"苔剌速没辇"，原注："没辇，河也。"此都赖水即苔剌速没辇。《西域记》之"咀啰私城"（《慈恩传》作怛逻斯

455

城），《唐志》之"怛罗斯城"，《西游录》之"塔剌思城"，《西使记》之"塔剌寺"，盖本以此水得名。然则"郅支城"即后世之"怛罗斯城"矣。

蕃内 《西域传》"康居国王冬治乐越匿地，到卑阗城，去长安万二千三百里，不属都护。至越匿地，马行七日。至王夏所居蕃内，九千一百四里。"自越匿至蕃内，九千一百四里，失之太远。案《乌孙传》乌孙赤谷城西至康居蕃内地五千里，而赤谷城去长安八千九百里，则蕃内去长安当得万三千九百里，而卑阗城去长安万二千三百里，则自卑阗城至蕃内当得千六百里。又赤谷城去都护治所千七百二十一里，则蕃内去都护治所当得六千七百二十一里，而卑阗城去都护治所五千五百五十里，则自卑阗城至蕃内当得一千一百七十一里。此二种计里法，虽不相符合，然决无九千一百四里之理。疑"九千一百四里"当为"一千一百四里"之讹也。

乐越匿地 乐越匿地又称"越匿地"，是即康居小王窳匿国王之地也。传云"康居有小王五，三曰窳匿王，治窳匿城，去都护治所五千二百六十六里。"而卑阗城去都护五千五百五十里，盖在窳匿城之西，地在窳匿王界内，故云"越匿地"，窳、越，一声之转。

务涂谷 车师后国王治务涂谷，此即唐初之可汗浮图城也。《大慈恩寺三藏法师传》："法师意欲取可汗浮图过，既为高昌所请，辞不获免，于是遂行涉南碛。"（贞观三年）《旧唐书·西域传》："初，西突厥遣其叶护屯兵于可汗浮图城，与高昌相影响，至是惧而来降，以其地为庭州。"（贞观十四年）《通典》谓庭州即后汉车师后王之地。盖可汗浮图城即后王所治务涂谷，西突厥盖曹建牙于此，故加"可汗"二字。"浮图"即"务涂"之转也。唐建庭州及北庭都护府，即因其地，于是"可汗浮图城"之名遂不复见。然《旧书·回纥传》谓葛禄乘胜取回纥之浮图川，盖即今古城与济木萨中间之小水，此水盖以浮图城得名，可知可汗浮图城之本为"浮图城"，亦即汉时之"务涂谷"也。西域名城，自汉以来无甚变更，此亦其一也。

摩尼教流行中国考

志磐《佛祖统纪》：卷三十九。"延载元年，波斯国人拂多诞（西海大秦国人）持《二宗》伪经来朝。

> 案《二宗》，摩尼教经名，见《佛祖统纪》卷四十八。拂多诞，摩尼教僧侣之一级，见《摩尼教残经》，是为摩尼经入中国之始。

《册府元龟》（卷九百九十七）："开元七年六月，大食国吐火罗国南天竺国遣使朝贡。其吐火罗国支汗那王上表，献解天文人大慕阇，其人智慧幽深，问无不知。伏乞天恩，唤取慕阇。亲问臣等事意及诸教法，知其人有如此之艺能，望请令其供奉，并置一法堂，依本教供养。"

《太平寰宇记》（卷一百八十六）："开元七年，吐火罗国叶护支汗那帝赊献天文人大慕阇，请加试验。"

> 案《九姓回鹘可汗碑》"摩尼传教师谓之慕阇"，此大慕阇疑亦摩尼师也。

《通典》（卷四十）："开元二十年七月敕，末摩尼本是邪见，妄称佛教，诳惑黎元，宜严加禁断。以其西胡等既是乡法，当身自行，不须科罪。"《九姓回鹘爱登里啰汩没蜜施合毗伽可汗圣文神武碑》（上阙）：“师将睿息等四僧入国，阐扬二祀，洞彻三际，况法师妙达明门，精通七部，才高海岳，辩若悬河，故能开正教于回鹘。□□□□□为法立大功绩，乃□□僕悉德于时都督刺史内外宰相（中阙）今悔前非，愿事正教，奉旨宣示。此法微妙，难可受持，再三恳□，往者无识，谓鬼为佛，今已误真，不可复事。特望□□□□□曰：既有至诚，任即持受，应有刻画魔形，悉令焚爇。祈神拜鬼，并（中阙）受明教，薰血异俗，化为蔬饭之乡。宰杀家邦，变为劝善之国。故□□之在人，上行下效，法王闻受正法，深赞虔□□□□□德，领诸僧尼入国阐扬，自后慕阇徒众，东西往来，循环教化。”

　　案此记摩尼教入回鹘事。碑记于□登里啰汩没蜜施吉啜登密施合俱录毗伽可汗即《唐书》之英义建功毗伽可汗。之世，回鹘助唐灭史朝义之后事，殆在唐代宗广德二年矣。

　　《僧史略》（卷下）：“大历三年六月，敕回纥置寺，宜赐额大云光明之寺。”又“大历六年正月，又敕荆越洪等各置大云光明寺一所。”

　　《祖佛统记》（卷四十一）：“大历三年，敕回纥奉末尼者建大云光明寺。六年，回纥请于荆扬洪越等州，置大云光明寺，其徒白衣白冠。”

　　《册府元龟》（卷九百七十九）：“贞元十二年，回鹘又遣摩尼人至。”

　　《旧唐书·德宗纪》：“四月丁丑，以久旱令阴阳人法术祈雨。”

　　《唐会要》（卷四十九）：“贞元十五年，以久旱命摩尼师求雨。”

《资治通鉴》（卷二百三十七）："元和元年，是岁回鹘入贡，始以摩尼偕来于中国。置寺处之，其法日晏乃食，食荤而不饮湩酪。回鹘信奉之，或与议国事。"

《旧唐书·宪宗纪》："元和二年正月庚子，回纥请于河南府、太原府置摩尼寺，许之。"

《白氏文集》（卷四十）："与回鹘可汗书，其东都太原置寺，已令人勾当，事缘功德，理合精严。又有彼国师僧，不必更劳人检校，其见撚拓勿施邬达等，今并放归所。令帝德将军安庆云供养师僧，请住外宅，又令骨都禄将军充检校功德使，其安悉立请随班次放归本国者，并依来奏，想宜知悉。今赐少物，具如别录。内外宰相及判官摩尼师等，并各有赐物，至宜准数，分付内外宰相官吏师僧等并存问之，遣书指不多及。"

《旧唐书·回纥传》："元和八年十二月二日，宴归国回鹘摩尼八人，令至中书见宰臣。先是，回鹘请和亲，宪宗使司计之，礼费约五百万贯。方内有诛讨，未任其费。以摩尼为回鹘信奉，故使宰臣言其不可。"

又《穆宗纪》："长庆元年五月，回鹘宰相、都督、公主、摩尼等五百七十三人入朝。"

《唐国史补》（卷下）："回鹘常与摩尼议政，故京师为之立寺。其法：日晚乃食，饮水而茹荤，不饮乳酪。其大摩尼数年一易，往来中国，小者年转，江岭西市商胡囊橐，其源生于回鹘有功也。"

《唐文粹》（卷六十五）："《舒元舆重岩寺碑》"国朝沿近古而有加焉，亦容杂夷，而来者有摩尼焉、大秦焉、火祆焉，合天下三夷寺，不足当吾释寺一小邑之数。"

《会昌一品集》（卷四）："论回鹘石诫直状，石诫直是卑微一首领，岂能有所感悟。况自今夏以来，两度检点摩尼回鹘，又宠待嗢没斯至厚，恐诚直之徒必怀疑怨，此去岂止于无益，实虑生奸。"

同上（卷五）："赐回鹘书：朕二年以来，保护可汗一国，内阻公卿之议，外遏将帅之言，朕于可汗，心亦至矣。可汗亦宜深鉴事体，早见归还，所求种粮及安存摩尼寻勘退浑党项劫掠等事，并当应接处置，必遣得宜。"

同上（卷五）："赐回鹘可汗书：摩尼教，天宝以前中国禁断。自累朝缘回鹘敬信，始许施行，江淮数镇，皆令阐教。近各得本处申奏，缘自闻回鹘破亡，奉法因兹懈怠，蕃僧在彼，稍似无依。吴楚水乡，人情嚣薄，信心既去，翕集至难。且佛是大师，尚随缘行教，与苍生缘尽，终不力为。朕深念异国远僧，欲其安堵，且令于两都及太原信向处行教，其江淮诸寺权停，待回鹘本土安宁，即却令如旧。"

同上（卷十八）："讨回鹘制：其回鹘既以破灭，义在剪除。宜令诸道兵马并同进讨，河东立功将士以下，优厚给赏，续次条疏，处分应在京外宅及东都修功德回鹘，并勒冠带，各配诸道收管。其回鹘及摩尼等庄宅钱物，并委功德使与御史台京兆府，各差精强干事官点检收录，不得容诸色职掌人及坊市富人辄有影占，如有犯者，并当极法，钱物纳官。摩尼等僧委中书门下即时条疏闻奏。"

《唐书·回鹘传》："回鹘元和初再朝献。始以摩尼至，其法：日晏始食，饮水茹荤，屏湩酪，可汗常与共国者也。摩尼至京师，岁往来西市，商贾颇囊橐为奸，武宗诏回鹘营功德使在二京者悉冠带之，有司收摩尼经若象烧于道，资产入之官。"

日本僧圆仁《入唐求法巡礼日记》：卷三。"会昌三年四月中旬，勅下令杀天下摩尼师，剃发，令著袈裟作沙门形而杀之。摩尼师即回鹘所崇重也。"

赞宁《僧史略》（卷下）："会昌三年，勅天下摩尼寺并废入官，京城女摩尼七十二人皆死，及在此国回纥诸摩尼等配流诸道，死者大半。"

《旧五代史·梁书·末帝纪》："贞明六年冬十月，陈州妖贼母乙董乙伏诛。陈州里俗之人喜习左道，依浮屠氏之教，自立一宗，号曰'上乘'，不食荤茹，诱化庸民，揉杂淫秽，宵聚昼散，州县因循，遂致滋蔓。时刺史惠王友能，恃戚藩之宠，动多不法，故奸慝之徒望风影附，母乙数辈，渐及千人，攻掠乡社，长吏不能诘。是岁秋，其众益盛，南通淮夷。朝廷累发州兵讨捕，反为贼所败，陈、颍、蔡三州大被其毒。群贼乃立母乙为天子，其余豪首各有署置。至是发禁军及数郡兵合势追击，贼溃，生擒母乙等首领八十余人，械送阙下，并斩于都市。"

《佛祖统记》（卷四十五）："梁贞明六年，陈州末尼聚众反，立母乙为天子。朝廷发兵禽母乙，斩之。其徒以不茹荤饮酒，夜聚淫秽，画魔王踞坐，佛为洗足。方佛是大乘，我法乃上之乘。"

《僧史略》（卷下）：梁贞明六年，陈州末尼党类立母乙为天子，累讨未平。及贞明中，诛斩方尽。后唐、石晋时，复潜兴，推一人为主，百事禀从。或画一魔王踞坐，佛为其洗足，盖影傍佛教所谓相似道也。或有比邱为饥冻，往往随之效利。有识者尚远离之。"

《册府元龟》（卷九百七十六）："后唐天成四年八月癸亥，北京奏葬摩尼和尚。摩尼者，回鹘之佛师也。先自本国来。太原少尹李彦图者，武宗时怀化郡王李思忠之孙也。思忠本回鹘王子唱没斯也，归国锡姓名。关中大乱之后，彦图挈其族归，太祖赐宅一区，宅边置摩尼院以居之，至是卒。"

徐铉《稽神录》："清源都将杨某，为本郡防遏营副将，有人见一鹅负纸钱入其第，俄化为双髻白发老翁，变怪遂作，二女惊病。召巫立坛召之，鬼亦立坛作法，愈甚于巫。巫惧而去，二女遂卒。后有善作魔法者，名曰'明教'，请为持经一宿，鬼乃唾骂而去。"

张君房《云笈七籤序》："臣于时尽得降到道书，并续取到苏州旧道藏经本千余卷，越州、台州旧道藏经本亦千余卷，朝廷续降到福建等州道书明使摩尼经等。"

《佛祖统纪》（卷四十八）："尝考《夷坚志》云："吃菜事魔，三山尤炽。为首者紫衣宽衫，女人黑冠白服，称为明教会，所事佛衣白。引经中所谓白佛言：世尊取金刚经一佛二佛三四五佛，以为第五佛又名末摩尼。采化胡经，乘自然光明道气，飞入西那玉界苏邻国中，诞降王宫为太子，出家称末摩尼，以自表证。其经名《二宗》《三际》，《二宗》者，明与暗也。《三际》者，过去、未来、现在也。大中祥符兴道藏，富人林世长赂主者，使编入藏，安于亳州明道宫，复假称白乐天诗云："静览苏邻传，摩尼道可惊。二宗陈寂默，五佛继光明。日月为资敬，乾坤认所生。若论斋洁志，释子好齐名。"以此八句表于经首。其修持者，正午一食，裸尸以葬，以七时作礼。盖黄巾之遗习也。"（原注：尝检乐天《长庆集》，无苏邻之诗。乐天知佛，岂应为此不典之辞？）

方勺《泊宅编》（卷五）："宣和二年十月，睦州青溪县揭村居人方腊，托左道以惑众。县官不即钤治，腊自号'圣公'，改元'永乐'，置偏裨将，以巾色饰为别，自红巾而上凡六等，无甲胄，惟以鬼神诡秘事相扇述。"

同上："后汉张角、张燕辈，托天师道陵，立祭酒治病，使人出米五斗而病随愈，谓之五斗米道。至其滋盛，则劓劫州县，无所不为。其流至今，蔬食事魔夜聚晓散者是也。凡魔拜必北向，以张角实起于北方。观其拜，足以知其所宗。原其平时，不饮酒食肉，甘枯槁，趋静默，若有志于为善者。然男女无别，不事耕织，衣食无所得，则务攘夺以挺乱，其可不早辨之乎？有以其疑似难识，欲痛绳之。恐其滋蔓，置而不问，驯致祸变者有之。有舍法令一切弗问，但魔迹稍露，则使属邑尽驱之死地，务绝其本根，肃清境内。而此曹急，则据邑聚而反者有之。此风日扇，殆未易察治。如能上体国禁之严，下令愚民之无辜，迷而入于此道，不急不怠，销患于冥冥之中者，良有司也。

《建炎以来系年要录》（卷七百十六）："绍兴四年五月，起居舍人王居正言：伏见两浙州县有吃菜事魔之俗。方腊以前，法禁尚宽，而事魔之俗犹未甚炽。方腊之后，法禁愈严，而事魔之俗愈不可胜禁。州具之吏，平居坐视，一切不问则已。间有贪功或畏事者，稍踪迹之，则一方之地流血积尸，至于庐舍积聚、山林鸡犬之属，焚烧杀戮，靡有孑遗。自方腊之平，至今十余年间，不幸而死者不知几千万人矣。所宜恻然动心而思欲究其所以然之说也。臣闻事魔者，每乡每村有一二桀黠，谓之‘魔头’，尽录乡村姓名，相与诅盟为党。凡事魔者，不肉食，而一家有事，同党之人皆出力以相赈恤。盖不肉食则费省，费省故食易足。同党则相亲，相亲故相恤。而事易济。臣以为此先王导其民，使相亲、相友、相助之意，而甘淡泊、务节俭，有古淳朴之风。今民之师帅既不能以是为政，乃为魔头者，窃取以蛊惑其党，使皆归德于魔。于是从而附益之以邪僻害教之说，民愚无知，谓吾从魔而食易足事易济也。故以魔说为皆可信而争趋归之，此所以法禁愈严而愈不可胜禁。伏望陛下念民迷之日久，下哀矜之诏书，使人晓然，知以为不肉食则费省，故易足；同党则相亲，故相恤而事易济；此自然之理，非魔之力。至于邪僻害教，如不祭其先之类，则事魔之罪也。部责监司，郡县责守令，宣明诏旨，许以自新。又择平昔言行为乡曲所信者，家至而户晓之。其间有能至诚用心、率众归附者，优加激赏，以励其徒。庶几旧染之俗，闻风丕变，实一方生灵赤子之幸。诏诸帅宪司措置，毋得骚扰生事。"

廖刚《高峰先生文集》（卷二）："《乞禁妖教劄子》：臣伏睹刑部关报，臣寮上言，乞修立吃菜事魔条禁，务从轻典。奉圣旨令刑部看详上尚书省。臣谨案《王制》曰：'执左道以乱政，杀。假于鬼神、时日、卜筮以疑众，杀。'非乐于杀人，为其邪说诡道足以疑惑愚众，使之惟己之从，则相率为乱之阶也。今之吃菜事魔，传习妖教，正是之谓。臣访闻两浙江东西，此风方炽，创自一人，其从至于千百为群，阴结死党，犯罪则人出千钱或五百行赇，死则人执柴烧变，不用棺椁衣衾，无复丧葬祭祀之事，一切务减人道，则其视君臣上下复何有哉？此而不痛惩之，养成其乱，至于用兵讨除，则杀人不可胜数矣。臣闻传习事魔，为首之人盖有所利而为之，诳惑愚民，诧以祸福而取其财物，谓之教化，此最不可恕者。推究为首之人，峻法治之，自当衰息。若不分首从，概欲以不应为坐之，恐非所以戢奸弭乱也。臣谓贫穷而为盗贼，情或可恕，事魔非迫于不得已也。故为邪僻败坏风俗之事，其措心积虑已不顺矣。是故易诱为乱也。如被诱之人尚或可以阔略，彼为首者，虽未有不顺之迹，岂可轻恕！欲望睿旨并送刑部，看详施行。"

　　庄季裕《鸡肋编》："事魔食菜,法禁甚严,有犯者,家人虽不知情,亦流于远方,以财产半给告人,余皆没官。而近时事者益众,云自福建流至温州,遂及二浙。睦州方腊之乱,其徒处处相扇而起。闻其法:断荤酒,不事神佛祖先,不会宾客;死则裸葬,方敛,尽饰衣冠,其徒使二人坐于尸傍,其一问曰:'来时有冠否?'则答曰:'无。'遂去其冠,逐一去之,以至于尽;乃曰:'来时何有?'曰:'有胞衣。'则以布囊盛尸焉,云事之后致富。小人无识,不知绝酒肉、燕祭、厚葬自能积财焉。又始投其党,有甚贫者,众率财以助,积微以至于小康矣。凡出入经过,虽不识,党人皆馆谷焉。人物用之无间,谓为一家,故有无碍被之说,以是诱惑其众。其魁谓之'魔王',佐者谓之'魔翁''魔母',各诱化人。旦望人出四十九钱于魔翁处烧香,翁母则聚所得缗钱,以时纳于魔王。岁获不赀云。亦诵《金刚经》,取以色见我为邪道,故不事神佛,但拜日月,以为真佛。其说经如'是法平等无有高下',则以'无'字连上句,大抵多如此解释。俗讹以'魔'为'麻',谓其魁为麻黄,或云易魔王之称也。其初授法,设誓甚重。然以张角为祖,虽死于汤镬,终不敢言'角'字。传记何执中守官台州,州获事魔之人,勘鞫久不能得。或云:'何,处州龙泉人,其乡邑多有事者,必能察其虚实。'乃委之穷究。何以杂物数件示之,能识其名则非是,而置羊角其中,他皆名之,至角则不言。遂决其狱,如不事祖先裸葬之类,固已害风俗,而又谓人生为苦,若杀之,是救其苦也,谓之度人,度多者则可以成佛。故结集既众,乘乱而起,甘嗜杀人,最为大患。尤憎恶释氏,盖以戒杀与之为戾耳。但禁令太严,每有告者,株连既广,又当籍没全家,流放与死为等,必协力同心,以拒官吏。州县惮之,率不敢案,反致增多。余谓薄其刑典，除去籍财之令，但治其魁首，则可以已也。"

同上："余既书此，未一岁而衢州开化县余五婆者为人所告，逃于严州遂安县之白马洞缪罗家，捕之则阻险为拒，杀害官吏。至遣官军平荡，两州被患，延及平民甚众，殊可伤闵。"

陆游《渭南文集》（卷五）："条对状：一、自盗贼之兴，若止因水旱饥馑，迫于寒饿，啸聚攻劫，则措置有方，便可抚定，必不能大为朝廷之忧。惟是妖幻邪人，平时诳惑良民，结连素定，待时而发，则其为害未易可测。伏缘此色人处处皆有，淮南谓之'二桧子'，两浙谓之'牟尼教'，江东谓之'四果'，江西谓之'金刚禅'，福建谓之'明教揭谛斋'之类，名号不一。明教尤甚，至有秀才、吏人、军兵，亦相传习，其神号曰'明使'，及有'肉佛''骨佛''血佛'等号。白衣乌帽，所在成社。伪经妖像，至于刻板流布，假借政和中道官程若清等为校勘，福州知州黄裳为监雕。以祭祖考为引鬼，永绝血食，以溺为法水，用以沐浴。其他妖滥，未易概举。烧乳香则乳香为之贵，食菌蕈则菌蕈为之贵。更相结习，有同胶漆。万一窃发，可为寒心。汉之张角，晋之孙恩，近岁之方腊，皆是类也。欲乞朝廷戒敕监司守臣，常切觉察，有犯于有司者，必正典刑。毋得以习不根经教之文，例行阔略。仍多张晓示，见今传习者，限一月，听赍经像衣帽赴官自首，与原其罪，限满，重立赏，许人告捕。其经文印版，令州县根寻，目下焚毁。仍立法，凡为人图画妖像及传写刊印明教经等妖妄经文者，并从徒一年论罪，庶可阴消异时窃发之患。"

陆游《老学庵笔记》："闽中有习左道者，谓之明教，亦有《明教经》甚多，刻板摹印，妄取道藏中校定官衔赘其后。烧必乳香，食必红蕈，故二物皆翔贵。至有士人宗子辈，众中自言今日赴明教会，予尝诘之：‘此魔也，奈何与之游？’则对曰：‘不然，男女无别者为魔，男女不亲授者为明教。明教遇妇人所作食则不食。’然尝得所谓《明教经》观之，诞谩无可取，直俚俗习妖妄者所为耳。又或指名族士大夫家曰：‘此亦明教也。’不知信否。偶读徐常侍《稽神录》之‘有善魔法者名曰明教’，则明教亦久矣。”

《嘉定赤城志》（卷三十七）：李守谦《戒事魔》十诗："劝尔编民莫事魔，魔成划地祸殃多。家财破荡身狼藉，看取胡忠季子和。　白衣夜会说无根，到晓奔逃各出门。此是邪魔名外道，自投刑辟害儿孙。　金针引透白莲池，此语欺人亦自欺。何似田桑家五亩，鸡豚狗彘勿违时。　莫念双宗二会经，官中条令至分明。罪流更溢三千里，白佛安能救尔生。　生儿只遣事犁锄，有智宜令早读书。莫被胡辉相引诱，此人决脊尚因拘。　蚩蚩女妇太无知，吃菜何须自苦为？料想阿童鞭背后，心中虽悔不能追。　仙居旧有祖师堂，坐落当初白塔乡。眼见菜头头落地，今人讳说吕师囊。　贵贱家家必有尊，如何毁祖事魔神。细思父母恩难报，早转头来孝尔亲。　肉味鱼腥吃不妨，随宜茶饭守家常。朝昏但莫为诸恶，底用金炉爇乳香。　官家为是爱斯民，临遣知州诲尔谆。愿尔进知庠序教，怕嫌尔做事魔人。”

案李谦，考《志中郡守题名》作"李兼"，以开禧三年三月三十日知台州，嘉定元年九月二十一日除宗正丞，未行卒。

《佛祖统纪》（卷三十九）引《释门正统》："良渚曰：‘准国朝法令，诸以《二宗经》及非藏经所载不根经文传习惑众者，以左道论罪。’二宗者，谓男女不嫁娶，互持不语，病不服药，死则裸葬等。不根经文者，谓佛佛吐恋师佛说啼泪大小明王出世经开元括地变文齐天论五来子曲之类，其法不茹荤饮酒，昼寝夜兴，以香为信，阴相交结，称为善友，一旦郡邑有小隙，则冯狠作乱，如方腊、吕升辈是也。其说以天下禅人但传卢行者十二部假禅，若吾徒即是真禅。有云'菩提子，达摩栽，心地种，透灵台。'或问终何所归？则曰：'不生天，不入地，不求佛，不涉余途，直过之也。'如此魔教，愚民皆乐为之。其徒以不杀、不饮、不荤辛为至严，沙门有行为弗谨，反遭其讥，出家守法，可不自勉。"

同上（卷四十四）："良渚曰：'白云、白莲、摩尼三宗，皆假名佛教以诳愚俗，犹五行之有沴气也。今摩尼尚扇于三山，而白莲、白云处处有习之者，大抵不事荤酒，故易于裕足；而不杀物命，故近于为善；愚民无知，皆乐趋之。甚至第宅姬妾，为魔女所诱，入其众中，以修懺念佛为名，而实通奸秽。有识士夫，宜加禁止。'"

至正《金陵新志》（卷八）："《风俗志》陆子遹除妖害记，自夫白云魔教之滋也。而雄据阡陌，豪夺民业，衔辛茹毒，罔所诉理。有司一问，则群谋醸贿，白黑淆乱。弱下窭乏，困于徭征，则独偃然自肆。寸丝粒粟，不入公上，群口邑甿，或以赴诉，则赇吏鬻证，反为所诬。根深蒂固，岁月滋久，民视若禽兽，视法令无如也。（中略）岁在己卯，先疆域民之习魔教者，夺民业则正而归之，不输赋则均而取之，嚣顽之俗，革于一旦，党与之众，散于反掌。"

西山先生《真文忠公文集》（卷四十）："《再守泉州劝农文》：'莫习魔教，莫信邪师。'"

《大明律集解附例》（卷十一）："凡妄称弥勒佛、白莲社、明尊教、白云宗等会，一应左道乱正之术，扇惑人民。为首者绞，为从者各杖一百，流三千里。"（原注：西方弥勒佛、远公白莲社、牟尼明尊教、释氏白云宗是四样。）

右古书所记摩尼教事，其概如此。当宣统元年，吴县蒋伯斧郎中跋《巴黎所藏摩尼教残经卷》，附考摩尼教入中国源流，仅及唐会昌而止。后上虞罗叔言参事印行京师图书馆所藏《摩尼教经》一卷，法国伯希和教授译之，后复附《摩尼教考》，并增宋世摩尼教事实，较蒋君所考，甚为该博。伯氏书用法文，余曩曾抄撮其所引汉籍，数年以来，流览所及，颇有增益。计增日本僧圆化《求法记》一则，赞宁《僧史略》一则，方勺《泊宅编》、庄季裕《鸡肋编》各二则，《建炎以来系年要录》、《高峰先生文集》、《嘉定赤城志》、至正《金陵新志》《真西山文集》各一则，与前所抄者汇为一编，庶唐宋二代彼教情形，略可观览。考唐代置摩尼寺之地，北则两都、太原，南则荆、扬、洪、越诸州。会昌禁绝后，回鹘摩尼师虽绝迹于中土，然中土人传习者尚如其故。至于五季，尚有陈州母乙之乱、明教禳鬼之事。及大中祥符重修道藏，明教经典乃得因缘编入。东都盛时，其流盖微。南北之交，死灰复炽。寻其缘起，别出三山。盖海舶贾胡之传，非北陆大云之旧矣。南渡文人不能纪远，佥谓出自黄巾，祖彼张角。放翁笔记亦仅上援《稽神录》为其滥觞。实则"二宗""三际""明使"等语，具见唐译《摩尼经》中，故唐宋彼教，其源或殊，其实则一，观于上所抄撮，可知斯言之不误矣。